経済法

第9版補訂

独占禁止法と競争政策

岸井大太郎・大槻文俊・中川晶比兒・
川島富士雄・稗貫俊文［著］

ARMA
Specialized

有斐閣アルマ

第9版　はしがき

　ここにアルマ経済法の第9版をお届けする。

　今回の改訂は比較的大幅な改定となった。以下，主な改定について順に説明する。

　第1に，独禁法2019（令和元）年改正の内容を説明した。改正法はすでに公布されているが，主要部分は未施行で，令和2年12月25日までに施行されることになっている。

　このような事情から，本書の記述は現行法の説明と条文を残したうえで，改正法の説明と条文はその後に書き添えた。必要に応じて括弧書きや *Column* も加えて説明する形をとっている。説明の重点は現行法ではなく，あくまで改正法に置いている。

　第2に，新しい「企業結合ガイドライン」の解説を加えた。このガイドラインで示された，デジタルプラットフォーム事業者（「DP事業者」）がスタートアップ（「小起業者」）を買収する際の届出基準（従来の売上高基準にくわえて，買収総額の大きさと需要者に与える影響可能性を考慮する届出基準）の新設，多面市場の場合の「一定の取引分野」の画定の考え方や，垂直統合・混合統合にかかわる競争分析の考え方，また間接的ネットワーク効果などデジタルサービスの特徴を踏まえた競争分析の考え方について，わかりやすく紹介した。

　第3に，巨大IT企業ともいわれるGoogle，Amazon，Facebook，Apple（GAFA）などの大手DP事業者の競争に対する脅威が強まり，日本でも，欧米でも，その競争への影響を調査し，法的規制を行う動きが起きている。本書では，このような動きを第5章と第6章で紹介した。

　第4に，カルテル規制は，2019年改正法施行後の課徴金制度の一覧表を *Column* ⑧に掲載したほか，第3章全体を大幅に書き換えてい

る。とくに「共同行為の目的・動機の評価」（第3節）で，非ハード
コアカルテルの規制を詳しく検討した。また，*Column⑥⑦*ではカル
テル規制に関する発展的な争点を取り上げた。全体として，理論的な
説明に重点をおいた改訂となった。

　最後に，執筆陣の変更についてふれておきたい。これまで執筆を担
当した和田健夫・小樽商科大学長（この3月で退任）と向田直範・北
海学園大学名誉教授（弁護士）が執筆陣から離れることになり，中川
晶比兒・北海道大学教授が代わって執筆陣に加わった。中川は第3章
を担当した。また第8章の執筆は稗貫から川島に交代した。

　本書の著者の一人である岸井大太郎・法政大学名誉教授は，急な病
により2017年8月に他界された。公取委の課徴金制度の改正に係る
「独占禁止法研究会」に参加し，座長として「独占禁止法研究会報告
書」（同年4月）をまとめた後のことであった。岸井さんは，初版か
ら本書の企画と執筆者の構成に主導的にかかわってきた。本書初版の
「はしがき」には，「わかりやすく」，「法運用の実態と課題を正確に」
記すという本書の方針が示されている。これは岸井さんが他の執筆者
と共有するものである。今後も本書の執筆者としてその名を残すこと
にした。

　本書の第9版を予定通りお届けすることができた。これは有斐閣書
籍編集部の渡邉和哲さんの適時の助言のおかげである。渡邉さんに心
からお礼を申し上げたい。

2020年2月

著 者 一 同

※第9版補訂にあたり，若干の新しい判審決等を追加した。また2019
　年改正法の全面施行後の課徴金制度の説明を充実させたほか，確約処
　理認定の事例索引を設けた。コラムも話題性のあるものを加えた。

（2022年1月）

初版 はしがき

　「公正且つ自由な競争」の促進を目的として，1947 年に誕生した独占禁止法は，幾多の変遷をとげながら，自由市場経済の基本的ルールを定める法律として日本社会に定着してきた。現在，独占禁止法は，学生やビジネスマンはもちろん，消費者である一般市民にとっても，これを理解しておくことが必要な法律となっている。

　本書は，この独占禁止法の基本的な仕組みと内容を，正確に，またわかりやすく説明することを意図した教科書である。おおよそ，大学の専門課程のレベルを念頭に置き，また企業実務のテキストとしても使えるよう配慮した。アルマシリーズの趣旨に沿い，理解を助けるための図表やコラムなども活用した。

　第 1 章は，本書の総論であり，導入部である。はじめに，独占禁止法の歴史・目的と基本的な構成を概観し，ついで，法運用の中心を担っている公正取引委員会の組織・権限・手続きなどが説明されている。

　第 2 章から第 5 章は，独占禁止法による法規制を，私的独占の禁止，カルテルの規制，結合・集中の規制，不公正な取引方法の規制の四つに分け，その規制の考え方や法運用の現状などを，具体的事例を交えながら幅広く検討したものである。重要な論点については掘り下げた説明をし，また必要に応じて問題点や今後の課題にも触れている。これらの各章によって，読者は独占禁止法の基本的な内容，そのエッセンスを学ぶことができる。

　第 6 章から第 8 章は，独占禁止法の現代的テーマの中から，特に重要な無体財産権，政府規制，国際取引の三つの領域を選び，独占禁止法との関係，独占禁止法適用の現状や問題点などを検討したものである。必要に応じて，制度設計や制度改革などの法政策的な課題にも言及している。読者は，これによって現代における独占禁止法の多面的

な姿を知ることができるだろう。

　独占禁止法は，生きた経済を対象とする，ダイナミズムに富んだ法律である。このような法律を学ぶに際しては，まず，その姿を客観的に理解するよう心掛けることが肝要である。そこで本書は，自説の展開に終始したり，時論的な評論に流れたりすることを戒め，裁判所の判決および公正取引委員会の審決・ガイドラインを基本的な素材として，法規制の根拠や考え方，法運用の実態と課題などを，できるだけ正確に説明し検討することを心掛けた。そのため，原稿の段階で執筆者相互の議論と調整をいくたびか積み重ねた。

　もちろん，各章の叙述や整理の仕方は各執筆者に任されており，必要に応じて，学説の対立や執筆者の見解にも触れている。したがって，担当部分の最終的な責任は，各自が負うものであることは言うまでもない。なお，本書の執筆にあたっては，著書・論文等，先人の優れた業績を数多く参照したが，以上のような本書の目的および規模から，個々の引用は控え，巻末に主要な参考文献のリストを掲げるにとどめた。

　本書が，独占禁止法の理解と発展に幾らかでも寄与できれば，執筆者一同の喜びとするところである。

　最後に，本書の企画から完成までお世話下さった，有斐閣編集部の堀田一彌，大橋將，亀井聡，中村曜子の各氏に，心よりお礼を申し上げたい。

　1996 年 7 月

著 者 一 同

（1）　本書は，第1章が総論，2〜5章が独禁法の基本的な内容の説明，6〜8章が独禁法に関わる現代的テーマの検討という構成をとっている。関連する内容については，文中で適宜，参照箇所を指示しているので活用されたい。なお，独禁法の手続を論じた第1章の3①と4，5は，初学者にとっつきにくければ，ざっと目を通して先へ進み，後から戻ってかまわない。

（2）　本書で用いる用語のうち，最も基本的な次の二つに関して，ここで簡単に説明しておく。

まず，独占禁止法のほかに「競争政策」という語を用いる場合があるが，これは競争の促進という独禁法の政策目的に重点を置いた表現であり，特に，法違反行為の規制に限定されない法政策的な課題を扱う際に，この語を用いている。

次に，独禁法が規制しようとする市場の競争へのネガティブな影響ないし効果を表現する場合，"競争制限（効果）""競争の阻害""競争機能の制限"など様々な語が使われているが，本書では原則として，表現のクリアーな「競争制限（効果）」を用いることにした。

〈独禁法を学ぶ際に必要なツールについて〉

法令・ガイドライン：独禁法に関わる法令・ガイドラインの多くは，公取委事務総局が編集した『独占禁止法関係法令集』に収載されている。また，主なガイドラインとその解説が，月刊雑誌「公正取引」（公正取引協会発行）に掲載されている。

審決・判決・命令：公取委の審決・命令は，毎年度，公取委事務総

局が編集する『公正取引委員会審決集』に登載されている。さらに，審決集には，独禁法に関わる行政事件，刑事事件，民事事件の判決も登載されている。また，主な審決・命令については，公取委の担当者による解説が，雑誌「公正取引」に掲載される。この他，独禁法関係の判決・審決等は，「判例時報」「判例タイムズ」「金融・商事判例」などの判例雑誌にも掲載されている。

白書・報告書：公取委による国会への法律の施行状況の報告（独禁法44条1項）が，毎年度『公正取引委員会年次報告（独占禁止白書）』として公刊される。また，公取委に関わる各種の研究会がまとめた報告書や，公取委による調査報告書が適宜公表されている。これらの報告書の主なものは，雑誌「公正取引」にその要旨と解説が掲載されている。

公正取引委員会ホームページ：公取委のホームページ https://www.jftc.go.jp/ には，法令・ガイドライン，報道発表資料，報告書，平成元年以降の年次報告などが掲載されている（法令・ガイドラインについては https://www.jftc.go.jp/dk/guideline/index.html 参照）。また，審決等データベースシステム https://snk.jftc.go.jp/module/jds/dc001/DC001 には，独禁法成立以来の命令・審決・判決が掲載され，自由に検索・ダウンロードすることができる。

法令・ガイドライン等略称一覧

※それぞれ，下記の表記方法に従う。

　略称：正式名称（法令番号，最終改正）

　略称を用いなかったものがあり，その場合には表示を省いた。また，最終改正は
ガイドラインのみに付した。

〈**法令名略称**〉

独占禁止法，独禁法：私的独占の禁止及び公正取引の確保に関する法律
（昭和 22 年法律第 54 号）

独禁法施行令：私的独占の禁止及び公正取引の確保に関する法律施行令
（昭和 52 年政令第 317 号）

一般指定：不公正な取引方法（昭和 57 年公正取引委員会告示第 15 号）

審査規則：公正取引委員会の審査に関する規則（平成 17 年公正取引委員会規
則第 5 号）

意見聴取規則：公正取引委員会の意見聴取に関する規則（平成 27 年公正取
引委員会規則第 1 号）

犯則調査規則：公正取引委員会の犯則事件の調査に関する規則（平成 17 年
公正取引委員会規則第 6 号）

課徴金減免規則：課徴金の減免に係る報告及び資料の提出に関する規則
（平成 17 年公正取引委員会規則第 7 号）

企業結合届出規則：私的独占の禁止及び公正取引の確保に関する法律第 9
条から第 16 条までの規定による認可の申請，報告及び届出等に関する
規則（昭和 28 年公正取引委員会規則第 1 号）

中団法：中小企業団体の組織に関する法律（昭和 32 年法律第 185 号）

下請法：下請代金支払遅延等防止法（昭和 31 年法律第 120 号）

景表法：不当景品類及び不当表示防止法（昭和 37 年法律第 134 号）

〈**判決，審決および出典略称**〉

最判（決）：最高裁判所判決（決定）

公取委：公正取引委員会

審決：公正取引委員会・審判請求に対する審決（平成 17 年法 66 条）

審判審決，判審：公正取引委員会・審判審決（昭和 22 年法 54 条）

同意審決，同審：公正取引委員会・同意審決（昭和 22 年法 53 条の 3）

勧告審決，勧審：公正取引委員会・勧告審決（昭和 22 年法 48 条）

排令：公正取引委員会・排除措置命令

納付命令，納令：公正取引委員会・課徴金納付命令

認定：公正取引委員会・排除措置計画および排除確保措置計画（確約計画）

民（刑）集：最高裁判所民事（刑事）判例集

審決集：公正取引委員会審決集（公正取引協会発行）

公正取引：月刊誌「公正取引」（公正取引協会発行）

年次報告：独占禁止白書　公正取引委員会年次報告（公正取引協会発行）

〈主要ガイドライン一覧〉

私的独占

　排除型私的独占ガイドライン：排除型私的独占に係る独占禁止法上の指針（平成 21 年公取委，最終改正令和 2 年）→2 章，7 章

流通・取引関係

　流通・取引慣行ガイドライン：流通・取引慣行に関する独占禁止法上の指針（平成 3 年公取委事務局，最終改正平成 29 年）→4 章，5 章，8 章

事業者団体関係

　事業者団体ガイドライン：事業者団体の活動に関する独占禁止法上の指針（平成 7 年公取委，最終改正令和 2 年）→7 章

　医師会ガイドライン：医師会の活動に関する独占禁止法上の指針（昭和 56 年公取委，最終改正平成 22 年）

　入札ガイドライン：公共的な入札に係る事業者及び事業者団体の活動に関する独占禁止法上の指針（平成 6 年公取委，最終改正令和 2 年）

　リサイクルガイドライン：リサイクル等に係る共同の取組に関する独占禁止法上の指針（平成 13 年公取委事務局，最終改正平成 22 年）

　資格者団体ガイドライン：資格者団体の活動に関する独占禁止法上の考

え方（平成 13 年公取委事務局，最終改正平成 22 年）

行政指導関係

行政指導ガイドライン：行政指導に関する独占禁止法上の考え方（平成6 年公取委，最終改正平成 22 年）→7 章

独占的状態

独占的状態ガイドライン：独占的状態の定義規定のうち事業分野に関する考え方について（昭和 52 年公取委事務局，最終改正平成 30 年）→4 章

企業結合関係

企業結合審査ガイドライン：企業結合審査に関する独占禁止法上の運用指針（平成 16 年公取委，最終改正令和元年）→4 章

企業結合審査の手続に関する対応指針（平成 23 年公取委，最終改正令和元年）→4 章

事業支配力過度集中会社ガイドライン：事業支配力が過度に集中することとなる会社の考え方（平成 14 年公取委，最終改正平成 22 年）→4 章

11 条ガイドライン：独占禁止法第 11 条の規定による銀行又は保険会社の議決権の保有等の認可についての考え方（平成 14 年公取委，最終改正令和元年）→4 章

不公正な取引方法等関係

不当廉売ガイドライン：不等廉売に関する独占禁止法上の考え方（平成21 年公取委，最終改正平成 29 年）→5 章

優越的地位ガイドライン：優越的地位の濫用に関する独占禁止法上の考え方（平成 22 年公取委，最終改正平成 29 年）→5 章

役務の委託取引ガイドライン：役務の委託取引における優越的地位の濫用に関する独占禁止法上の指針（平成 10 年公取委，最終改正平成 23 年）→5 章

フランチャイズガイドライン：フランチャイズ・システムに関する独占禁止法上の考え方について（平成 14 年公取委，最終改正令和 3 年）→5 章

消費者優越ガイドライン：デジタル・プラットフォーム事業者と個人情報等を提供する消費者との取引における優越的地位の濫用に関する独占禁止法上の考え方（令和元年公取委）→5 章

知的財産ガイドライン：知的財産の利用に関する独占禁止法上の指針

（平成 19 年公取委，最終改正平成 28 年）→6 章

共同研究開発ガイドライン：共同研究開発に関する独占禁止法上の指針
（平成 5 年公取委，最終改正平成 29 年）→6 章

プール形成等の考え方：標準化に伴うパテントプールの形成等に関する
独占禁止法上の考え方（平成 17 年公取委，最終改正平成 19 年）→6 章

電力取引ガイドライン：適正な電力取引についての指針（平成 11 年公取
委・経済産業省，最終改正令和 3 年）→7 章

ガス取引ガイドライン：適正なガス取引についての指針（平成 12 年公取
委・経済産業省，最終改正令和 3 年）→7 章

電気通信ガイドライン：電気通信事業分野における競争の促進に関する
指針（平成 13 年公取委・総務省，最終改正令和 2 年）→7 章

農業協同組合ガイドライン：農業協同組合の活動に関する独占禁止法上
の指針（平成 19 年公取委，最終改正平成 30 年）

事前相談関係

事業者等の活動に関する事前相談制度（平成 13 年公取委，最終改正令和 2
年）→1 章

確約手続関係

確約手続に関する対応方針（平成 30 年公取委，最終改正令和 3 年）→1 章

審査手続関係

審査手続指針：独占禁止法審査手続に関する指針（平成 27 年公取委，最
終改正令和 2 年）→1 章

その他

公的再生支援ガイドライン：公的再生支援に関する競争政策上の考え方
（平成 28 年公取委）→7 章

審査関係

告発・犯則調査運用指針：独占禁止法違反に対する刑事告発及び犯則事
件の調査に関する公正取引委員会の方針（平成 17 年公取委，最終改正令
和 2 年）→1 章，3 章

目　次

第3章　*共同行為の規制*　　103

| 第 8 章 | *国際取引と独占禁止法*　　431 |

著者紹介（執筆順）

岸井　大太郎（きしい　だいたろう）　**第 1 章，第 5 章 *11*，第 7 章執筆。**

1953 年生まれ。法政大学名誉教授。2017 年没。

主著；『独占禁止手続法』（有斐閣，共編著），『公益事業の規制改革と競争政策』（法政大学出版局，共編著），「ドイツ競争法における『業績競争（Leistungswettbewerb）』理論 (1)(2)」（法学志林 83 巻 1 号・4 号），『情報通信の規制と競争政策』（白桃書房，共編著），『公的規制と独占禁止法──公益事業の経済法研究』（商事法務）。

大槻　文俊（おおつき　ふみとし）　**第 2 章，第 4 章執筆，第 7 章補訂。**

1964 年生まれ。現在，専修大学法学部教授。

主著；「垂直的制限の反競争的効果に関する反トラスト学説の検討 (1)〜(4完)」（北大法学論集 55 巻 5 号，56 巻 2〜4 号），「縦の協調関係にある再販とその規制」（専修法学論集 98 号），「プラットフォームにおける同等性（MFN）条項の公正競争阻害性」（日本経済法学会年報 61 号）。

中川　晶比兒（なかがわ　あきひこ）　**第 3 章執筆。**

1974 年生まれ。現在，北海道大学法学部教授。

主著；「グローバル化時代の独占禁止法」（社会科学研究 69 巻 1 号），「再販売価格維持と小売マージン」（北大法学論集 67 巻 3 号），「独占禁止法における法的推論と経済分析」（日本経済法学会年報通巻 57 号）。

かわしま　ふじお
川島　富士雄　**第5章執筆，第8章補訂。**

1967年生まれ。現在，神戸大学大学院法学研究科教授。

主著；松下満雄ほか編『ケースブックWTO法』(有斐閣，分担執筆)，日本国
際経済法学会編『国際経済法講座I──通商・投資・競争』(法律文化社，共著)。

ひえぬき　としふみ
稗貫　俊文　**第6章，第8章執筆，第1章補訂。**

1946年生まれ。現在，北海学園大学大学院法務研究科教授。

北海道大学名誉教授。

主著；『知的財産権法と独占禁止法』(有斐閣)，『市場・知的財産・競争法』
(有斐閣)，『競争法の東アジア共同市場』(日本評論社，編著)。

独占禁止法の目的・構成と手続

> 独禁法は，我が国の経済の基本的ルールを定めた法律である。本章では，独禁法の歴史と目的を説明し，ついで法律の基本的な構成を概観した後，独禁法の適用範囲に関わる，事業者，公共の利益，適用除外の3つの基本概念を検討する。最後に，独禁法の執行・実現（行政措置，刑事罰，民事上の救済）と，その手続について触れる。

1 独占禁止法の歴史と目的

1 独占禁止法の歩み

経済民主化と独占禁止法の制定

独占禁止法，正確には"私的独占の禁止及び公正取引の確保に関する法律"は，占領改革下の 1947 年，当時の経済民主化と「財閥解体」政策の後をうけ，経済力の再度の集中を防止し，改革の成果を将来にわたって定着させることを意図して制定された。そして，同法の運用機関として公正取引委員会（公取委）が創設された。制定当初の独禁法（原始独禁法）は，①巨大企業の分割規定（旧2条5項・8条），②カルテル禁止の予防規定（旧4条・5条），③会社による株式保有の原則禁止（旧10条）と合併の認可制（旧15条）など，母法である米国の反トラスト法を上回る厳しい規制が設けられ，理想主義的性格を強く有するものであった。なお，翌48年に制定

独占禁止法の主要な立法・改正史

*エポックメイキングな判例・審決も併記した。

1946	持株会社整理委員会令（1951 廃止）
1947	独占禁止法（原始独禁法）
	過度経済力集中排除法（1955 廃止）
1948	財閥同族支配力排除法（1951 廃止）
	事業者団体法（1953 廃止）
1949	独占禁止法改正（昭和 24 年改正）
1953	独占禁止法改正（昭和 28 年改正）
1956	下請代金支払遅延等防止法
1962	不当景品類及び不当表示防止法
1969	＊新日本製鉄合併事件・同意審決
1975	＊第 1 次育児用粉ミルク再販事件・最高裁判決（1968 審決）
1977	独占禁止法改正（昭和 52 年改正）
1982	不公正な取引方法・一般指定改正
1984	＊石油カルテル刑事事件・最高裁判決（1974 告発）
1991	独占禁止法改正（課徴金の強化）
1992	独占禁止法改正（刑事罰の強化）
1996	独占禁止法改正（公取委の組織強化）
1997	独占禁止法改正（持株会社規制の緩和など）
1998	独占禁止法改正（企業結合規制の整備・効率化）
1999	独占禁止法改正（適用除外規定の縮小・廃止）
	反競争的行為に係る協力に関する日米協定
2000	独占禁止法改正（民事差止請求制度の導入など）
2002	独占禁止法改正（事業支配力の過度集中の規定の整備，刑事罰の強化）
2005	独占禁止法改正（平成 17 年改正。課徴金の強化と減免制度の導入，審査・審判手続の改正，刑事罰に関する犯則調査権限の導入）
2009	独占禁止法改正（平成 21 年改正。課徴金制度の拡充，刑事罰の強化等）
2011	企業結合規制の正規手続化（企業結合届出規則の一部改正）
2013	独占禁止法改正（審判手続の廃止，意見聴取手続の導入）
2018	確約制度の導入（平成 28 年 TPP 整備法による独禁法一部改正）
2019	独占禁止法改正（令和元年改正。調査協力減算制度の導入）

された旧事業者団体法も，独禁法の補完立法として，情報交換などの業界団体の活動に厳しい枠をはめていた。

緩和と後退

しかし，その後の独禁法の歩みは平坦ではなかった。日本経済の実情に合わないとして，1949（昭和24）年，ついで占領終結後の53年に大幅な緩和改正がなされ，上記の規定のほとんどが姿を消すとともに，再販売価格維持や不況・合理化カルテルを一定の条件で認める適用除外規定（現23条・旧24条の3・旧24条の4）が新設されたのである。その後，法適用の除外の拡大を意図した58年の改正案は世論の反対で廃案となったが，旧通商産業省主導の産業政策に基づく適用除外立法や行政指導カルテルが横行するなかで，50年代後半には公取委の活動も著しく低調となり，独禁法は一時機能停止に近い状態に陥った。

独占禁止法の再生

独禁法の緩和と後退の流れが反転するきっかけとなったのは，高度成長のなかで深刻化した消費者問題であった。まず，「ニセ牛缶」事件を契機に1962（昭和37）年に付属法規として景表法が制定され，また60年代の前半から，物価対策としてカルテルや再販売価格維持の規制が息を吹き返し始めたのである。ただし，当時の法運用は，寡占的企業に対する規制が不活発であるなど不十分なものであった。そして，60年代を通じて貿易や資本の自由化が進行していくなかで，政府は国際競争力の強化を旗印に大企業間の大型合併などを積極的に推進し，経済の寡占化が確実に進行していった。

これに対し1969年，公取委は八幡製鉄と富士製鉄の合併に対して初めての中止勧告を出した。新日鉄合併事件である。この事件は，最終的には条件付きで合併を認める形で決着した（同審昭和44・10・30審決集16・46）が，その過程で競争政策や寡占的企業の行動

年度別審決・命令件数の推移

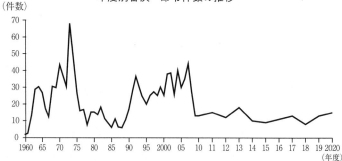

＊2004年までは，審決件数（課徴金納付命令および景表法に関わる審決は含まず）。2005年の平成17
　年改正以降は，旧法による審決件数＋改正法による命令件数（同一事件の排除措置命令・課徴金納
　付命令はセットで1件と数える）。公正取引委員会年次報告などをもとに作成。

に対する国民の関心を喚起し，以後独禁法が本格的に発展していく
上での画期となった。続いて，1970年代に入り石油危機が勃発す
ると，便乗値上げに関わる違反事件が激増し，特に石油会社の大規
模なカルテル事件が発覚して実質的に初めての刑事告発がなされた。
また，銀行や商社を中核とする企業集団の経済力や投機的行動も問
題とされ，このなかで独禁法の規制強化を求める声が高まっていっ
た。

1977年改正と独占禁
止法の定着・発展

こうして1977（昭和52）年，①企業分割の
規定の新設（2条7項8項・8条の4），②カ
ルテル課徴金制度の導入（7条の2・8条の
3），③株式保有規制の強化（旧9条の2・現11条），④価格の同調的
引上げの報告（旧18条の2）など，寡占対策や企業集団の規制を主
眼とする初の強化改正がなされた。これは，独禁法が日本社会に定
着したことを示す画期的な法改正であった。

　ついで80年代以降，貿易摩擦が激化して日本市場の閉鎖性に対
する国際的批判が高まり，また第2次世界大戦中から高度成長期を

通じて設けられてきた政府規制の見直し・緩和の動きが本格化するなかで，独禁法と競争政策の重要性が改めて強く意識されその運用強化が進められることとなった。すなわち1989年〜90年の日米構造問題協議を直接の契機として，審決件数が飛躍的に増大するなど積極的な法運用がなされるとともに，課徴金の強化（91年），刑事罰の強化（92年・2002年），公取委の組織強化（96年），民事の差止請求制度の導入（2000年）など，法規制の実効性を高める法改正が相次いでなされた。また，適用除外規定や除外立法の大幅な縮小・廃止も実現し，1953（昭和28）年改正で導入された除外規定のほとんどは姿を消すことになった。

| 経済の国際化と2005年・2009年改正 |

市場開放や規制の緩和・改革をもたらした経済の国際化の流れは，独禁法自体も国際化に対応した規制として発展することを要請する。これが大きな要因となって，過剰規制とされた持株会社の禁止規定が1997年に緩和された。また，合併や株式保有等の企業結合規制の整備が進められ，2011年には，非公式の事前相談制度を廃止し，正規の事前届出手続を通じて審査を行う体制に移行した。さらに，国際的な事件における効果的な法の執行を図るため，公取委と米国（1999年），EU（2003年），カナダ（2005年）の競争当局との間で，それぞれ，事件の審査等での両者の協力を内容とする独禁協力協定が締結された。

このなかで2005（平成17）年，経済界の一部の反対を抑えて，課徴金の算定率の引上げと加算制度の導入，調査に協力した事業者に対する課徴金減免（リニエンシー）制度の導入，刑事事件の調査ための公取委の犯則調査権限の導入など，措置体系を大幅に見直す改正が実現した。さらに，2009（平成21）年には，課徴金の対象を排

除型私的独占および不公正な取引方法の一部にも拡大する，カルテル首謀者への加算制度を導入する，刑事罰の懲役刑の上限を5年に引き上げる，などの追加的な改正が行われた。これらは，入札談合などの違反行為が後を絶たない中，米国の刑事制裁やEUの行政制裁金制度に倣って，独禁法の執行力の抜本的な強化を図ろうとするものであり，1977年改正以来の大規模な法改正と評価することができるものである。

2018年および2019年改正と違反事業者等の協力

2018（平成30）年改正で導入された「確約制度」は，被疑違反事業者に対し，違反事実の正式な認定をしないかわりに，当該事業者の自主的な「排除措置計画」を提出させ，それを公取委が認定したうえ，認定された「計画」を当該事業者に遵守させることで競争制限状態の迅速な解消を図ろうとするものである（→4③）。これまでデジタル・プラットフォーム事業者に関するものなど7件の運用の実績がある。手続と内容の透明性を確保することが課題である。

2019（令和元）年改正は，違反行為者が証拠の提出によりカルテル・談合の実態解明に協力すれば，協力の程度に応じて課徴金を減算する制度（調査協力減算制度）を導入した。その内容は，減免申請手続において，違反行為者の申請順位に加えて，違反行為者が自主的に提出する証拠が違反実態の解明に資する程度に応じて，一定の範囲内で，課徴金の減免率を柔軟に追加するものである（→3①）。この改正は2020（令和2）年12月23日に施行された。調査協力減算制度は，違反行為者により提出される（または提出を約束する）証拠の内容に応じて，一定の限度内で，公取委が違反行為者と交渉して減額率を合意するものである。その交渉過程においては，違反行為者の弁護士への相談や弁護士の助言が重要になる。公取委は，依

頼人が弁護士に相談した内容や弁護士の法的助言を記録した相談物件（文書等）については，違反の証拠としないことにした。これは依頼人と弁護士の秘匿特権の一種である（→3①）。

②　独占禁止法の目的

| 「公正且つ自由な
競争」 |

独禁法の目的は第1条に規定されている。その文言は必ずしもわかりやすいものではないが，「公正且つ自由な競争を促進」することによって，「一般消費者の利益を確保するとともに，国民経済の民主的で健全な発達を促進する」という点がこの条文の基本的骨格である。判例は，前者を直接的目的，後者を究極目的と呼んでいる（最判昭和59・2・24刑集38・4・1287〔石油価格カルテル刑事事件〕）。そしてここに，自由競争経済秩序を維持し競争政策を実現する法律である，独禁法の基本的な考え方が表現されている。

　ここでいう「公正且つ自由な競争」とは，市場メカニズムないし価格機構と呼ばれているものと共通する内容をもつと理解することができる。すなわち，財やサービスの需要と供給の変化に応じて価格が敏速かつ柔軟に変動するという，市場における競争のメカニズムが有効に作動することによって，どのような財やサービスをどれだけ供給するかについての消費者の選好が，生産や流通に的確に反映されフィードバックされていく。それは，消費者の選択によって経済運営の在り方が決定されていくことから，消費者主権とも呼ばれる。独禁法は，この市場メカニズムの機能を維持・発揮させることを目的とする法律である。

| 効 率 性 |

だが，そこでいう市場メカニズム，あるいはこれを通じる消費者利益の確保というこ

との意義を具体的にどう理解するかについて，一致した考え方が存在するわけではない。

　まず，経済学においては，市場メカニズムの機能は主に「効率性」という視点から分析され，それが資源の最適配分，企業の生産・経営効率の向上並びに技術革新やイノベーションにとっていかに有効であるかが検討される。1条の中段において「事業者の創意を発揮させ，事業活動を盛んにし，雇傭及び国民実所得の水準を高め」としているのも，この点を念頭に置いたものである。

　もっとも，この文言は競争の促進によって期待される効用を宣言的に述べているにすぎず，効率性の維持という結果の達成それ自体が法の直接的な目的とされているわけではない。また，経済学のモデルによる分析では，与件を単純化して一定の傾向を示すにとどまることが多く，そこから，各種の条件が複合化する個別具体のケースについての判断基準を導き出すのは必ずしも容易ではないことにも注意せねばならない。

　　　　　　　　　　　　他方で，法規範としての独禁法には，効率

経済の民主性の確保

性の維持だけに限定されない競争の社会的・制度的な価値や機能を重視し，私的経済力の抑止や消費者主権の実質化を図るという考え方が存在している。具体的には，①企業分割や持株会社の規制などに示される，独立した競争単位間の抑制と均衡（チェック・アンド・バランス）のシステムとしての競争を確保し，「経済の分権性」を維持するという考え方，②ボイコットや事業者団体の規制等に含まれている，市場競争への参加の機会を保障して，「市場の開放性」を維持するという考え方，③景品・表示の規制に象徴される，競争過程における「消費者の選択権」の保障という考え方，④優越的地位の濫用規制などにみられる，経済力を

利用した抑圧的行為を規制し，競争単位としての「事業者の自律性」を守るという考え方などである。

　1条の後段で，「国民経済の民主的で健全な発達を促進することを目的とする」とし，特に「民主的」という文言が加わっているのはこれを示すものである。そして，①で概観したように，独禁法の歴史的な展開のなかでは，この経済の民主性の確保という要請が重要な役割を演じているのである。

法目的の多元性　このようにみてくると，独禁法の目的は必ずしも一つに単純に割り切れるものではなく，またそれに応じて，個々の具体的な制度の性格も多様かつ多元的であるということができる。独禁法を学ぶにあたっても，「公正且つ自由な競争」の内容である"市場メカニズムの維持"という点を基本に据えつつ，まず個々の制度に即した具体的な理解を深めることが大切である。

競争条件の維持　最後に，独禁法による「公正且つ自由な競争」の促進は，競争が機能する条件を維持することによって，間接的に競争の促進を図るという規制手法を基本にしているという点が注意されねばならない。すなわち，そこでは競争制限的な行為を禁止したり，市場支配的な企業を分割する等の規制手法を用いて，競争を妨げる種々の要因や構造を除去することに主眼が置かれており，個別の産業分野の特性に対応した直接的・継続的な規制を課すことは予定していない。1条の前段で「その他一切の事業活動の不当な拘束を排除することにより」と述べているのは，このような意味を含むものである。その意味で独禁法は，市場競争の自律的なコントロール機能に働きかけることを基本とする法律であるということができる。

2 独占禁止法の構成と基礎概念

1 独占禁止法の構成

独禁法は 100 条余りに及ぶ一個の小法典の

独占禁止法の概観

体裁をとっている。このうち，実体規定の多くは 23 条までに規定されており，27 条以下は主に公取委の組織その他の手続に関するものである。また，重要な法概念や用語の多くは 2 条で定義されている。

独禁法の実体規定は，付属法規や関連法規も含め，**図「独占禁止法の構成」**に示したようなグループに整理することができる。本書の叙述もこの整理に従っている。

以上の実体規定を，競争条件維持のための

行為規制と構造規制

規制の手法という視点から整理すると，大きく行為規制と構造規制に分けることができる。

まず，カルテルと不公正な取引方法の規制は，事業者間の協定や個々の事業者の販売方法などを対象とし，市場における競争を人為的に制約する行動を規制することに主眼が置かれているので，行為規制と呼ばれる。他方，結合・集中規制は，会社間の合併や株式保有などにより，市場の構造が非競争的に変化したり，過度の経済力の集中が生じる危険がある場合を規制するので，構造規制と呼ばれる。特に，市場構造自体が非競争的である場合の企業分割について規定する独占的状態に対する措置は，合併や株式保有などの行為形式を手がかりとしないので，純粋構造規制と呼ばれる。なお，一般条項的な性格を有する私的独占の禁止は，行為規制と構造規制の両

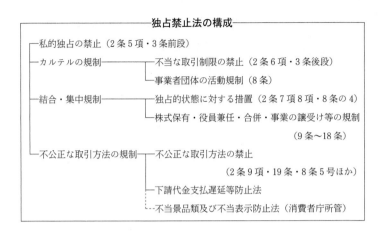

独占禁止法の構成

```
┬私的独占の禁止（2条5項・3条前段）
├カルテルの規制─────┬不当な取引制限の禁止（2条6項・3条後段）
│                    └事業者団体の活動規制（8条）
├結合・集中規制──────┬独占的状態に対する措置（2条7項8項・8条の4）
│                    └株式保有・役員兼任・合併・事業の譲受け等の規制
│                                                      （9条～18条）
└不公正な取引方法の規制─┬不公正な取引方法の禁止
                       │               （2条9項・19条・8条5号ほか）
                       ├下請代金支払遅延等防止法
                       └不当景品類及び不当表示防止法（消費者庁所管）
```

者にまたがっている。

**競争回避型と
競争排除型**

独占禁止法違反行為は，競争制限の原因となる行為の性格ないしは競争制限効果発生のメカニズムの相違に着目して，「競争回避」型の行為と「競争排除」型の行為に分けられることがある。競争回避型の行為とは，カルテルの規制のように，事業者間での競争の回避を通じて競争を制限する行為を指し，競争排除型の行為とは，私的独占の規制や不公正な取引方法の一部の規制のように，他の事業者を市場から排除したり新規参入を阻害することによって競争を制限する行為を指す。この分類は，個々の禁止行為の性格や要件を理解する際に有用なものである。ただし，どちらかの類型に属するということだけから直ちに具体的な判断基準が導かれるわけではなく，また，共同ボイコットのように双方の類型にまたがる行為や，優越的地位の濫用のようにいずれにも分類しがたい行為が存在することに注意する必要がある。

独禁法においては，競争の維持・促進とい
う法目的を達成するため，市場の競争に対
するネガティブな影響ないし効果を判定す
る次の 2 つの規制基準が共通して用いられることが多い。その具体
的内容は個々の規制に即して理解する必要があるが，ここで簡単に
概観してみよう。

(1) 「**一定の取引分野における競争を実質的に制限する**」　私的独占
の禁止，不当な取引制限の禁止，事業者団体の規制にかかる 8 条 1
号，結合・集中規制にかかる 10 条および 13 条〜16 条がこの要件
を用いている。

まず，ここで「一定の取引分野」とは，財・サービスの取引を通
じて事業者間の競争が展開する場である "市場" ないし "競争圏"
のことであり，その成立する範囲は，基本的には，需要者からみて，
取引対象とされた商品・役務に合理的な代替可能性があるかを判断
して，個々の事案ごとに画定される。したがって，取引分野の絶対
的区分が存在するわけではなく，商品やサービスの種類・取引段
階・地域・取引の相手方などに応じて種々の取引分野が成立しうる
ほか，同一の商品や事業者についても，重層的に複数の取引分野が
成立しうる（一定の取引分野の画定については，→第 4 章 2 ②参照）。

次に，競争の実質的制限は，「一定の取引分野における競争を全
体として見て」（東京高判昭和 55・9・26 高刑 33・5・359〔石油生産調整
刑事事件〕）判断される。すなわち，競争者の数の減少や当事者間に
おける競争の消滅などの個別的な競争制限がそれ自体として問題に
なるのではなく，市場全体の競争の働きに対する制約効果の如何が
問題とされる。そこで，「競争を実質的に制限する」ということの
内容であるが，これは，「当該取引に係る市場が有する競争機能を

損なうこと」（最判平成24・2・20民集66・2・796〔多摩談合課徴金事件〕）であり，「市場支配力の形成，維持ないし強化」（最判平成22・12・17民集64・8・2067〔NTT東日本事件〕）を意味するとされている。そして，その市場支配力の内容として，"価格支配力"と"排除力"の2つのタイプが挙げられるのが通例である。

まず，価格支配力とは，「競争自体が減少して，特定の事業者または事業者集団が，その意思で，ある程度自由に，価格，品質，数量，その他各般の条件を左右することによって，市場を支配することができる形態が現われているか，または少くとも現われようとする程度に至っている状態をいう」（東京高判昭和26・9・19高民4・14・497〔東宝・スバル事件〕）とされる。他方，排除力とは，"事業者が市場の開放性を妨げている場合"であり，これには，新しい競争者の市場への参入が困難になっている場合と，既存の事業者が市場から排除され，競争への参加が拒まれている場合とがあるとされている（今村成和『独占禁止法入門』）。この区別は，市場支配力の形成・維持・強化の仕組みの相違に着目する整理として，有用なものである。もっとも，後者の排除力については，前者の価格支配力とは異質の競争者を排除する力それ自体を指すのか，それとも，競争者が排除されて市場の競争圧力が低下する結果，価格等への影響力を有することになる場合を指すのかについて，学説の見解は一致していない。判例・審決は後者の立場をとっていると考えられる（前出NTT東日本事件）。

競争の実質的制限の判断の方法は，行為規制か構造規制かによって差異があり，また，いかなる場合が"実質的"といえるかには評価的な要素が含まれざるをえないので，一律にその判断基準を示すことはできない。その具体的な内容は，規制のタイプや個々の事案

に即して理解する必要がある（→第2章3②，第3章1④，第4章2）。

⑵ 「公正な競争を阻害するおそれ」　　不公正な取引方法の規制がこの要件を用いている。"公正競争阻害性"の内容は多義的で多岐にわたっているが，これを，①自由な競争の侵害，②競争手段の不公正さ，③自由競争基盤の侵害の3つに整理することが多い（→第5章1②参照）。

このうち，①の自由競争の侵害は，市場メカニズムに対する制約効果を問題にするものであるが，「一定の取引分野における競争を実質的に制限するものと認められる程度のものである必要はなく，ある程度において公正な自由競争を妨げるものと認められる場合で足りる」（判審昭和28・3・28審決集4・119〔第1次大正製薬事件〕）とされている。これは競争減殺（効果）と表現されることがある。他方，②の競争手段の不公正さは，不当表示などのように競争が価格・品質・サービスを中心として行われているかどうかを問題にするものであり，また③の自由競争基盤の侵害は，優越的地位を利用した抑圧行為を問題にするものとされる。そして，②③では，市場全体の競争に対する影響よりも，対象となる行為の性格が競争や取引の手段として不公正であるか否かの判断が中心になるとされる。

以上のような内容をもつ公正競争阻害性は，公正な競争を阻害する「おそれ」，すなわち「抽象的危険」で足りるとされている。これは，②③については，そのような手段・行為をとること自体が「おそれ」に該当することを意味する。他方，①の競争減殺効果が問題となる場合については，問題となる行為が競争に影響を与える態様の如何によって，市場全体の競争に与える具体的影響の立証を緩和したり，あるいは不要としたりすることを認める趣旨である。したがって，そこでの「おそれ」の程度の如何は，個々の禁止行為

の類型や事案によって様々であり，その内容は個別にみていく必要がある（→第5章1②）。例えば，拘束条件付取引に関しては，「具体的な競争制限効果の発生を要するものではなく，ある程度において競争減殺効果発生のおそれがあると認められる場合であれば足りるが，この『おそれ』の程度は，競争減殺効果が発生する可能性があるという程度の漠然とした可能性の程度でもって足りると解すべきではなく，当該行為の競争に及ぼす量的又は質的な影響を個別に判断して，公正な競争を阻害するおそれの有無が判断されることが必要である」とされている（判審平成20・9・16審決集55・380〔マイクロソフト非係争条項事件〕）。

　最後に，公正競争阻害性においては，「一定の取引分野」は明示の要件ではないが，特に①の競争減殺効果が問題となる行為については，その判断にあたって，一定の取引分野の画定が必要とされることがある（東京高判昭和59・2・17行集35・2・144〔東洋精米機事件〕）。また，その場合には，「一定の取引分野」のほかに「市場」の語が用いられることがある。

━━━━━━━━━━━━━
その他の規制基準
━━━━━━━━━━━━━

(1)　カルテルの規制のうち，事業者団体の活動規制については，競争の実質的制限のほかに，構成事業者の機能・活動の制限などの，競争制限の程度のより低い規制基準が設定されている（→第3章2②）。

(2)　結合・集中規制のうち，株式保有については，競争の実質的制限とは別に，金融会社による保有について総量規制基準が設定され，また，持株会社などによる事業支配力の過度集中をもたらす株式保有が禁止されている（→第4章5）。

(3)　独占的状態に対する措置については，市場集中度の高い高度寡占を念頭に置いた法適用の基準が設定されている（→第4章7）。

② 「事業者」の範囲

事業者・事業者団体・会社

独禁法では，原則として「事業者」ないしは「事業者団体」が規制の名宛人とされ，法適用の範囲を主体面から画している。したがって，これらに該当しない者には独禁法は適用されない。このうち事業者団体は，事業者概念を基礎にして定義される（2条2項，→第3章2①）。そこで，「事業者」の範囲をどのように考えるかが，法適用の基本的な前提として問題となる。

なお，合併・株式保有等に関する規制の名宛人は，会社（9条・10条・11条・15条），会社の役員または従業員（13条），会社以外の者（14条）とされている。

「事業者」の定義

独禁法は市場における経済活動を広く規制の対象とし，競争の維持と促進を図る法律であるから，事業者の範囲も形式にとらわれない経済の実質に即したものである必要がある。そこで法は「『事業者』とは，商業，工業，金融業その他の事業を行う者をいう」（2条1項）と広く定義し，判例もそこでいう「事業」とは，「なんらかの経済的利益の供給に対応し反対給付を反覆継続して受ける経済活動を指し，その主体の法的性格は問うところではない」（最判平成元・12・14民集43・12・2078〔都営芝浦と畜場事件〕）とする。したがって，この意味での事業を行う独立した経済主体であればよく，商法上の商人や会社法上の会社に限定されず，また公法人・私法人の別や自然人・法人の別なども問わない。

営 利 性

一般的に，市場における競争は利潤追求を目的としてなされると理解されている。そ

こで，例えば公営企業などの国・地方公共団体による公益目的の経済活動，あるいは社会福祉事業や教育事業など，営利を目的としないとされる活動の主体は独禁法でいう事業者に該当しないのではないのかとの疑問が生じる。しかし，なんらかの形で対価を反復継続して受け取ることを原則とし，「取引社会における経済活動として行われる行為」（東京地判昭和 59・9・17 審決集 31・129〔都営芝浦と畜場事件〕）の主体であると評価できれば事業者にあたり，営利性の有無は問わない。対価を得ることを原則とする経済活動を展開していれば，それに関わって価格や品質・サービスなどをめぐる競争が生じる可能性があり，したがって競争の制限が問題となりうるからである。

　具体的には，と場料を徴収する都営と畜場（前出都営芝浦と畜場事件最判），検定料を徴収する財団法人の食品検査機関（勧審平成 8・5・8 審決集 43・209〔日本医療食協会事件〕）・自動車教習所（勧審昭和41・2・12 審決集 13・104〔埼玉県自動車教習所協会事件〕）などについて事業者性を肯定した事例がある。また，地方公共団体が公共事務として有料の予防注射業務を行う場合につき，事業者性を肯定した裁判例がある（広島高岡山支判平成 5・2・25 審決集 40・805〔岡山県獣医師会事件〕）。

自 由 業

医師，建築士，弁護士等，修得した専門的な知識や技能を提供することを業とする「自由業」について，以前は，個人的な職業という性格が強く商工業のような企業性を持たないことなどを理由として，その事業者性が消極的に解されることがあった。しかし，対価を得てなされる経済活動である点に違いはなく，またその競争制限的行為の弊害も生じてきたことから，現在では自由業であっても特別扱いせず，独禁

法が適用されている（判審昭和 54・9・19 審決集 26・25〔日本建築家協会事件〕など）。

Column①　スポーツ選手，芸能人，フリーランスと独禁法••••

　これまでプロ野球選手や芸能人を個人事業者とみなし，独禁法を適用する可能性について検討されたことがある。しかし，労働基準法や労働組合法が優越的に適用されることもあり，独禁法の適用は難しい課題であった。最近，人材獲得市場におけるフリーランスの仕事に需要が増えており，この課題が再び注目されることになった。公取委・競争政策センター「人材と競争政策に関する検討会報告書」（2018・2・15）は，スポーツ選手や芸能人に加えて，実質的に労働者と変わらないフリーランスの利益を保護するために独禁法を適用する可能性があるか，という課題を検討した。例えば，単独行為として，報酬の支払遅延，契約の不履行，成果物の受取拒否などフリーランスの交渉力の弱さから生じる問題が検討課題となる。スポーツや芸能にかかわる事業者や事業者団体の共同行為として，契約金の制限，移籍・転籍の制限，資格の剥奪などが問題になりうる。その後，公取委の事務総局は，「スポーツ事業分野における移籍制限ルールに関する独占禁止法上の考え方」（2019・6・17）という簡易な文書を公表した。また，公取委は，内閣官房，中小企業庁，厚生労働省と共同して「フリーランスとして安心して働ける環境を整備するためのガイドライン」（2021・3・26）を公表した（いずれも公取委ウェブサイトの「所管法令・ガイドライン」の「人材分野」を参照されたい）。正式の違反事例はないが，公取委がスポーツ界や芸能界の旧い慣行を自主的に改善する動きを支援することが行われている。競争政策の新領域を開拓するものとして注目されよう。

③ 公共の利益・正当化事由

<u>「公共の利益に反して」</u> 独禁法の実体規定のうち，3条で禁止される私的独占（2条5項）と不当な取引制限（2条6項）については「公共の利益に反して」という文言が入っている。したがって，競争を実質的に制限する行為でも公益に反しない場合には違法とならないとの解釈が可能である。このように，競争制限効果を有する行為であっても，改めてその制限の公益性ないし正当性の有無を判断し，違法か否かを決するという考え方をどう評価すべきだろうか。

<u>解釈による適用除外</u> 1②でみたように，独禁法の目的は「公正且つ自由な競争」の促進に置かれており，これに沿って個々の規制が組み立てられている。したがって，公共の利益の解釈により競争を制限しても違法とならない場合を認めることは，独禁法適用の例外すなわち"適用除外"を解釈によって認めることにつながる。実際，適用除外立法や行政指導による競争制限行為が横行した独禁法の緩和・後退期には，公共の利益とは生産者・消費者を含めた広い国民経済全般の利益であるとの立場から，解釈による適用除外を広範に認めようとする傾向がみられた。また，近年その緩和や見直しが進行している政府規制分野においても，規制目的たる公益の実現を理由に，監督官庁が事業者間のカルテルなどの競争制限行為を利用する例がしばしばみられた。

<u>宣言的規定説</u> しかし，これでは独禁法による規制が骨抜きとなり，法を制定した趣旨を否定することにつながる危険があるし，また国民経済的利益などの不明確な内容で除外を認めることは，法適用を不確定で恣意的なものにする。

そもそも，独禁法固有の目的や構造を離れて公共の利益を理解することは，法解釈上許されないといわねばならない。そこで，公共の利益に反するとは，法目的である自由競争経済秩序の維持に反することそれ自体であり，したがって競争を実質的に制限する行為であれば反公益性の要件を充足するとする，宣言的規定説が通説となっている。

　最高裁も，「『公共の利益に反して』とは，原則としては同法の直接の保護法益である自由競争経済秩序に反することを指す」（最判昭和59・2・24刑集38・4・1287〔石油価格カルテル刑事事件〕）と述べ，原則的にはこの見解を支持している。これによって，独禁法固有の意味内容に限定されない公益概念を外から持ち込む余地は否定されたといってよい。

法益衡量論

　他方で，最高裁は，1953（昭和28）年改正により適用除外規定が追加されたことなどを根拠に，上記の判示に続けて「右法益〔＝自由競争経済秩序：筆者注〕と当該行為によって守られる利益とを比較衡量して，『一般消費者の利益を確保するとともに，国民経済の民主的で健全な発達を促進する』という同法の究極の目的……に実質的に反しないと認められる例外的な場合」（前出石油価格カルテル刑事事件最判）には禁止行為から除外されると述べ，目的規定に照らした法益の衡量により例外的に違法性が阻却される余地を認めた。これは，刑法の違法性阻却事由の考え方を導入しようとするものである。だが，法益衡量といってもいかなる基準で判断されるのか明確でなく，特にそこでいう究極目的の理解の如何では，結局恣意的な除外が認められる可能性もある。最高裁の判示に対しては学説の批判が強い。ただし，そこでいう究極目的には「消費者一般の利益と対立するような単なる事

業経営上の利益」は含まれないとされているので（東京高判昭和55・9・26審決集33・5・511〔石油価格カルテル刑事事件〕），判決の立場に立っても除外が認められるケースはきわめて限定されると考えられる。

法益衡量と
「正当化事由」

独禁法違反が問題となる行為に関しては，例えば安全や環境などのように，競争政策より上位にあると評価できる法的価値を実現するために必要だとの主張がなされることがある。あるいは，独禁法違反が問題となる行為に，各種の事業法による個別分野の政府規制が関わっていることもある。このような場合には，競争政策とそれ以外の法的価値や政策目的との調整を図ることが必要になってくる。もっとも，それが安全や政府規制などに藉口して，独禁法違反を免れようとするものであることも少なくない。

　そこで，近年は，最高裁の法益衡量論を再構成し，これを精緻化して，限定的かつ厳格な条件の下で，例外的に独禁法違反とならない場合を認める考え方が，判例・学説において有力になってきた。その場合，「公共の利益」の要件は，文言が抽象的で恣意的な解釈の余地があること，私的独占と不当な取引制限のみに限定された要件であることから，公共の利益ではなく，競争の実質的制限ないしは公正競争阻害性の要件に「正当化事由」の有無の判断を読み込んで解釈するのが通例となっている（大阪高判平成5・7・30審決集40・651〔東芝昇降機サービス事件〕，判審平成7・7・10審決集42・3〔大阪バス協会事件〕，東京地判平成9・4・9審決集44・635〔日本遊技銃協同組合事件〕，排除型私的独占ガイドライン第3-2(2)オなど）。

目的の正当性と手段
の正当性（相当性）

「正当化事由」の判断枠組みとしては，目的の正当性と手段の正当性（相当）の2段階に分けて法益考量を行う，次のような

アプローチが主流となっている。

第1に，目的の正当性は，独禁法の究極目的に照らし，当該行為によって実現する価値が，自由競争経済秩序を維持する価値よりも優越するかどうかを判断するものである。そこでは，独禁法とは異なる政策目的や価値を直接持ち込むのではなく，あくまで独禁法の究極目的の観点から正当な目的と評価されるか否かが判断される。したがって，例えば，安全や環境など「一般消費者の利益」に直接関係する価値には目的の正当性が認められるのが通例である。他方「事業経営上の利益」については，単に事業経営上または取引上の観点から見て合理性ないし必要性があるというだけでは足りず，それが一般消費者の利益に結びつくとか，競争促進的な効果をもたらすなどの事実が具体的に示されねばならないと考えられている。

第2に，手段の正当性（相当性）は，目的の正当性の存在を前提にして，そこで用いられた手段が，目的を実現するために必要かつ合理的な手段であるかどうかを判断するものであり，①目的達成のために合理的に必要とされる範囲内か，および，②より制限的でない他の方法・手段が存在しないかが，問題とされた行為の内容，違反の程度，行為の態様，代替的措置の可能性などに照らして判断される。その場合，ハードコア・カルテルのような悪性の強い行為については，手段それ自体が自由競争経済秩序の維持から乖離する程度が著しいこと，他の政策目的を達成する手段としてもノーマルな方策とはかけ離れたものであることなどから，上記の目的の正当性に関わる比較衡量に詳細に立ち入ることなく，いずれにせよ手段それ自体が相当性を欠くとして，正当化事由が否定されることがある（最決平成 12・9・25 刑集 54・7・689〔水道メーター談合刑事事件〕）。

正当化事由の判断枠組みは以上のようなものであるが，実際には，

目的の正当性自体が認められないか，認められても手段の正当性が認められないとしたものが大部分であり，正当化事由があるとされた事例はほとんど存在しないことに注意しなければならない。これらの点も含め，公共の利益ないし正当化事由をめぐる具体的論点は，次章以下で個々の違反行為に即して検討する（→第2章，第3章3，第5章1，第6章1，第7章1等参照）。

4 適用除外制度

適用除外制度とは　適用除外制度とは，特定の分野ないしは領域において，一定の行為について独禁法の規定の適用を例外的に除外する制度であり，競争政策以外の他の政策目的を達成しようとする場合のほか，それが実質的に独禁法に抵触しないことを確認する目的でも設けられることがある。

適用除外には，独禁法に規定されている場合（21条〜23条）と個別の立法による場合（中団法89条，道路運送法18条等）がある。除外の方法としては，認可（道路運送法19条等）・届出（輸出入取引法5条・33条等）・指定（独禁法23条1項）等による場合と，法定の要件を満たせば除外が認められる場合（独禁法21条・22条・23条4項）とがある。また認可等は，公取委が認可権を持つもの（独禁法11条2項等）と他の主務大臣が認可権を持つもの（保険業法102条，道路運送法19条等）があり，後者では公取委の同意ないしは公取委との協議が要件とされるのが通例である（保険業法105条，道路運送法19条の3等）。

明文の規定による除外の原則　しかし，このような適用除外，特に他の政策原理からの除外は競争政策とは相容れないものであり，またそれが拡大していくと，

経済の基本法である独禁法の適用領域が限定され法規制が空洞化してしまう。そこで，法律の規定や仕組みが独禁法違反行為の存在を容認しているように見える場合であっても，少なくとも“明文の除外規定”が存在しない限り独禁法の適用は除外されないとするのが原則である（前出石油生産調整刑事事件東京高判，前出大阪バス協会事件）。その限りで，一般法に対する特別法優先，先法に対する後法優先という法解釈の基本原則は修正されることになる。

このような解釈が認められるのは，①適用除外は市場経済の基本的ルールである独禁法に対する例外であるから，その許容には慎重であるべきこと，②公取委は，独禁法の制定以来，経済法令の企画・立案の段階で適用除外の必要性や適否等について関係行政機関と協議・調整を行ってきているので（44条2項参照），除外が必要な場合には明文の規定を設けるとするのが立法者の合理的意思であると考えられること，などの理由からである。

適用除外制度の評価　さらに競争政策の立場からは，市場メカニズムを制約する適用除外制度は必要最小限にとどめられるべきであり，廃止も含めた不断の見直しがなされる必要がある。少なくとも，除外による弊害を減少させるためその適用範囲を可能な限り限定する必要がある。この立場から，個別の法律による適用除外カルテルの原則廃止や再販指定品目の取消しなど，適用除外制度の抜本的な見直しが進められ，現在，独禁法に定められている適用除外は，知的財産権との調整を目的とする21条を別にすると，協同組合の行為（22条）および再販売価格の拘束（特に著作物の再販に関する23条4項）に関するもののみとなっている。これらを含む適用除外制度の具体的内容は，関連する各章のなかで個別に検討する（→第3章3，第5章2④，第6章1④，第7章1②）。

3 独占禁止法の執行・実現と公正取引委員会

1 独占禁止法の執行・実現

競争秩序の維持という独禁法の目的は，法の執行・実現が担保されてはじめて実現される。執行・実現は，行政的規制，刑事制裁，民事上の救済手段に分けられる。行政的規制には，排除措置や課徴金などの行政措置と，それ以外のガイドラインの設定などがある。刑事制裁では，自然人が処罰されるほか，両罰規定により法人にも罰金が科される。民事上の救済手段には，不法行為による損害賠償請求，差止請求，違反行為の私法上の効力などがある。以下，主なものを概観してみよう。

行政措置(1)―排除措置　独禁法の運用機関である公取委が，違反行為者に対して「違反行為を排除するために必要な措置」を命ずる（7条・8条の2・17条の2・20条）ことで，その目的は，違反行為によってもたらされた違法状態を除去し公正かつ自由な競争を回復することにある。したがって，違法とされた行為自体の差止めにとどまらず，例えば事業の一部譲渡や事業者団体の解散など，当該行為によって生じた結果の除去を命ずることも可能である。また現存する違法状態の除去だけでなく，例えば同種の違反行為の反復禁止を命じるなど，将来の再発を予防するための措置も命ずることができる（東京高判昭和28・12・7行集4・12・3215〔東宝・新東宝事件〕）。

さらに，違反行為がすでになくなっている場合でも，「特に必要があると認めるとき」は，当該違反行為が排除されたことを確保す

るために必要な措置を命ずることができる（7条2項）。具体的には，同種の行為が繰り返されるおそれがある場合や，違反行為の結果が残存している場合などがこれに該当する（判審平成19・2・14審決集53・682〔コスモ石油他事件〕）。また，そこでの措置の必要性の有無の判断については，公取委の専門技術的な裁量が認められている（最判平成19・4・19審決集54・657〔郵便番号区分機事件〕）。なお，排除措置には除斥期間の定めがあり，当該行為がなくなった日から7年を経過したときは措置を命ずることができない（7条2項・8条の2第2項・20条2項）。

　排除措置は行政処分（下命・禁止）として私人の自由を制限するものであるから，内容が不明確ないし不可能を強いるものであってはならず，また抽象的であったり広範に過ぎるなど，排除措置として必要な範囲を超えるものであってはならない。

行政措置(2)—課徴金

違反行為の摘発に伴う不利益を増大させてその経済的誘因を小さくし，違反行為の予防効果を強化することを目的として，違反行為者から一定額の金銭を徴収する制度である（最判平成17・9・13民集59・7・1950〔機械保険連盟課徴金事件〕）。課徴金が賦課されるのは，不当な取引制限（7条の2第1項），事業者団体（8条の3），支配型私的独占（7条の9第1項），排除型私的独占（7条の9第2項），および不公正な取引方法の一部（20条の2〜20条の6）であり，それぞれについて賦課の対象となる行為が法定されている。その場合，行政措置として機動性・迅速性が求められることから，課徴金の算定の方法・基準は定型化されている（→第2章，第3章，第5章）。また，証拠の収集や立証が難しいカルテル行為（不当な取引制限および事業者団体の行為）については，違反行為の発見ならびに抑止を図るために，違反行為に係る事

実を申告して公取委の調査に協力した事業者に対して，申告の順位（7条の4）と証拠提出による協力の程度（7条の5）に応じて課徴金を免除・減額する減免（リニエンシー）制度が設けられている（→4②，第3章4①）。

課徴金算定の基礎になる「実行期間」やその始期と終期の説明は第3章を参照されたい（→第3章4① 136〜137頁）。

課徴金制度は，違反行為の抑止を目的とする行政上の措置であって，「カルテルの反社会性ないし反道徳性に着目しこれに対する制裁として科される刑事罰とは，その趣旨，目的，手続等を異にする」（東京高判平成5・5・21高刑46・2・108〔ラップ価格カルテル刑事事件〕）。したがって，課徴金と刑事罰（罰金）を併科しても，憲法39条の禁止する二重処罰にはあたらない。また，課徴金制度は，違反行為の抑止を目的とする制度であるから，公平の観点から権利主体間の利害調整を図る不当利得制度や，被害者の損害の填補を図る不法行為制度とは，その趣旨・目的，要件・効果が異なっている。したがって，課徴金の対象となる違反行為について不当利得返還請求や損害賠償請求が認められても，課徴金額が減額されるようなことはない（不当利得につき，東京高判平成13・2・8審決集47・690〔シール談合不当利得返還請求事件〕）。

課徴金制度の令和元年改正の経緯 2017（平成29）年4月25日に，課徴金制度の見直しの提言を行う公取委・独占禁止法研究会（岸井大太郎座長）の報告書が公表された。その主な内容は，事業者による一層の協力を促すために，課徴金減免制度の柔軟化を提言するものであった。これを受けて2019年に独禁法が改正された。以下，順に説明する。

調査協力減算制度：
制度の柔軟化

課徴金減免制度の柔軟化として次のような制度が導入された。第1に，カルテル・談合に対する課徴金を，これまでの申請者数の上限を撤廃し，すべての調査対象事業者に申請順位に応じた減額率が与えられた。第2に，その減額率に加えて，違反事業者が公取委の審査に協力を申し出れば，提出を約束できる証拠の内容に応じた減額率を追加する制度が導入された。変更されなかったのは，公取委の調査前に第1位で減免申請した違反行為者に全額免除を与えることだけである。

　提出できる証拠により追加できる減額率は一定の上限があり（**図「カルテル・談合に関する課徴金減免制度」**を参照），その範囲で，公取委が一定の基準に照らして違反事業者と協議することで合意される。具体的には，違反事業者が提出できる証拠（対象商品・役務，受注調整の方法，参加事業者，実施時期，実施状況等の文書情報など）の評価が，違反事業者側の弁護士の立会いにより行われる。これらは不当な取引制限の課徴金納付命令に関する行政調査手続のなかで，独禁法76条に基づく「課徴金減免規則」や，「調査協力減算制度の運用方針」（令和2・9・2）に従って行われる。

規定の追加と廃止

このほか，課徴金の賦課に関して，次のような規定の追加と廃止が行われた。①卸売業，小売業など業種別算定率の廃止，②中小企業への軽減算定率の適用を実質的な中小企業に限定（1社でも大企業の企業グループに属していれば，中小企業の軽減算定率は，参加企業全社に適用されない），③違反行為の早期中止に対する軽減算定率の廃止，④割増算定率が適用される主導的な違反行為者への調査妨害行為した者の追加，⑤談合に参加しながら落札機会のなかった事業者でも，一定の場合に，

カルテル・談合に関する課徴金減免制度

現行制度

調査開始	申請順位	申請順位に応じた減免率	協力度合いに応じた減算率
前	1 位	全額免除	
	2 位	20%	＋最大 40%
	3～5 位	10%	
	6 位以下	5%	
後	最大 3 社(注)	10%	＋最大 20%
	上記以下	5%	

【参考】2019 年改正前

調査開始	申請順位	申請順位に応じた減免率
前	1 位	全額免除
	2 位	50%
	3～5 位	30%
	6 位以下	
後	最大 3 社	30%
	上記以下	

出典；公正取引 828 号 31 頁（2019. 10）より

課徴金が課されること，⑥違反親会社とその完全子会社等との取引態様により，違反親会社でなく完全子会社等の方が課徴金を負担すべき場合があり，そのような子会社が定義により明確にされたこと（定義規定が独禁法2条の2第3項から第11項に置かれている）。これらの詳細は第3章を参照されたい（→第3章4①134～136頁）。

> 秘匿特権の限定導入と判別官の設置

新しい課徴金減免制度を運用するため，公取委は，課徴金減免を申し出た違反事業者と減免率について円滑に交渉・協議する必要がある。当該違反事業者が社外弁護士に助言を求める機会も多くなるであろう。このとき，もし，公取委が，違反行為者の保有する物件（文書等）のうち，社外弁護士と交信した相談の記録や社内会議に出席した社外弁護士と協議した事項のメモ類（相談物件）を違反の証拠物件として扱うということになれば，違反事業者は社外弁護士に調査協力にかかわる相談を円滑にできなくなるであろう。

このようなことを避けるために，依頼人と弁護士の間の調査協力に関する相談文書（違反行為を隠蔽する相談などの文書等は含まない）に秘匿特権を認める限定的手続が導入された。この手続は，英米法

上の Attorney-Client Privilege のような法的制度ではなく，法令上も判例上も明示的な根拠はないなかで，公取委のカルテル談合の調査手続において限定的に導入されたものである。

公取委は，秘匿特権を認める相談物件を，違反の証拠として扱う物件（文書等）から判別する手続を行う判別官を置いた。判別官は，提出された物件に秘匿特権が適用されると判断すれば，その物件を速やかに違反事業者に返還する（公取委は「相談物件」を事前に区別して管理することを事業者に推奨している）。秘匿特権が適用されないと判断すれば，これを違反の証拠物件として審査官に移管する。秘匿特権の手続は，「事業者と弁護士との間で秘密に行われた通信の内容が記録された物件の取扱方針」（令和2・7・7）に従って行われる。

企業結合と事前届出制　企業結合のうち株式の取得または所有（10条），合併（15条），会社分割（15条の2），株式移転（15条の3），事業譲受け（16条）については，違法な場合の事後的な解体措置では混乱が生じること，競争秩序の侵害を未然に防止できることなどから事前届出制が採用されており，事前に公取委に届出を行って，計画されている企業結合が違法か否かの審査を受けるという仕組みがとられている。その場合，公取委は，違法な企業結合に対して排除措置を命じることができるが（17条の2），実際の運用においては，違法の疑いが指摘された事案のすべてにおいて，届出会社側から問題解消措置の申し出がなされ，最終的に違法な企業結合は存在しないとして手続が終了するという形がとられている（企業結合の届出・審査手続については，→第4章を参照）。

警告・注意・要望など　独禁法に違反するおそれがある行為があるまたはあったと認められるが，なお排除措置命令などの法的措置を執るに足る証拠が得られなかった場合には，

"警告"により是正措置をとるよう指導がなされる（→4②）。また，違反行為の存在を疑うに足る証拠が得られないが，将来違反行為が行われるおそれがある場合には，未然防止の観点から"注意"が行われる。この他，調査などによって独禁法上問題を生じさせるおそれのある行為が発見された場合には，関係する事業者や事業者団体に対し違反行為の防止などに係る指導や要望・指摘などがなされることがある。

基準・指針（ガイドライン）　公取委が，独禁行政の統一性の確保や違反行為の防止を図るため，一般公表権（43条）に基づき，事務処理基準・運用基準・指針・考え方等として法の解釈・運用についての具体的な意見や方針を公表することがあり，これらをガイドラインと通称している。現在，独禁法による規制のほぼ全域にわたってガイドラインが設けられており，それは独禁法の理解に不可欠である（→「法令・ガイドライン等略称一覧」〈主要ガイドライン一覧〉参照）。

　ガイドラインは，委任立法である告示などと異なり，これによって違反行為の範囲が画定されるなどの法的効果を持つものではない。しかし，公表による抑止効果や事前相談による指導などを通じ，独禁法の実効性確保と違反行為の未然防止に大きな役割を果たしている。また，ガイドラインは，公取委が，自らの独禁法の運用基準を明確にして事業者の予見可能性と法運用の透明性を確保するために作成・公表したものであること，取引社会における行為指針としての役割を果たしていることから，その記述は，違反行為の認定においても「尊重されるべきである」とされることがある（知的財産ガイドラインに関する，前出マイクロソフト非係争条項事件参照）。

　ガイドラインで示された独禁法の解釈等の適否は，国家賠償請求

訴訟で争うことが可能である（東京高判平成6・4・18行裁45・4・1081〔消費税定価表示事件〕）。また，ガイドラインの内容が公取委の裁量行為の内部的基準（裁量基準）を定めたものと評価される場合には，個別のケースでその基準と異なった判断をするには，相手方の信頼保護と平等原則の要請から，それについての合理的な理由を示す必要がある（景表法の事件であるが，審決等で示された準則または裁量基準が先例として確立している場合に言及した裁判例として，東京高判平成8・3・29審決集42・457〔東京もち株式会社事件〕も参照）。

| 事前相談制度 |

独禁法に関しては，法運用の透明性を高め，法適用に関する予見可能性を高めるとの観点から，事業者が将来行おうとする行為について，独禁法の規定に抵触するか否かを事前に公取委に相談して回答を得ることができる「事前相談制度」が設けられており（「事業者の活動に関する事前相談制度」），違反行為の未然防止に大きな効果を発揮している。

事前相談においては，(1)相談対象行為を行おうとする者からの申出であって，(2)将来自ら行おうとする行為に係る個別具体的な事実を示し，(3)申出者名および相談・回答内容が公表されることに同意した場合には，公取委が，当該相談事項について法律の規定に抵触するものでない旨の回答をすると，その回答を撤回しない限り法的措置をとることはできないとする，いわゆるノーアクションレター制度が採用され，法運用の透明性および相談者の信頼の保護が図られている。

| 刑 事 制 裁 |

独禁法の実体規定のうち，私的独占の禁止（89条1項1号），不当な取引制限の禁止（89条1項1号・90条1号），事業者団体の活動規制（89条1項2号・90条2号），銀行・保険会社の議決権保有の制限（91条）については，

排除措置や課徴金などの行政措置とは別個に罰則（懲役刑および罰金刑）の定めがある。89条1項の罪は、懲役刑の上限が執行猶予の認められない5年であり、また未遂も処罰される（89条2項）。

以上の罪については、従業者等の処罰および法人処罰を可能にするための両罰規定（95条）を設け、特に89条の罪については、法人等に対する罰金刑に実効性を持たせるために、従業者等に対する罰金刑との連動を切り離した高額の上限（5億円）が設定されている（95条1項1号・2項1号）。さらに、違反行為の計画や実行を知りながら防止措置をとらなかった法人・団体の代表者を処罰する三罰規定もある（95条の2・95条の3）。なお、公正競争阻害性を要件とする不公正な取引方法の禁止および事前届出制をとる合併等の規制には直接的な罰則の定めはない。ただし、不公正な取引方法については、確定した排除措置命令に違反した場合、法人に高額の罰金（3億円以下）が科される（95条1項2号）。

刑事罰は、法人・団体の代表者や従業者等の自然人の実行行為者に対し懲役刑も含めた処罰が可能であり、また法人に対し高額の罰金刑を科せる点で、行政措置にはない強力な制裁・抑止効果を持ち、その活用が求められている。刑事罰については、公取委による専属告発制度が採用されており、また、積極的に刑事告発を行うため、公取委に犯則調査権限が認められている（→5）。

現在、実体規定に違反する行為については、価格協定や入札談合などのカルテル行為を刑事罰の対象とするとの方針がとられている（告発・犯則調査運用方針）。カルテルへの刑事罰の適用に関わる論点は、後に詳しく触れる（→第3章4②）。

民事上の救済手段　　独禁法違反行為によって損害を被った者は、違反行為者に対して民法の不法行為（民法

709条）に基づく損害賠償の請求をすることができる（最判平成元・12・8民集43・11・1259〔鶴岡灯油事件〕）。また，3条，6条，19条違反の場合には，排除措置命令または審決が確定した後は，無過失の損害賠償請求をすることができる（25条・26条）。なお，後者の25条訴訟は，東京地裁の専属管轄とされている（85条の2）。

　次に，不公正な取引方法（19条・8条5号）については，違反行為によってその利益を侵害され，または侵害されるおそれのある者による，差止請求が認められている（24条）。

　さらに，違反行為が契約の内容ないし条件となっていたり，解除権の行使が独禁法に違反するような場合には，それらの私法上の効力を争ったり，解除が信義則違反ないし権利濫用にあたるなどと主張することができる。なお，契約が無効とされる場合には，違反行為者に超過利得があれば不当利得の返還を請求することも可能である。このほか，株式会社における責任追及等の訴えや住民訴訟においても，損害賠償などを争える場合がある。

　以上の民事上の救済手段は，被害者救済に資するだけでなく，私人のイニシアティブによる法の実現として，人員・予算などに限りがある公取委の規制を補完し，違反行為の抑止効果を高める機能も有している。その具体的内容は，後述するほか（→5），関係する各章で触れる（→第5章11③，第6章3⑥）。

② 公正取引委員会の任務と組織

| 公取委の任務と役割 |

独禁法は，「第1条の目的を達成することを任務とする公正取引委員会を置く」（27条）とし，同法の運用機関として，内閣府設置法上の行政委員会である公取委を設置している（同法49条以下，64条）。公取委は，また，

諸外国との独禁協力協定において，独禁法の運用を任務とする専門機関として，我が国における「競争当局」とされている（日米独禁協力協定など）。

公取委は，排除措置や課徴金などの行政措置，ガイドラインの策定・運用などの行政的規制の中核を担うほか，刑事罰に関しても，犯則調査権限を行使し，また専属告発権を有するなど重要な役割を担っている。さらに，損害賠償や差止請求などの民事上の救済においても，裁判所に意見を述べるなどの形で，訴訟に積極的に関与することとされている。

行政委員会　公取委は，合議制の行政委員会として，委員長および委員4名で組織される。委員および委員長は，35歳以上で法律または経済に関する学識経験のある者のうちから，内閣総理大臣が，国会の両院の同意を得て任命する（29条）。委員会の議事・議決方法は法定されており（34条），委員会による命令・決定は，委員長および委員の合議によらなければならない（65条）。

公取委の所掌事務には，実体規定である私的独占・不当な取引制限・不公正な取引方法・独占的状態の規制に関することのほか，国際協力，その他法律に基づき属せられた事務が含まれる（27条の2）。そして，これらの事務を処理させるために事務総局が置かれている（35条1項，→図「公正取引委員会の組織」参照）。

職権行使の独立性　公取委は，内閣総理大臣の所轄に属し内閣府の外局とされているが，委員長および委員は「独立してその職権を行う」と規定され，通常の行政機関と異なり上級機関の指揮監督をうけることはない（28条・88条）。そしてこの職権行使の独立性を担保するため，委員長および委員の任期

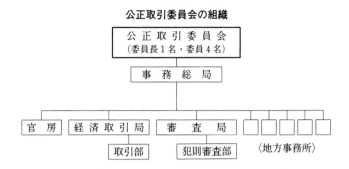

公正取引委員会の組織

公 正 取 引 委 員 会
（委員長 1 名・委員 4 名）

事 務 総 局

官 房　　経 済 取 引 局　　審 査 局　　　　　　　　〈地方事務所〉

取引部　　　　犯則審査部

制（5 年：30 条 1 項），在任中の身分保障（31 条）および報酬の保障
（36 条）を定めている。

　公取委にこのような独立性が認められているのは，①独禁法は市
場経済の基本的ルールを定めたものであるから，時の政府の政策・
意向に左右されない中立的な法運用がなされる必要があること，②
独禁法は法と経済が融合する分野を規制対象としているので，学識
経験者の専門技術的な判断に基づく法運用を行う必要性があること，
③公取委は学識経験ある委員から構成される合議制の委員会であり，
排除措置命令，課徴金納付命令等は委員長および委員の合議によら
なければならないから，そのような専門家の合議による決定を尊重
する必要があること，④公取委による違反事件の処理手続には，次
に述べるように準司法的要素を有する意見聴取手続が設けられてい
るので，そのような要素を有する手続の前提として，独立性が要請
されること，⑤刑事事件については，公取委の専属告発制度が設け
られており，個々の事件について刑事罰を求めるか否かについては，
専門機関である公取委が判断すべきものとされているから，その判
断の中立性を担保するために独立性が必要とされること等の理由か
らである。

なお，公取委の独立性については，行政権は内閣に属する（憲法65条）とされていることとの関係が問題になるが，違憲でないとする見解が多数を占める。その根拠としては，委員の人事や財務等について内閣が一定の監督権限を行使しうる点を挙げるのが通説的見解であるが，近年では職務の専門技術性や国会によるコントロール（29条・44条）を重視する見解も主張されている。

③ 公正取引委員会の権限

行政的権限

(1) 公取委は，排除措置命令，課徴金納付命令などの行政措置を命じる権限を有している。そして，それらの措置を行うために必要な行政調査権限が与えられ，営業所への立入検査などの強制調査をすることができる。

(2) 公取委は，刑事事件についての専属告発権を有している。そして，積極的な刑事告発を行うために，刑事の手続に準じる犯則調査権限が与えられており，裁判官の発する許可状を得て，臨検，捜索，差押えをすることができる。

(3) その他の行政的権限として以下のものがある。

ⓐ 管理業務：合併・株式保有等の企業結合の届出に関する業務，適用除外の認可・承認，他官庁所管の適用除外法令に関する業務など。

ⓑ 法令調整・行政調整：関係行政機関が行おうとする経済法令の制定・改正や特定の行政措置等について，独禁法および競争政策上問題がある場合に，当該行政機関と協議ないし調整を行う（44条2項，内閣府設置法58条8項）。

ⓒ 一般調査：事業活動や経済実態の調査で，任意調査がなされるのが通例であるが，調査のための強制権限も与えられ（40条），

また必要な調査の嘱託もできる（41条）。

準司法的な要素を有する権限

独禁法は，排除措置命令及び課徴金納付命令を下すにあたって，行政手続法が規定する事前手続に代わる「意見聴取手続」（49条〜60条）を設け，適正手続の確保を図ろうとしている。この点に着目して，本書では"準司法的な要素を有する権限"と呼ぶことにする。処分の適正と関係者の権利保護を指向するこの手続の具体的内容については，後に詳しく説明する（→4）。

準立法的権限

公取委には，その内部規律や事件処理手続などに関する規則の制定権が認められている（76条）。また，告示という形式によって不公正な取引方法の指定（2条9項6号・72条）や再販商品の指定（23条1項）を行うことが認められている。このように，職権行使の独立性が認められていることに対応し，公取委に対し比較的広範な立法の委任がなされている点に着目して，準立法的権限という。準立法的権限の行使にあたっては公聴会の開催が義務づけられる場合がある（71条）。また，指定にあたっては，原案を事前に公表して意見を聞き必要な修正を行う意見公募（パブリックコメント）手続がとられる（行政手続法39条以下）。なお，2条9項の委任の範囲は実質的に限定されているので，違憲でないとされている（最判昭和50・7・10民集29・6・888〔第1次育児用粉ミルク〈和光堂〉事件〕）。

国際的権限

公取委は，所掌事務にかかる国際協力に関する権限が与えられ（27条の2第5号），相互主義の下で，外国競争当局に対して一定の情報を提供する権限が認められている（43条の2）。現在，独占禁止協力協定（政府間協定）が日米間，日・EU間，日・カナダ間で締結されている。また，経

済連携協定の競争法関連部分の協定（協力覚書）として，CPTPP，日・EU経済連携協定などがあり，外国の競争当局との協力に関する覚書および行政取決めとして，中国，カナダ，オーストラリア，韓国などの取り決めがある（→8章3①）。また，国際競争ネットワーク（ICN）やOECD，APECなどの多国間会議に参加している。

4 公正取引委員会による違反事件の処理

公取委による違反事件の処理は独禁法の「第8章第2節に定める手続」（45条以下）に従って行われる。本節では，この手続をプロセスを追ってみていくことにしよう。

① 違反事件の処理手続の概観

違反事件処理の
プロセス

違反事件の処理手続の基本的な流れは，図「違反事件の処理手続」に示されているように，まず，事件の端緒に接した公取委による調査（「審査」）がなされ，そこで違反行為があると認められる場合には，命令の名宛人となる者に対する「通知」をして「意見聴取手続」が開始される。そして，同手続を経たあと，「委員会による合議」を経て排除措置命令および課徴金納付命令がなされる。さらに，これらの命令に不服がある者は，行政事件訴訟法の規定に従い，東京地裁に対して取消訴訟などの抗告訴訟を提起することができる。なお，独占的状態に対する措置については，名宛人に対する通知をする際に，主務大臣に協議し，かつ公聴会を開催しなければならないとされている（64条5項）。

違反事件の処理手続

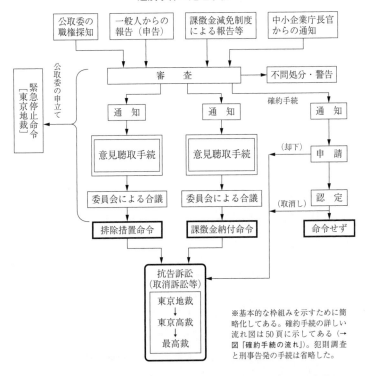

公取委の職権探知

一般人からの報告（申告）

課徴金減免制度による報告等

中小企業庁長官からの通知

公取委の申立て

緊急停止命令［東京地裁］

審　査 → 不問処分・警告

確約手続

通　知

通　知

通　知

意見聴取手続

意見聴取手続

申　請 （却下）

委員による合議

委員会による合議

認　定 （取消し）

排除措置命令

課徴金納付命令

命令せず

抗告訴訟（取消訴訟等）

東京地裁
↓
東京高裁
↓
最高裁

※基本的な枠組みを示すために簡略化してある。確約手続の詳しい流れ図は 50 頁に示してある（→図「確約手続の流れ」）。犯則調査と刑事告発の手続は省略した。

　以上の手続の細目については，「公正取引委員会の審査に関する規則」（審査規則），「公正取引委員会の意見聴取に関する規則」（意見聴取規則）等が定められている。

意見聴取手続の特徴

　以上のような，審査―意見聴取手続―命令という一連の手続において特徴的なのは，適正手続の確保を図るために，行政手続法が規定する事前手続（行手第3章13条以下）に代わる「意見聴取手続」（49条以下）が設けられている点である。

まず，同手続は，二面構造で行われる「弁明の機会の付与」ではなく，第三者が介在する「聴聞」に準じる手続を採用しており，許認可等を取り消す処分などに聴聞手続を義務づけるにとどまる行政手続法上の区分（13条1項）と比べて，より適正手続に配慮した仕組みとなっている。また，そこで手続を主宰する「指定職員」（以下「意見聴取官」と呼ぶ）は，当該事件について審査官の職務を行ったことのある職員その他の当該事件の調査に関する事務に従事したことのある職員を指定することができない（53条2項，意見聴取規則14条3項）として，行政手続法にはない除斥事由を設け，手続の中立性・公平性の確保を図っている。なお，意見聴取官は，手続の終結後に，当該意見聴取に係る事件の論点を整理して記載した報告書を作成するが，行政手続法におけると異なり，意見を記載するとはされていない。これは，学識経験者で構成される合議制の独立行政委員会である公取委が，委員の合議により判断を行うことから，意見聴取官による意見を提出する必要性は必ずしも高くないからだとされている。

以上のように，全体として，聴聞手続に準拠した，行政手続法の水準よりも完備した事前手続が設けられている点に着目して，ここでは"準司法的な要素を有する手続"と呼ぶことにする。

以下，排除措置命令および課徴金納付命令を念頭において，具体的な手続を見ていこう。

Column② 審判制度の廃止と意見聴取手続の導入・・・・・・・・・・・・

2013（平成25）年改正により，行政審判制度が廃止され，公取委の命令に不服がある者は，通常の行政事件と同様，直接，地方裁判所に抗告訴訟を提起するという手続がとられることとなった。そして，適正手続の保障を図るための事前手続として，新たに意見聴

取手続が導入された。この改正は，2005（平成17）年改正で導入された事後審判制度が，自己の行った処分を自ら審査する点で公正さの外観に欠けるという批判に答えたものであった。これに対しては，2005（平成17）年改正前の事前審判制度に戻すことで対応すべきとの有力な見解もあり（公取委「独占禁止法基本問題懇談会報告書」2007〔平成19〕・6・26），事件処理手続のあり方については，審査手続も含めて，様々な意見や提言があったところである。

ここでは，導入された意見聴取手続のあり方について，考えてみることにしよう。

第1に，意見聴取手続は，行政手続法上の聴聞（15条以下）に範をとったものである。聴聞手続は，処分を行う根拠とされた事実の認定を公正に行うことに主眼があり，そのために，あらかじめ証拠を開示して相手方に手の内を見せた上で反論させ，これを参考にしながら，処分庁が改めて検討を加えて最終判断を下すという仕組みをとったものである。

第2に，意見聴取手続では，手続の主宰者である意見聴取官が，当該事案について利害関係を持たず，偏見なく意見聴取を行うことを保障することが，手続の適正公平と当事者の信頼を確保する上で重要となる。この点，独禁法が行政手続法にはない除斥事由を設けている点は，高く評価される。さらに，審判制度における審判官のような厳格な職能分離を課する必要は必ずしもないが，意見聴取官の所属部局を審査部門とは別にする，手続管理官の事務を補助する職員（意見聴取規則15条）に法曹資格保有者を起用するなど，より中立性を高める工夫が検討されるべきである。

第3に，証拠の閲覧・謄写の制度は，当事者が適切な防御権を行使するために必要なものであり，意見聴取手続の根幹に関わる重要な意義を有するものである。審判手続においては，審判開始前の段階における関係書類等は閲覧・謄写の対象とはされていなかったから（独禁法旧70条の15），この点では，意見聴取手続の方が進ん

でいる。また，一定の範囲で証拠の謄写まで認めている点も，行政手続法にはないものである。

　なお，一定の違反被疑行為については，意見聴取手続に入らず，簡易に事件を処理する確約手続が，2018（平成30）年に導入されている（→4③）。

❖❖❖

② 審査手続

<table>
<tr><td>事件の端緒と審査の開始・進行</td><td>公取委は一般人からの報告，自らの職権探知，課徴金減免制度による申告，中小企業庁長官からの通知によって事件の端緒とな</td></tr>
</table>

る事実に接する（45条等）。そして，そこで違反行為の疑いありとして審査の必要を認めたときは，審査官を指定して必要な調査を行わせることになる（47条，審査規則7条）。これを「立件」と呼ぶ。審査官には強制調査権限が与えられ，事件関係人および参考人の審訊または意見もしくは報告の徴収，鑑定人による鑑定，帳簿書類その他の物件の提出と留置，事件関係人の営業所その他必要な場所への立入検査などの処分を行うことができる（47条1項）。特に立入検査は，審査のための最も有力な手段であり，事件名・被疑事実の要旨・関係法条等を記載した文書（告知書）を交付して行われる（審査規則20条）。その場合，事件調査に必要であれば，違反被疑事業者等の従業員の居宅等であっても検査の対象となる（審査手続指針第2-1⑶）。必要な調査をした場合には調書を作成しなければならない（48条）。そして，審査が終了すると審査官は審査報告書を作成し，必要な証拠・調書を添付して委員会に報告することになる（審査規則23条）。なお，審査官のした，調査のための処分に不服が

ある者は，処分を受けた日から1週間以内に，委員会に異議の申立てをすることができる（審査規則22条）。

　一般人からの報告（申告）があったときは，公取委は，事件について必要な調査をしなければならず，また，その報告が書面で具体的な事実を摘示してなされた場合には，当該事件の処理結果を報告者に通知しなばならない（45条2項3項，審査規則29条）。ただし，この通知は報告者に便宜を与えるものにすぎないから，抗告訴訟の対象となる行政処分にあたらない（東京地判昭和55・8・26審決集27・255）。

　なお，事務総局審査局長は，審査の過程において，犯則事実の端緒となる事実に接したときは，委員会に報告しなければならず，そこで委員会が必要と認めた事件は「犯則事件」に移行する。刑事告発を念頭においた公取委による犯則調査の詳細については，→5①を参照。

| 立入検査と適正手続 | 事件関係人の営業所などへの立入検査については，これを「拒み，妨げ，又は忌避した者」に対して罰則が科せられる（94条4号）。これは，相手方に |

調査応諾の行政上の義務を課し，その履行を罰則によって担保したものであり，罰則が適用されることがあるという意味において，違反被疑事業者等が調査に応じるか否かを任意に判断できる性格のものではない（審査手続指針第2-1(1)，税務調査に関する最決昭和48・7・10刑集27・7・1205〔荒川民商事件〕）。そこで，憲法35条に定める裁判官の令状主義がここにも及ぶかが問題となる。これについては，「被審人側の承諾を前提とし，正当な理由なくして，その承諾を拒むことを認めない趣旨において，刑罰の制裁を設けているにとどまり，公正取引委員会の直接の実力行使を認めているものではない」

ことから，憲法違反でないとされた（判審昭和 43・10・11 審決集 15・84〔森永商事事件〕，税務調査に関する最大判昭和 47・11・22 刑集 26・9・554〔川崎民商事件〕）。例えば，被審人の履行補助者の了解のもとに検査を開始し，被審人代表者の申出・意思表示に従い検査を中断・打ち切ったことが，被審人の承諾の範囲内で行われ違法でないとした審決がある（判審平成 9・7・11 審決集 44・131〔水田電工事件〕）。

　立入検査においては，その円滑な実施に支障がない範囲で弁護士の立会いが認められる。ただし，これは事業者の権利として認められるものではないから，弁護士が到着するまで検査の開始を待つ必要はない（審査手続指針第 2–1(5)）。開始されるまでに証拠隠滅等が行われる可能性があるからである。

| 供述聴取 |

供述聴取は，事件の実態解明を目的として，違反被疑事業者の従業員等のほか，取引先の従業員，発注官庁の職員などを対象として行われるもので，違反行為の認定に重要な役割を果たしている。供述聴取には，聴取対象者の協力に基づいておこなわれる「任意の供述聴取」と，聴取対象者に出頭を命じた上でおこなう「審尋」があり，審尋の場合には，聴取対象者が正当な理由なく出頭せずまたは陳述せずもしくは虚偽の陳述をした場合には罰則が適用されることがある（94 条）。実際には，供述聴取の大部分は任意の供述聴取によっている。これらの供述聴取は，手続の適正と効率的・効果的な調査とのバランスを考慮し，以下の点に留意して行うこととされる（審査手続指針第 2–2）。

　(1)　供述聴取を行うにあたって，審査官等は，威迫，強要その他供述の任意性を疑われるような方法を用いてはならず，また，自己が期待し，または希望する供述を相手方に示唆する等の方法により，みだりに供述を誘導し，供述の代償として利益を供与すべきことを

約束し，その他供述の真実性を失わせるおそれのある方法を用いてはならない（審査手続指針第2-2(3)ア）。

(2)　供述聴取時の弁護士を含む第三者の立会い，供述聴取過程の録音・録画，調書作成時における聴取対象者への調書の写しの交付および供述聴取時における聴取対象者によるメモの録取は，事業者による調査協力のインセンティブを確保する仕組みのない現行制度の下では，違反疑義事件の実態解明の妨げになることが懸念されることなどから，認められていない（審査手続指針第2-2(3)イ。ただし，課徴金減免申請者の従業員等は，供述聴取終了後，その場でメモを作成することができることを2015〔平成27〕年12月に審査手続指針に追記）。なお，審査官等が事案の実態解明の妨げになる懸念はないと判断したケースにおいて，供述聴取の円滑な実施の観点から審査官の判断で行うことのある，現行実務の例外的な運用を排除するものではない（同イの括弧書き参照）。

他方で，聴取対象者の負担を考慮して，1日につき8時間までを原則とし，また聴取が長時間となる場合には，休憩時間を適時適切に確保することとされている。そして，休憩時間内に弁護士等の外部の者と連絡をとることや記憶に基づいてメモをとることは，認められている。ただし，口裏合わせ等が行われるおそれがあるときは，例外的に審査官等が付き添う（審査手続指針第2-2(4)）。

なお，黙秘権（自己負罪拒否特権）は，聴取対象者の協力に基づく任意の供述聴取については問題にする余地がない。また，供述義務が課される審尋についても，他の行政制裁で認める例がなくこれらとの整合性を欠くこと，行政調査段階で作成された調書は犯則調査では使用されないことなどから，認められていない。

(3)　審査官等は，供述調書または審尋調書を作成した場合には，

これを聴取対象者に読み聞かせ，または閲覧させて，誤りがないかを問い，誤りがないことを申し立てたときは，聴取対象者の署名捺印を得て完成させる。その場合，聴取対象者が記載の追加・削除・訂正など，供述内容の増減変更を申し立てたときは，その申し立て内容を調書に記載し，または該当部分を修正することとしている（審査手続指針第2-2(5)）。

(4) 審尋については，前記のように，公取委に異議申立てをすることができる。また，任意の供述聴取についても，審査手続指針に反する審査官の言動があったとする場合には，聴取を受けた日から1週間以内に，公取委に対して苦情を申し立てることができる（審査手続指針第2-4)。

| 調査への協力と
課徴金の減免 |

課徴金の対象となるカルテル行為が行われた場合，当該違反行為に係る事実の報告および資料の提出を行った事業者に対しては，その申告の順位，および公取委の調査開始日以前か以後かなどに応じて，一定の規準の下に課徴金が免除ないし減額される減免（リニエンシー）制度が設けられている（7条の4，7条の5）。

なお，親子会社など法定の条件を満たす企業グループが共同で減免の申請をした場合には，申告の順位や減免額は，個々の事業者単位ではなく当該グループ単位で判断される（7条の4第4項，課徴金減免規則10条）。

減免の手続は，はじめに電子メールを利用した簡易な報告書を提出させて仮の順位を決め，その後，提出期限を定めて正規の報告書および資料を提出させる（課徴金減免規則4条以下，7条以下）。そして公取委は，報告および資料の提出を受けたときは，当該事業者に対して，文書をもってその旨を通知する（7条の4第5項）。この

「通知」によって，申告の順位の決定およびその申告が法定の要件を満たしていることの確認がなされる。その後，報告および資料に虚偽の内容が含まれていないこと，公取委による追加資料の請求に応じることなどを条件に（7条の4第6項，7条の6第1号～3号），減免が実施されることになる。なお，減免の申請が第三者に明らかになることによって証拠隠滅等がなされないよう，申請者には第三者への秘匿義務が課されている（7条の6第6号）。

| 不問処分および警告 |

審査の結果，違反事実がなかった場合などには，違反事件として取り上げない旨の決定がなされる。その場合，独禁法に違反するおそれのある行為がある，またはあったと認められるが，なお排除措置命令などの法的措置をとるに足る証拠が得られなかった場合には，警告を発するにとどめられることがある。また，そもそも審査の必要が認められず立件されない場合もある。これらを総称して不問処分と呼ぶ。

このうち警告は，違反の疑いのある行為を指摘してその是正措置をとるよう求める行政指導であるが，違反行為の未然防止を図ることができること，当該事業者の行為に対する消費者・事業者の注意喚起に資することから，事業者名も含めて原則として公表することになっている。その場合，事業者名の公表により不利益を被るおそれがあること，当該警告を争う手段が確保されていないことから，警告は文書によって行い，あらかじめ，警告の名宛人となるべき者に対して意見申述の機会を付与することにしている（審査規則26条～28条）。

なお，45条1項によって違反事実を報告した者が，当該不問処分を争う抗告訴訟を提起することはできない。この条項は「審査手続開始の職権発動を促す端緒に関する規定」にすぎず，報告者に対

して，審判手続の開始などの適当な措置をとることを要求する具体的請求権を付与したものではないとされている（最判昭和47・11・16民集26・9・1573〔エビス食品企業組合事件〕）。他方，公取委の規制権限の不行使により財産権等を侵害されたと主張する者が，国家賠償請求訴訟を提起することは可能である。そして，「個別の国民の権利利益との関係で，公取委の公務員が右規制権限を行使すべき条理上の法的作為義務があり，これを行使しないことが右独禁法等の究極目的に反し，著しく不合理である場合」には，その権限不行使は違法とされる（大阪高判平成10・1・29審決集44・555〔豊田商事国賠訴訟大阪事件〕）。このほか，公取委の規制権限の不行使に対し，一定の処分をすべきことを求める「義務付け訴訟」を提起することも可能である（行訴37条の2以下）。

3 確 約 手 続

独禁法の違反被疑事件を迅速かつ適切に処理するために確約手続が導入された。公取委は，その必要があると認めるとき，違反被疑事業者の協力により，意見聴取手続に入ることなく，事件を簡易に処理することができるようになった。この手続は，欧州等の類似の手続を参照しており，CPTPP（→第8章3①）を受けたCPTPP整備法により正式に導入された。

公取委は，「公正且つ自由な競争の促進を図る上で必要があると認めるときは」，被疑事業者に通知することにより，競争を回復するのに適切な「排除措置計画」を提出させることができる（48条の2以下）。通知を受けた被疑事業者は，これに応じようとするときは，「排除措置計画」を作成して60日以内に提出しなければならない（48条の3）。公取委は，提出された計画を検討し，「公正且つ自由な

確約手続の流れ

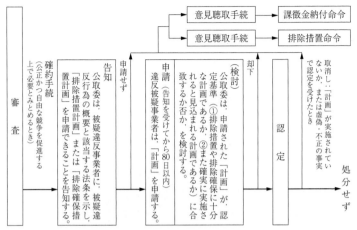

※ 「排除措置計画」とは被疑行為を排除するために必要な措置の計画をいい，「排除確保措置計画」とは既往の被疑行為が排除されたことを確保するために必要な計画を言う。

競争を促進する」ために適切な「排除措置計画」であると判断すれば，これを「認定」する（48条の3第3項）。被疑事業者は，「認定」を受けた「排除措置計画」を誠実に履行すれば，被疑行為の違法性を確定されることがない。これを「確約制度」という。

他方，公取委は，被疑事業者の申請した「排除措置計画」の内容が競争の促進を図るうえで不十分であると判断すれば，この申請を「却下」する（48条の3第6項）。また一旦「認定」した「排除措置計画」も誠実に履行されなければ認定を「取消」す（48条の5）。申請を「却下」し，認定を「取消」したとき，公取委は，排除措置命令等を行うための意見聴取手続に入る。

確約手続は，既往の違反行為に対しても適用される（48条の6以下）。この場合，公取委に提出されるべき計画は「排除確保措置計画」と称される。

明文の規定はないが，確約制度は，「公正且つ自由な競争の促進を図る」ために必要なときに認められるものなので，カルテル・入札談合のほか，刑事告発相当の悪質な違反行為，繰り返しの違反行為には適用されない（「確約手続に関する対応方針」公取委，2018・9・26）。また，公取委は申請を受けた確約計画が認定要件に適合するか否かの判断にあたり，広く第三者の意見を参考にする必要があると認める場合には，30日以内に意見募集期間を定め，ウェブサイト等を通じて，意見募集をすることができる（これまで意見募集の例はない）。

なお，公取委が，「排除措置計画」等の却下，取消しをしたとき，当該計画の申請者は，抗告訴訟を提起することができる（→40頁図「**違反事件の処理手続**」）。「認定」処分について，利害関係ある第三者が抗告訴訟を提起することもありえよう。

④　意見聴取手続

公取委は，排除措置命令や課徴金納付命令をしようとするときは，当該命令の名宛人となるべき者について，意見聴取を行わなければならない（49条・62条・64条）。意見聴取は，非公開とされている（54条4項）。以下，排除措置命令に即してみていくことにする（課徴金納付命令については，62条4項の準用規定を参照）。

命令の名宛人への通知　公取委は，意見聴取を行う期日までに相当の期間をおいて，排除措置命令の名宛人となるべき者に対し，(1)予定される命令の内容，(2)公取委の認定した事実およびこれに対する法令の適用，(3)意見聴取の期日および場所，(4)意見聴取に関する事務を所掌する組織の名称・所在地を書面により通知しなければならない（50条1項）。当該書面においては，意

見聴取の手続や証拠の閲覧・謄写に関する教示をしなければならず（50条2項），また，委員会の認定した事実を立証する証拠の標目も記載される（意見聴取規則9条）。このほか，意見聴取官の指定は通知の時までに行い，その氏名を当事者に通知しなければならない（意見聴取規則14条）。なお，当事者は，やむを得ない理由がある場合には，意見聴取官に対して，意見聴取の期日または場所の変更を申し出ることができる（意見聴取規則10条）。

　名宛人への通知は，処分の内容および理由を名宛人に認識させることによって，自己の防御権を有効に行使する機会を与えようとするものであり，講学上の「告知」に相当するものである。

　上記の通知を受けた者（以下「当事者」という）は，代理人を選任することができる（51条）。なお，意見聴取手続は，訴訟における第一審に相当するものではないから，代理人を弁護士等に限定する規定は置かれていない。

　　　　　　　　　　　　　　当事者は，通知があった時から意見聴取が
　|　証拠の閲覧・謄写　|　
　　　　　　　　　　　　　　終結するときまでの間，当該意見聴取に係
る事件について，公取委が認定した事実を立証する証拠の閲覧または謄写を求めることができる（52条）。証拠の閲覧・謄写は，当事者の防御権保障の充実を図るためのものであり，意見聴取手続を実効あるものとするのに重要な意義を有するものである。

　その場合，謄写の対象は，自社が提出した物証および自社従業員の供述調書に限定される（52条1項括弧書，意見聴取規則13条）。これは，証拠には事業者の秘密等も含まれる可能性が高く，例えば，複数の事業者が関与するカルテル等では，自社証拠が他社に謄写されると物理的に外部に流出してしまう危険があり，私的独占や不公正な取引方法では，被害者的な立場にある取引先事業者等の供述等

の証拠が被疑事業者たる当事者によって謄写されると，有形無形の報復が行われやすくなることなどが懸念されるからだとされている。

他方，公取委は，第三者の利益を害するおそれがあるときその他正当な理由があるときは，その閲覧・謄写を拒むことができる（52条1項後段）。ここでの第三者には，当事者の従業員も含まれ，そのプライバシーに係る事項などが拒否の対象となるとされている。

意見聴取手続の進行　まず，最初の期日の冒頭において，事件を担当した審査官（47条2項）その他の当該事件の調査に関する事務に従事した職員（以下「審査官等」という）が，予定される排除措置命令の内容，公取委の認定した事実および当該事実を立証する証拠のうち主要なもの，ならびにこれに対する法令の適用について，当事者に説明する（54条1項）。

当事者は，意見聴取の期日に出頭して，意見を述べ，および証拠を提出し，意見聴取官の許可を得て審査官等に対して質問を発することができる（54条2項）。口頭での質問権は，当事者とのやり取りを通じて事実認定を適正に行うことを目指すための重要な手段である。また，当事者は，意見聴取の期日への出頭に代えて，意見聴取官に対し，当該期日までに陳述書および証拠を提出することができる（55条）。なお，証拠の提出ないし添付とされているので，証人による証言は保障されていないと考えられる。

意見聴取官は，意見聴取の期日において必要があると認めるときは，当事者に対して質問を発し，意見の陳述もしくは証拠の提出を促し，または審査官等に説明を求めることができる（54条3項）。これは，民事・刑事の訴訟における釈明権に類するものである。また意見聴取官には，期日に出頭した者が，意見聴取に係る事件の範囲を超えて意見陳述または証拠提出するときにこれを制限するなど，

意見聴取期日における秩序を維持する権限が与えられている（意見聴取規則17条）。このほか，意見聴取官は，必要があると認めるときは，意見聴取の期日に先立ち，当事者に対し，陳述書や証拠などの提出を求めることができる（意見聴取規則16条）。

意見聴取官は，期日における当事者の意見陳述，証拠提出および質問ならびに審査官等による説明の結果，なお意見聴取を続行する必要があると認めるときは，さらに新たな期日を定めることができるとしており（56条），複数回の期日の開催が可能となっている。このほか，当事者の不出頭等の場合における意見聴取の終結等に関する規定がある（57条）。

| 調書および報告書の作成 |

意見聴取官は，意見聴取の期日における当事者の意見陳述等の経過を記載した調書，および，当該意見聴取に係る事件の論点を記載した報告書を作成し，これらを公取委に提出する（58条）。

このうち調書には，当事者の陳述の要旨のほか，期日における意見陳述等の経過，提出された証拠の標目等を記載し，提出された証拠を添付しなければならない（58条1項・3項，意見聴取規則20条1項〜3項）。また，調書は，当事者による意見陳述が行われたときは期日ごとに，行われなかった場合は意見聴取の終結後速やかに作成しなければならない（58条2項）。

報告書は，意見聴取官が，委員会の判断の参考に資するよう，意見聴取に係る事件の論点を整理して記載するものであり，意見聴取の終結後速やかに作成しなければならない（58条4項，意見聴取規則20条4項・5項）。論点の整理は，双方の意見が対立している点を整理して記載するものであり，意見の記載は予定されていない。

当事者は，作成された調書および報告書の閲覧を求めることがで

きる（58条5項）。その場合，その内容は意見聴取官が責任をもっ
て定めるものであるから，当事者に訂正を請求する権利はないが，
訂正の求めに応じて適切な対応がとることが望ましいと考えられる。

意見聴取手続の再開 公取委は，意見聴取の終結後に生じた事情
に鑑み必要があると認めるときは，意見聴
取官から提出された報告書を返戻して手続の再開を命じることがで
きる（59条1項）。手続終結後に生じた事情には，公取委の認定し
た事実に関して新たな証拠を得た場合，既存の証拠書類等に瑕疵が
あった場合などが含まれる。他方，通知に記載された事実以外の事
実および証拠書類等が新たに発見され，これに基づいて命令を行お
うとするような場合は，新たに意見聴取手続をとる必要があると解
される。

5 排除措置命令・課徴金納付命令

委員会による合議 排除措置命令，課徴金納付命令は，委員長
および委員の合議によらなければならない
（65条）。そして，公取委は，排除措置命令および課徴金納付命令に
関する議決をするときは，意見聴取手続において意見聴取官が作成
した調書および報告書の内容を十分に参酌してしなければならない
（60条）。

ここで十分に参酌とは，調書および報告書の内容を十分に考慮し，
これを汲み取る必要があることを意味するとされている。その場合，
命令の内容や法令の適用などは，本来的に公取委が責任をもって判
断すべき事項であるから，十分に考慮し汲み取る必要があるのは，
原則として事実認定に関する事項であると考えられる。

このほか，関係ある公務所または公共的な団体は，公共の利益を

保護するため，公取委に対して意見を述べることができるとされている（67条）。

排除措置命令

排除措置命令は，文書（排除措置命令書）によって行い，命令書には，違反行為を排除し，または排除されたことを確保するために必要な措置，ならびに，公取委の認定した事実およびこれに対する法令の適用を示さなければならない（61条）。

　排除措置命令に記載すべき理由である"事実および法令の適用"は，違反行為に関する認定事実のほか，いかなる事実関係に基づき，いかなる法規を適用して排除措置が命じられたのか，命令の名宛人においてその記載自体から了知しうるものでなければならない。その場合，既往の違反行為に対する措置の判断の基礎となった事実は，記載を全体として見て知りうるものであればよい（最判平成19・4・19審決集54・657〔郵便番号区分機事件〕）。

　公取委は，排除措置命令が当事者によって守られているか否かを監視するため，命令確定後においても，特に必要があると認めるときは，行政調査権限（47条）を行使して，命じた措置が講じられているかどうか確かめるために必要な処分等をすることができる（68条3項）。また，排除措置命令に従わないものに対しては，命令確定前は過料（97条），確定後は刑事罰（90条3項）の定めがある。このほか，公取委は，経済事情の変化その他の理由により排除措置命令を維持することが不適当であると認めるときは，決定でこれを取り消しまたは変更することができる（70条の3）。

課徴金納付命令

課徴金納付命令は，文書（課徴金納付命令書）によって行い，命令書には，納付すべき課徴金の額およびその計算の基礎，課徴金に係る違反行為ならび

に納期限を記載しなければならない（62条1項）。

　課徴金の納期限は，命令書の謄本を発する日から7月を経過した日とされ（62条3項），期限までに納付しない者があるときは，督促をした上で，納期限の翌日からその納付日までの日数に応じ，当該課徴金の額につき年14.5%の割合の延滞金を徴収することができる（69条2項）。なお，納付されない課徴金および延滞金の徴収は，国税滞納処分の例による（69条4項）。

　このほか，納付命令については，刑事罰（罰金）と課徴金が併科される場合に罰金額の2分の1に相当する金額を減額する調整規定が置かれている（7条の2第19項・63条）。このような調整を行う趣旨は，両者は違反行為の抑止という機能面で共通する部分があるからだと説明されている。しかし，刑事罰は，課徴金だけでは抑止効果が不十分だからこそ科されるものであり，両者を併科しても金額が過大になるとはいえないから，このような調整の必要性には強い疑問が出されている。

裁判所の緊急停止命令　　公取委が審査を開始してから排除措置を命ずるまでには，一定の期間を要するのが通例である。しかし，その間に違反の疑いのある行為を放置しておくと，場合によっては競争秩序が侵害され回復困難な状況に陥るおそれが生じる。そこで独禁法は，裁判所は，「緊急の必要があると認めるとき」は，公取委の申立てにより，当該行為，議決権の行使または会社の役員の業務の執行を一時停止すべきことを命じることができるとし，裁判所による仮の措置として，このようなおそれのある行為の停止を命じうることにした（70条の4）。その管轄は東京地裁であり（85条），その裁判は非訟事件手続法による（70条の4第2項）。公取委は事案について審査に着手した以後はいつでもこの申

立てをすることができ（東京高決昭和50・4・30高民28・2・174〔中部読売新聞事件〕），また停止命令の取消し・変更も申立てによる。

　緊急停止命令については，供託による執行免除の制度が設けられている（70条の5）。ただし，これは当然に執行免除を認めるものではなく，「事案の性質が執行の免除に適するかどうか，執行を免除することが緊急停止命令によって保全しようとする法益を危うくすることがないかどうか，その他諸般の事情を検討してこれを決すべきもの」とされており（東京高決昭和30・11・5行裁6・追録・3027〔大阪読売新聞景品付販売事件〕），実際に執行免除の申立てが認められた事例は存在しない。

6　命令に対する抗告訴訟

命令に対する抗告訴訟の概観

公取委のした排除措置命令，課徴金納付命令等（確約手続における「排除措置計画」等の却下，認定，認定の取消しを含む）に不服がある者は，行政事件訴訟法の規定に従い，公取委を被告として取消訴訟などの抗告訴訟を提起することができる（77条）。

　その場合，独禁法違反事件の専門性に鑑み，判断の合一性と裁判所における専門的知見の蓄積を図る観点から，第一審を東京地方裁判所の専属管轄とすることとされている（85条1項）。また，裁判所における慎重な審理を確保するために，東京地裁においては3人の裁判官の合議体（5人の裁判官の合議体によることもできる）により，また控訴審となる東京高裁においては5人の裁判官の合議体により審理および裁判を行うこととされている（86条・87条）。いずれも，命令に対する抗告訴訟における裁判所の専門性の確保を図ろうとするものである。以下，取消訴訟についてみていこう。

取消訴訟の原告適格が認められるのは，処分等の取消しを求めるにつき法律上の利益を有する者である（行政事件訴訟法9条）。これに命令の名宛人が該当することは当然であるが，それ以外の第三者，例えば競争者，取引の相手方，最終消費者などの者に原告適格が認められるかについては，2005（平成17）年に新設された行政事件訴訟法の解釈規定（同法9条2項）も踏まえて，ケースバイケースで判断されることになる。以下，違反行為の被害者と，被害者以外の第三者に分けてみてみよう。

(1) **違反行為の被害者**　違反行為によって利益を侵害される被害者については，排除型私的独占の被害者たる競争者につき，「独占禁止法の排除措置命令等に関する規定（同法7条，49条6項，66条）は，……競業者が違反行為により直接的に業務上の被害を受けるおそれがあり，しかもその程度が著しいものである場合には，公正取引委員会が当該違反行為に対し排除措置命令又は排除措置を認める審決を発することにより公正かつ自由な競争の下で事業活動を行うことのできる当該競業者の利益を，個々の競業者の個別的利益としても保護する趣旨を含む規定であると解することができる」と述べて，原告適格を認めた判決がある（東京高判平成25・11・1審決集60・2・22〔JASRAC私的独占事件高裁判決〕，最決平成27・4・14審決集62・393により確定）。

この判決は，「排除措置命令を取り消す審決がなされた場合」を直接の対象とするものであるが，そこでは，①命令の確定を条件にして被害者の損害の塡補の適正・迅速・容易化を図る独禁法25条訴訟が関連規定として存在すること，②私的独占や不当な取引制限などの違反行為の実体的根拠規定は，競業者などの違反行為の被害

者の利益を保護する趣旨を含んでいると解されることなどを考慮して，排除措置命令には，競業者等の事業者が"公正かつ自由な競争の下で事業活動を行うことができる利益"を，個々の事業者の個別的利益としても保護する趣旨が含まれているとする考え方がとられている。したがって，取消審決の有無に関わらず，競争者や取引の相手方事業者に対し，一定の範囲で原告適格を認める可能性を認めたものと評価することが可能である。また，判旨は最終消費者の原告適格については判断していないが，排除措置命令に被害者保護の趣旨が含まれるとする本判決のアプローチは，一般消費者の不服申立適格を一律に否定した，2004（平成16）年行訴法改正前の判決（最判昭和53・3・14民集32・2・211〔ジュース表示事件〕）にも再考を求めるものということができる。今後の判例の展開が期待されるところである。

(2)　**違反行為の被害者以外の第三者**　　違反行為の被害者以外の第三者については，命令の名宛人ではないが命令において違反行為者と認定された者，排除措置命令によって利益を害される名宛人以外の第三者などが考えられる。前者については，25条訴訟により損害賠償請求を受けるおそれがあるから，原告適格を認めるべきであろう。他方，後者については，排除措置により独禁法6条に違反する契約の削除を命じた場合の当該契約の相手方について，排除措置は「同法所定の目的を達成するためのいわば行政的手段にほかならず，その対象とされた行為等の私法上の効果を直接左右する効力を有するものではない」として，原告適格を否定した判決がある（東京高判昭和46・5・19審決集17・297〔ノボ・インダストリー事件〕）。また，景表法の不実証表示に関する事案であるが，効能の裏付けとなる資料が提出されなかった商品の原材料を製造・販売する事業者に

ついて，「本件各処分は，本件各商品に係る取引自体を禁ずるものではないし，まして本件各商品の原材料……そのものの取引について何ら措置を命じるものでもない」として，原告適格を否定した審決がある（審決平成22・2・24審決集56・1・537〔リコム事件〕）。

これらの事案では，排除措置命令により，これらの第三者の私法上の権利・利益が直接左右されるものではないこと，被害者以外の第三者の利益を保護する趣旨の関連規定も存在しないことなどが考慮されたものと考えられる。

> ### 第三者の訴訟参加

取消訴訟の結果により権利を害される第三者（原告・被告である当事者以外の第三者）があるときは，当事者もしくは第三者による申立てまたは職権で，その者の訴訟参加が認められる（行訴法22条1項）。なお，この場合の参加人の地位は，共同訴訟的補助参加に類するものと解されている。

ここでいう「権利」には，法律上保護された利益も含まれるから，少なくとも，行訴法9条1項にいう「法律上の利益」を害される者であれば，参加資格が認められると解されている。したがって，先に述べた考え方によって取消訴訟の原告適格が認められると考えられる者，例えば違反行為の被害者である競争事業者や取引の相手方事業者は，排除措置命令が取り消されることにより法律上保護された利益を害される者として，命令の名宛人が提起した取消訴訟に参加することが可能である。また，2004（平成16）年行訴法改正前に，審決取消訴訟に対する消費者の参加資格を一律に否定した決定があるが（東京高決昭和50・3・18高民28・1・69），これも，排除措置命令に被害者保護の趣旨が含まれるとする観点から，再考を求められる可能性がある。

　執行停止に関しては，通常の行政訴訟の原則に従い「執行不停止原則」が適用される（行訴法25条）。すなわち，取消訴訟の提起は，処分の効力，処分の執行または手続の続行を妨げないとされ，その上で，重大な損害を避けるための緊急の必要があるときなどの一定の要件を充たす場合に，例外的に執行停止が認められる。そして，重大な損害を生ずるか否かの判断については，損害の回復の困難の程度を考慮するものとし，損害の性質および程度ならびに処分の内容および性質をも勘案するものとする解釈規定が置かれている。その場合，処分の内容および性質には，行政目的達成の必要性も含まれるとされている。

　以上の規定に従うと，まず，課徴金納付命令については，金銭賠償が可能な財産的損害であることから，一般的に見て，重大な損害が生ずると判断される可能性は低いと考えられる（旧法下の課徴金審決につき執行停止を認めなかった事例として，東京高決平成20・1・31判例集未登載〔アスカム執行停止事件〕・東京高決平成20・1・31判例集未登載〔バイタルネット執行停止事件〕）。他方，排除措置命令については，違反行為の類型や事案の如何により，ケースバイケースで判断されることになるので一概には言えないが，例えば，カルテルについては，2004（平成16）年行訴法改正前の「回復不可能な損害」に関する事件であるが，石油元売業者間の価格カルテルにつき，その経営内容に照らせば，到底その事業経営の存立を危うくするおそれはないこと，わが国の経済社会に極めて大きい悪影響を与える当該違反行為の排除は可及的速やかになされなければならないことなどを理由に，執行停止を認めなかったものがある（東京高決昭和49・4・16審決集21・379〔出光興産事件〕ほか）。また，排除型私的独占などの競争排除型の行為は，①被疑行為の取りやめにより事業活動が困難

になるなどの重大な影響が生じるおそれは必ずしも大きくないこと，②法人の社会的信用の毀損は財産的損害としての側面を有していること，③一旦他の事業者が排除されると競争秩序の回復を図ることは困難であるのが通例で，行政目的達成の必要性が高いことなどから，執行停止が認められない場合が少なくないと考えられる。

この点，ビジネスモデル自体が関わる違反被疑行為の場合には重大な損害が生じる可能性が高いとする見解があるが，独禁法違反行為による競争秩序の侵害は，既存の競争事業者だけでなく，新規参入を計画している事業者や取引の相手方・最終消費者の利益を広範かつ累積的・波及的に侵害するという性格・内容を有するものである。したがって，当該行為を放置しても侵害発生の蓋然性や程度が大きくないこと，それが当該事業の遂行に不可欠で他に方法がないこと，事業経営上の損失が大きく倒産のおそれもあることなどの事情がない限り，単に事業の遂行に支障が生じるというだけで執行停止を認めるべきではないと考えられる（なお，景表法の不当表示に関するものであるが，執行停止を認めた事例として，東京地決平成27・4・20判タ1424・205も参照）。

理由の差替え・
新証拠の提出
被告行政庁による取消訴訟での処分理由の差し替えについて，最高裁は「一般に，取消訴訟においては，別異に解すべき特別の理由のないかぎり，行政庁は当該処分の効力を維持するための一切の法律上及び事実上の根拠を主張することが許される」（最判昭和53・9・19判時911・99）とし，「処分の同一性」が害されない限り，原則として理由の差替えを認めるとの立場をとっている。ただし，これは差替えを無制限に認めるものではなく，「別異に解すべき特別の理由」があれば，例外的に主張の制限が認められる余地があり

うる。以下，意見聴取手続および理由付記との関係について，簡単にみてみよう。

第1に，事前の意見聴取手続が設けられていることから，当該手続の形骸化を防ぐために，当該手続で提出された以外の証拠の提出を禁止するなど，旧審判制度におけると同様の「新証拠提出の制限」を認めるべきだとする見解がある。しかし，このような解釈をとることは難しいと考えられる。先にみたように，意見聴取手続は，①主宰者である意見聴取官に厳格な職能分離は課されていない，②裁判類似の証拠調べの手続は設けられていない，③意見聴取官が作成する報告書には，論点の整理は記載するが意見の記載は予定されていないなどとの点で裁判手続と異なっており，明文の規定がないのに行政審判と同様の効果を認めることはできないからである。ただし，事前手続が形骸化して適正手続を求める機会が失われないようにするとの観点から，例えば，全く資料を収集せずに処分を行い，後日訴訟になってから資料を提出するなど，特別の事情がある例外的な場合に新証拠提出の制限を認める余地はありえる。

第2に，独禁法は，排除措置命令書に理由付記を義務づけている（61条，課徴金納付命令については62条）。そして，このような理由付記制度の趣旨は，行政庁の判断の慎重と合理性を担保してその恣意を抑制するとともに，処分の相手方に不服申立の便宜を与えることにあるとされている（青色申告に関する最判昭和38・5・31民集17・4・617）。そこで，理由付記制度の存在を根拠に理由の差替えの制限を認めるべきだとする見解がある。他方，最高裁は，理由付記が定められていることのみから主張制限を導き出すことに否定的である（情報公開条例に関する最判平成11・11・19民集53・8・1862）。理由付記制度の趣旨は，理由を具体的に記載させることでひとまず実現

されるから，これと理由の差替えの制限とは直接結びつかないと考えているからである。しかし，独禁法上の理由付記制度においては，特に「公正取引委員会の認定した事実及びこれに対する法令の適用」を記載することが求められており，そこには慎重な調査検討に基づく処分理由の具体的特定を求めるという趣旨が含まれていると解される。また，事実認定の公正の確保を図るために設けられた意見聴取手続も，このような理由付記の趣旨の十全な実現を図るという役割を担っていると評価することができる。これらの点に鑑みると，例えば，理由の差替えは，命令書に記載された認定事実と基本的な事実関係が同一である範囲で認められるとするなど，理由付記制度を根拠に公取委の主張に一定の制限を設けることが，手続保障の観点から要請されていると考えられる。

命令の確定とその効果　排除措置命令ないし課徴金納付命令は，取消訴訟の出訴期間の経過（行政事件訴訟法14条），または同訴訟において命令が取り消されなかった場合に確定する。命令の確定は，独禁法25条による無過失損害賠償請求訴訟の提起の要件である（26条1項）。また，確定した排除措置命令に従わないものに対しては，刑事罰の定めがある（90条3号・95条1項2号）。なお，独占的状態に係る競争回復措置命令は，確定しなければ執行できないとされている（64条3項）。

Column③　**命令，審決，判決**・・・・・・・・・・・・・・・・・・・・・・・・・・・・・・・・

公取委が下した命令や審決，およびこれらが訴訟で争われた場合の裁判所の判決は，独禁法理解の基礎資料であり，先例として重要な意義を有するものが少なくない。ただし，その名称や性格は公取委による違反事件の処理手続の歴史的変遷に応じて異なっているので，注意する必要がある。以下，簡単に見てみよう。

(1) **独禁法の制定から 2005（平成 17）年改正まで**　制定当初は，事前審判制度が取られていた。すなわち，まず，①審査の結果，違反行為があると認める場合に，公取委が適当な措置をとるべきことを勧告し，相手方がこれを応諾すれば，当該勧告と同趣旨の「勧告審決」がなされる。他方，勧告を応諾しない場合は，審判開始決定がなされ審判手続が開始される。審判手続開始後，②被審人が審判開始決定書記載の事実および法律の適用を認め，排除措置に関する具体的計画書を提出した場合，公取委がこれを適当と認めたときは「同意審決」がなされる。①と②の審決は，審判手続を経た判断はなされていないから，現行法の「命令」と基本的に共通する性格を有する。次いで，③審判手続を経て最終的に違反行為があると認める場合には「審決」（正式審決）が下される。審決は，裁判類似の手続を経ているので，地裁の判決に匹敵する重みと位置づけが与えられる。その後，被審人は，④正式審決に不服がある場合には，東京高裁に「審決取消訴訟」を提起し，高裁さらに最高裁の判決が出されることになる。

(2) **2005（平成 17）年改正から 2013（平成 25）年改正まで**　2005 年改正により，命令を先行させる事後審判制度に改められた。そこで，まず，①審査の結果，違反行為があると認める場合には，意見申述・証拠提出の機会を付与した上で「排除措置命令」および「課徴金納付命令」が出される。この仕組みは，意見申述が意見聴取手続に代わった点を除いて，現行法と基本的に同様である。そして，②これらの命令に不服がある名宛人は審判請求を行うことができ，改正前と基本的に同様の審判手続を経て，命令に対する「審決」が下される。続いて，これに不服がある被審人は，③東京高裁に「審決取消訴訟」を提起し，裁判所の判断を仰ぐことになる。

(3) **2013（平成 25）年改正～現在**　審判制度が廃止された。すなわち，事前手続である意見聴取手続を経て「排除措置命令」および「課徴金納付命令」が出されたあと，これに不服がある場合に

は，命令の名宛人は，通常の行政事件と同様，行政事件訴訟法に基づき，東京地裁に「取消訴訟」を提起することになった。

　この改正により，「審決」は存在しなくなったが，現在に至るまで，審判手続を経た審決が独禁法の形成と発展に果たしてきた役割には多大なものがあり，その先例としての価値は失われないと考えられる。そして，今後は，事前手続の準司法的な性格をより強化・拡充し（→4[1]，*Column*②），適正手続の要請および公取委の命令の先例形成機能の強化を図ることが重要な課題である。

5　刑事制裁と民事上の救済手段

　刑事制裁と民事上の救済手段は，いずれも裁判所を通じた法の執行・実現である。以下，独禁法における，その内容や手続の特徴をみていこう。

[1]　刑 事 制 裁

| 公取委の専属告発 |

実体規定違反を中心とする89条から91条までの罪については，公取委の告発がなければ公訴の提起ができないという専属告発制度がとられており（96条），そこで公取委は告発するか否かの裁量権を有している（東京高判昭和50・9・29行裁26・9・1088〔石油6社価格カルテル事件〕）。このような制度がとられているのは，独禁法の用意している実効性担保手段のうちどれを用いるか，そこで刑事処罰を求めるか否かは，我が国における唯一の独禁法の運用機関たる公取委が，違反行為の国民経済に及ぼす影響その他の事情を勘案して判断すべきとの考え方

によるものである（東京高判平成5・5・21高刑46・2・108〔ラップ価格カルテル刑事事件〕）。

　そして，専属告発制度の趣旨を生かし刑事罰の積極的な活用を図るため，告発基準が設けられ，①一定の取引分野における競争を実質的に制限する価格カルテル，供給量制限カルテル，市場分割協定，入札談合，共同ボイコット，私的独占その他の違反行為で，国民生活に広範な影響を及ぼすと考えられる悪質かつ重大な事案，②違反行為を反復して行っている事業者・業界，排除措置に従わない事業者等に係る違反行為等のうち，公取委の行う行政処分によっては法の目的が達成できないと考えられる事案に対して，積極的に告発を行うとされている（告発・犯則調査運用方針）。また，告発にあたっては，その円滑・適正を期するため，検察当局との間で意見・情報の交換を行う「告発問題協議会」を開催することにしている。

　公取委の告発があった場合でも，公訴を提起するのは検察官であり，そこでは起訴便宜主義が妥当する（刑訴法247条・248条）。ただし，検事総長は，告発された事件を不起訴としたときは，内閣総理大臣にその旨および理由を報告しなければならない（独禁74条3項）。不起訴に対するこの手続の重さは専属告発権をもつ専門機関（公取委）の告発であるからにほかならず，検察官は公取委の告発を尊重して公訴の提起を行うのが通例である。

　課徴金減免制度との関係では，調査開始前に最初に課徴金の免除に係る報告および資料の提出を行った事業者，ならびに当該事業者の役員，従業員等であって当該違反行為をした者については，告発を行わない（告発・犯則調査運用方針1(2)）。これは，企業グループによる共同の減免申請の場合にも適用される。このような運用方針をとっているのは，後に刑事事件となることをおそれて，課徴金減免

制度の利用をためらわないようにするためである。

公取委による犯則調査89条から91条までの罪に係る事件は「犯則事件」とされ，積極的な刑事告発を行うために，公取委に犯則調査権限が認められている（101条～118条）。犯則調査は，犯則事件に関する事実の存否とその内容の解明を目的とする手続で，実質的には刑事手続に準じるものである。

犯則調査には，任意調査と強制調査があり，いずれも，「犯則事件……を調査するため必要があるとき」に行うことができる。強制調査の場合には，公取委の指定を受けた委員会職員は，地方裁判所または簡易裁判所の裁判官の発する許可状（いわゆる「犯則令状」）を得て，臨検，捜索または差押え（102条），および，郵便物，信書便物または電信についての書類の差押え（103条）をすることができる。そして，委員会職員は，臨検，捜索または差押えをするに際し必要があるときは，警察官の援助を求めることができる（110条）。

犯則調査は，刑事手続に準じる手続であるから，犯則嫌疑者には，委員会職員の質問に対する供述拒否権（黙秘権：憲法38条1項）が認められる。ただし，それは身体の拘束を伴わないで行われる質問であるから，供述拒否権が保障されていることをあらかじめ告知する必要はない（租税犯則調査に関する最判昭和59・3・27刑集38・5・2037）。

犯則調査の開始・終了と告発　公取委は，前記の告発基準（①または②）に「該当すると疑うに足りる相当の理由のある独占禁止法違反被疑事件」について（告発・犯則調査運用方針），犯則事件として調査を開始する。その場合，審査における行政調査の権限は「犯罪捜査のために認められたものと解釈してはならない」（47条4項）とされているので，犯則

調査のための手段として行政調査を行うことは許されない。ただし，それは，行政調査中に犯則事件が探知された場合に，これが端緒となって犯則事件に移行することをも禁ずる趣旨のものではないとされている（税務調査に関する最判昭和51・7・9税資93・1173）。

　そこで，事務総局審査局長は，犯則事件の端緒となる事実に接したときは，委員会に報告しなければならないとし，これを受けて，委員会は，必要があると認めた事件について，犯則事件調査職員をして当該事件の調査にあたらせるとされた（犯則調査規則4条）。そして，行政調査を手段として犯則調査のための情報収集が行われたとの疑義を招くことのないよう，審査局に犯則審査部を設けて，一方で，委員会による犯則調査を担当する職員の指定は犯則審査部職員に限ることとし（犯則調査規則2条），他方で，行政調査を担当する審査官は，犯則事件の端緒となると思料される事実に接した場合でも，当該事実を直接犯則事件調査官に報告してはならないとして（犯則調査規則4条4項），犯則調査部門と行政調査部門との間の組織分離と情報遮断の措置をとることにした。

　犯則審査部の職員は，犯則事件の調査を終えたときは，調査の結果を委員会に報告しなければならず（115条），これを受けて，委員会が告発をするか否か判断する。そして，告発した場合において，領置物件または差押物件があるときは，委員会はこれを引き継がなければならず，それらの物件が引き継がれたときは，当該物件は刑事訴訟法の規定によって押収されたものとみなされる（116条）。

　なお，犯則調査において得られた事実・証拠を行政調査に用いることは認められている（租税犯則調査に関する最判昭和63・3・31判時1276・39）。そのため，告発をしないこととした場合であっても，犯則調査で得られた事実・証拠は，所定の手続のもとで，排除措置命

令や課徴金納付命令の基礎となる事実の認定に用いることができる。

司法取引
（協議・合意制度）

2016（平成28）年6月の刑事訴訟法の改正により，「特定犯罪」（独禁法違反の罪など経済犯罪を含む）につき，被疑者・被告人（以下，「被疑者等」）が捜査などに協力することを約束すれば，検察官が，当該被疑者等の不起訴・求刑減にすることができる協議・合意制度が導入された（2018〔平成30〕年6月1日施行）。この制度を利用するために，特定犯罪の被疑者等は，弁護士の立会いのもとで，他人の刑事事件（独禁法違反の罪を含む）の捜査や公判に協力することを検察官と協議・合意しなければならない。そして，検察官と被疑者等と，弁護士の3者連署の書面により合意の旨を明らかにしなければならない。これにより，合意した被疑者等は，自ら犯した犯罪につき検察官から不起訴処分や軽い求刑をうけることができる（刑訴法350条の2以下）。これまで，独禁法違反事件に係る協議・合意の例はない。

この「司法取引」は自己の犯罪ではなく，他人の犯罪を供述して自己の刑の減免をうける類型の「司法取引」であることから，第三者を冤罪に巻き込む構造的リスクがあるとされる。慎重な運用が求められよう。検察官と合意した被疑者等の供述内容が虚偽であり，また証拠が偽造だったときは，検察官は合意から離脱することができ，被疑者等は刑罰が科せられる。被疑者等も，検察官が合意に反したときは，合意から離脱することができる。

② 民事上の救済手段

不法行為に基づく
損害賠償請求

不法行為（民法709条）に基づく損害賠償請求においては，(a)故意または過失，(b)法律上保護される利益の侵害ないし独禁法違反行為の存在，(c)違反行為と損害との間の因果関係，(d)損害および損害額を立証しなければならない。

このうち(a)の立証は，客観的に違法とされる事実の認識があれば故意ありとされるので，(b)が立証できれば容易である。なお，命令・審決の確定を要件とする25条訴訟は，無過失責任とされている。次に，(b)において，独禁法違反行為の存在と民法上の法益侵害とは理論的には同一ではない。しかし，独禁法違反行為は，広く「自由な競争市場において製品を販売することができる利益」（東京地判平成9・4・9審決集44・635〔日本遊戯銃協同組合事件〕），あるいは買手や消費者の「自由競争の下で形成された価格で商品を購入する利益」（仙台高秋田支判昭和60・3・26審決集31・204〔鶴岡灯油事件〕）を侵害するものであるから，違反行為の存在が立証されれば，あらためて法益侵害の有無を論じる必要はない場合が通例である。

他方，違反行為の存在，因果関係，損害および損害額については，違反行為者のもとに資料がある，複雑な経済事象の調査や分析が必要となるなど，被害者がこれを立証することが困難であることが少なくない。損害賠償請求訴訟を有効に機能させるためには，これらの点での立証負担を軽減することが課題となる。

違反行為の立証と
命令の利用

私人が価格協定や談合・再販行為などの存在を独力で立証をすることは，通常きわめて困難である。そこで25条訴訟では，違

反行為の立証を容易にするため，公取委の排除措置命令（排除措置命令がなされなかったときは課徴金納付命令）の確定を要件とし（26条1項），これらを証拠として利用する道を開いている。

　そもそも命令は，専門機関である公取委により，審査ならびに意見聴取手続を経て認定した事実に基づいてなされるものであるから，命令を利用した立証を容易にするという当該規定の趣旨に照らし，確定した命令ないし審決があったことが立証されれば，違反行為の存在について「事実上の推定」が働くとするべきである。また，この推定は，25条訴訟だけでなく709条訴訟においても認められるべきである（通説）。判例も，基本的にこの理を認めている（最判平成元・12・8民集43・11・1259〔鶴岡灯油事件〕）。

損害・損害額の立証と
民事訴訟法248条

独禁法違反行為による損害とは，違反行為があった場合となかった場合との利益状態の差であり，これは金銭（差額）で表される。しかし，例えば価格協定における違反行為がなかった場合の想定購入価格との差額や，ボイコットなどの違反行為の対象となった事業者の売上げ喪失額などの厳密な算定は，事実上不可能に近い。そこで，判例は，価格引上げ協定について，「一般的には，価格協定の実施当時から消費者が商品を購入する時点までの間に当該商品の小売価格形成の前提となる経済条件，市場構造その他の経済的要因に変動がない限り，当該価格協定の実施直前の小売価格」を想定購入価格と推認するのが相当だとしている（前出鶴岡灯油事件最判）。また，入札談合については，「仮に公正な価格競争が行われても，現実の落札価格ないし契約金額を下回る価格で入札をする業者がなかったことをうかがわせる特段の事情がない限り，想定落札価格……を上回る契約金額で請負契約が締結され，発注者にその差額分

の損害が生じたものと推認するのが相当である」とした事例がある（名古屋地判平成21・12・11判時2072・88〔ストーカ炉談合損害賠償請求事件〕）。さらに，ボイコットについて，違反行為直前の市場占拠率などから被害者の売上額を推定して損害額を算定した事例がある（前出日本遊戯銃協同組合事件）。

次に民訴法248条は，独禁法事件などを念頭において，「損害が生じたことが認められる場合」に，「損害の性質上その額を立証することが極めて困難」であるときは，裁判所が「相当な損害額」を認定できると規定している。これは，損害の発生が証明されたことを前提に，損害額の証明度の軽減を図ったものと解されている。そして，例えば入札談合の事件では，業者の利益を図る目的で談合がなされたことから，「損害を与えたこと自体は間違いない」とした上で，工事の種類・特性・規模などから損害額を認定することは困難であるなどとして，裁判所が相当な損害額を認定するケースが多い。（大阪高判平成13・3・8審決集47・748〔奈良県浄水場談合事件〕など）。さらに，学説においては，独禁法事件の立証の困難性から，損害額だけでなく，損害や因果関係の立証についても，同条を適用ないし類推適用すべきであるとする見解が主張されている。この規定の活用が強く期待されるところである。

| 損害賠償請求と 公取委の関与 |

被害者の立証負担を軽減するためには，専門機関である公取委が，意見や資料の提出などを通じて，私人の訴訟に直接・間接に関わることも必要である。

まず，25条訴訟では，因果関係や損害額の立証を容易にするため，裁判所が公取委に損害額について意見を求めることができるとされており（84条），公取委は事案に即した詳しい意見を述べてい

る（東京都水道メーター談合損害賠償請求事件の意見（平成11・4・27審決集46・755）など）。また，公取委は，確定した命令や審決が存在する違反行為について訴訟が提起された場合には，25条訴訟・709条訴訟に関わりなく，文書送付の嘱託（民事訴訟法226条）などに積極的に応じることにしている（公取委「独占禁止法違反行為に係る損害賠償請求訴訟に関する資料の提供等について」平成3年）。その場合，文書送付嘱託によっても十分な資料が得られないような場合には，被害者は，裁判所に対して公取委に対する文書提出命令の発出を求めることができる（民訴法220条，大阪地決平成24・6・15判時2173・58〔住友電工事件〕）。

　この他，情報公開法を利用して，公取委の保有する資料・記録などの開示請求をすることも可能である（公取委「情報公開法に基づく処分に係る基準について」平成13年）。

訴訟を提起できる者　損害賠償請求訴訟を提起できるのは，違反行為によって損害を被ったと主張する被害者であり，消費者などの間接の相手方であっても原告適格が否定されることはない（前出鶴岡灯油事件最判）。さらに，株式会社における責任追及等の訴え（会社法847条），普通地方公共団体における住民訴訟（地方自治法242条・242条の2）など特別の制度がある場合には，これ以外の者であっても訴えを提起することができる。

　まず，会社に対する取締役の責任を追及する責任追及等の訴えにおいては，営利を追求する会社の活動も「法令の範囲内においてのみ許されるべき」であり（東京地判平成10・5・14判時1650・145〔野村證券損失補塡株主代表訴訟事件〕），取締役には法令遵守義務があるから（会社法355条），取締役が会社をして独禁法に違反する行為をさせたときは，会社法423条1項の「その任務を怠ったとき」に該

当する。また，取締役の責任は債務不履行責任であるから故意・過失の認定が必要であるが，そこで取締役に故意（違法性の認識）があった場合には，当該行為が会社の利益を図る目的でされたことだけをもって損害賠償責任を否定することはできないとされている（前出野村證券損失補塡株主代表訴訟事件）。取締役の責任を追及する訴えは，具体的には，例えば課徴金や罰金の支払等によって会社が被った損害の賠償を求めるもので，特に近年は，内部統制システム構築義務との関係でもその重要性を増している（→*Column④*）。

次に住民訴訟は，例えば，普通地方公共団体が談合によって被った損害の賠償請求権を行使しないなどの「怠る事実」がある場合に提起することができる（地方自治法242条の2）。住民訴訟では，契約の無効による不当利得の返還請求，違反行為の差止請求をすることもできる。なお，住民訴訟に前置される住民監査請求の期間制限（地方自治法242条2項：1年）につき，下級審判決ではこの規定を適用して住民の請求を却下したものもあったが，最高裁は，損害賠償請求権の行使を「怠る事実」として請求がなされていれば，期間制限条項は適用されないとした（最判平成14・7・2民集56・6・1049〔富山県水道工事談合住民訴訟事件〕）。

不公正な取引方法と差止請求

独禁法違反行為が反復・継続していたり，あるいは近い将来に違反行為がなされる危険性がある場合，被害者が将来に向けて当該行為の差止めを請求することが認められれば，被害者の救済に寄与するとともに，強力な違反行為の抑止効果も期待できる。

そこで，8条5号または19条に違反する行為によって，その利益を侵害され，または侵害されるおそれのある者は，これにより「著しい損害」を生じ，または生じるおそれがあるときは，その利

益を侵害する，または侵害するおそれのある事業者もしくは事業者団体に対し，その侵害の停止または予防を請求することができる（24条）として，不公正な取引方法に限って，被害者による差止請求が認められている。その場合，不公正な取引方法に係る違反行為が不作為によるものである場合もありうることから，「その『侵害の停止又は予防』は，不作為による損害を停止又は予防するための作為を含む」。したがって，作為命令であっても「強制執行が可能な程度に特定」されていればよい（東京地判平成26・6・19判時2232・102〔ソフトバンク差止訴訟事件〕）。

差止訴訟については，公取委の専門機関としての知識・経験を活用し，また独禁法の解釈・適用の整合性を担保するために，裁判所の公取委への通知義務および裁判所が公取委に意見を求めることができる旨，ならびに公取委が裁判所に意見を述べることができる旨の規定がある（79条）。また，被害者による侵害行為の立証を容易にするために，文書提出命令に関する民事訴訟法（220条4号）の特則が設けられており，文書提出の申立てを受けた当事者は，技術または職業上の秘密に関する情報であっても，「正当な理由」がなければその提出を拒むことはできないとされている（80条）。

なお，24条は「実体法上の差止請求権の発生要件事実とは別異に，当該差止請求権に基づき訴訟を遂行しうる資格を定めるものではない」（東京地判平成16・3・18審決集50・766〔電気保安業務取引妨害事件〕）。したがって，その原告適格は，訴訟物たる差止請求権を有すると主張している者であれば認められる（このほか，差止請求の詳細については，→第5章11③を参照）。

違反行為の私法上の効力について，立法時には全面無効説も有力であったが，他方，一律に無効とすると取引の安全を阻害するなど私法関係に混乱を引き起こすとの主張もあった。この点につき最高裁は，公取委による行政的規制があることなどを根拠に，独禁法違反の契約でも「公序良俗に反するとされるような場合は格別として，……強行法規であるからとの理由で直ちに無効であると解すべきではない」（最判昭和 52・6・20 民集 31・4・449〔岐阜商工信用組合両建預金事件〕）とした。しかし，経済の基本的ルールを定めた独禁法は公序であるとするのが近年の民法の有力説であり，また取引の安全なども個別事例ごとに考慮すればよい問題である。そして下級審判決では，「違反行為の目的，その態様，違法性の強弱，その明確性の程度等に照らし，当該行為を有効として独禁法の規定する措置に委ねたのでは，その目的が充分に達せられない場合」（東京高判平成 9・7・31 高民 50・2・260〔花王化粧品販売事件〕），公序良俗違反（民法 90 条）を根拠に無効とするのが基本的傾向である。

　無効とされた裁判例として，不当な取引制限に該当する開業等の制限協定（名古屋高金沢支決昭和 53・7・11 審決集 28・179〔自動車教習所事件〕），私的独占に該当する参入制限協定（高松高判昭和 61・4・8 審決集 33・125〔奥道後温泉観光バス事件〕），排他条件付取引における優越的地位を利用した高額の違約金条項（名古屋地判昭和 49・5・29 審決集 21・488〔畑屋工機事件〕，大阪地判平成元・6・5 判タ 734・241〔日本機電事件〕），排他条件付取引における優越的地位を利用した長期（20 年）の拘束条項（東京地判昭和 56・9・30 判時 1045・105〔あさひ書籍販売事件〕）などがある。また，旧規定（昭和 28 年改正前 10 条 2 項）違反の株式の譲渡につき，取引の安全に配慮して，契約の履行前で

あれば無効だが履行後は有効とする相対無効説をとった判決があるほか（東京高判昭和28・12・1審決集9・193〔白木屋株式取得事件〕），違法な保有株式の議決権行使が否定される可能性に言及したものがある（札幌地決平成5・8・16判夕843・253〔カブトデコム事件〕）。

　さらに，入札談合については，「談合行為は，性質上，自由競争経済秩序という公の秩序に反する行為として，……社会的に強い非難に値する行為」であるから，「談合の結果に基づきこれを実現するために締結された契約」，すなわち，個別調整を経て締結された個々の物件の受注契約も無効となるとした事例がある（東京地判平成22・6・23審決集57・2・395〔自衛隊電池談合事件〕）。

　このほか，継続的取引契約などにおいて，債務不履行による解除が認められるか否かの判断にあたり独禁法違反が問題とされる場合がある（詳しくは，→第5章11③参照）。

Column④　独禁法と「内部統制（コンプライアンス）システム」

　多くの企業において，独禁法の法令遵守を監視する内部統制（コンプライアンス）システムが構築されるようなった。

　このような内部統制システムは，これによって独禁法違反行為の発見と抑止効果が期待されるだけでなく，次のような直接的な法的意味ないし効果を有している。第1に，違反企業においてその体制に不備がある場合，排除措置命令において，独禁法の遵守に関する行動指針の作成，営業担当者に対する研修，法務担当者による定期的な監査，社内通報制度の整備などの内部統制システムの整備が命じられることがある（勧審平成17・11・18審決集52・385〔高田機工ほか39名入札談合事件〕，排令平成19・3・8審決集53・891〔橋梁談合事件〕など）。第2に，課徴金減免（リニエンシー）制度は，企業が独禁法の内部統制システムを整備して違反行為の発見に努めていることを前提とした制度であり，効果的なコンプライアン

スを整備している企業であればあるほど，リニエンシーを利用して減免を受けられるチャンスが大きくなる。第3に，独禁法違反に関わる取締役の責任追及の訴えが提起された場合，実効性のある内部統制システムを構築していたか否かが，取締役の監視義務，監督義務ないし内部統制システム構築義務に係る故意・過失の認定において，重要な意味をもつ。第4に，独禁法違反の刑事罰が科される場合，コンプライアンスの整備等の再発防止策をとったか否かが量刑における情状の判断において考慮される。また，実効性ある内部統制システムを構築していたか否かが，違法性阻却事由ないし責任阻却事由の存否の判断において考慮される可能性がある。

　以上のような法的意義ないし効果を有することから，違反行為の抑止と発見に資する実効性ある内部統制システムを構築することが，企業にとって必須の課題である。このためには，独禁法マニュアルの作成や社内研修の実施だけでなく，コンプライアンスの実施に責任をもつ独立した部署を設けて定期的な監査を実施する，違反行為が疑われる場合に実効性のある社内調査を実施できるようにする，違反行為発見のための自主申告制度を設けて申告者に対する処分を軽減ないし免責するなどの措置をとることが必要である。また，第三者が参加する委員会を設けるなどして公開性・中立性を高めることも，その実効性を高める上で重要な方策である。

第2章 私的独占の禁止

> 私的独占の規制では，事業活動を市場から排除する行為と支配する行為が対象となる。これらの行為により競争を制限することが禁止される。経済的に力の強い企業の行為が問題となることが多い。

1 私的独占規制の概要

　私的独占は2条5項により定義される違反行為である。事業者が私的独占を行うことは3条で禁止されている。名称に独占という言葉が使われているが，事業者が単独で行うものに限定されるわけではない。条文に「単独に，又は他の事業者と結合し，若しくは通謀し，その他いかなる方法をもってするかを問わず」とあり，私的独占には，事業者が1社単独で行うものと複数事業者が共に行うものと両方あることがわかる。

　行為には，「他の事業者の事業活動を排除」する行為と「他の事業者の事業活動を……支配」する行為とがある。前者を排除行為，後者を支配行為と呼んでいる。いずれか一方の行為を行っていれば，行為要件は満たされる。排除行為による私的独占を，排除型私的独占，支配行為によるものを支配型私的独占と呼ぶことがある。排除

行為または支配行為により一定の取引分野における競争を実質的に制限する場合に，私的独占に当たる。

2条5項の要件を満たす行為の中には，不公正な取引方法（2条9項）の要件も満たすものがある。両規定の行為要件を満たす行為は，その効果が，競争を実質的に制限するものである場合は私的独占となり，そこまで競争制限効果が大きくないが「公正な競争を阻害するおそれ」がある場合には，不公正な取引方法に該当する。

私的独占に当たる行為の中には，複数事業者が共同して取引拒絶をする場合など，不当な取引制限（2条6項）とも構成できるものがある。

2 行 為 類 型

1 排 除 行 為

| 排除行為とは

2条5項の排除行為とは，他の事業者の事業活動を継続困難にしたり，新規参入を困難にしたりする行為であると解される。既存の事業者が事業から撤退したり，新規事業者の参入を阻止したりする事態に至っていることまでは必要としない。排除行為とは，事業活動を排除する効果がある行為のことであり，排除しようとする意図を伴っている必要はない。ただ，排除の意図があるという事実が排除効果の存在を推認させる要素となることはある。

排除行為には多様なものが含まれる。違法となった事例の中には，不公正な取引方法の行為類型に当たるものが多い。公取委は，排除型私的独占ガイドラインで，典型的な排除行為として，①商品を供

給しなければ発生しない費用を下回る対価設定，②排他的取引，③抱き合わせおよび④供給拒絶・差別的取扱いの4つを挙げている。具体例については後述（→③，④，⑥）する。

| 正常な競争手段 |

(1) **例外を設ける必要性**　排除効果のある行為をすべて2条5項の排除行為と捉えると，不都合が生じる。

競争というのは，顧客を奪い合う行為である。ゆえに，競争するという行為は競争相手を市場から排除する効果を伴うことがある。例えば，企業努力により製造費用を削減したり効率化により流通費用を低下させたりして，供給に要する費用を上回りながらも他社よりも安い価格で商品を販売した結果，競争相手の商品が売れなくなり，競争相手の事業活動継続が困難になることがある。研究開発を行うことなどにより競争相手よりも品質の良い商品を製造し販売する場合も，同様のことが起こり得る。このような価格競争や品質競争により，ある事業者が競争者から顧客を奪取し市場支配力を獲得した場合を私的独占に当たり違法であるとすると，かえって競争を不活発にすることになりかねない。したがって，一定の行為は，排除効果があっても，正常な競争手段として，2条5項の排除行為には当たらないと解釈する必要がある。しかし，排除行為と正常な競争手段を区別する明確な境界線を引くことは，困難な作業である。

正常な競争手段かどうかが問題となるのは，主として，事業者が単独で行う低価格での販売（廉売），取引相手によって異なる販売価格を設定する行為（差別対価），単独で直接の取引拒絶などである。販売価格を低下させることは競争を促進する重要な目的の一つであり，基本的に望ましい行為である。また，取引価格は個々の取引相手との交渉により自由に決めることができるので，取引相手により

価格が異なることは，自然な帰結である。さらには，競争を行うには事業者に取引相手を選択する自由がなければならないので，誰との取引を拒絶するかは原則として各事業者の自由な判断によりなされる必要がある。

(2) **最高裁の判決**　正常な競争手段に言及した判決として，後述するNTT東日本事件の最高裁判決がある（→④）。この事件でNTT東日本が行ったマージンスクイーズと呼ばれる行為（行為内容については→④）について，最高裁は，排除行為に該当するか否かは，「本件行為の単独かつ一方的な取引拒絶ないし廉売としての側面が，自らの市場支配力の形成，維持ないし強化という観点からみて正常な競争手段の範囲を逸脱するような人為性を有するものであり，競争者のFTTHサービス市場への参入を著しく困難にするものなどの効果を持つものといえるか否かによって決すべき」であると判示した。

最高裁によれば，「人為性」があれば正常な競争手段に当たらないことになる。この判決は，「人為性」が何を意味するのか明らかにしていないが，NTT東日本の行為には人為性があると判断した。

後述するJASRAC私的独占事件の最高裁判決（→④）においても，傍論ながら正常な競争手段について言及されている。

(3) **人為性に関する学説**　学説では，「人為性」を，効率性（または真価（メリット））に勝ることを通じてではない形で競争者の事業活動の継続を困難にすることであると理解する見解がある。この見解によれば，人為性のある排除として典型的なものが2つ考えられるとする。1つは，ライバル費用の引上げ戦略と呼ばれるものである。これは，他の事業者の事業活動に要する費用を引き上げる行為であり，排他条件付取引などがこれに当たる。ただし，効率性に基

づく行為により競争相手の費用が増加することもあるので，費用を引き上げる行為が常に「人為性」があるものとされるわけではない。もう1つの典型的な行為は，他の事業者からの競争圧力を緩和または除去して市場支配力を形成・維持する以外にそれを行う企業の利益とはならない行為であるという。略奪的価格設定がこれに当たる。これは例えば，供給に要する費用を下回る価格で商品を販売して顧客を奪い，競争相手の事業活動継続を困難にさせる行為である。

(4) **ガイドラインでは**　　排除型私的独占ガイドラインでは，正常な競争手段という言葉は使われていないが，排除行為に該当する低価格販売について説明がある（排除型私的独占ガイドライン第2・2）。価格引上げ競争に対する介入は最小限に止めるべきとした上で，商品を供給しなければ発生しない費用（変動費，製造原価，仕入原価，運送費等の注文の履行に要する費用などから成る）を下回る対価を設定する行為は，排除行為に該当するとするのである。その理由として，このような対価設定は，原則として供給量が増えるほど損失が拡大するので経済合理性がなく，自らと同等またはそれ以上に効率的な事業者の事業活動を困難にさせること，などを挙げている（→第5章6①）。ガイドラインの説明は上記学説と整合するものである。

② 支 配 行 為

2条5項に規定する支配行為とは，他の事業者の事業活動に何らかの制約を加えることによって，自己の意思に従って事業活動を行わせることであると解される。事業活動全体を支配することまでは必要でない。販売価格の設定など事業活動の一部に制約を加えることで足りる。支配行為に当たるものとして，例えば次のようなものが考えられる。すなわち，他の事業者が行う商品の販売について，

一定の価格以下で販売させないようにすること，製造業者に対して一定数量以上の製品を製造させないようにすること，他の事業者が製造設備を増設したり新設したりすることを止めさせること，他の事業者に対して取引をする相手方を一定範囲に制限すること，である。また，ある事業者に他の事業者の事業活動を支配させるという間接的な支配も，支配行為に該当する。

支配行為は，取引上一方が相当程度優位な地位にあること，他の会社の株式を保有することによりその会社の経営に影響を与える地位にあること，などの事情を背景に行われることが多いと思われる。支配行為に当たるというためには，従わない場合に制裁を行うなどの強い強制手段が用意されていることを必要としないと解される。

③ 排除行為の違反事例（排他的取引）

排除行為や支配行為は，商品・役務の性質や個々の市場の特性などとの関連で形づくられていることが多いので，抽象的な行為の分類のみでは排除行為や支配行為を理解するのが難しいと思われる。そこで以下③から⑥では，個々の違反事例においてどのような行為が排除行為または支配行為と判断されたかを紹介する。

まずこの③では，排他的取引を，取引の相手方に自己の競争者と取引させないようにする行為の意味で用いる。契約等で明示的に競争者との取引を制限する場合のほか，実質的に競争者と取引することを困難にさせる行為も含む。

ノーディオン事件 モリブデン99製造大手のノーディオンが，10年間同社のみからモリブデン99を購入することを条件として，癌診断用の薬品を製造する日本の2社と，同物質を供給する契約を結んだものである。これは排他的供給取引

と呼ばれるものである（→第5章4②）。モリブデン99から当該薬品を製造する事業者は日本では2社のみであったので，ノーディオンの競争者が国内事業者にモリブデン99を販売できなくなり，排除行為に当たるとされた（勧審平成10・9・3審決集45・148）（→第8章2②）。

ニプロ事件

取引の相手方に圧力をかけ競争者との取引を止めさせようとしたものである。ガラス製のアンプルを製造するためのガラス生地管を製造するのは，日本では日本電気硝子のみである。同社は，西日本において，生地管をニプロのみに供給しており，ニプロは，生地管を西日本のアンプル加工業者に販売している。ニプロから生地管を購入していたアンプル加工業者ナイガイグループが外国製の生地管を輸入し始め，輸入品の割合を増やしていった。ニプロはナイガイグループに対して，生地管の輸入を止めるよう要求したがナイガイグループが聞き入れなかった。ニプロは，ナイガイグループに対して，生地管の販売価格を引上げたり，生地管の供給を止めたりして圧力をかけ，輸入を止めさせようとした。この行為が，「ナイガイグループの輸入生地管に係る事業活動を排除することによって，競争者である外国の生地管製造業者を排除する」行為であるとされた（判審平成18・6・5審決集53・195）。

インテル事件

取引の相手方に利益を提供することにより，競争者と取引させないようにしたものである。パソコンの中核部品であるCPUの供給で80%前後の市場占有率を有するインテルは，CPUを日本のパソコン製造業者5社に供給するときに，同社のCPUの採用割合を一定以上に高めることを条件に，リベートなどの利益提供を行った。前記条件とは，①す

べての製品にインテル製を使用する，②他社製の CPU を 10% 以内に抑える，③生産数量の多い製品群はすべてインテル製を組み込む，のいずれか一つを受け入れることである。これにより，競争者の市場占有率は急速に低下した。このような行為が，排除行為に当たるとされた（勧審平成 17・4・13 審決集 52・341）（→第 5 章 5④）。

| 排他的リベート | 排除型私的独占ガイドラインでは，リベート（割戻金）には競争促進的なものもある |

とした上で，競争品の取扱を制限する効果があるリベートは排除行為に該当するとしている。排他的リベートに当たるかどうかは，リベートの金額や供与率の水準の高さ，リベート供与の基準，リベートの累進度およびリベートの遡及性を総合的に考慮して判断するとされている（リベートについては→第 5 章 5④も参照）。

④　排除行為の違反事例（その他の排除行為）

| 単独での排除行為 | (1)　北海道新聞社事件　　北海道新聞社は，函館地区での新聞発行に新規参入した函館 |

新聞社を排除するため，4 つの行為を行った。それは，①「函館新聞」など函館新聞社が新聞の題字で使用しそうな名称 9 つを商標出願し，函館新聞社に「函館新聞」を題字に使用することの中止を要求したこと，②通信社に函館新聞社には記事を配信しないようにさせたこと（間接の取引拒絶），③函館新聞社が広告集稿対象としそうな企業に対して，採算を度外視した広告料の割引を行ったこと（廉売），および④テレビ局に函館新聞社のコマーシャルを放映しないようにさせたこと（間接の取引拒絶）である。これら一連の行為が排除行為に当たると判断された（同審平成 12・2・28 審決集 46・144）。

(2)　有線ブロードネットワークス事件　　音楽放送事業を行う有線

ブロードネットワークスとその代理店である日本ネットワークヴィジョンの2社が，業務店向け音楽放送の受信契約において，競争者のキャンシステムの顧客に限定して月額聴取料を大幅割引し，著しい数のキャンシステムの顧客を奪取したものである。また，同時期にキャンシステムの営業所の数が大幅に減少している。2社によるこのような差別的な価格設定（差別対価→第5章5③）により顧客を奪う行為が排除行為に当たるとされた（勧審平成16・10・13審決集51・518）（→*Column*⑤）。

*Column*⑤　関連訴訟から事件の背景を知る••••••••••••••••••

　　排除措置命令（および旧法に基づく勧告審決）では，公取委が違法と判断した理由は簡略に記述されているが，事例によっては，関連する民事訴訟が提起されることによって，事件のより詳しい内容が明らかになることがある。そのような事例として，有線ブロードネットワークス事件がある。同事件について排除措置が命じられた後，USEN（有線ブロードネットワークスから商号変更）がキャンシステムに対して，有線ラジオ放送規制法等に基づき損害賠償請求訴訟を起こしたところ，キャンシステムがUSENの独占禁止法違反行為により損害を被ったとして，損害賠償請求の反訴を提起した（東京地判平成20・12・10審決集55・1029〔USEN対キャンシステム事件〕）。これにより，急激な大量顧客の奪取が可能となった事情がより詳細に明らかになった。日本ネットワークヴィジョンは，キャンシステムの元取締役が設立した会社である。この元取締役の働きかけなどにより，約1ヵ月の間に，500人近い従業員がキャンシステムを辞め（キャンシステムの従業員の約3割），その大半が日本ネットワークヴィジョンに入社した。キャンシステムから移籍した従業員は，専らキャンシステムの顧客を有線ブロードネットワークスに切り替える業務に従事していた。また，キャンシステムは，技術担当の従業員も失い装置の設置などに困難を来しており，これ

も顧客を奪われる一因となったと思われる。

　他に訴訟が提起された例として，ニプロ事件に関連してナイガイグループがニプロに対して独占禁止法25条に基づき損害賠償を請求したもの（東京高判平成24・12・21審決集59・256〔ニプロ損害賠償事件〕）がある。

●━━━━━━━━━━━━━━━━━━━━━━━━━━━━━━━━━━━━━

(3)　**NTT東日本事件**　　この事件は，マージンスクイーズと呼ばれる行為が排除行為に当たるとされたものである。戸建て住宅向けFTTHサービスには，光ファイバ1芯を1人のユーザーが使用する芯線直結方式と1芯を複数ユーザーが使用する分岐方式がある。分岐方式は，十分な数のユーザーが集まれば，ユーザー1人あたりの費用は安くなるので，接続料金もユーザー料金も芯線直結方式より安く設定される。NTT東日本は，芯線直結方式に加えて，分岐方式によるFTTHサービスの提供も始めたが，十分なユーザーが集まらなかったため，ユーザーから分岐方式の料金を徴収しながら設備は芯線直結方式を用いてサービスを提供した。これが他の電気通信事業者の事業活動を排除する行為に当たるとされた。電気通信事業者がFTTHサービスを提供する場合，NTT東日本の光ファイバ回線に接続する必要があり，電気通信事業者のユーザー料金は，接続料金に他の経費等を賄う金額にする必要がある。ところが，NTT東日本は，芯線直結方式のサービスをユーザーに分岐方式の料金で提供することになり，電気通信事業者が芯線直結方式でFTTHサービスを提供する場合にNTT東日本に支払う芯線直結方式の接続料金よりも，NTT東日本のユーザー料金のほうが安くなるので，電気通信事業者がFTTHサービスでNTT東日本と競争可能なユーザー料金を設定すると，収益を得ることが困難になる。

そのため，FTTHサービス事業への参入が阻害されると判断された（最判平成22・12・17民集64・8・2067）（→①，第7章2③）。

(4) **JASRAC私的独占事件**　音楽著作権管理事業者JASRACは，放送等の利用に係る音楽著作権のほとんどすべてを管理しており，すべての放送事業者と，包括徴収の方法により楽曲の使用料を徴収する契約を締結していた。包括徴収は，放送事業者が使用した楽曲数や使用回数に関わらず，放送事業者の事業収入に所定の率を乗じて得た額を使用料とするものである。これが，競合する音楽著作権管理事業者の事業活動を排除する行為に当たると判断された。この事件は，審決取消訴訟の最高裁判決（最判平成27・4・28民集69・3・518）を受けて審判が再開されたが，審判請求が取り下げられたため，排除措置命令（平成21・2・27審決集55・712）が確定した。（→①，第6章3①）。

(5) **マイナミ空港サービス事件**　マイナミ空港サービス（以下「M社」）は，八尾空港を含む11の空港等で，需要者（航空事業者など）に航空燃料の販売（機上渡し給油など）を行なっている。八尾空港でエス・ジー・シー佐賀航空（以下「S社」）が航空燃料の販売を始めたところ，M社は，自社の燃料とS社の燃料の混合に起因する航空機事故の可能性を理由として，需要者に対して，S社から購入する場合は燃料の供給を中止する意向を示すなどして，自社の取引先需要者にS社から機上渡し給油を受けないようにさせている。M社が主張する事故の可能性について，合理的な根拠がないことから，同社がS社の事業活動を排除したと判断された（排令令和2・7・7審決集67・373，係争中→4②）。

複数事業者による
排除行為

(1) **雪印乳業・農林中金事件**　雪印乳業と北海道バターは，乳製品の製造等を営んでおり，集乳量は両社合わせて北海道の全生産量の約80%を占めていた。この2社は，生産乳を供給する農家に対して乳牛導入資金の融資を斡旋するときに，融資を行う農林中金とその融資について保証を行う北信連の了解を得て，これら2社のみに生産乳を供給するようにさせていた。農家の酪農参入意欲は強く，既存の酪農農家にとっても乳牛導入資金は非常に魅力あるものであると同時に他の農家と競争する上で必要なものでもあったこと，農林中金は多額の乳牛導入資金を供給できる北海道内で唯一の機関であったことなどから，雪印乳業と北海道バターの行為は，他の乳業者の集乳活動を排除するものであると判断された（農林中金と北信連の行為は不公正な取引方法に当たるとされた→第5章3③）（判審昭和31・7・28審決集8・12）。

(2) **ぱちんこ機メーカー事件**　特許プールを利用して排除行為を行ったものである。ぱちんこ機を製造する主要10社は，ぱちんこ機の製造に関わる特許権や実用新案権を所有しており，日本遊技機特許連盟は，ぱちんこ機の製造に関わる特許権等を取得するとともに，10社からこれら権利の管理を委託されていた。当該10社と特許連盟は，結合・通謀して，ぱちんこ機の製造に参入しようとする事業者に対して，特許連盟が管理する技術の実施許諾を拒否していた。特許連盟が管理する技術がなければぱちんこ機の製造が難しいため，実施許諾の拒絶によりぱちんこ機の製造分野への新規参入が困難になっており，これが排除行為に当たるとされたものである（勧審平成9・8・6審決集44・238）（→第6章3①）。

⑤ 支配行為のみの違反事例

野田醤油事件

市場の客観的条件を利用した間接的支配を もって支配行為に当たるとされたものである。事件当時，醤油には慣習的な格付けがあった。野田醤油のほか 大手3社に最上の格付けがなされ，最上四印と称されていた。この 中でも野田醤油が生産能力等において群を抜いていた。そして，消 費者は，価格を品質判断の基準としており，他の3社が最上の格付 けを維持するためには，野田醤油の製品と自社の製品の価格を同じ にする必要があった。このような条件下で，野田醤油は，同社の醤 油の卸売業者が販売する価格と小売価格を拘束し，価格を引上げた ところ，他の3社も追随して，各社が供給する醤油の再販売価格を, 野田醤油の製品と同一水準まで引上げた。野田醤油の行為は，市場 の客観的条件を利用して，競合3社に製品の価格を引上げさせたも のであり，3社の事業活動を間接的に支配したものと認定された （東京高判昭和32・12・25高民10・12・743）。

支配概念の拡張

野田醤油事件判決は，2条5項の支配の概 念を拡張したものである。通常，間接的支 配とは，ある事業者を通して他の事業者の事業活動を支配させるこ とであるが，野田はこのような意味での間接的支配は行っていない。 野田の行為は再販売価格の拘束といわれる不公正な取引方法にも該 当する行為であり（→第5章2），市場の客観的条件の作用により自 己の行為が他の事業者の事業活動を制約する結果となることを知り ながら，再販売価格の拘束を行ったことは，他の事業者の事業活動 を支配したことになるとされたのである。これに対しては批判があ る。野田が支配したのは野田の商品を扱う流通業者の事業活動であ

るという主張である。

福井県経済連事件 福井県経済連は，11 の農協が発注する一連の工事の入札で，施主である農協を代行して入札業務を行っていた。当該工事は，福井県による補助事業の助成対象となっており，原則として 3 者以上の施工業者が参加する競争入札により工事を発注する業者を決めることが定められていた。福井県経済連は，入札に参加する施工業者に対して，受注予定者となる施工業者を指名し，入札すべき価格を指示して，受注予定者が受注できるようにさせていた。この経済連の行為が，入札参加事業者の事業活動を支配するものであると判断された（排令平成 27・1・16 審決集 61・142）。

⑥ 排除行為と支配行為がある違反事例

東洋製罐事件 食缶の製造分野で最大の市場占有率を有する東洋製罐は，同業者である北海製罐，本州製罐，四国製罐および三国金属の株式を相当割合保有していた。株式の力を利用して，北海製罐については販売地域を制限するなどしていた。また，本州製罐と四国製罐については，役員を派遣し営業の要項を定めるなどして東洋製罐の意向に従った事業活動をさせており，三国金属についても，東洋製罐の意向に沿って事業活動を行わせていた。これらの行為が，競合他社の事業活動を支配することに当たるとされた。株式保有を手段とする支配行為である。さらに，東洋製罐が食缶を供給する缶詰製造業者が，自ら食缶を製造（自家製缶）しようと計画したところ，東洋製罐はこれを断念させた。これが，自家製缶する新規参入者の事業活動を排除したものとされた（勧審昭和 47・9・18 審決集 19・87）。

株式保有による支配

事業者が他の会社の株式を保有する場合，工場の新設を止めさせるなど具体的に株式発行会社の事業活動を制約した事実がなくても，当該会社を一般的な管理下に置いていれば，支配行為に当たるとする解釈が大方の支持を得ている。もっとも，10条等の規定により競争を実質的に制限することとなる企業結合が防止されていれば，株式保有による支配行為を3条前段で規制すべき事例は極めて限定されると思われる。

日本医療食協会事件

公的な制度を悪用した事例である。医療用食品加算制度の下で，唯一の検査機関である日本医療食協会は，医療用食品の製造工場および販売業者の認定制度ならびに医療用食品の登録制度を設けていた。協会は日清医療食品と通謀して，医療用食品の取引分野で競争が起こらないようにしていた。認定制度等を利用し製造業者と販売業者の数を制限しており，これが排除行為に当たるとされた。また，製造業者には販売先を指定し，販売業者には仕入先，販売先および販売価格を指示しており，これは支配行為に当たるとされた。一部の製造業者と販売業者に対しては，被支配事業者であるメディカルナックスを通した間接的な事業活動の支配が行われた（勧審平成8・5・8審決集43・209）。

パラマウントベッド事件

都立病院の電動式ギャッチベッドを購入するために東京都が行った入札に関するものである。入札に参加するのはベッドの販売業者であり，落札した業者はベッドの製造業者3社のうちのいずれかからベッドを仕入れて納入することになる。製造業者のうちパラマウントベッドは，東京都の入札担当者に働きかけ，入札対象となるベッドの性能などを記した仕様書を自社に有利な内容で作成させ

るなどして，他の製造業者2社のベッドが入札の対象から外れるようにした。これが，排除行為に当たるとされた。さらに，ほとんどの入札において，パラマウントベッドは，販売業者に対して，受注予定者と各業者の入札すべき金額を指示するなど，受注調整を行っていた。これが，支配行為に当たるとされた（勧審平成10・3・31審決集44・362）。

3 違法要件

① 公共の利益に反して

2条5項には6項と同様，「公共の利益に反して」という文言が入っている（この文言の解釈論については→第1章2③）。NTT東日本事件（東京高判平成21・5・29審決集56・2・262）では，NTT東日本が，同社の行為はユーザー料金を引き下げるものであるから，消費者の利益に合致するものであり，公共の利益に反しないと主張した。しかし，東京高裁は，現時点でユーザー料金が下がっても，将来的に見れば，既存事業者のみによる市場の支配につながり，新規参入者との価格競争やサービス競争などによって消費者の利益が増大する可能性を失わせ，ひいては自由競争経済秩序によって確保されるべき一般消費者の利益が損なわれることにつながるのであるから，独禁法の究極目的に反さず公共の利益に反しないとはいえないと判示した。

② 一定の取引分野

私的独占の事件で一定の取引分野はいかに画定されているであろ

うか（一定の取引分野の説明は→第4章2②）。商品・役務の範囲について見ると，排除行為または支配行為の対象となった商品・役務によって画定されている。例えば，前出ニプロ事件ではアンプル生地管，前出北海道新聞社事件では一般日刊新聞である。前出福井県経済連事件では，入札の対象となった工事が役務の範囲とされた。前出NTT東日本事件では，NTT東日本が，FTTHサービスのほかADSLサービスやCATVインターネットサービスを含むブロードバンドサービスを一定の取引分野とすべきであると主張したのに対して，FTTHサービスとその他のサービスとの間に需要の代替性がほとんどないことから，FTTHサービスのみで一定の取引分野が画定された。

地理的範囲について見ると，日本全国で画定されたもののほか，特定の地域で画定されたものもある。前出ニプロ事件では，アンプル生地管の製造業者は日本に日本電気硝子しかなく，ニプロはこの製造業者から西日本地区において生地管の供給を一手に受け同地区のアンプル加工業者に生地管を供給しており，東日本では他の1社が日本電気硝子の生地管を独占的に供給していたことから，地理的範囲は西日本地区とされた。

③ 競争の実質的制限

第3章1で解説する不当な取引制限も競争の実質的制限を要件とするが，違反事例では，市場支配力を形成するものがほとんどである。これに対して私的独占の違反事例では，既にある程度の市場支配力を有する事業者が，弱まりそうになった市場支配力を維持したり，既に有する市場支配力を強化したりするものが多く見られる（前出ニプロ事件，前出インテル事件，前出北海道新聞社事件など）。

前出ぱちんこ機メーカー事件では，個々のぱちんこ機製造販売業者は市場支配力を有していなかったと思われるが，製造業者10社と特許連盟が結合することにより，ぱちんこ機の製造分野における市場支配力を形成したものである。この事件では，特許連盟がする実施許諾契約に乱売禁止条項を入れたり，ぱちんこ機製造業者の組合に製造業者が安売りしないよう指導させたりするなど諸々の行為により，既存のぱちんこ機製造販売業者間の競争が著しく阻害された状況にあり，ある程度の市場支配力が形成されていたといえる。参入を阻止する行為はその市場支配力を維持，強化する働きをしていたといえよう。

　行為との対応関係で見ると，まず，前出インテル事件や前出野田醤油事件のように，単一の排除行為または支配行為により競争を実質的に制限した事例がある。前出日本医療食協会事件のように，排除行為と支配行為を組み合わせて行うことにより，製造から流通に至るまでの競争を止めた事例もある。前出北海道新聞社事件では，排除行為が4つの行為からなっているが，4つ全部がなければ競争の実質的制限にならないのかどうかについて，審決書では明らかにされていない。

4 法の執行・実現

① 排除措置

排除措置の内容

　　　　　　　私的独占を行った事業者に対して，公取委は，7条1項に基づき排除措置を命ずることになる。排除行為や支配行為に該当する行為の差し止めのほか，

競争を回復するために必要な措置を命じることができる（排除措置命令の目的等については→第1章3①）。株式保有を手段とする支配行為が行われた前出東洋製罐事件では，排除措置として，東洋製罐に，保有する株式の一部の処分が命じられた。前出野田醬油事件では，排除措置として，野田醬油が供給する醬油の再販売価格について，同社が自己の意思を表明することおよび第三者に表示させることが禁じられた。これは，野田醬油が希望小売価格を表示することもできないことを意味する。排除措置として厳しい内容のものであるが，当時の醬油市場で，競争相手が野田醬油の醬油の価格に追随するような状況にあったために，公取委がこのような措置を命じたものと考えられる。

既往の違反行為

すでに違反行為がなくなっている場合でも，違反行為がなくなった日から5年を経過していなければ，「特に必要があると認めるとき」は，排除措置を命ずることができる（7条2項）。例えば，前出福井県経済連事件では，受注予定者を指定するなどの行為を行っていないことの確認を経営管理委員会で議決すること，違反行為を行わないことを会員農協や入札参加者に通知することなどが命じられた。

排除措置命令の取消し・変更

排除措置命令は，確定すると原則として内容を変更したりすることはできないが，例外として，経済事情の変化などにより，排除措置命令を維持することが妥当でなくなった場合，公取委の決定により，排除措置命令を取り消したり変更したりすることができる（70条の3第3項）。排除措置の内容が変更された唯一の事例として，法改正前のものであるが，キッコーマン（旧野田醬油）に対する審決（変更審決平成5・6・28審決集40・241）がある。これは，野田醬

油事件の審決を変更するもので（旧66条2項に基づく），排除措置が命じられてから37年あまり経過していた。醤油の小売市場の構造変化等を理由として，再販売価格に関する意思の表示を禁止した部分を取り消したものである。

2 課 徴 金

概　要

不当な取引制限の課徴金制度からかなり遅れて，私的独占を行った事業者に課徴金を課す規定が作られた。2005（平成17）年の法改正で，支配型の私的独占が課徴金の対象となり，2009（平成21）年改正で，排除型の私的独占が対象に加わった。支配型と排除型で課徴金の計算方法が異なる（課徴金制度の趣旨等については→第1章3①）。

支配型の課徴金

支配行為を含む私的独占を行った事業者に対する課徴金は，7条の9第1項に規定される。支配型私的独占のすべてが課徴金の対象となるのではない。対象となるのは，支配行為が，被支配事業者が供給する商品・役務について，「対価に係るもの」である場合，または供給量，市場占有率，取引の相手方の「いずれかを実質的に制限することにより対価に影響を与えることとなる」場合である。

　課徴金の金額は，算定基礎と算定率によって算出される。算定基礎は，3つの要素からなる。1つは，違反行為者とその特定非違反供給子会社等に供給した商品・役務，一定の取引分野において供給した商品・役務および一定の取引分野において供給子会社等に供給した商品・役務の，違反行為の実行期間における売上額である（7条の9第1項1号）。要素の2つ目は，商品・役務に密接に関連する業務であって，違反行為者とその完全子会社等（違反行為者でない

者）が行なったものの対価相当額である（同項2号）。3つ目は，商品・役務を供給しないこと関して，違反行為者とその完全子会社等が得た財産上の利益相当額である（同項3号）。ここで言う商品・役務は，違反行為の対象となったものである。課徴金額は，1号と2号に掲げる金額の合計額に算定率10%を掛けたものと，3号に掲げる金額を合計したものになる。なお，完全子会社等，供給子会社等および特定非違反供給子会社等の定義は，それぞれ2条の2第3項，4項，7項にある（→第1章3①，第3章4①）。

　前記の実行期間とは，違反行為の実行としての事業活動を行なった日から，それがなくなる日までである。ただし，実行行為を開始した日が，公取委の調査等を受けた日から遡って10年よりも前である場合，実行期間の始期は，10年前の日となり，それより前の売上額は，算定基礎に含まれない（2条の2第13項。→第3章4①）。

排除型の課徴金 排除型の私的独占はすべて課徴金の対象となる（7条の9第2項）。排除型の課徴金の金額は，算定基礎と算定率によって算出される。算定基礎は，違反行為者とその特定非違反供給子会社等が，一定の取引分野において供給した商品・役務，一定の取引分野において商品・役務を供給する他の事業者に供給した商品・役務，および一定の取引分野において違反行為者の供給子会社等に供給した商品・役務の，違反行為期間における売上額である。これに算定率6%を掛けたものが，課徴金の金額となる。

　支配型では，売上額は「実行期間」で計算するが，排除型では「違反行為期間」で計算する。違反行為期間は，違反行為をした日から違反行為がなくなる日までである。ただし，違反行為を開始した日が公取委の調査等を受けた日から遡って10年より前の場合，

違反行為期間の始期は，10年前の日となる（2条の2第14項。→第3章4①）。

適用事例としては，マイナミ空港サービス事件（納令令和3・2・19審決集67・396）がある（ただし，算定基礎の計算と算定率は改正前の法令による）。これが，私的独占を行った事業者に課徴金の納付を命令ずる最初の事例となった。

排除行為と1項の要件を満たす支配行為の両方がある私的独占については，1項が適用される。

| 金額の割増など |

不当な取引制限に関する課徴金の規定のいくつかは，私的独占の課徴金に準用される（7条の9第3項・4項）。これにより，例えば，課徴金納付命令の除斥期間は7年になる。また，10年以内に課徴金納付命令を受けたことがある場合（課徴金が免除された場合等を含む）は，課徴金の額が5割増しになる。課徴金と罰金が併科される場合で，罰金刑が先に確定した場合，罰金の2分の1の額を課徴金の金額から差し引くことになる（課徴金納付命令が先に確定した場合は63条）。

③　刑　事　罰

私的独占を行った者に対して刑事罰が科されることがある。実行行為者（自然人）には，89条1項1号に基づき，5年以下の懲役または500万円以下の罰金に処せられる。事業者（法人等）に対しては，95条1項1号により，5億円以下の罰金刑が科される。さらに，私的独占を行った法人の代表者に対して，違反行為の防止や是正に必要な措置を行わなかった場合には，95条の2により，89条1項1号と同様の罰金刑が科されることがある。

共同行為の規制

複数の事業者とりわけ競争者同士が結託して競争を制限する行為は，市場取引に悪影響をもたらしやすい。本章では，複数事業者が共同で行う競争制限行為に対する規制として，不当な取引制限の禁止と事業者団体による競争制限行為の禁止をとりあげる。

1 不当な取引制限の禁止

1 不当な取引制限の規制——概要

　不当な取引制限は，独占禁止法2条6項によって定義され，同法3条によって禁止される行為である。不当な取引制限が主たる禁止対象として念頭に置いているのは，価格カルテルや入札談合といった，競争者が結託して取引条件を自己に有利に左右する行為である。公取委による法的措置の大半を占めるのが不当な取引制限に該当する行為である。このような行為は競争者間の競争（価格競争，数量競争，品質競争など）を回避する行為という意味で，collusion とも呼ばれる。カルテルや入札談合を行った企業は，課徴金や刑事罰といった制裁を受けるため，違反行為を行っていることは隠される。したがって，共同で違反行為が行われたことの立証が最も大きな争点とされてきた。

不当な取引制限の要件は，2条6項によると，①複数の事業者が，②共同して，③相互にその事業活動を拘束し，または遂行することにより，④公共の利益に反して，⑤一定の取引分野における競争を実質的に制限することである。独占禁止法が禁止する行為は，一般に，競争制限行為を示す要件と，当該行為がもたらす弊害を示す要件に分けられるところ，②③が競争制限行為を，④⑤が弊害を示す要件となっている。②③を併せて「共同行為」と略称するのが通常である。

② 共 同 行 為

```
┌─────────────────┐
│   共 同 し て    │
└─────────────────┘
```
　　　　　　　　　　　「共同して」とは，複数事業者間で競争制限行為をすることについて，相互に「意思の連絡」があることを意味する（東京高判平成7・9・25審決集42・393〔東芝ケミカル事件〈差戻審〉〕）。価格引上げカルテルであれば，「意思の連絡」とは，「複数事業者間で相互に同内容又は同種の対価の引上げを実施することを認識ないし予測し，これと歩調をそろえる意思があることを意味し，一方の対価引上げを他方が単に認識，認容するのみでは足りないが，……相互に他の事業者の対価の引上げ行為を認識して，暗黙のうちに認容することで足りると解するのが相当である（黙示による「意思の連絡」といわれるのがこれに当たる。）。」とされる。

　黙示の意思の連絡とは，競争制限行為に自らが参加する意思を，他社が認識できる形で明示的に表明しない場合であっても，なお意思の連絡が認められることを意味する。例えば値上げ提案に対して，沈黙しているとか，反対の意思表明をしない場合であっても，その前後の状況を総合考慮して意思の連絡があったことが認定できる。

なお，「共同して」は副詞であるから，これだけでは行為を示す要件として疑問であると感じられるかもしれないが，2条6項では，「対価を決定し，……取引の相手方を制限する等」の競争制限行為が具体的に列挙されているから，共同して競争制限行為を行うことまで含めて読めば，共同行為の要件となる。

| 意思の連絡 |

カルテルでも入札談合でも，意思の連絡があることは，「共同して」の要件を満たすために必要である。しかし，カルテルと入札談合は意思の連絡の立証（およびそれに基づく認定）の仕方が異なることから，一般には，カルテル事件における具体的な意思の連絡を「合意」（例えば「本件合意」とか「平成12年の合意」など）と呼び，入札談合事件における具体的な意思の連絡を「基本合意」と呼んで区別している。

| 合意の立証
（カルテル） |

カルテル事件においては，東芝ケミカル事件〈差戻審〉で是認された立証の仕方が用いられている。すなわち，「特定の事業者が，他の事業者との間で対価引上げ行為に関する情報交換をして，同一又はこれに準ずる行動に出たような場合には，右行動が他の事業者の行動と無関係に，取引市場における対価の競争に耐え得るとの独自の判断によって行われたことを示す特段の事情が認められない限り，これらの事業者の間に，協調的行動をとることを期待し合う関係があり，右の『意思の連絡』があるものと推認されるのもやむを得ない」とされる。東芝ケミカル事件〈差戻審〉では，「8社が事前に情報交換，意見交換の会合を行っていたこと，交換された情報，意見の内容が本件商品の価格引上げに関するものであったこと，その結果としての本件商品の国内需要者に対する販売価格引上げに向けて一致した行動がとられたこと」から，意思の連絡が認め

られた。ここでいう「事前」およびそれに対応する事後の一致した行動とは，合意成立時点からみてその前・後ということである。同事件では，事前に情報交換・意見交換していた内容と完全に同じ行動が，事後に取られたことから，その間のいずれかの時点で合意（意思の連絡）が成立したと推認されたのである。なお，意思の連絡と情報交換・意見交換は，前者が法的評価を含んだ用語であるのに対して，後者は事実であるから，混同してはならない。

合意の立証（カルテル）の実際　公取委の実務では，以上に挙げた事実を認定するだけでなく，値上げ通知後に，顧客との値上げ交渉の状況を情報交換していた事実（カルテルをしていなければあり得ない不自然な事実である）を認定する場合もある。また，合意成立の時点と場所を具体的に特定して認定することもある。これらの場合は，いわば過剰に合意の立証がなされているといえる。逆に，カルテル合意を立証するためにどれだけ少ない事実で足りるか（カルテルがなければ観察できない事実だけに依拠して立証できるか）が問題となるが，公取委では，基本的に東芝ケミカル事件〈差戻審〉で示された事前・事後の行動とそれらの対応関係を必ず認定する傾向にある。競争者に共通の外的ショック（原材料費の高騰など）を理由に横並びで価格引上げがなされることがあるが，それだけでは意思の連絡とはいえない。東芝ケミカル事件〈差戻審〉で示された事実群による立証は，このような横並び行為（並行行為）をカルテルから識別する機能も果たしている。

入札談合と入札制度　入札談合（受注調整ともいう）は，商品役務の調達が入札で行われる場合にみられる競争制限行為である。まず入札制度について概説する。国および地方公共団体が商品役務を調達する場合には，「一般競争入札」によっ

て売手（入札参加者）に競わせて契約相手を決めるのが原則である（会計法，予算決算及び会計令，地方自治法，地方自治法施行令）。入札参加者を発注者が指名して競争させる「指名競争入札」や，競争入札を行わない「随意契約」が可能な場合も法令上定められている。競争入札では，発注者の定める「予定価格」（上限価格）以下で最低価格の者が落札するのが一般的である。他方，地方公共団体では「最低制限価格」を設けて，最低制限価格未満の入札を失格とすることができる。また，価格だけでなく技術力や地域貢献なども考慮して落札者を決める「総合評価落札方式」もある。公取委の年次報告書では民間企業が入札・見積り合わせに付する場合に行われた談合を受注調整と呼び，官公需の入札談合と言葉を使い分けているが，競争制限行為の内容としては同じである。

入札談合の構造　　入札談合（受注調整）とは，個々の発注物件ごとに，当該物件を落札する企業となる者（受注予定者という）を予め入札参加者間で決めておき，受注予定者が受注できるように，受注予定者以外の者はより高い入札価格をつける，入札参加を辞退するなどして協力するものである。入札談合をすることにより，入札談合がない場合と比べて，一般に落札価格は高くなる。

　入札談合における違反行為はどのように理解すべきだろうか。例えばある地方公共団体が1年間に工事を100件発注し，入札参加者がこれらすべてを談合の対象としたとする。100個の物件について，それぞれ誰を受注予定者とし，受注予定者はいくらの価格で入札し，それに協力する他の入札参加者はいくらの価格で入札するかを相談して決めることになる。このように，物件ごとに受注予定者を決め，受注予定者に協力する入札行動を決める合意を，個別物件の受注調

整（個別調整）という。しかし，これら100個の個別物件の受注調整について，1件ずつ不当な取引制限の禁止規定を適用していたのでは不効率であるだけでなく，違反行為の全容解明を損ねるおそれがある。そこで，これら100件の受注調整が共通の方式によって受注予定者を決めているならば，これらを総合する共通の合意（基本合意）を観念して，基本合意を違反行為としている。

**基本合意の立証
（入札談合）**

入札談合においては，基本合意の認定が意思の連絡の認定にあたる。したがって，複数事業者が複数の入札物件にわたって，共通のルール（基本合意）に従って受注予定者および入札価格を決定し，受注予定者以外の者は受注予定者が受注できるように入札行動をしていれば，当該事業者間に意思の連絡があったことを認定できる。基本合意はカルテル合意よりも抽象的・定型的なものである。基本合意がいつ成立したか分からなくても，慣行として受注調整を行っていれば，共通のルールに従って入札行動をすることが認識・認容され実行されている以上，基本合意が認定されるのである。

　一般に基本合意は，①基本合意の直接証拠（メモなどの物証や受注調整をしていたという供述），②個別物件における受注調整（受注予定者の決定や価格の連絡）が行われていたこと，③落札結果が基本合意と整合的であること（全発注物件中の一定数の物件を受注予定者が落札したこと），を総合して認定される（東京高判平成18・12・15審決集53・1000〔大石組事件〕）。このうち，個別物件における受注調整の証拠は，基本合意の存在を推認させる重要な間接事実とされている。公取委実務ではすべての個別物件について受注調整の証拠を集める方針であるが，発注物件が多数にのぼる場合には，その一部についてしか証拠を集められないこともある。

なお，談合事件では意思の連絡という言葉はあまり使わず，基本合意の存在が認められれば，「共同して」の要件を満たすという判断がされるのが通常である。

特殊な事例

　カルテルでも入札談合でも，合意の認定において特色のある事件は存在する。元詰種子カルテル事件（東京高判平成20・4・4審決集55・791）では，基準価格のカルテルが，価格表価格および実売価格も左右するものであるとされた。3社間のカルテルで，1社が先行的に値上げし，他の2社に対して値上げ交渉の進捗状況を伝えるなどして同調を求めた事案として，東京高判平成22・12・10審決集57・2・222（モディファイヤー事件）もある。談合事件としては，談合当事者間の直接的な意見交換が証拠上ほとんど認められなかった，郵便番号区分機事件（東京高判平成20・12・19審決集55・974）がある。また，協和エクシオ事件（東京高判平成8・3・29審決集42・424）では，談合メンバーの受注能力の有無が争点となった。

相 互 拘 束

　「相互にその事業活動を拘束し」（相互拘束と略される）とは，その言葉が発するイメージに反して，広く解釈されている。すなわち，カルテル合意や基本合意が成立すれば，違反行為参加者は合意に制約されて事業上の意思決定を行うことになるから，事業活動（取引活動）を拘束するといえるのである（最判平成24・2・20民集66・2・796〔多摩談合課徴金事件〕）。拘束とは，せいぜい約束程度の意味である。カルテル合意や基本合意は，競争者がお互いに事業活動の制約を守る（特定の競争制限的な活動をとる）ことを前提としているから，事業活動の拘束も「相互に」成立することになる。以上のことから，「共同して」の要件を満たせば，相互拘束の要件も満たすこととなる。

相互拘束の要件を満たすためには，合意を守らなかった者に対する制裁等の定めは不要である（最判昭和59・2・24刑集38・4・1287〔石油価格カルテル刑事事件〕）。カルテル参加者全員が喜んでカルテルを守っている場合でも，相互拘束の要件を充足しなければ不合理だからである。また，談合が相互拘束の要件を満たすために，貸し借りの関係がある（お互いに利益を犠牲にして協力する場合がある）ことは必要ない（勧審平成14・12・4審決集49・243〔四国ロードサービス事件〕）。受注予定者に協力するだけで自分は一切落札しなかった者（協力者）も，基本合意の参加者であれば「共同して……相互にその事業活動を拘束し」の要件を満たし，違反者となる。ただし，談合参加者や談合対象物件が多数にのぼる場合には，周辺的な位置を占めるにすぎない協力者を違反者から外すことは，公取委の人的資源の制約ゆえに実務上はあり得よう。

　細かい話であるが，前出多摩談合課徴金事件以降，不当な取引制限の競争制限行為にかかる要件を，同最高裁判決の判示にならって，「その事業活動を拘束し」と「共同して……相互に」の固まりに分けて議論する判決も見られる。しかし，「相互に」をどちらに入れても結論および分析方法は変わらないこと，「相互拘束」に貸し借りの関係が必要かという議論が争点として存在したことから，本章では伝統的な分類に従って，「共同して」と「相互拘束」に分けて議論した。

> **共同遂行**

条文上は，「又は遂行すること」も，不当な取引制限の要件として規定されている。しかし，共同遂行の要件を使わなければ規制できない事例は今のところ出てきておらず，この要件は行政事件では使われていない（刑事事件については，→4②を参照）。

③ 一定の取引分野

一定の取引分野

「一定の取引分野」とは，競争制限行為がなければ取引をめぐって競争が行われている市場のうち，当該競争制限行為によって弊害（違反行為者の取引相手にとっての取引条件の悪化）が発生する市場のことである。ここでいう市場とは，売手と買手が取引する商品役務の範囲および取引が成立する地理的範囲によって画定されるものである。2条6項の条文から分かるように，「競争を実質的に制限すること」が起こる舞台が一定の取引分野であるから，一定の取引分野は，弊害が何について生じるかを特定する要件である（この理は私的独占規制や企業結合規制でも変わらない）。

一定の取引分野の画定

不当な取引制限は，競争制限行為（合意）が実行に移されてから規制されるのが一般的である。したがって，「『一定の取引分野』を判断するに当たっては，……取引の対象・地域・態様等に応じて，違反者のした共同行為が対象としている取引及びそれにより影響を受ける範囲を検討し，その競争が実質的に制限される範囲を画定して『一定の取引分野』を決定するのが相当である」とされる（東京高判平成5・12・14高刑46・3・322〔シール談合事件〕）。つまり，カルテル合意や基本合意が直接の対象としている取引の範囲（商品市場，地理的市場）のほか，違反行為者がカルテル合意や基本合意の目的を実現するために価格引上げ等を意図したと考えざるを得ない取引の範囲もまた，一定の取引分野に含まれるのである。

　共同行為により影響を受ける範囲を考慮した例として，前出元詰種子カルテル事件がある。同事件では，小売業者および最終消費者

向けの価格協定が行われたことが事実として認められる一方，卸売業者向けの価格協定はしていなかった。しかし，本件合意は違反行為者が直接取引をしている取引先向けの価格に関するものであったことから，「本件合意による競争制限効果は，元詰業者が直接取引を行う各取引に及ぶものであり，その全体をもって本件合意による競争制限効果が及ぶ一定の取引分野というべき」として，卸売業者向けも含めた一定の取引分野（4種類の元詰種子の各販売分野）が画定された。これは，複数の取引段階を包含した一定の取引分野である。

入札談合における一定の取引分野は，発注者と発注される商品役務のカテゴリーによって特定されるのが通常である（……県発注の特定〜工事の取引分野など）。入札参加者の顔ぶれは，入札参加資格を持つ者という形で機械的に決まる。

Column⑥ 　複数商品に関するカルテル・入札談合と一定の取引分野・・・

複数種類の商品役務についてカルテル・入札談合が行われた場合に，一定の取引分野はどのように画定されるのだろうか。

(1)複数種類の商品役務について同一日時・場所で合意が成立した場合には，複数の商品役務すべてを包括して一つの取引分野を画定する。カルテル事件では，3種類のガスをまとめて特定エアセパレートガスの取引分野を画定した事例（東京高判平成28・5・25審決集63・304〔日本エア・リキード事件〕）がある。他方で入札談合事件では基本合意の成立時点を特定するのは困難であり，一般には基本合意が対象としている商品役務の範囲によって一定の取引分野が画定されよう。土木工事，林務工事，農務工事をまとめて土木一式工事の取引分野を画定した事例（東京高判平成30・10・26審決集65・2・208〔山梨塩山地区談合（三森建設）事件〕）では，「特定の種類の工事に得意・不得意があったとしても，技術者の育成や施工実績を積むという目的のために不慣れな工事の入札に参加する

ことがあり得ること……, あるいは, 工事の種類に応じた特殊な設備や道具の購入ないし貸与を受けて調達・準備した上で, 入札に参加することが可能であると認められる」ことをも根拠として, 工事の種類ごとに分けて3つの一定の取引分野を画定すべきとする事業者側の主張を退けた。

(2)複数の商品役務についてそれぞれ別個に一定の取引分野が画定される場合として, 以下の場合がある。(2)-①第1に, 異なる商品役務について別の日時に合意が成立した場合には, 別個の違反行為として, それぞれに一定の取引分野が画定される。また, 商品役務が同じでも異なる地理的市場を対象に別の日に合意が成立した場合も同様である。(2)-②第2に, 合意対象商品の一部しか供給しない違反事業者がいる場合。例えば, X_1, X_2, X_3 の3社が3つの商品A, B, Cについてカルテルを行ったが, このうち X_3 社がCを供給していない場合である。X_3 社はC商品市場で不当な取引制限をしていないのだから, A, BとCを同じ商品市場に含めるわけにはいかない。(2)-③第3に, 後述する課徴金減免 (→4①) を一部の商品についてのみ認められた違反事業者がいる場合である。例えば X_1, X_2, X_3 の3社が2つの商品A, Bについて同じ日時にカルテル合意を行ったが, Aについては X_1 が課徴金減額を受け, Bについては X_3 が課徴金免除を受けた場合には, 売上額はA, Bそれぞれの市場に分けて計算せざるをえない。

以上のことから分かるように, 不当な取引制限における一定の取引分野の画定は, 個別事件特定的に決まる傾向がある。

4 競争の実質的制限

<table>
<tr><td>競争の実質的制限
の意義</td><td></td></tr>
</table>

「競争を実質的に制限すること」（競争の実質的制限と略される）は，競争制限行為によって，違反行為者が自らの意思で，価格・品質・数量その他の取引条件をある程度自由に左右することができる状態をもたらすこと（市場支配力の形成・維持・強化）をいう（東京高判昭和26・9・19高民4・14・497〔東宝・スバル事件〕）。談合事件においては，基本合意の「当事者である事業者らがその意思で当該入札市場における落札者及び落札価格をある程度自由に左右することができる状態をもたらすことをいう」とされている（最判平成24・2・20民集66・2・796〔多摩談合課徴金事件〕）。競争の実質的制限は，競争制限行為による弊害を示す要件であり，違反行為者の取引相手にとって，取引条件が悪化することを意味する。違反行為者が売手であれば，買手にとって，値上げ，取引数量の減少，品質低下，新商品登場や品質改善の遅延などが考えられる。

<table>
<tr><td>競争の実質的制限の
発生メカニズム</td><td></td></tr>
</table>

不当な取引制限の禁止規定が典型的な禁止対象とする競争制限行為は，国際的にはハードコア・カルテルと呼ばれる。OECDの1998年勧告によると，ハードコア・カルテルとは，競争者同士による，価格協定，入札談合，数量制限または数量割当て，市場分割（顧客割当て・供給者割当て，地域割当て，商品分野割当てによるもの）を行う反競争的な合意等を意味する。不当な取引制限の規制対象となる行為は様々にありうるが，競争の実質的制限をもたらす基本的なメカニズムは共通している。合意に参加した競争者（違反行為者）が共同して価格を引き上げるか，共同して供給量を削減した場合に，

合意に参加していないアウトサイダーがそれに対抗して供給量を増やしまたは価格を引き下げて違反行為者から顧客を奪えないならば，値上げおよび取引数量の減少が起こる。我が国では，意思の連絡の立証が入札談合とそれ以外のカルテルで区別されていたように，競争の実質的制限の立証（およびそれに基づく認定）についても，カルテルと入札談合で区別できる。

　競争の実質的制限の発生メカニズムが実質的に争われた事件として，シェア配分協定がある。3社が年度ごとの総需要見込数量を算出し，これに各社の配分シェアをかけて各社が供給すべき数量の上限を決めた事案である。本件合意により，供給量は自由競争下における供給量（本件カルテルがない場合の供給量）よりも制限されたものになったと判示された（東京高判平成12・2・23審決集46・733〔ダクタイル鋳鉄管シェア協定刑事事件〕，東京高判平成23・10・28審決集58・2・60〔ダクタイル鋳鉄管シェア協定課徴金事件〕）。

カルテル事件における競争の実質的制限

カルテル事件では，①共同行為者（意思の連絡が認められる合意参加者）の市場シェアが高いこと，②合意が実施されていること，③アウトサイダーがカルテルを崩壊させる競争力を持たないこと，の3つを根拠として，競争の実質的制限を立証するのが通例である。共同行為者の市場シェアが低い場合には，一般にはそれだけアウトサイダーに顧客を奪われる可能性が高くなる。アウトサイダーがカルテルを崩壊させる競争力の一つの指標は，供給拡大能力または供給余力である。アウトサイダーが家族労働を主とする小規模事業者であるため，供給拡大が困難であることを指摘とした事案として，中央食品事件（勧審昭和43・11・29審決集15・135）がある。

第1に，カルテル合意を実施した結果とし
て実際にどれだけ（完全に）値上げできた
かは，競争の実質的制限の認定を左右しな
い。10%値上げで合意したが実際には取引相手に受け入れられず
3%の値上げで妥結したとしても，値上げが実施されている以上は
合意の実効性があるとされ，競争の実質的制限が認められる。第2
に，そもそも競争の実質的制限を立証するために，合意が実施され
ていることは必須の条件ではない。多くの事件では，合意の実施の
最終段階（値上げカルテルであれば値上げした水準での対価の収受）まで
行われているが，合意の成立だけでも競争の実質的制限は認められ
る（最判昭和59・2・24刑集38・4・1287〔石油価格カルテル刑事事件〕）。
その実際的な根拠は，「値上げのための社内での準備行為，本店か
ら支店への指示，右指示を実行するための特約店との交渉，一部の
事業者の現実の値上げ，すべての事業者の値上げなどのうち，どの
段階の行為をとらえて協定等の実施行為というのか」という点につ
いて，明確な判断基準を見出し難いことにある（木谷明調査官解説）。
また，合意の実施に当たる文言は，「当該行為の実行」（2条の2第
13項〔2019年改正前は7条の2第1項〕）であり，これは課徴金賦課要
件として別に用意されていることが，2条6項との関係では合意の
実施が不要な形式的根拠である。ただし一般的な公取委実務では，
取引相手に何月から値上げする予定である旨を通知するとか，値上
げ交渉を始めるといった，対外的行為（実行の着手と呼ばれる）が行
われたことを認定していることが多い。カルテル合意の立証で用い
られる事後の一致した行為が，対外的行為として証拠を集めやすい
ためと考えられる。

入札談合事件では，①談合に参加した違反
行為者（および協力者）の入札参加者に占
める割合が高いこと，②全発注物件のうち
相当数の物件を受注予定者が落札したこと，③落札率（落札価格÷
予定価格のことである）が高いこと，の３つを根拠に競争の実質的制
限が認定される（前出多摩談合課徴金事件最判）。

⑤ 公共の利益

公共の利益要件の意義

最高裁判決によると，「『公共の利益に反し
て』とは，原則としては同法の直接の保護
法益である自由競争経済秩序に反することを指すが，現に行われた
行為が形式的に右に該当する場合であっても，右法益と当該行為に
よって守られる利益とを比較衡量して，『一般消費者の利益を確保
するとともに，国民経済の民主的で健全な発達を促進する』という
同法の究極の目的（同法１条参照）に実質的に反しないと認められ
る例外的な場合を右規定にいう『不当な取引制限』行為から除外す
る趣旨と解すべきであ」るとされる（前出石油価格カルテル刑事事件
最判）→第１章2③参照）。自由競争経済秩序に反するとは，「公正且
つ自由な競争」を制限することである。カルテル・入札談合に競争
制限目的しかない場合には，自由競争経済秩序に反することは明ら
かであり，究極目的に反しないかの考慮に進むことなく公共の利益
に反することになる。前出石油価格カルテル刑事事件最判自体も含
め，これまで，公共の利益に反しないとされた不当な取引制限事件
は，審判決例には存在しない。カルテルが中小企業保護目的であり，
公共の利益に反しないと主張された事件では，中小企業保護目的は
国民の経済的利益に優越するとはいえないとして，斥けられている

（東京高判平成 9・12・24 高刑 50・3・181〔東京都水道メーター事件〕）。

**行政指導による
適法化の余地**

前出石油価格カルテル刑事事件最判による公共の利益の解釈は，行政指導による適法化にも関連している。すなわち，独占禁止法の究極目的に反しない行政指導に協力する行為であれば，違法性が阻却される。同事件では，行政指導自体は適法とされたものの，行政指導への協力を超えて，石油元売業者各社の値上げに関する意思決定を合意・拘束するものであったため，違法性阻却は認められなかった（→第 7 章 1②，3①参照）。

⑥ 共同の取引拒絶（ボイコット）

カルテルや入札談合のほかに，共同の取引拒絶も不当な取引制限に該当するか否かが議論されてきた。第 1 に，共同の取引拒絶によって，競争者の競争への参加が拒まれていることそれ自体を，競争の実質的制限にあたると解釈できるかという問題がある（→第 1 章 2①）。第 2 に，取引段階の異なる企業が共同の取引拒絶に参加した場合に，それらすべての企業が，2 条 6 項の定義する事業者にあたるかという問題である（入札談合における議論として，→*Column*⑦を参照）。これまでのところ，共同の取引拒絶に私的独占または不公正な取引方法の禁止規定を適用した事例はあるものの，不当な取引制限の禁止規定を適用した事例はない。なお共同の取引拒絶は，知的財産権のライセンス拒絶（利用許諾しないこと）として行われる事例が少なくない（→第 2 章 2④，第 5 章 5①，第 6 章 3②）。

2 事業者団体の活動規制

1 事業者団体規制の意義および特徴

事業者団体
独占禁止法における事業者団体とは，業界団体や同業者団体のことである。独占禁止法2条2項によれば，「事業者としての共通の利益を増進することを主たる目的とする二以上の事業者の結合体又はその連合体」とされている。同条ただし書で，「営利を目的として商業，工業，金融業その他の事業を営むことを主たる目的とし，かつ，現にその事業を営んでいるものを含まないものとする」とあるから，事業者団体自体は取引活動により利潤を得ることを主たる目的としないことが前提である。事業者としての共通の利益とは，構成事業者にとって，事業者団体に加入する理由になるだけの何らかのメリットがあることで足り，構成事業者に対する情報提供，研修といった具体的な活動は必須ではないし，個々の事業者が団体から正味の利益を得ている必要もない。

事業者団体の行為
事業活動を主たる目的としない事業者団体を規制の名宛人とするには，事業者団体の行為を特定しなければならない。事業者団体の競争制限行為として考えられているのは，競争を制限する内容の決定（団体としての意思決定）をすることである。したがって，事業者団体規制の規定（8条各号）を適用するためには，事業者団体が決定を行ったことを認定しなければならない。団体の意思決定と認定されるのは，総会決議による場合に限られない。理事会決定や下位の運営委員会・専門

部会の決定であっても，その内容が構成員に周知徹底され，構成員が団体の決定として遵守すべきものとして認識している場合には，決定があったと認められる（判審平成 7・7・10 審決集 42・3〔大阪バス協会事件〕）。

② 事業者団体の禁止行為

8 条 1 号では，事業者団体が一定の取引分野における競争を実質的に制限することを禁止する。具体例としては，医師会がインフルエンザ予防接種料金を決定し，会員医師に遵守させる（勧審平成 16・7・27 審決集 51・471〔四日市医師会事件〕）とか，会員同士で取引先（供給先や購入元）が競合しないように同業者団体が取引先を制限する（勧審昭和 40・6・23 審決集 13・46〔羊蹄山麓アスパラガス振興会事件〕）などがある。一定の取引分野および競争の実質的制限の解釈や認定については不当な取引制限の場合と同様である。

8 条 2 号は，外国事業者と不当な取引制限または不公正な取引方法に該当する国際的協定を締結することを禁止したものであるが，適用事例はない。

8 条 3 号は，一定の事業分野における現在または将来の事業者の数を制限することを禁止する。一定の事業分野とは，事業者団体の構成員である事業者の活動領域の広がりを示す概念であり，事業活動の範囲たる業種と活動範囲たる地理的範囲によって画定される。事業者団体が同業者団体であれば，一定の取引分野と変わらないが，競争関係にない事業者を含む団体の場合には，一定の取引分野よりも広くなる。数の制限とは，当該事業分野における新規参入や事業継続が可能な者の

資格を，競争制限的な選別基準によって限定することを通じて，これらの者の自由かつ公正な競争的行動を妨げることをいう。典型例は，既存事業者に対して競争的行動をとる新規参入者を標的とした参入阻止だが，1年に一定数まで当該事業分野への新規参入を認める場合であっても，競争を制限する目的で上限が設定されていれば数の制限にあたる。つまり競争者が参入できる場合でも，数の制限にあたりうる。判例は，当該事業に参入することを一般に困難にすることで足りるとしており（東京高判令和3・1・21審決集67・615〔神奈川県LPガス協会事件〕），参入をしにくくすることで数の制限となる。事業を開始するために事業者団体への加入が法律上義務付けられているのは例外である。事業者団体によって参入阻止が行われるのは，事業を円滑に進めるためには事業者団体に加入せざるを得ない事情が背景にある。事業者団体による参入阻止目的での不当な入会拒否は，8条3号を使えば迅速な規制が可能である。

> ## 8 条 4 号

8条4号は，構成事業者（事業者団体の構成員である会員事業者）の機能または活動を不当に制限することを禁止する。構成事業者に対する行為に規制対象が限定されている点で，1号や3号とは異なっており，構成事業者以外の競争も制限する場合には，8条4号と他の規定を併せて適用することになる（東京高判平成13・2・16審決集47・545〔観音寺市三豊郡医師会事件〕）。「機能又は活動を不当に制限する」とは，構成事業者の自由な事業活動に対する制約を包括的に含むものと解釈されている。8条1号と要件が異なることから，市場画定や取引条件の悪化といった弊害の認定は不要であるが，競争への悪影響（不当性）を示すためには，構成事業者の競争的行動に対して制約が課されている必要があろう。8条4号が適用された事件としては，非価格競

争や営業方法に関する制限，広告活動の禁止（勧審平成16・7・12審決集51・468〔三重県社会保険労務士協会事件〕），営業時間の制限，顧客争奪の制限（勧審平成7・4・24審決集42・119〔東日本おしぼり協同組合事件〕）などがある。このうち，顧客争奪の制限は，一定の取引分野における競争の実質的制限を認定できる事実がある場合には，8条1号を適用できる。

| 8 条 5 号 |

8条5号は，事業者団体が事業者に不公正な取引方法に該当する行為をさせるようにすることを禁止する。8条4号と違って，事業者に限定はないので，不公正な取引方法を実行する事業者は団体の構成事業者でなくてもよい。これまでの規制例としては，新規参入業者の事業活動を困難にさせるために，第三者に取引拒絶をさせた事例（前出東日本おしぼり協同組合事件），小売業者の団体が，卸売業者に対して，再販売価格を守らない小売店への出荷停止をさせた事例（勧審昭和32・10・17審決集9・11〔家電器具市場安定協議会事件〕），事業者団体の会員から顧客を奪った非会員に対して，会員が一斉に取引妨害をするようにさせた事例（判審昭和56・3・17審決集27・116〔関東地区登録衛生検査所協会事件〕）などがある。

| 事業者団体規制の特徴 |

事業者団体に対する規制について特別の条文を設け，かつ5つも禁止される行為類型を定めているのは，国際的にみても稀である。その沿革は，1953年改正で独占禁止法に取り込まれた事業者団体法に遡る。同法（1948年制定）は，戦後の統制団体解散後にできた同業者団体に対して，法的な行動指針（許容活動と禁止行為）を示す趣旨で，詳細な規定を持っていた。事業者団体の組織性や構成事業者に対する影響力ゆえに，集団で競争制限行為が行われるおそれがあり，不当な取引

制限や私的独占の規制とは別個に規定が設けられている。

**事業者団体規制と
他の禁止規定の関係**

8条3号・4号・5号の事例から分かるように，8条の規制対象には，複数競争者がお互いの競争を回避するタイプの競争制限行為だけではなく，新規参入者や非会員の競争的行動を損なうような競争排除型の競争制限行為も含まれている。これは，不当な取引制限と比べた場合の特徴である。共同の取引拒絶（ボイコット）に不当な取引制限の禁止規定を適用することがかつて議論されたが，現在では私的独占および不公正な取引方法の禁止規定の適用もありうるため，競争排除型の行為に不当な取引制限の禁止規定を適用する余地は狭くなっている。

事業者団体を舞台としてカルテルが行われている場合には，8条1号を適用してもよいし，2条6項を適用してもよい。どちらを適用するのが適切であるかは事実に依存する。事業者32社に対して不当な取引制限の禁止規定を適用したが，32社が属していた事業者団体もカルテルをさせていた疑いがあり8条1号に違反するおそれがあるとして，事業者団体に対して警告をした事例もある（前出元詰種子カルテル事件）。

不公正な取引方法の一般指定5項には，事業者団体を舞台とする差別取扱い等が規定されている。事業者団体が主体として同様の行為を行えば，8条3号・4号・5号の適用が考えられる。しかし一般指定5項の名宛人は事業者団体ではなく事業者であるため，特定の事業者が影響力を持つような状況か団体自体が事業活動を行っている場合でなければ一般指定5項の登場場面はない。

組合の行為の適用除外

事業者団体規制において問題となる規定として，独占禁止法22条がある。同規定は

小規模の事業者または消費者の相互扶助を目的として，法律の規定に基づいて設立された一定の条件を満たす任意加入の組合の行為には，独占禁止法を適用しないことを定める。消費生活協同組合や農協などがこの規定の適用を受ける例である。ただし，これらの組合が不公正な取引方法を用いる場合または一定の取引分野における競争を実質的に制限することにより不当に対価を引き上げることとなる場合は，この限りでないとされている。したがって，小規模事業者による共同事業と言えないような，競争を制限する力を持つ組合の行動については，適用除外されない（排令平成27・1・14審決集61・138〔網走管内コンクリート製品協同組合事件〕）。

3 共同行為の目的・動機の評価

① 共同行為の目的・動機

> 競争制限以外の目的を
> 持つ共同行為

ここまでは，不当な取引制限および事業者団体の規制で禁止される典型行為を見てきた。すなわち，競争制限だけを目的とする共同行為（以下では事業者団体の行為も，便宜上「共同行為」に含むものとする）を検討してきた。しかし，事業者が共同で行う行為には，競争を制限する以外にも様々な目的で行われるものがある。業界で互換性標準を策定する（→第6章3②）とか，業界の自主規制基準を設ける（→第7章2①）といった行動は，事業者間でよく行われる共同行為である。これらの行為は，取引相手やより広く社会全体にとって便益を高める行為でもある。独占禁止法は，このような行為をどのように評価するのであろうか。これらの共同行為が競争に与え

る影響を評価するためには，共同行為の目的または動機（客観的に認められるそれである）を評価する必要がある。以下では，不当な取引制限および事業者団体規制の双方を視野に入れて，共同行為の目的・動機を独占禁止法においてどのように評価するのか解説する。また，競争制限以外の目的を持つ共同行為の中でも，とりわけ競争促進的な目的で行われる業務提携（共同事業，アライアンス）については，一定の取引分野における競争の実質的制限の認定が企業結合規制（→第4章2④）のそれに近づくので，その点も若干触れることとする。なお，共同行為の目的・動機を最後に論じるのは，行為者の合計シェアが小さいなど，弊害が起こりそうにない場合には，行為者の目的・動機を評価するまでもないからである。

| 独占禁止法で考慮される目的・動機 |

独占禁止法上の違法性判断において考慮される行為の目的・動機として，①競争促進目的，②社会公共目的，③法令遵守目的，の3つがありうる。競争促進目的で行われる共同行為とは，市場取引を活発化させ，取引相手の利益になるような共同行為のことである。先述の互換性標準の策定のほか，競争力を高めるための業務提携（新商品開発・費用削減のための共同研究開発や共同生産など）がその具体例である。社会公共目的とは，商品役務の取引相手だけでなく国民全体の潜在的利益になるような目的であり，安全性確保や環境保全といった目的が具体例である。法令遵守目的の共同行為とは，独禁法以外の他の法律を遵守する目的で行われた共同行為である。これら3つの目的・動機は，そのような目的で行われた共同行為は独占禁止法に違反しない，という主張の論拠とされる点で共通する。これらの目的・動機が，どのような場合に共同行為を適法とするのかを，以下で説明する。

② 競争促進目的の共同行為

競争促進目的により
適法となる場合

共同行為が競争促進目的で行われる場合には，①競争促進目的が後知恵でないこと，②競争促進目的を達成する手段として，当該共同行為が有効である（目的合理性を持つ）こと，③競争促進目的を達成するために，競争に対する影響の少ない代替的手段がないこと，④共同行為を行わない場合と比べて取引条件が悪化しない（弊害が発生しない）こと，を満たす必要がある。逆に言えば，これらのいずれかを満たさない場合には，市場支配力を持つ事業者による共同行為は不当な取引制限や事業者団体の禁止行為として規制されることになる。競争促進目的の場合には，他の目的と比べて，④の判断の手間が大きくなる。

共同行為者の市場支配力

競争促進目的の共同行為は，小規模事業者が競争力を高めるために行う場合もある。例えば共同購入は，競争者を集めて取引規模を大きくすることによって購入単価を下げることができ，事業者が単独では実現できないコスト引き下げを享受できる。競争者を集めても合計市場シェアが小さいなど，市場支配力を持たない場合には，そもそも一定の取引分野における競争を実質的に制限することはできないから，弊害も発生しないことになる。

他方で，共同行為者の合計シェアが高く，合計供給数量を減らして値上げすることができる力を持つ場合には，競争促進目的を持っていたとしても，事後に取引条件が悪化すれば競争の実質的制限の要件を満たすことになる。このような限界事例では，競争促進的な共同行為の結果として，共同行為者の競争力がどのように高まるか

（費用削減の程度や研究開発スピードの向上）を予測したうえで，将来的な取引条件が悪化するか否かを予測しなければならず，企業結合規制と判断方法は接近する。したがって，共同行為者以外の競争者がどの程度の競争力を持っているかなど，取引条件に影響しうる市場全体の情報を収集しなければ結論が出せない。

業　務　提　携　競争促進目的で行われる共同行為の典型として，業務提携がある。業務提携は，複数事業者が事業活動の一部を共同化するものであり，共同研究開発，共同購入，共同生産，共同流通，共同販売などがある。例えば共同生産をしても販売は別個に行うとか，共同販売をするが生産（および販売価格設定）は別個に行う場合が，事業活動の一部の共同化である。事業活動の全部を共同化すると企業結合になるが，これと対比して，部分統合などと呼ばれることもある。公取委「『業務提携に関する検討会』報告書」（2019・7・10）では，業務提携を7つの類型に分けて留意すべき点をまとめている。

　業務提携は契約だけで行われる場合もあるが，共同出資会社を設立する場合もある。一般には事前相談や注意で処理されるであろう（GoogleとYahoo!の業務提携につき，→第6章3③）が，実施済みで競争の実質的制限を認定できる場合には，3条が適用されよう。

業務提携の弊害発生
メカニズム　業務提携（共同事業・アライアンス）の形態は実に様々であり，網羅的な基準の提示は困難である。提携の動機・目的も考慮しながら，個別事案ごとに競争および取引条件に与える影響を吟味する必要がある。部分統合だから，合併した場合よりも競争に与える影響が小さいという考えも根拠がない（業務提携を通じて，合併した場合と同じように提携当事者間で数量を調整することもできるからである）。

ここでは，業務提携によって競争の実質的制限が発生する代表的な
メカニズム（シナリオ）を挙げておく。

(1) 提携により，提携当事者（パートナー企業）が高い合計市場シェアを持つ一方で，同等な競争力を持つ競争者がアウトサイダーにいなくなるために，数量を削減して値上げするインセンティブを持つ場合。メカニズム自体は単純だが，現実にも十分にありうるシナリオである。

(2) 提携により，提携当事者が互いの秘密情報（費用，取引先，販売価格，研究開発状況など）を知ることができるために，互いに率先して競争的行動を取るのをやめるようになる（協調的行動をとるようになる）場合。競争者である提携相手の秘密情報へのアクセスは，情報遮断措置をとれば防止できそうである。しかし，共同事業（共同購入，共同生産，共同流通，共同販売など）は，共通化された事業について，（程度の差はあれ）提携当事者間で費用の共通化を構造的にもたらす（例えば生産費用が共通になる）。このような費用の共通化は，秘密情報の共有とはいえるものの，情報遮断措置では解消できない（自分と同じ費用になるからである）。費用の共通化については，留意すべき点が2つある。第1に，共通化される費用が販売価格に占める割合が小さければ，協調的行動が容易にはならない（提携当事者間で価格競争の余地が大きいからである）。第2に，提携当事者と費用構造の異なる，競争的行動をとるアウトサイダーが提携の外に残っている場合には，協調的行動は起こりにくい。

(3) 提携により，提携対象でない商品役務についてカルテルまたは協調的行動をとるようになる場合（スピルオーバー効果と呼ばれることもある）。提携対象商品役務の川上または川下にある商品役務など，提携対象商品役務と関連性の高い商品役務で協調的行動が取ら

れることを検討するのが通常である。

(4)　研究開発で提携することにより，研究開発の進捗度において先頭を走っていた提携当事者が，研究開発競争を弱める場合。このシナリオの場合には，提携当事者が研究開発の進捗度（順位）において上位にあり，かつ順位が近いかどうかが重要となる。差別化財市場における企業結合規制の分析手法と同じである。研究開発競争は，異なる方向性のプロジェクトとの競争（プロジェクト間競争）および同じ方向性のプロジェクト内部での競争の両方を分析する必要がある。

業務提携における
競争促進目的の考慮

　業務提携の場合も，競争促進目的により適法化されるかどうかは，②の冒頭で述べた①〜④の条件を満たすかどうかで決まる。共同事業のうち，共同研究開発を除くものは，ある程度の確実さで提携による競争力強化の影響（提携後の費用や設定価格への影響）を予測できる。ただし将来予測である以上，将来商品の取引市場を観念せざるを得ない。他方で，共同研究開発はこれから研究開発を行うのであるから，一般的にはそれが提携当事者の将来の競争力をどう高めるか（提携当事者の費用や商品役務の付加価値や価格にどう影響するか）は不確実である。共同研究開発の場合には，研究開発の進捗度をどれだけ高めるかを考慮できるにとどまるだろう。

3　社会公共目的の共同行為

社会公共目的により
適法となる場合

　共同行為が社会公共目的で行われる場合には，①社会公共目的が後知恵でないこと，②社会公共目的を達成する手段として当該共同行為が有効である（目的合理性を持つ）こと，③社会公共目的を

達成するために競争に対する影響の少ない代替的手段がないこと，を満たす必要がある。逆に言えば，これらのいずれかを満たさない場合には，市場支配力を持つ事業者による共同行為は不当な取引制限や事業者団体の禁止行為として規制されることになる。②を満たさない場合としては，安全性確保のための自主規制を定めていながら，当該規制基準に科学的根拠がない場合，新規参入者に対してのみ厳しい自主規制を適用する場合（東京地判平成9・4・9審決集44・635〔日本遊戯銃協同組合事件〕）がある。これらは，自主規制の設定または実施が合目的性を欠く場合である。③で，競争に対する影響の少ない代替的手段を問うことは，できるだけ個別事業者の判断または創意工夫（競争的努力）の余地を認める手段を，事業者が優先すべきであることを意味する。例えば，自主規制で数値基準を設けるのであれば，基準にある程度の幅を設けて，事業者による選択を認めるのが，競争への影響が少ない代替的な手段となる。

| 社会公共目的と独占禁止法の究極目的 |

社会公共目的を考慮した事件では，独禁法1条が定める究極目的すなわち，「一般消費者の利益を確保するとともに，国民経済の民主的で健全な発達を促進すること」に言及される。それは以下のような理由による。社会公共目的が動機になる場合には，自由な競争に委ねれば社会的問題が自動的に解決されるという前提が必ずしも妥当しない。そうすると，独禁法と社会公共目的は対立関係に立ちうるから，それらの要請を両方考慮する場合に，何を到達目的として議論すればよいのか（しかも法律上の根拠に基づいて議論できるのか）が分からなくなる。そこで判断基準として参照されるのが究極目的なのである。なお，社会公共目的ゆえに適法となる場合には，一定の取引分野における競争を実質的に制限する行為に当たらない

とされる（前出日本遊戯銃協同組合事件判決）。

4　法令遵守行為

法令遵守目的により
適法となる場合

独占禁止法は法体系の中の一つの法律にす
ぎず，他の法律とも整合的に解釈されなけ
ればならない。したがって，他の法令を遵
守するための行為は，競争制限行為であっても適法となるのが原則
であろう。ただし，法令遵守目的により適法とならない場合が2つ
確認されている。第1に，他の法律を遵守する目的自体が後知恵に
すぎず，当該共同行為を採用する際にそのような法律について議論
された形跡がない場合である（東京高判平成13・2・16審決集47・545
〔観音寺市三豊郡医師会事件〕）。第2に，他の法律に反した競争の実態
が一般化しており，かつ当該法律に基づく法的拘束力を持つ措置が
相当期間にわたり取られてこなかった場合である（判審平成7・7・
10審決集42・3〔大阪バス協会事件〕）。他の法律に違反した競争が規
制されていない場合には，そのような競争も，独禁法が競争制限行
為から保護しなければならないということである。

なお，法令遵守行為である場合にどの要件を満たさないことにな
るかについて，前出大阪バス協会事件は，「競争を実質的に制限す
ること」という構成要件に該当しないという解釈を示した。もっと
も，事業者団体規制には8条3号のように，規範的評価を読み込め
る要件を持たない条文もある。そこまで視野に入れるならば，違反
行為を定義した規定のいずれかの要件で無理に議論しなくても，独
禁法による禁止規範の射程を外れる（独禁法が禁止する行為には当た
らない）という結論は導けるであろう。近時，事業者団体事件にお
いて，「正当な理由がある場合には，……当該行為は不当なものと

はいえないとして独禁法8条3号に当たらない」とした判決がある（東京地判令和2・3・26審決集66・496〔神奈川県LPガス協会事件〕）。

4 法の執行・実現

　本節では，不当な取引制限をした事業者や，禁止行為を行った事業者団体がどのような法的措置を受けるか，また不当な取引制限や事業者団体の禁止行為によって被害を受けた取引相手（事業者または最終消費者），競争事業者がどのような法的救済を求めることができるかを論じる。

① 公正取引委員会による行政的措置

排除措置命令

　不当な取引制限をした事業者に対して，公取委は当該行為の差止め等を内容とする排除措置を命じることができる（7条1項）。排除措置命令の主文として違反事業者に命じられる内容としては，違反行為を取りやめた旨を確認する取締役会決議，今後各自は自主的に事業活動を行うこと，これらの措置を取引先および社内に周知徹底すること，今後同様の行為をすることの禁止，独占禁止法の遵守についての行動指針の作成・改定や法令遵守についての定期的な監査等がある。

　違反行為が既に終了している場合（既往の違反行為）においても，特に必要があると認めるときは，排除措置を命じることができる（7条2項）。公取委による立入調査が行われれば通常は違反行為が終了する。違反行為が終了していても，同様の違反行為が繰り返されるおそれがある場合に，特に必要があると認められている（東京

高判平成 28・5・25 審決集 63・304〔日本エア・リキード事件〕）。違反行為が終了してから 7 年を経過すると，排除措置を命じることはできない（7 条 2 項ただし書，除斥期間）。

事業者団体が 8 条に定める禁止行為をした場合には，事業者団体に対して，当該行為の差止め，当該団体の解散その他の排除措置を命じることができる（8 条の 2）。

課徴金納付置命令　不当な取引制限をした事業者のうち，カルテル対象商品役務の売上を得ている事業者や受注調整によって落札した事業者に対して，公取委は課徴金の納付を命じることができる（7 条の 2 第 1 項）。事業者団体が 8 条 1 号に違反する行為をした場合にも，構成事業者に対して課徴金の納付が命じられる（8 条の 3）。除斥期間は 7 年である（7 条の 8 第 6 項）。課徴金は機械的に計算され，刑罰よりも機動的に発動できて金額が大きいため，実務上は重要な法的措置になっている。

課徴金の制度趣旨については次のように述べられている。「独禁法の定める課徴金の制度は，昭和 52 年法律第 63 号による独禁法改正において，カルテルの摘発に伴う不利益を増大させてその経済的誘因を小さくし，カルテルの予防効果を強化することを目的として，既存の刑事罰の定め（独禁法 89 条）やカルテルによる損害を回復するための損害賠償制度（独禁法 25 条）に加えて設けられたものであり，カルテル禁止の実効性確保のための行政上の措置として機動的に発動できるようにしたものである。また，課徴金の額の算定方式は，実行期間のカルテル対象商品又は役務の売上額に一定率を乗ずる方式を採っているが，これは，課徴金制度が行政上の措置であるため，算定基準も明確なものであることが望ましく，また，制度の積極的かつ効率的な運営により抑止効果を確保するためには算

定が容易であることが必要であるからであって，個々の事案ごとに経済的利益を算定することは適切ではないとして，そのような算定方式が採用され，維持されているものと解される。そうすると，課徴金の額はカルテルによって実際に得られた不当な利得の額と一致しなければならないものではないというべきである」（最判平成17・9・13民集59・7・1950〔機械保険連盟課徴金事件〕）。

課徴金の算定方法

課徴金の算定方法の概要は以下の通りである。まず7条の2第1項各号の額を計算し，7条の2第1項柱書きに従って合算額を求める。次に課徴金の割増原因があるかどうかを，7条の3に基づいて確認し，該当する事情がある場合には合算額に1.5または2をかける。ここまでの計算で得られた額が，減算前課徴金額である。さらに課徴金減免申請を行っている場合には，7条の4および7条の5に基づく減算をして課徴金額が決定される。

$$\text{課徴金額} = \underbrace{\underset{\text{[7条の2]}}{\text{合 算 額}} \times \underset{\text{[7条の3]}}{\text{割 増}}}_{\text{減算前課徴金額}} \times \underset{\text{[7条の4, 7条の5]}}{\text{減 算}}$$

7条の2の計算

7条の2では，以下の3つの金額が合算される。

(1) 「当該商品又は役務」の「実行期間」における「売上額」×0.1（7条の2第1項1号）

2019（令和元）年改正により，違反行為者のみならずその「特定非違反供給子会社等」が供給した当該商品役務の売上額も含まれるようになった。「特定非違反供給子会社等」とは，(ア)違反行為者の完全子会社，完全親会社，または完全親会社を共通とする他の会社（完全子会社等，2条の2第3項）のうち，(イ)一定の取引分野に

おいて当該違反行為に係る商品または役務を供給したもの（供給子会社等，2条の2第4項）であり，（ウ）当該違反行為をしていないもの（非違反供給子会社等，2条の2第6項）であって，（エ）「他の者に当該違反行為に係る商品又は役務を供給することについて当該事業者から指示を受け，又は情報を得た上で，当該指示又は情報に基づき当該商品又は役務を供給したもの」（2条の2第7項）である。なお，同じ当該商品が，違反行為者から特定非違反供給子会社等に供給され，後者がさらにそれを転売するような場合には，同じ商品について両社の売上額が重ねて課徴金の対象になるのではなく，川下の売上額のみが課徴金対象になる（違反行為者と特定非違反供給子会社等の間では，グループ間取引が課徴金対象から除外される）。

　実行期間（2条の2第13項）とは，カルテルや基本合意が実施されたことによる売上額を得ていたと想定される期間のことである。値上げを行わなかった事業者には「当該違反行為の実行としての事業活動」がなく，また談合に従った落札実績がない事業者も同様に実行期間における売上額がないため，課徴金納付は命じられない。実行期間は始期と終期によって特定される。2019年改正前までは，始期から終期までの期間が3年を超える場合でも，終期から遡って3年間が実行期間とされていたが，同改正以降は，実行期間の始期が公取委の調査等を受けた日の10年前の日まで遡れる。

　売上額は収益から費用を差し引く前の数値である（前出機械保険連盟課徴金事件）。売上額には消費税等の税金が含まれる（東京高判平成18・2・24審決集52・744〔東燃ゼネラル石油事件〕）。

　違反行為が購入にかかる場合には購入額×0.1となる（7条の2第1項2号）。また，違反行為者が中小企業である場合には売上額（購入額）×0.04で計算される（7条の2第2項）。2019年改正前は売上

額にかけられる算定率が業種ごとに分けられ（小売業3%，卸売業2%，それ以外10%），事業者が複数の業種で事業活動を行っている場合にはいずれか1つの業種に認定されていた（1違反行為1算定率）が，改正により業種ごとの算定率が廃止された。

(2)　密接関連業務の対価の額×0.1（7条の2第1項3号）

談合事件では，受注予定者以外の者が工事の一部を下請けすることで利益の分配を受けることがある。このような下請工事の対価は，違反行為者（およびその完全子会社等）が，違反行為に係る商品または役務の供給を行わないことの見返りとして得ている対価であり，他の違反事業者等（受注予定者）が当該商品役務を供給するために必要な他の商品または役務（密接に関連する業務）の対価として，課徴金算定対象に含まれる（施行令6条1項）。違反行為者が中小企業である場合には対価の額×0.04で計算される（7条の2第2項）。

(3)　協力への報酬として得た財産上の利益相当額（7条の2第1項4号）

違反行為に係る商品もしくは役務を供給しないこと（違反者が買い手の場合には供給を受けないこと）に関して，違法行為者（およびその完全子会社等）が得た「金銭その他の財産上の利益に相当する額」は，その全額が課徴金の対象となる。

実行期間の始期と終期　不当な取引制限の実行期間の始期は，カルテルであれば値上げの適用予定日，入札談合であれば基本合意に基づいて最初に入札に参加した日である。

実行期間の終期は，多くの事業者にとっては①立入検査が行われた日の前日だが，それ以外の場合もある。例えば，②他の事業者がカルテルを続けている間に，ある事業者だけ課徴金減免申請をすれば，当該申請事業者にとってはその前日が終期となる。また，③あ

る事業者が違反行為からの離脱を他の共同行為者に対して表明した場合にも，その前日が終期となる。入札談合で特殊なのは，落札から契約締結までに間隔が空くことである。すなわち，④受注調整をやめた後に締結された契約であっても，受注調整の結果として落札した物件にかかる契約であれば，課徴金対象に含めざるを得ない。したがって実行期間の終期は，落札日ではなく，発注者との契約締結日まで伸びる（東京高判平成30・8・10審決集65・2・100〔山梨塩山地区談合（天川工業）事件〕）。

　なお実行期間の終期は「当該違反行為の実行としての事業活動がなくなる日」であるが，それは違反行為の実行が行われた最後の日という意味である。例えば「平成28年8月25日以降，当該違反行為を取りやめており，同月24日にその実行としての事業活動はなくなっているものと認められる。」とされた場合には，実行期間は平成28年8月24日までとなる。

違反行為の始期と終期　実行期間と類似する概念に，違反行為期間がある。実行期間が課徴金対象売上額を特定するための期間であるのに対して，違反行為期間は排除措置命令と関連付けられる概念である（終期は除斥期間や既往の違反行為に連動する）。違反行為の始期はカルテル合意の成立時点や基本合意に基づいて最初に受注調整に参加した時点を意味し，実行期間の始期とは異なっている。他方，違反行為の終期は概ね実行期間の終期に一致することが多い。違反行為の終期と実行期間の終期が一致しないのは，違反行為終了後に談合対象物件の契約が行われる場合である。

当該商品又は役務　違反行為の対象となる商品役務は，一定の取引分野の画定において特定されているが，その商品役務に，汎用品と特注品の双方を含むのか，形状や流通経

路が異なる商品も含むのかが，審判決で争われてきた。これは，課徴金対象商品役務がどの範囲の商品役務かという問題であり，7条の2第1項1号および2号の「当該商品又は役務」に関する論点である。一定の取引分野の画定は2条6項にかかる要件であるため，同じ商品役務のカテゴリーの中で違反行為の対象に含まれないものがあるかどうかは，違反の成否には影響しないが，課徴金対象商品役務の範囲は売上額および課徴金額に影響するので，争われてきた。

カルテル事件では，「違反行為の対象商品の範ちゅうに属する商品については，……違反行為を行った事業者又は事業者団体が，明示的又は黙示的に当該行為の対象から除外するなど当該商品が違反行為である相互拘束から除外されていることを示す事情が認められない限り，違反行為による拘束が及んでいるものとして，課徴金算定の対象となる当該商品に含まれ」るとされている（東京高判平成22・11・26審決集57・2・194〔ポリプロピレン価格カルテル事件〕）。

入札談合事件では，「課徴金の対象となる『当該…役務』とは，……本件基本合意の対象とされた工事であって，本件基本合意に基づく受注調整等の結果，具体的な競争制限効果が発生するに至ったもの」をいうとされる（最判平成24・2・20民集66・2・796〔多摩談合課徴金事件〕）。「具体的な競争制限効果」は，無定義に使われている用語であるが，同判決は「本件個別工事は，いずれも本件基本合意に基づく個別の受注調整の結果，受注予定者とされた者が落札し受注したものであり，しかもその落札率は89.79%ないし99.97%といずれも高いものであったから，本件個別工事についてその結果として具体的な競争制限効果が発生したことは明らかである」とした。

入札談合事件では，複数の談合メンバー（基本合意に参加した違反行為者）が入札に参加し，談合メンバーが受注した物件については，

特段の事情がない限り，課徴金対象物件と推認するのが相当である
とされてきた（東京高判平成24・3・2審決集58・2・188〔日立造船事
件〕）。したがって，基本合意参加者は，個別の物件が基本合意の対
象から除外されたことを具体的に主張立証して反証することを求め
られる。

　入札談合事件において特段の事情が認められた場合としては，①
落札者に対する他の談合メンバーからの協力がなかったことを，落
札者が立証した場合（東京高判平成16・2・20審決集50・708〔土屋企
業事件〕），②受注予定者以外の談合メンバーが，低価格入札で失格
となったなど，他の事業者が受注予定者に協力したとはいえず，フ
リー物件（各事業者が基本合意に拘束されず，自社の判断で入札価格を決
める物件）になった可能性がある場合（審決平成25・5・22審決集60・
1・105〔岩手県建設談合事件〕），③アウトサイダーが入札参加者の半
分前後を占めており，落札率が80％だった物件（審決平成20・7・
24審決集55・174〔多摩談合課徴金事件〕），などがある。①は，いわゆ
るたたき合い物件（受注予定者を1社に絞れなかった物件）の事例であ
る。なお，AとBが受注予定者になることを主張して最終的に1
社に絞れなかったときでも，AとBがそれぞれ他の談合メンバー
からの協力を得て落札したときには，（AとBのいずれが落札しても）
課徴金対象物件となる（判審平成6・3・30審決集40・49〔協和エクシ
ォ事件〕）。特段の事情が認められた以上の3つのうち，①および②
は，落札者が他の談合メンバーの協力を得ずに落札した事案と整理
できるが，③はそのような説明ができない。特段の事情の外延は不
明なままである。

| 7条の3の計算 | 違反行為者またはその完全子会社が，10年以内に課徴金納付命令等を受けているに |

もかかわらず再び違反行為を行っている場合には，合算額に1.5が乗じられる（7条の3第1項）。また，違反行為を主導する，違反行為に関する指示を行う，他の事業者に対して資料隠蔽等の調査妨害をさせる，他の事業者に対して減免申請をさせないようにする等の行為がある場合にも，同様である（7条の3第2項）。両方の事情がある場合には2倍となる（7条の3第3項）。

課徴金の減免

　課徴金減免制度は，違反行為にかかる事実の報告および資料の提出を行った者に対して，課徴金額を減じることにより，違反行為の早期発見と違反行為からの早期離脱を後押しする制度である。

　2019年改正前までは，減免申請の順位が最も重視され，順位が後になれば報告・提出内容に新規性がないと減免が認められない仕組みになっていた。しかし必要最低限の報告だけで調査に協力をしなくても減免が認められる課題があるとされ，2019年改正により，減免申請の順位による減免（7条の4）と調査協力に基づく減免（7条の5）の2階建てに改変された。7条の2および7条の3によって計算された金額（減算前課徴金額）から，7条の4および7条の5所定の減免率を乗じた金額を差し引くことで最終的な課徴金額が計算される。

　7条の4では，2019年改正前と比べて，減額割合が大幅に低くなっていることが分かる。例えば調査開始日前2番目の申請者は，7条の4では20%減額であるのに対して，後述の7条の5の減額率は最大40%となっているため，調査協力のインセンティブが高くなるように設定されている。また，5%減額については申請が認められる事業者の上限がない。

　7条の5による減算は，7条の4に基づく減免申請を行った事業

7条の4の計算

	調査開始日前の申請
	調査開始日前の申請
全額免除	調査開始日前最初の申請（7条の4第1項）
20% 減額	調査開始日前2番目の申請（7条の4第2項）
10% 減額	調査開始日前3番目の申請（7条の4第2項）
10% 減額	調査開始日前4-5番目の申請で公取委が把握していない事実の報告または資料の提出（7条の4第2項）
5% 減額	調査開始日前6番目以降の申請（7条の4第2項）
	調査開始日以後の申請
10% 減額	調査開始日以後に公取委が把握していない事実の報告または資料の提出（調査開始日前の申請で5位までが空いている場合で，3社まで。7条の4第3項）
5% 減額	調査開始日以後の申請（7条の4第3項）

者が，公取委との協議を申し出ることによって開始される。事業者は公取委の求めに応じて事実の報告，資料の提出，検査の承諾を行うことが減免を認められる条件となる。減額の上限は法定された40%および20%であり，その範囲内で公取委と事業者が合意した割合で減額がなされる。合意の時点で決まる特定割合は，7条の4に基づく事実の報告と資料の提出が判断資料であるとされ，合意後に提出される資料を評価して決められる評価後割合が，特定割合に上乗せされることになる。

　なお，課徴金減免については7条の6で失格事由が定められていることに注意が必要である。例えば調査開始日前の最初の減免申請者であっても，公取委による追加報告の求めに応じなければ失格となる（7条の6第2号）。失格の場合には，7条の4および7条の5による減額いずれについても認められない（7条の6柱書き）。

7条の5の計算

最大40%減額で公取委と事業者が合意した割合	調査開始日前の報告事業者（7条の5第1項2号イ）
最大20%減額で公取委と事業者が合意した割合	調査開始日以後の報告事業者（7条の5第1項2号ロ）

企業再編・企業グループと課徴金

違反行為者が企業結合により消滅した場合に，課徴金納付命令の名宛人を読み替える規定（7条の8第3項）および，承継者を課徴金納付命令の名宛人にする規定（同条4項）がある。また，グループ会社が共同して減免申請を行った場合には，グループ企業全体で単独申請とみなされる場合がある（7条の4第4項）。

訴　　訟

事業者が排除措置命令および課徴金納付命令を争う訴訟は抗告訴訟となる。被告は公取委（77条）であり，東京地裁（合議体）の専属管轄（85条1号，86条）である。

Column⑦　**排除措置命令と課徴金納付命令の名宛人**•••••••••••••

　不当な取引制限の違反事件を念頭に置いて，違反者の範囲を論じる。排除措置命令の名宛人と課徴金納付命令の名宛人は，必ずしも一致しない。いずれの名宛人であっても2条6項の要件を満たすことが前提であるが，実行としての売上額がない者は課徴金納付命令の対象にならない。また課徴金を免除されれば納付命令の対象にならない。

　資本関係を持つ取引段階の異なる企業（例えば同じ企業グループに属する製造会社と販売会社）が，同じ談合に関与することがある。前出社会保険庁シール談合事件では，日立情報が他社と共同出資して設立した製造子会社であるビーエフが，社会保険庁の発注するプライバシー保護用のシールの入札に参加していた。しかし他の入札

参加者3社と共に実際に受注調整を行っていたのは，販売会社にあたる日立情報であった。同事件では，日立情報が排除措置命令の名宛人となったが，課徴金納付はビーエフ，日立情報のいずれに対しても命じられなかった。ビーエフも日立情報も，発注者と納入契約を結んでいなかったからである。

　しかし同事件では，他の入札参加者3社が落札した納入分について，日立情報を介して原反業者等に発注することにより，日立情報も仕事業者（落札業者の仕事を印刷業者に取り次ぐ中間業者）として利益が得られるようになっていた。刑事事件では，日立情報も有罪判決（罰金400万円）を受けたが，そこで日立情報が違反者となる根拠とされたのは，日立情報も仕事業者として事業活動（取引活動）を行っており，また本件合意の対象および影響が社会保険庁の発注にかかる本件シールが落札業者，仕事業者，原反業者等を経て製造され，社会保険庁に納入される間の一連の取引のうち，社会保険庁から仕事業者に至るまでの間の受注・販売に関する取引に及んでいることであった（東京高判平成5・12・14高刑46・3・322）。すなわち，同判決は，取引段階の異なる事業者間で不当な取引制限が成立することを認めた。不当な取引制限の主体は相互に競争関係にある事業者に限るとした新聞販路協定事件判決（東京高判昭和28・3・9高民6・9・435）は，同判決により先例性を失っている。このように，入札参加資格のない企業が談合に実質的に関与していた場合には，排除措置命令の名宛人になるものの，落札者でなければ課徴金納付命令の名宛人にならないのが原則である。ただし，落札者自身が違反行為に積極的に関与していない場合に，落札者から代理権を授与されるなどして入札価格の決定に関与していた事業者（形式的には落札者ではない企業）を課徴金納付命令の対象とした特殊事例もある。また，2019年改正後は，落札者が特定非違反供給子会社等である場合，協力者が密接関連業務の対価や談合金を得ている場合には，落札者以外でも課徴金納付を命じられうるため，

注意が必要である。

━━━━━━━━━━━━━━━━━━━━━━━━━━━━━━━

② 刑 事 罰

罰 則 規 定

事業者が不当な取引制限をした場合には，自然人も法人も，89条1項1号および95条1項1号により刑事罰を科せられることがある。独禁法違反の犯罪行為については，公取委の専属告発とされている。公取委は，国民生活に広範な影響を及ぼすと考えられる悪質かつ重大な事案や，行政処分では不十分な場合に告発を行う方針を示している（告発・犯則調査運用指針）。他方で，課徴金減免申請を最初に行った事業者については，告発を行わない方針である（同上）。これまで公取委が告発した事件をみると，違反行為をくり返していることが，告発対象の選定にあたって重視されているようである。

不当な取引制限の罪の実行行為は，カルテルでは価格引上げ等につき合意することであり，これは相互拘束に該当する。入札談合でも，かつては基本合意をすることが実行行為であり，相互拘束に該当するとされていた。しかし2004（平成16年）以降は，基本合意に従って受注予定者を決定すること等も実行行為であり，それは遂行行為に該当するというのが判例実務である。すなわち入札談合では，基本合意が相互拘束に該当し，それに従って受注予定者を決定する等の行為が共同遂行に該当する。

不当な取引制限の罪の既遂時期は，一定の取引分野における競争を実質的に制限したときである。

課徴金との関係

カルテル行為の反社会性ないし反道徳性に着目し，刑事訴訟手続によって科せられる

刑事罰と課徴金とは，その趣旨・目的，性質等を異にするものであるから，刑事罰を科すと共に課徴金の納付を命ずることは，二重処罰を禁止する憲法39条に違反しない（東京高判平成9・6・6審決集44・521〔シール談合課徴金事件〕）。ただし，両方の手続がなされた場合には，課徴金額から罰金額の半分を控除しなければならない（7条の7第1項，63条1項）。

③ 民事上の救済手段

損害賠償請求等　不当な取引制限や事業者団体の禁止行為によって被害を受けた取引相手（事業者または最終消費者）および競争事業者が使える法的救済手段としては，不法行為に基づく損害賠償請求（民法709条），独占禁止法に基づく損害賠償請求（独禁25条），不当利得返還請求（民法703条），地方自治法に基づく損害賠償請求または不当利得返還請求（自治242条の2第1項4号）がある。損害賠償請求においては，民事訴訟法248条に基づく相当な損害額の認定が使われる場合もある。入札談合への対処として，発注者と落札者との請負契約約款において，賠償金の定めをすることもある。これは，独禁法違反行為により排除措置命令または課徴金納付命令が確定した場合に，賠償金として請負金額の一定額を発注者に対して支払うことを予め約するものである。

　事業者団体が不公正な取引方法をさせるようにした場合には，それにより利益を侵害されるおそれがある事業者は，独占禁止法24条に基づいて差止請求をすることもできる。

　なお課徴金制度が設けられた経緯からしても，不当利得返還請求と課徴金は別個の制度であり，仮に国が発注者であっても，課徴金納付が命じられているからといって，不当利得返還請求が妨げられ

るわけではない（東京高判平成 13・2・8 審決集 47・690〔シール談合不当利得返還請求事件〕）。

4 その他の入札談合対策

指 名 停 止

国や地方公共団体等は，不当な取引制限を理由とする排除措置命令，課徴金納付命令，刑事告発，逮捕のいずれかが入札参加資格業者に対して行われた場合には，当該業者の指名停止を行うものとされている。指名停止期間中は入札に参加できなくなるため，事業者にとっては即時の影響を及ぼすことになる。

官製談合への対処

発注者の職員が受注予定者を決めるなど，発注者自身が談合に関与することを，官製談合という。官製談合を減らすために制定されたのが入札談合等関与行為防止法（入札談合等関与行為の排除及び防止並びに職員による入札等の公正を害すべき行為の処罰に関する法律）である。

入札談合等関与行為防止法では，発注者に対する改善措置要求（3条1項）と，職員による入札等の公正を害すべき行為の罪（8条）が主要な規定となっている。前者は，発注者の職員が入札談合に関与する行為（2条5項の定義する入札談合等関与行為）を行った場合に，発注者の長に対し，公取委が，入札談合等関与行為を排除するために必要な改善措置を講ずべきことを求めることができるとするものである。発注者の職員が，発注対象に関する未公表情報を教示・示唆することも入札談合等関与行為に含まれている。改善措置を求められた発注者の長には，調査・公表などの義務が生じる（4条〜6条）。職員による入札等の公正を害すべき行為の罪（8条）では，発注者の職員が談合を唆すことや，予定価格その他の入札等に関する

秘密を教示すること等が処罰対象となる。8条の構成要件には入札談合等が含まれていないので，入札談合等関与行為以外も処罰対象となる。これまでの有罪事件では，予定価格等の漏えい，落札意思のない事業者を入札に参加させたなどの事例がある。

第4章

結合・集中の規制

経済的な力が特定の企業または企業集団に集まることにより市場における競争が阻害されることを防ぐのが，集中の規制である。競争的な市場構造を維持するのに必要な制度である。

1 集中の規制とは

1 集中の種類

集中の規制における集中とは，経済的な力が特定の企業または企業集団に集まることをいう。この集中は，2つに分けることができる。一つは，企業結合による集中である。これは，会社の合併や，他の会社の株式取得などにより複数の会社や企業集団の間の結びつきが強くなることなどにより生じるものである。もう一つは，内部成長による集中である。これは，競争の結果，事業者が淘汰され，勝ち残った企業の規模が大きくなることである。集中が進むと，市場の競争が不活発になることがある。企業結合により競争が阻害されることを防ぐ規定が，独禁法第4章に集められており，企業結合規制と呼ばれる。内部成長による競争の減殺に対処するのが8条の4を中心とする規定で，独占的状態に対する措置という。

企業結合の形

企業結合は，結合の形から，一般に以下の3つに分類される。

(1) **水平型**　競争関係にある会社間の結合をいう。これにより競争単位が減少するので，競争に及ぼす影響は直接的である。

(2) **垂直型**　取引関係にある会社間の結合をいう。完成品の製造業者とその部品の製造業者の結合（→3①を参照），オンライン旅行予約サービス業者とメタサーチサービス業者の結合（ヤフーによる一休の株式取得（平成27年度企業結合事例8）），電気の託送供給事業者と電気小売業者の結合（中部電力によるダイヤモンドパワーの株式取得（平成25年度企業結合事例7））などがある。

(3) **混合型**　前二者以外の結合をいう。異業種に属する会社間の結合，同一製品に組み込まれる2つの異なる機器を製造する会社の結合（ブロードコムとブロケードの統合→2⑥），異なる地域で事業を行う会社の結合（東京都民銀行と八千代銀行による共同株式移転（平成26年度企業結合事例10））などがある。

競争への影響

企業結合の中には，競争を阻害しないものもある。例えば，小規模の企業同士が経営統合して大手企業に対抗できる力を獲得する場合である。他には，2つの企業が合併することにより，規模の経済性が働き，合併前よりも少ない費用で製品を製造できるようになり，これが製品の販売価格の低下につながる場合である。そうなれば，市場における価格競争が刺激されるであろう。また，経営困難に陥った会社を買収して立て直す行為は，競争に悪影響を与えない場合があろう。以上のようなことから，規制にあたっては，個々の企業結合が競争に与え

る影響を慎重に検討する必要がある。

| 規制の態様 | 企業結合による集中を規制する条文は，以下のように2つに分けることができる。 |

(1) **市場集中規制**　これは，「一定の取引分野における競争を実質的に制限することとなる」企業結合および不公正な取引方法による結合を禁止するものである。結合形態ごとに条文が設けられている。株式保有による集中を規制する条文（10条・14条）があり，同様に，役員兼任（13条），会社の合併（15条），会社の分割（15条の2），共同株式移転（15条の3）および事業譲受け等（16条）についても，規定が置かれている。市場集中規制においては，水平型の結合が主に問題とされてきたが，近年，垂直型や混合型の事例も増えてきている。

(2) **一般集中規制**　これは，競争に悪影響を与えるおそれのある大規模な企業集団の形成を阻止し，弊害が生じることを未然に防ごうとするものである。条文は，特定の企業集団に事業支配力が過度に集中することを禁止する9条と，銀行および保険会社に一定以上の議決権の保有を禁止する11条がある。主として，混合型の結合が対象となる。

2 市場集中規制(1)──競争制限効果の判断

1 規制とガイドライン

市場集中規制においては，「競争を実質的に制限することとなる」か否かに関心が注がれている。不公正な取引方法を用いた企業結合については，実務上も学説上もあまり関心が向けられていない。本

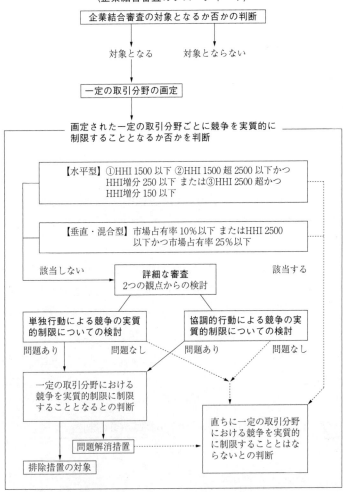

〈企業結合審査のフローチャート〉

企業結合審査の対象となるか否かの判断

対象となる　　　　　対象とならない

一定の取引分野の画定

画定された一定の取引分野ごとに競争を実質的に
制限することとなるか否かを判断

【水平型】①HHI 1500 以下　②HHI 1500 超 2500 以下かつ
HHI増分 250 以下　または③HHI 2500 超かつ
HHI増分 150 以下

【垂直・混合型】市場占有率 10%以下　またはHHI 2500
以下かつ市場占有率 25%以下

該当しない

詳細な審査
2つの観点からの検討

該当する

単独行動による競争の実質
的制限についての検討

協調的行動による競争の実
質的制限についての検討

問題あり　　　　　問題なし　　　　　問題あり　　　　　問題なし

一定の取引分野における
競争を実質的制限に制限
することとなるとの判断

直ちに一定の取引分野
における競争を実質的
に制限することとはな
らないとの判断

問題解消措置

排除措置の対象

章では，市場集中規制(1)と(2)を，「競争を実質的に制限することと
なる」企業結合の解説にあてる。

　公取委は，企業結合審査ガイドラインを策定し，同委員会による

「競争を実質的に制限することとなる」か否かの審査に関する方針を明らかにしている。市場集中規制においては，審決や判決が数えるほどしかなく，いずれも初期のものであるため，企業等が違法性を判断する手がかりとして公取委のガイドラインが重要な役割を果たしている。2019年のガイドライン改定では，インターネット付随サービス（買い物サイト，SNS，ウェブ情報検索サービスなどが含まれる）の競争への影響など，デジタル経済の拡大に伴って生じる問題に対処するための判断基準や考慮要素などが書き加えられた（→第6章3①）。

　ガイドラインによると，企業結合審査の手順は，大きく分けて4つの段階からなっている。まず，当事会社間の結合関係の強弱に基づいて，審査の対象となるか否かの判断を行う。判断基準は，結合形態ごとに定められている。具体的な基準については次節（→3）で解説する。第2段階として，審査の対象となった企業結合について，一定の取引分野を画定する。次に，一定の取引分野について，「競争を実質的に制限することとなる」か否かを判断する。この作業は，さらに2段階に分かれている。最初に，セーフハーバー基準と呼ばれる簡易な基準を用いてふるい分けをする。この基準を満たすものについては，競争への影響は認められないと判断される。基準を満たさないものについては，競争への影響を詳細に検討して判断を行う。

　本節では，競争制限効果の判断について，企業結合審査ガイドラインに沿って見ていくことにする。次節（→3）で，結合形態ごとに，事前届出の基準や審査の対象となるかどうかの基準などについて解説する。

② 一定の取引分野

**複数の画定・
重層的画定**

一定の取引分野の画定は，商品の範囲，地理的範囲のほか，関連する要素を考慮してなされる。私的独占や不当な取引制限などにおいては，一定の取引分野は，一つの事件で一つ画定されることが通常であるが，企業結合では，一つの結合で複数画定されることも珍しくない。例えば，テレビ，冷蔵庫，パソコンなど多種類の家電製品を製造する2つの会社が結合する場合，両社で競合する各製品について一定の取引分野を画定することになろう。また，一定の取引分野は，重層的に画定されることがある。商品の範囲では，例えば，パソコンで画定し，同時にノートパソコンとデスクトップパソコンで画定することである。地理的範囲では，例えば，日本全国で画定すると同時に，都道府県ごとに画定することである。

**プラットフォームの
場合**

多面市場を形成するプラットフォームに関わる競争に企業結合が与える影響について判断する場合，一定の取引分野は，多面市場に存在する複数の需要者層について，需要者層ごとに個別に画定される。デジタルプラットフォーム事業者の結合であるZホールディングスとLINEの経営統合（令和2年度企業結合事例10）では，当事会社が供給するコード決済サービス（キャッシュレス決済サービスの一種）に関して，消費者を同サービスの需要者としたコード決済事業と加盟店を同サービスの需要者としたコード決済事業で，それぞれ一定の取引分野が画定された（→*Column⑩*）。

代替性の検討

一定の取引分野の画定作業において考慮される商品の範囲や地理的範囲などは，基本

的に，需要者にとっての代替性により判断される。供給の代替性が考慮されることもある。

　企業結合審査ガイドラインは，代替性を調べる場合，いわゆる仮定的独占者テストの考え方に基づいて行うとしている。これは，一定の地域においてある商品を独占的に供給する事業者を仮定し，この事業者が「小幅であるが，実質的かつ一時的でない価格引上げ」ができるかどうかをみるものである。「小幅であるが，実質的」とは，おおよそ5〜10%の価格引上げを意味し，「一時的でない」とは1年程度続くことを意味する。範囲の設定は，当事会社グループ（企業結合審査ガイドラインで，結合した企業のひとまとまりをこのように表記している）が扱う商品や活動範囲を基に行う。

　「小幅であるが，実質的かつ一時的でない価格引上げ」をしても，他の商品や地域に逃げる需要者が少なく，仮定した独占事業者が利潤を拡大できる場合，その範囲で一定の取引分野が画定できることになる。反対に，需要者が多く他に逃げてしまい，利潤を拡大できない場合，設定した範囲が一定の取引分野とするには狭すぎることを意味しているので，範囲を拡大してそのような価格引上げができるかどうかを調べることになる。

　ただし，これはあくまで考え方であり，公取委が，必ずこのような価格引上げをできるか厳密に調査するわけではない。

　少数ながら，需要の代替性は小さいが，供給の代替性によって一定の取引分野が画定される場合もある。需要代替性のない複数の製品が，同一の製造設備で生産できることから一つの取引分野と判断された事例がある（大阪製鉄による東京鋼鉄の株式取得（平成27年度企業結合事例3），→3③も参照）。

　もっぱら価格ではなく品質等による競争が行われている場合（一

部のインターネット付随サービス等）は，代替性の判断において，ある地域における品質等が悪化した場合または需要者の費用負担が増えた場合に，需要者が当該商品または地域を振り替える程度を考慮することがある。

商品の範囲・
地理的範囲

企業結合審査ガイドラインによれば，需要者からみた商品の代替性の程度は，商品の効用等の同種性の程度を基準として判断できることが多い。同種性の程度の評価においては，①ある商品と他の商品が内容・品質において同一かどうか，②商品間の価格水準の違いや価格・数量の動き，③商品に関する需要者の認識や行動（例えば，2つの製品をともに原料として使用すること）などが考慮される。小売業者同士の結合では，販売している商品で画定せず，特定分野の小売業という役務の競争と捉えて商品（役務）の範囲を画定することがある（ヤマダ電機によるベスト電器の株式取得（平成24年度企業結合事例9））。通信サービスやインターネット付随サービス等の同等性については，利用可能なサービスの種類・機能等の特徴，通信速度・セキュリティレベル等の品質，使用可能端末等の利便性などを考慮して判断される。

　地理的範囲については，需要者が通常どの範囲の地域の供給者から当該商品を購入できるかという観点から判断できることが多いという。これらに関する評価を行う場合，①供給者の事業地域や需要者の買い回る範囲，②価格・数量の動き，③需要者の認識・行動などが考慮される。通信サービスやインターネット付随サービス等の場合，①は，需要者が同一条件でサービスを受けられる範囲や供給者からのサービスが普及している範囲などにより判断される。

　地理的範囲は，日本全国とする場合，都道府県等一定の地域で画

定する場合など，事案によって様々である。日本全国で事業を展開する会社同士の結合であっても，都道府県ごとに画定するなど複数の地域で取引分野を画定する場合がある。

独占禁止法は，日本国内の競争に与える影響を問題とするものであるが，企業結合審査ガイドラインで公取委は，国境を越えて地理的範囲を画定する場合があると述べる（いわゆる世界市場）。世界市場をとる理由として，「内外の需要者が内外の供給者を差別することなく取引しているような場合には，日本において価格が引き上げられたとしても」，日本の需要者は，海外の供給者から当該商品を購入することができ，「日本における価格引上げが妨げられることがあり得る」ことを挙げている。この記述から，世界市場をとる場合でも，日本国内の価格競争への影響をみていることがわかる。

世界市場をとることができる場合の例として，ガイドラインでは，内外の主要な供給者が世界中の販売地域で実質的に同等の価格で販売しており，需要者が世界各地の供給者から主要な調達先を選定している場合を挙げている。具体例として，地理的範囲を「世界全体」としたハードディスク・ドライブ製造販売事業の統合（平成23年度企業結合事例6）や「アジア地域」とした新日本石油と新日鉱ホールディングスの経営統合（平成21年度企業結合事例2）などがある。BHPビリトンとリオ・ティントが鉄鉱石生産のジョイントベンチャーを設立することを計画した事案（平成22年度企業結合事例1→第8章2②）では，日本で取引される鉄鉱石がすべて海上貿易により供給されること等の理由から，地理的範囲を「世界海上貿易市場」とした。

その他の考慮要素　　　前記2要素に合わせて，他の要素が考慮されることもある。例えば，取引の相手方や

取引段階である。

(1) **取引の相手方**　同一の商品について，需要者の中の一部の需要者のみで一定の取引分野を画定できる場合がある。企業結合の事例ではないが，石油元売業者が石油製品を供給する取引分野について，政府機関などの大口需要者向けの取引のみで一定の取引分野を画定したものがある（東京高判昭和31・11・9行裁7・11・2849〔石油価格協定（旧）事件〕）。この事例では，元売業者が大口需要者と一般消費者の両方に，石油製品を供給していたが，それぞれに対して異なる流通経路で供給していた。元売業者が大口需要者向けの製品価格を引き上げたときに，大口需要者が，一般消費者向け製品の流通のほうから安い商品を入手できないのであれば，大口需要者向けのみで1つの競争圏が形成されているといえよう。

(2) **取引段階**　商品は，一般に，製造業者から卸売業者，小売業者，消費者という経路で流通するものであり，ここには複数の取引段階が存在する。例えば，製造業者と卸売業者の取引という1つの取引段階で一定の取引分野を画定すべき場合もあるし，複数の取引段階をまとめて1つの一定の取引分野を画定すべき場合もある。

３　競争の実質的制限

2条5項，2条6項，8条1号では，「競争を実質的に制限すること」が要件となっている。これに対して，10条をはじめとする市場集中規制の各条文は，いずれも「競争を実質的に制限することとなる」を要件としている。

既述のように，「競争を実質的に制限する」とは，市場支配力を形成，維持または強化することである（最判平成22・12・17民集64・8・2067〔NTT東日本事件〕）。この市場支配力とは，事業者等が

「その意思で，ある程度自由に，価格，品質，数量その他各般の条件を左右する」ことができる力である（東京高判昭和 26・9・19 高民 4・14・497〔東宝・スバル事件〕）（→第 1 章 2 ①）。

　「となる」は蓋然性を意味すると解され，したがって，「競争を実質的に制限することとなる」とは，市場支配力が形成，維持または強化される蓋然性があることである。これは，結合がなされる前に，すなわち競争が実質的に制限される前の段階で，その結合を違法とできることを表すものである。

　セーフハーバー（→④）の基準を満たさないものに対する詳細審査は，2 つの観点からなされる。1 つは，当事会社グループが単独で市場支配力を形成，維持，強化することになるかどうかであり，もう 1 つは，当事会社グループが他の企業と協調的な行動をとり競争を回避しやすい条件が形成されるか否かである。前者は，単独行動による競争の実質的制限と呼ばれ，後者は，協調的行動による競争の実質的制限と呼ばれている。

④　競争の実質的制限の判断（水平型）

セーフハーバー

「競争を実質的に制限することとなる」か否かを判断するにあたって，企業結合審査ガイドラインには，下記のような 3 つのふるい分けの基準があり，いずれか 1 つの基準を満たす場合は，競争を実質的制限することにはならないと判断される。

　①　企業結合後の一定の取引分野における HHI が 1,500 以下である場合

　②　企業結合後の HHI が 1,500 を超え 2,500 以下であって，かつ HHI の増分（一定の取引分野における企業結合後の HHI の値から企

業結合前の HHI の値を引いたもの）が 250 以下である場合

③　企業結合後の HHI が 2,500 を超えるが，HHI の増分が 150 以下である場合

これらは，水平型企業結合のセーフハーバー基準と呼ばれている。

いずれの基準も満たさない場合，次の詳細な審査に進むことになる。ただし，上記①～③のいずれかに該当する場合でも，当事会社が競争上重要なデータを有するなど，市場占有率に反映されない高い潜在的競争力を有する場合は，詳細な審査が必要になることがある。なお，企業結合審査ガイドラインでは，過去の事例から，HHI が 2,500 以下で結合する企業の市場占有率が 35％ 以下であれば，競争を実質的に制限することとなるおそれは小さいと付言されている。

少ないながら，市場占有率を算出することが技術的に困難な場合がある。例えば，イオンが株式取得によりダイエーを子会社化した事例（平成 25 年度企業結合事例 9）がこれに当たる。このような場合，セーフハーバー基準によっては判断できないので，詳細な審査に進むことになる。

Column⑧ HHI（ハーフィンダール・ハーシュマン指数）••••••••

HHI は，市場集中度を表す指標の 1 つである。市場（一定の取引分野）に存在するすべての企業について市場占有率を 2 乗し，その和をとったものである。HHI の値は，市場占有率の大きな企業が存在すると大きくなる。例えば，市場占有率 20％ の企業が 1 社，15％ の企業が 4 社，10％ の企業が 2 社存在する市場では，HHI は 1,500（$=20^2+15^2\times4+10^2\times2$）となる。1,500 以下である場合，競争的な市場と評価される。1 社独占の場合 HHI は 10,000（$=100^2$）であり，これが最大値となる。市場集中度の指標として，よく知られているものに上位 3 社集中度（上位 3 社累積シェアとも呼

ばれる）がある，これは，市場占有率が大きい方から3社の市場占有率の和をとったものである。市場構造を示すことにおいては，上位3社集中度よりも HHI のほうが優れている。例えば，市場における上位3社集中度が60％であっても，市場占有率50％の企業が1社と5％の企業が2社の市場では，HHI が2,550を超えるが，市場占有率が22％，20％，18％の企業が1社ずつある市場では，HHI は1,822を超えることはない。

　ちなみに，企業結合の前後を見ると，結合により市場占有率の大きな結合体が生まれるので，必然的に HHI は結合後のほうが大きくなる。HHI の増分が小さいことは，結合する会社のうち少なくとも1社の市場占有率が非常に小さいことを意味する。

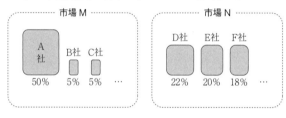

詳細審査では，まず，当事会社グループが単独で市場支配力を形成，維持，強化することになるかどうかが検討される。市場支配力を形成する場合として，例えば，次のようなものが考えられる。当事会社グループのうちの1社が供給する商品がブランドなどにより差別化されており，当事会社グループの他の1社がこれと代替性の高い商品を供給しており，かつ競争者の商品がこれと代替性が低い場合である。このような場合，当事会社グループは，販売利益を減少させることなく商品の価格を引き上げることができ，市場支配力が形成されることになろう。当事会社グループと競争者が供給す

単独行動による競争の実質的制限

る商品が同質的である場合，通常，価格引上げは難しいが，当事会社グループの生産能力や販売能力が，競争者のそれよりも相当程度大きく，当事会社グループが価格を引き上げても，競争者が価格を引き上げずに供給量を増やすことができない場合は，市場支配力が形成されることがある。

上記は，競争の実質的制限の例にすぎず，企業結合の競争への影響は市場の状況により，個々に異なる。そのため，実際に競争の実質的制限を判断するには，個々の事例ごとに，多様な事情を総合的に検討する必要がある。

企業結合審査ガイドラインによると，単独行動による競争の実質的制限は，次のような要素を考慮して判断される。

(1) **当事会社グループ・競争者の地位および競争の状況等**　ここで検討されるのは，当事会社グループの市場占有率，これと競争者の市場占有率との格差，当事会社グループの市場での順位，従来当事会社間で活発な競争が行われていたか否か，競争者の供給余力，当事会社グループが供給する製品の差別化の程度，市場の特性（ネットワーク効果や規模の経済性等）などである。結合後の市場占有率が大きいことや競争者の市場占有率との差が大きいことは，市場支配力の形成を推認させる事情となる。当事会社が競合する商品の研究開発を行っている場合には，研究開発の実態も考慮する。

(2) **輸　入**　海外からの輸入による競争圧力があるかどうかが問われる。関税などの制度上の輸入障壁，日本への輸送費用，海外からの供給可能性などが考慮される。輸入圧力が強いことは，市場支配力の形成を否定する事情となる。輸入圧力の有無については，基本的に 2 年以内に輸入が増加し，価格を左右することを妨げるかどうかを目安とする。(3)の参入圧力の判断についても同様である。

(3) **参 入** 一定の取引分野に競争者が新たに参入しようとすることによる競争圧力が問われる。法制度や技術的条件などによる参入障壁の高さ，参入可能性の程度などが考慮される。一定の取引分野への参入圧力が強いことは，市場支配力の形成を否定する事情となる。

(4) **隣接市場からの競争圧力** 隣接市場として，まず一定の取引分野と地理的に隣接する市場が考えられる。この隣接市場にいる事業者からの競争圧力の有無が問われることになる。商品の範囲についても隣接市場が考えられる。これについては，一定の取引分野にある商品と効用などが類似する商品が存在するか否かなどが考慮され，その競争圧力の程度が判断される。例えば，前出のイオンによるダイエーの株式取得の事例では，スーパー・マーケット間の競争を分析するときに，隣接市場からの競争圧力としてコンビニエンス・ストア，ドラッグ・ストア，ホームセンターなどからの競争圧力が考慮された。

(5) **需要者からの競争圧力** 競争圧力という文言が用いられているが，これは，需要者からの価格引下げ圧力のことである。これの判断においては，需要者間の競争の状況，取引先変更の容易さなどが考慮される。相対的に需要者の交渉力が強い場合，当事会社グループが価格を引き上げることは難しくなる。他方で，ネットワーク効果や転換費用のゆえに需要者が供給先の切替えを行う障壁が高い場合は，需要者からの競争圧力が働きにくい。

(6) **総合的な事業能力** 原材料調達力，技術力，販売力，信用力，ブランド力などを総合した能力をいう。結合により総合的な事業能力が増し，競争者が対抗することが困難になることが見込まれることは，市場支配力の形成，強化を推認させる事情となる。

(7) **効率性**　企業結合によって生じる固有の効率性の向上を意味し，規模の経済性，生産設備の統合，輸送費用の低減，研究開発体制の効率化などにより実現されるものである。効率性の向上は，価格の低下や品質の向上などという需要者の厚生増大に結びつくものでなければ肯定的に評価されない。

(8) **当事会社グループの経営状況**　当事会社の中に業績不振に陥っているものがあるかどうかなどを考慮する。例えば，当事会社の一方が実質的に債務超過に陥っており，企業結合がなければ将来倒産する蓋然性が高いなどの事情がある場合，競争への悪影響はないと判断されることがある。

(9) **一定の取引分野の規模**　一定の取引分野の規模が小さく，複数事業者による競争維持が困難な場合，企業結合により一定の取引分野に1社のみとなっても，通常，競争の実質的制限はないと判断される（参照，ふくおかフィナンシャルグループによる十八銀行の株式取得〔平成30年度企業結合事例10〕の対馬等3経済圏。また，このような地域的問題に関連する「乗合バス及び地域銀行に係る独禁法の特例法」〔略称〕について→第7章1②）。

| 協調的行動による
競争の実質的制限 |

単独で競争を実質的に制限することができなくても，他の企業と協調的に行動することにより，競争を回避できる場合があるので，このような競争回避が容易な市場構造が形成されるかどうか検討が必要になる。例えば，企業結合により一定の取引分野の市場集中度が高まり，各事業者が互いの行動を高い確度で予測することができるようになり，1事業者が価格を引き上げたとき，他の事業者は，競争的行動をとるより追随して価格を引き上げた方が得る利益が大きいという状況が生み出される場合，競争を実質的に制限する

こととなると判断される。

企業結合審査ガイドラインが挙げる競争の実質的制限の判断要素は、単独行動の場合とほぼ同じである。異なるのは、単独行動の方にある「総合的な事業能力」が協調的行動の方にはないことと、単独行動の方にはない「取引の実態等」が加えられていることである。

「取引の実態等」において考慮されるものとして、例えば、競争者の取引条件（価格、数量など）に関する情報を容易に入手できるかどうかがある。これが容易な場合、競争者の行動を予測しやすくなり、協調的行動が容易になる。その他に、取引が行われる頻度、需要の変動が大きいかどうか、過去の競争の状況などが考慮される。

5　競争の実質的制限の判断（垂直型と混合型）

垂直型や混合型の企業結合は、一定の取引分野における競争単位を減少させないので、一般に、水平型よりも競争に与える影響は小さいと考えられる。

セーフハーバー

以下の2つの場合、競争を実質的に制限することとはならないとされる。

①　当事会社が関係するすべての一定の取引分野において、結合後の当事会社グループの市場占有率が 10% 以下である場合

②　当事会社が関係するすべての一定の取引分野において、結合後の HHI が 2,500 以下であって、結合後の当事会社グループの市場占有率が 25% 以下である場合

単独行動による競争の実質的制限

垂直型と混合型の結合では、主として市場の閉鎖性・排他性が問題となる。垂直型企業結合に即して言うと、当事会社グループ間のみで取引が行われ、他の事業者の取引機会が奪われることであ

る。例えば，完成品Qを製造するA社とその部品Pを製造するB社が結合する場合，A社が部品Pを製造する他の事業者との取引を拒絶（顧客閉鎖）したり，B社が完成品Qを製造する他の事業者に部品Pの供給を拒絶（投入物閉鎖）したりすることである。投入物閉鎖や顧客閉鎖が行われるかどうかは，それを行う当事会社の能力と誘因があるか否かを考慮して判断される。混合型企業結合では，当事会社A社が供給する商品Pと当事会社B社が供給する商品Qの需要者が同一である場合に，両社がこれら商品を組合わせて販売することにより，競争者が市場から退出したり新規参入が困難となったりすることが生じ得る（混合型市場閉鎖）。

　秘密情報の利用も問題となる。例えば，垂直型企業結合において，川下市場の当事会社B社が，川上市場の当事会社A社を通して，A社と取引のある競争者C社に関する競争上重要な秘密情報（商品開発の情報，原材料調達価格など）を入手し，自己に有利に用いることにより，C社が競争で不利になり，市場から退出する等により，川下市場に閉鎖性・排他性が生じることがある。

　混合型企業結合では，当事会社A社が当事会社B社の潜在的競争者であり，結合によってB社が事業を行なっている市場にA社が参入する可能性を消滅させる場合も問題となる。

　垂直型も混合型も，市場の閉鎖性・排他性に加えて他の要素も考慮して，競争の実質的制限が判断される。

協調的行動による競争の実質的制限　当事会社グループと競争者が協調的な行動をとりやすくなる場合として，当事会社グループが競争者の秘密情報を入手する場合がある。例えば，垂直型企業結合において，川下市場の当事会社B社が川上市場の当事会社A社から競争者C社の秘密情報を入手す

ることにより，川下市場において，当事会社グループとC社の間で協調的に行動することが高い確度で予測できるようになる場合が挙げられる。また，投入物閉鎖，顧客閉鎖または混合型市場閉鎖により，競争者の数が減少する場合にも，協調的な行動が起こりやすくなる。

⑥ 問題解消措置

問題解消措置の種類　当事会社がそのままで結合すると競争を実質的に制限することとなる場合でも，競争を実質的に制限することを防ぐための一定の措置を当事会社がとることを条件として，結合が認められることがある。このような措置は，問題解消措置と呼ばれ，代表的なものとして以下の(1)～(4)がある。これらは，単独でまたは組み合わせて用いられる。この措置は，原則として，結合する前に実施することが求められる。

(1)　**事業等の分離・譲渡**　当事会社グループの事業部門の一部，生産設備の一部，知的財産権などを他の事業者に譲渡すること，当事会社グループ内の特定の会社との結合関係を解消すること（議決権保有比率の引下げなど），第三者との業務提携を解消することなどがある。銀行の経営統合事例では，事業性貸出しにかかる債権の一部を他の金融機関に譲渡して，中小企業向け貸出し市場における当事会社グループの市場占有率を下げた例がある（ふくおかフィナンシャルグループによる十八銀行の株式取得（平成30年度企業結合事例10））。

(2)　**競争者への商品供給**　当事会社グループが生産する特定の商品について，当該商品の生産費用に相当する価格での引取権を競争者に対して設定することである。

(3)　**施設，特許等の他社への開放**　当事会社グループが有してい

る輸入に必要な貯蔵施設や物流サービス部門などを，輸入業者が利用できるようにすることや，当事会社が有する特許技術を，他の事業者に適正な条件で実施許諾等をすることなどである。

(4) **情報の遮断**　当事会社間または当事会社と共同出資会社の間で，1社が有する取引相手方の情報など，共有されると競争の制限につながる情報が他方に開示されないようにすることである。

上記(1)〜(4)のほかに，コンピュータ・システムで接続して使用される機器であるFCSANスイッチとFCHBAについて，当事会社グループ製造のFCSANスイッチを，競争者が製造するFCHBAと接続可能なものにするという措置をとったもの（ブロードコムとブロケードの統合（平成29年度企業結合事例4)），当事会社間の役員兼任を制限したもの（王子ホールディングスによる中越パルプ工業の株式取得〔平成26年度企業結合事例3〕）などがあり，個々の事情に応じて選択される。

構造的措置と行動措置

問題解消措置は，構造的措置と行動措置に分類される。企業結合ガイドラインには両者の定義はなく，学説でも定義が固まっているとはいえないが，さしあたり，構造的措置を，牽制力ある競争者を造り出したり，既存の競争者を強化して牽制力を持たせたり，市場構造を変更するもので，措置の後は市場の機能に委ねるものと定義し，行動措置を，措置の後も継続的な監視が必要なものと定義する。前記(1)は，構造的措置である。学説では一般に，問題解消措置として構造的措置が望ましいものと考えられており，企業結合ガイドラインでも構造的措置が原則であるとされている。(2)は，需要が減少傾向にあるために事業の譲渡先が容易に見つからない，商品が成熟しているなどの諸事情があり問題解消措置として事業譲渡が使えない場合に採用され

ることがある措置で，行動措置に分類できる。(3)は，需要が減少傾向にある等の理由から事業譲渡が困難な場合に，輸入や事業者の新規参入の促進を狙って採用される措置である。一応行動措置に分類できるが，一定期間経過後に参入が起こり市場構造が変化して，当事会社グループの行動を監視する必要がなくなる場合もあるので，構造的措置の側面も持っている。(4)は，行動措置である。

3 市場集中規制(2)──結合の形態

1 株式保有の規制

保有主体による区別

株式保有の規制は，株式を保有する主体によって条文が分かれている。10条は，会社が他の会社の株式を保有する場合の規定であり，14条は，会社以外の者（個人，財団法人，地方公共団体など）が株式を保有する場合の規定である。条文には，「株式を取得し，又は所有する」と書かれており，この取得と所有をあわせて保有と称される。主として，株式を保有することにより，会社の経営上の意思決定に影響を与える場合を問題とする。いずれの条文も，一定の取引分野における競争を実質的に制限することとなる株式の保有を禁止している。実際に企業結合規制において問題となるのはもっぱら10条であるので，以下では，10条について解説する。

保有の形態

10条では，株式保有の形態として以下の3つが考えられる。

(1) **一方的保有** これは，会社が他の会社の株式を保有しているが，その反対の保有はないことである。10条ではこの事例が大

半を占める。

(2) **相互的保有**　2社以上の会社が，互いに他の会社の株式を保有するものである。日本では，同一企業集団内での株式の持合いが広く行われている。

(3) **共同出資のための保有**　2社以上の会社が，共通の利益のために必要な事業を遂行させることを目的として，共同で設立したり，共同で買収したりした会社を，共同出資会社というが，この共同出資会社の株式を，出資者である会社がそれぞれ保有することである。

事前届出制度

株式を取得・所有する会社（以下「株式取得会社」という）とその保有される株式を発行する会社（以下「株式発行会社」という）が，その規模など一定の基準を超える場合，株式を取得する前に，取得の計画を公取委に届け出て，公取委の審査を受けなければならない。公取委が一定期間内に違法との判断を示さなかった場合，取得が可能となる。事前届出の対象となるのは，以下の3つの条件を満たすものである（10条2項）。

①　株式取得会社の国内売上高と当該会社が属する企業結合集団に含まれる他の会社の国内売上高の合計である国内売上高合計額が200億円を超えること

②　株式発行会社とその子会社の国内売上高の合計が50億円を超えること

③　株式取得会社が属する企業結合集団に含まれる会社が有する株式に係る議決権の数の合計の，株式発行会社の議決権数に占める割合が，20％または50％を超えること

前記の企業結合集団とは，株式取得会社の子会社と親会社，および親会社の子会社によりなる集団をいう（10条2項）。また，この

届出規定にある子会社とは，1つは，議決権の過半数を有する会社であり，もう1つは，「財務及び事業の方針の決定を支配している会社等として」公取委が規則で定めるものである（10条6項）。後者は，企業結合届出規則2条の9第1項で規定されており，子会社には株式会社以外の会社が含まれる。次に，届出規定にある親会社とは，「財務及び事業の方針の決定を支配している」場合をいう（10条7項を受けた企業結合届出規則2条の9第2項）。どのような場合に「財務及び事業の方針の決定を支配している」にあたるかについては，企業結合届出規則2条の9第3項に詳細に規定されている。これら親会社と子会社の定義は，15条から16条の届出規定にも適用される。

　国内売上高合計額という文言は，同一の企業結合集団に属する会社の売上高を合計したものを意味するものとして用いられている。例えば，「A社の国内売上高合計額」は，A社の国内売上高とA社と同じ企業結合集団に属する他の会社等の国内売上高を合計したものである。15条から16条においても，同様の意味でこの文言が用いられている。

　前記①と②の売上高について10条2項では，それぞれ「200億円を下回らない範囲内において政令で定める金額」，「50億円を下回らない範囲内において政令で定める金額」というように，下限を定めるのみである。これを受けて，独禁法施行令16条1項と2項において，それぞれ200億円と50億円という金額が定められている。また，前記③の議決権保有の割合は，10条2項では20%「を下回らない範囲内において政令で定める数値」と規定され，独禁法施行令16条3項で20%と50%が定められている。したがって，取得によって20%を超える場合，およびすでに議決権を20%以上

保有しており，新たな取得により50％を超える場合には，届け出なければならない。

　後述（→③～⑥）の合併，分割，共同株式移転および事業譲受け等に関する事前届出の規定においても，売上高の基準は，同様に，「［○○］円を下回らない範囲内において政令で定める金額」と規定されており，独禁法施行令で金額が定められている。本章のこれ以降の事前届出に関する記述では，当該施行令等に関する説明を省略する。

```
審査手続
```

届出を行った会社は，原則として，公取委が届出を受理した日から30日間は，株式を取得することができない（10条8項）。公取委は，この30日の間に，違法か否かの審査を行う（1次審査）。違法ではないと判断した場合には，排除措置命令を行わない旨を当事会社に通知する（企業結合届出規則9条）。違法の疑いがあると判断した場合は，当事会社に確約手続通知を行う。当事会社は確約計画認定申請をするか否か選択することになる。当事会社が申請しないなど，確約計画の認定が行われない場合，審査手続が再開される（→第1章4③）。届出のときに，会社は，違法性判断に必要な資料を公取委に提出するが，違法性判断のために追加の情報が必要な場合，公取委は，当事会社に，報告や資料などの提出を求めることができる。この場合，審査期間が延長され，届出受理の日から120日または報告等をすべて受理した日から90日のいずれか遅い日までに審査を行うことができる（2次審査）。審査の結果，違法でないと判断した場合は，排除措置を行わない旨の通知をする。これには，当事会社が問題解消措置を講じることを前提に違法でないと判断されるものも含まれる。違法と判断した場合は，意見聴取の通知を行い（10条9項），意見聴

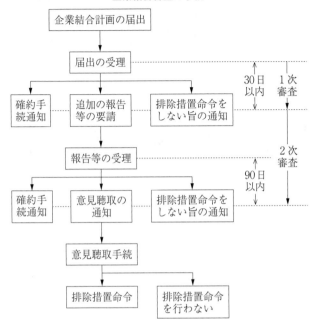

企業結合審査の手続

企業結合計画の届出

↓

届出の受理 ‥‥‥‥‥‥‥‥‥

| 確約手続通知 | 追加の報告等の要請 | 排除措置命令をしない旨の通知 |

30日以内　1次審査

↓

報告等の受理

2次審査

90日以内

| 確約手続通知 | 意見聴取の通知 | 排除措置命令をしない旨の通知 |

↓

意見聴取手続

| 排除措置命令 | 排除措置命令を行わない |

取手続を経て，株式取得を禁止する旨の排除措置命令を行うことになる。公取委は，意見聴取手続を行う前の段階で確約手続通知を行うことを選択することもできる。

　事前届出制度が設けられている合併，分割，共同株式移転および事業・固定資産の譲受けの審査手続には，10条の審査手続が準用される。

　キヤノンが東芝メディカルシステムズの株式を取得した事例では，事前届出制度の趣旨を逸脱する行為があった。キヤノンは，結合計画を届け出る前に，東芝メディカルシステムズの普通株式を目的とする新株予約権を取得し，その対価として，実質的には普通株式の

対価に相当する金額を東芝に支払い，新株予約権は一時的に第三者に保有させていた。これは，届出前に結合関係が形成されるおそれを生じさせ，10条2項違反につながるおそれがあるとして，公取委はキヤノンに注意を行った（平成28年度企業結合事例10）。

> **届出前相談**

2011（平成23）年6月までは，公取委に企業結合計画に関する事前相談制度があり，事前届出を行う前に，計画している企業結合の違法性について，公取委の意見を聞くことができたが，この制度は同年7月に廃止され，代わって届出前相談の制度が設けられた。これは，提出する書類の不備を調べる程度の簡単なものである。

> **審査対象か否かの判断**

企業結合審査ガイドラインによれば，公取委は，審査に入る前の段階として，問題となる株式取得や合併などが，審査の対象となるか否かの判断を行う。株式取得や役員の兼任などがあっても，これによる結合関係が弱く，各事業者が独立の競争単位として事業活動を行うことができる場合は，競争への影響は小さいため，審査の対象としない。複数企業が一定以上の強さで結びつき事業活動を行う場合は，競争への影響を調べることになる。従来から結合関係にあった企業同士の合併などは，競争への影響はほとんど考えられず，審査対象とはしない。

(1) **審査の対象となる場合**　株式取得会社と株式発行会社の結合関係が形成・維持・強化されるため審査の対象となる株式取得は，次の3つの場合である。

①　株式発行会社の議決権に占める株式取得会社の属する企業結合集団に含まれる会社等が保有する議決権合計の割合が，50%を超える場合

②　前記議決権保有割合が20%を超え，かつ，当該保有割合の

順位が単独で第1位である場合

③　その他，株式取得会社と株式発行会社の結合関係が形成・維持・強化されると公取委が判断した場合

前記③には，複数企業間に直接の株式所有関係はないが，複数企業間に共同出資会社を通して間接的に結合関係が形成，維持，強化される場合も含まれる。

なお，事前届出がなされた場合の審査が企業結合審査ガイドラインに沿って行われるのはもちろんのことであるが，事前届出の必要のない企業結合に対する審査も同様に当該ガイドラインに沿って行われる。事前届出の対象とならない企業結合でも，競争を実質的に制限することとなるものはありうる。エムスリーによる日本アルトマークの株式取得（令和元年度企業結合事例8）では，事前届出の対象ではないが，公取委が審査を行なったところ，競争を実質的に制限することとなるとの結論に至ったものの，当事会社が問題解消措置を講じることを申し出て，これを前提とすれば，競争を実質的に制限することとはならないと判断された（→第6章3③）。

(2)　**審査の対象とならない場合**　　審査の対象とならないものとして，企業結合審査ガイドラインで明示されている株式取得には，以下の4つがある。

①　株式発行会社の総株主の議決権のすべてをその設立と同時に取得する場合（ただし例外あり）

②　株式取得会社と株式発行会社が同一の企業結合集団に属する場合

③　株式発行会社の総株主の議決権に占める株式取得会社の保有する議決権の割合（議決権保有比率）が10％以下の場合

④　議決権保有比率の順位が4位以下の場合

　水平型企業結合の例として，東京証券取引所等を子会社とする会社である東京証券取引所グループが，大阪証券取引所の株式を取得して，議決権の過半を取得することを計画した事例がある（平成24年度企業結合事例10）。両当事会社で競合する役務のうち，新興市場における上場関連業務，株式の売買関連業務および株価指数先物取引の売買関連業務という3つの一定の取引分野について，競争の実質的制限が問題とされたが，当事会社は問題解消措置をとることを条件に，株式の取得が認められた。垂直型企業結合の例として半導体製造工程で使用される露光装置の製造販売を行うASML Holding N.V.を最終親会社とする企業結合集団に属するASML U.S. Inc.が，露光装置の重要部品である光源を製造販売するCymer Inc.の全株式取得を計画した事例がある（平成24年度企業結合事例4）。

　同時期に複数の結合が計画される場合がある。例えば，出光興産による昭和シェル石油の株式取得とJXホールディングスによる東燃ゼネラル石油の株式取得は，同時期に届出が行われた（平成28年度企業結合事例3）。出光とシェルの結合の企業結合審査はJXと東燃の結合を前提として行われ，JXと東燃の結合の審査は出光とシェルの結合を前提として行われた。

業務提携と共同出資会社　複数の事業者が，独立性を維持しながら，事業活動を共同して行うことを業務提携と呼ぶ。事業活動の一部について提携する場合と，事業活動全般について提携する場合（包括提携）がある。業務提携は，資材調達，商品の配送，技術開発，製品の生産，商品の販売など，様々な部分で行われる。業務提携には，契約によって行われる場合と共同出資会社を設立して行われる場合がある。独禁法

において主として問題となる業務提携は，競争者間で行われるものである。業務提携の目的は，新規事業への参入，自社のみでは難しい技術開発を行う，投資リスクを軽減するなど様々であるが，業務提携により事業者間に結合関係が生じれば，競争の制限につながることがある。

　共同出資会社を設立する場合，提携を行う企業が共同出資会社の株式を保有することになるので，10条の適用が問題となる。

　事例をみると，会社がすでに行っている事業を共同化する例として，化学品の製造販売事業を営む三井化学と帝人化成が，共同出資会社を設立して，ペットボトルの原料となるボトル用ポリエチレンテレフタレート（PET）樹脂事業を統合することを計画した事例がある（平成22年度企業結合事例4）。商品範囲は耐熱ボトル用PET樹脂で，地理的範囲は日本全国である。共同出資会社の当該樹脂事業の競争に与える影響が問題となったが，市場占有率が10％を超える競争事業者が複数存在することなどから，競争を実質的に制限することとならないと判断された。

　新規参入の事例としては，オーストラリアのカンタス・ジェットスターグループ（以下「QJG」という）と日本航空が，国内線および日本を発着地とする国際線において格安で航空旅客運送を行う事業に参入するため，共同出資により格安航空会社（LCCと呼ばれる）の設立を計画したものがある（平成23年度企業結合事例8）。出資割合は，QJGが33％，日本航空が33％，その他の国内企業2社が34％である。この事例では，共同出資会社設立によりQJGと日本航空の間に間接的な結合関係が形成されること，および当事会社の業務と共同出資会社の業務には関連性があることから，共同出資会社の運営を通じて，両当事会社が独自に行う航空サービスに関する

情報を共有し，当事会社間に協調関係が生じるかどうかが検討された。国際線の7路線において両当事会社が競合しており，そのうち5路線においては当事会社のみが運航を行っているが，情報が共有されるおそれはなく，競争を実質的に制限することとはならないと判断された（業務提携とカルテル規制の関係については→第3章3①②を参照）。

2　役員兼任の規制

役　　員　独占禁止法における役員とは，比較的広い範囲のものをさす。「理事，取締役，執行役，業務を執行する社員，監事若しくは監査役」とこれらに準ずる者のほか，「支配人又は本店若しくは支店の事業の主任者」を含むものである（2条3項）。

兼任の制限　13条の役員兼任とは，ある会社の役員または従業員である者が他の会社の役員の地位に就くことである。会社の役員は，会社の意思決定に関与したり，業務を執行したりするので，役員兼任により当時会社間に結合関係が生じることがある。そこで，13条は，競争を実質的に制限することとなる役員兼任を禁止している。

　役員兼任は，株式を保有する会社が，議決権の力を利用して，その株式を発行する会社に役員を送り込むという形で行われることが多いと思われる。その他にも，融資先の企業に役員を送り込む場合などが考えられる。

審査の対象となる場合　企業結合審査ガイドラインによると，役員の兼任が企業結合審査の対象となるのは，以下のような場合である。

① 当事会社のうち1社の役員総数に占める他の当事会社の役員又は従業員の割合が過半である場合

② 兼任する役員が双方に代表権を有する場合

③ 上記以外の場合で，諸般の事情を検討し，結合関係が形成・維持・強化されると判断される場合

審査の対象とならない場合

役員兼任が企業結合審査の対象とならないのは，次のような場合である。

① 代表権のない者のみによる兼任であって，当事会社のいずれにおいても役員総数に占める他の当事会社の役員または従業員の割合が10%以下である場合

② 議決権保有比率が10%以下の会社間における常勤取締役でない者のみによる兼任であって，当事会社のいずれにおいても役員総数に占める他の当事会社の役員または従業員の割合が25%以下である場合．

③ 当事会社が同一の企業結合集団に属する場合（例外あり）

事　例

排除措置が命じられた例としては，広島電鉄事件（同審昭和48・7・17審決集20・62）がある。この事件は，広島電鉄が，広島バスの株式の約85%を取得し，広島電鉄の取締役2名と従業員1名が広島バスの取締役を兼任し，広島電鉄の取締役1名が広島バスの監査役を兼任したものである。広島バスの取締役は5名，監査役は1名であった。公取委は，路面電車とバスを競合するものとして，これらによる旅客運送分野（地理的範囲は広島市の主要な地域）での競争を実質的に制限することとなると判断した（→第7章2②）。

③　合併の規制

合併の制限

会社の合併は，一定の取引分野における競争を実質的に制限することとなる場合に禁止される（15条1項1号）。合併は，複数の会社が一つの会社になるものであり，企業結合の中でも強い結合である。合併に期待される効果として，規模の経済性の実現など効率性を高めることがあるが，実際に合併によって効率性が向上した例は少ないという研究結果もある。効率性が向上したとしても，これが直ちに競争促進効果に結びつくとは限らない。会社はそれぞれ異なる企業文化を持っており，合併により組織を統合することは困難を伴うことがある。組織の統合がうまくいかない場合，効率性の向上など期待される効果に結びつかないことがある。

事前届出制度

合併する会社が一定以上の規模を有する場合，合併を実行する前に合併の計画を公取委に届け出て，審査を受けなければならない（15条2項）。届出の対象となるのは，合併当事会社のうち1社の国内売上高合計額が200億円を超え，他の1社の国内売上高合計額が50億円を超える場合である（売上高に関する規定と審査の手続については→①）。

上記の売上高がある場合でも，合併しようとするすべての会社が同一の企業結合集団に属する場合は，届出は不要である。一般に，元々結合関係が強い会社が合併しても，競争に与える影響は小さいと考えられるためである。

審査対象か否かの判断

合併は強い結合なので，企業結合審査ガイドラインでは，審査の対象とならない場合のみが書かれている。対象とならないのは，株式会社を合名会社に

組織変更するなど，もっぱら組織変更のために行われる場合，または合併しようとするすべての会社が同一の企業結合集団に属する場合である（ただし例外あり）。

事　例

合併事例で唯一審決がなされたものとして，新日鉄合併事件（同審昭和44・10・30審決集16・46）がある。戦後間もなく，日本製鉄は，過度経済力集中排除法（1947〔昭和22〕年制定，1955〔昭和30〕年廃止）に基づき，八幡製鉄と富士製鉄に分割された。この2社が合併して新日鉄となることを計画し，審査が行われた。両社は多様な鉄鋼製品を製造しており，業界では第1位と第2位の製造業者であった。公取委は，この2社が合併すると，鉄道用レール，食缶用ブリキ，鋳物用銑および鋼矢板の各取引分野において競争が実質的に制限されることとなるとの判断を示した。しかし公取委は，当時会社が申し出た問題解消措置がとられれば，問題の4分野においても競争を実質的に制限することにはならず，当該合併は違法ではないと結論づけた。

合併から40年余り後，新日鉄は住友金属との合併を計画して注目を集めることとなる。これら2社は，2011（平成23）年5月31日に公取委に合併計画の届出を行った。公取委は，合併する2社において競合する商品と役務について，約30の取引分野を画定し競争への影響を検討した結果，無方向性電磁鋼板と高圧ガス導管エンジニアリング業務の取引分野において，違法のおそれがあると判断した。しかし公取委は，2社が申し出た問題解消措置がとられれば競争を実質的に制限することとはならないと判断し，2011年12月14日，2社に対して，排除措置命令を行わない旨の通知を行った（平成23年度企業結合事例2）（2012年10月1日に合併し新日鉄住金となり，2019年4月1日に商号変更をして日本製鉄となった）。

4　分割の規制

会社分割による結合　会社分割の制度（会社法 757 条〜766 条）は，会社の事業の全部または一部を他の会社に包括的に承継させることを可能にする制度である。会社の分割には，新設分割と吸収分割とがあるが，独禁法で問題となるのは，吸収分割と共同新設分割（複数の会社が，分割した自社の事業を一つの新設した会社に移すもの）であり，競争を実質的に制限することとなる場合に禁止される（15 条の 2 第 1 項）。吸収分割も共同新設分割も，複数の会社が有する同種の事業を統合するものなので，対象となる事業について合併と同様の効果が生じる。分割では，承継によって結合する事業部分が競争に与える影響のみならず，事業を承継する会社とこの会社の株式を割り当てられる会社との間に結合関係が形成される場合，この結合が競争に与える影響も問題となる。

事前届出制度　一定以上の規模を有する会社または事業が対象となる共同新設分割と吸収分割は，あらかじめ公取委に計画を届け出なければならない（売上高に関する規定と審査の手続については→①）。

(1)　**共同新設分割の場合**　共同新設分割で届出が必要なのは，共同新設分割をしようとする会社のうちの 2 社が，以下の 4 つのうちのいずれかの条件を満たす場合である（15 条の 2 第 2 項 1 号〜4 号）。なお，共同新設分割をしようとする会社であって，事業の全部を新設する会社に承継させようとする会社を「全部承継会社」，事業の重要部分を承継させようとする会社を「重要部分承継会社」，新設する会社に承継させようとする事業を「承継部分」と呼ぶ。

①　全部承継会社 1 社の国内売上高合計額が 200 億円を超え，他

の全部承継会社1社の国内売上高合計額が50億円を超える場合

②　全部承継会社1社の国内売上高合計額が200億円を超え，重要部分承継会社1社の承継部分の国内売上高が30億円を超える場合

③　全部承継会社1社の国内売上高合計額が50億円を超え，重要部分承継会社1社の承継部分の国内売上高が100億円を超える場合

④　重要部分承継会社1社の承継部分の国内売上高が100億円を超え，他の重要部分承継会社1社の承継部分の国内売上高が30億円を超える場合

(2)　**吸収分割の場合**　届出が必要なのは，以下の4つの場合である（15条の2第3項1号～4号）。なお，吸収分割をしようとする会社であって，事業の全部を他の会社に承継させようとする会社を「全部承継会社」，事業の重要部分を承継させようとする会社を「重要部分承継会社」，他の会社に承継させようとする事業を「承継部分」，事業を承継する他の会社を「承継する会社」と呼ぶ。

①　分割しようとするいずれか1社（全部承継会社）の国内売上高合計額が200億円を超え，承継する会社の国内売上高合計額が50億円を超える場合

②　分割しようとするいずれか1社（全部承継会社）の国内売上高合計額が50億円を超え，承継する会社の国内売上高合計額が200億円を超える場合

③　分割しようとするいずれか1社（重要部分承継会社）の当該分割対象部分に係る国内売上高が100億円を超え，承継する会社の国内売上高合計額が50億円を超える場合

④　分割しようとするいずれか1社（重要部分承継会社）の当該分割対象部分に係る国内売上高が30億円を超え，承継する会社の国

内売上高合計額が 200 億円を超える場合

　ただし，前記の条件を満たす場合でも，共同新設分割または吸収分割をしようとするすべての会社が同一の企業結合集団に属する場合は，届出の必要はない。

　(3)　**事業の重要部分**　　届出の規定にある会社の事業の重要部分を切り離す場合，この事業の重要部分とは，企業結合審査ガイドラインによると，1 つの経営単位として機能しうるものであり，事業を承継させようとする会社からみて客観的に価値を有するものである。事業を承継させようとする会社の売上高に占める承継対象部分の売上高の割合が 5％ 以下であり，かつ承継対象部分の売上高が 1 億円以下の場合には，通常，「重要部分」に該当しないとされる。

審査対象か否かの判断
　　　　　　　　　　　　企業結合審査ガイドラインによれば，共同新設分割または吸収分割をしようとするすべての会社が同一の企業結合集団に属する場合は，原則として審査の対象にはならない。

事　　例
　　　　　　　　　　　　吸収分割の事例として，JX 日鉱日石エネルギーが，同社の液化石油ガスの元売り事業を分割し，同事業を営む三井丸紅液化ガスに吸収させた上で，三井丸紅液化ガスの議決権の 50％ 超を取得するものがある（平成 22年度企業結合事例 8)。株式の取得があるので 10 条も適用される。

⑤　共同株式移転の規制

共同株式移転
　　　　　　　　　　　　共同株式移転は，複数の会社がその発行する株式の全部を新たに設立した会社に取得させるものである。例えば，2 つの会社が，経営統合のために，持株会社を設立し，自社の株式全部をこの持株会社に取得させ，当該

持株会社の子会社となる場合がこれにあたる。新設の会社が複数の会社の株式全部を保有することになるので，持株会社設立後には，10条による規制も可能である。しかし，10条による事前届出義務を課すことができない。届出は，計画段階で行われるが，計画段階では届出を行う主体であり排除措置を命ずる対象である会社（株式を取得する会社）がまだ存在していないためである。そのため，共同株式移転を規制する規定を別に設ける必要があり，これに応えるのが15条の3である。同条1項により，競争を実質的に制限することとなる共同株式移転は禁止される。

事前届出の対象となるもの　共同で株式移転をしようとする会社のうち1社の国内売上高合計額が200億円を超え，他の1社の国内売上高合計額が50億円を超える場合，株式移転をしようとする会社は，あらかじめ計画を公取委に届け出なければならない（15条の3第2項）。ただし，共同株式移転をしようとするすべての会社が同一の企業結合集団に属している場合は，届出は不要である（売上高に関する規定と審査の手続については→①）。

審査対象か否かの判断　企業結合審査ガイドラインによると，共同株式移転をしようとするすべての会社が同一の企業結合集団に属している場合は，原則として審査の対象にならない。

事　例　事例として，石油製品の製造販売業を営む新日本石油と，同業を営むジャパンエナジー等を子会社とする新日鉱ホールディングスが，持株会社を設立して経営統合するものがある（平成21年度企業結合事例2）。

⑥　事業譲受け等の規制

5つの結合形態　16条では，1項に列挙される5つの結合形態が規制される。即ち，他の会社の事業の全部または重要部分の譲受け（同項1号），他の会社の事業上の固定資産の全部または重要部分の譲受け（2号），他の会社の事業の全部または重要部分の賃借（3号），他の会社の事業の全部または重要部分についての経営の受任（4号），および他の会社と事業上の損益全部を共通にする契約の締結（5号）である。これらの結合は，競争を実質的に制限することとなる場合に禁止される。

事業等の重要部分　事業および固定資産の重要部分については，企業結合審査ガイドラインによれば，会社分割の場合と同様に考えることになる。すなわち，対象となる事業（または固定資産）が，1つの経営単位として機能しうるような形態を備え，当該事業を譲渡しようとする会社にとって客観的に価値を有していると認められる場合に，重要部分に該当する。

事前届出の対象となるもの　事業と固定資産の譲受けでは，事前届出が必要な場合がある。すなわち，国内売上高合計額が200億円を超える会社が，国内売上高合計額が30億円を超える会社の事業の全部を譲り受ける場合（16条2項1号），および事業の重要部分または固定資産（全部または重要部分）を譲り受け，譲り受ける部分の国内売上高が30億円を超える場合である（同項2号）。ただし，同一の企業結合集団に属する会社間での譲受けは，届け出る必要がない（売上高に関する規定と審査の手続については→①）。

| 審査対象か否かの判断 | 企業結合審査ガイドラインによると，100％出資による分社化のために行われる事業ま |

または固定資産の譲受けと，事業または固定資産を譲渡しようとする会社と譲り受ける会社が同一の企業結合集団に属する場合は，原則として審査の対象とならない。

| 事　例 | 事業譲受けの事例としては，例えば，新明和工業が富士重工業のゴミ収集車製造販売 |

業を譲り受けたものがある（平成24年度企業結合事例6）。固定資産の譲受けの事例としては，TDKがアルプス電気からHDD用磁気ヘッド事業に係る製造設備を譲り受けたものがある（平成19年度企業結合事例7）。事業の賃借の事例として，東宝・スバル事件（最判昭和29・5・25民集8・5・950）がある。これは，スバル興業が経営していた2つの映画館の営業を，自らも映画館を有する東宝が賃借したものである。銀座を中心とする一定地域における映画興行の取引分野での競争を実質的に制限することとなると判断された。

4 市場集中規制(3)——不公正な取引方法を用いた企業結合

10条以下の市場集中規制に関する規定は，競争を実質的に制限することとなるものだけではなく，不公正な取引方法を用いてなされる企業結合も禁止している。株式保有は10条1項，役員兼任は13条2項，合併は15条1項2号，分割は15条の2第1項2号，共同株式移転は15条の3第1項2号，事業譲受け等は16条1項で，それぞれ禁止されている。

不公正な取引方法を用いてなされる企業結合にはどのようなもの

があるのであろうか。例えば株式保有による結合については，次のようなものが考えられる。1つは，取引上優越した地位にある完成品製造業者が，取引先部品製造業者に対して，当該部品製造業者の株式を自己に取得させることを要求し，要求に従わない場合は取引を拒絶したり，不当に不利益な取引条件を押し付けることを示唆したりすることによって，当該部品製造業者に第三者割当増資などを行うことを余儀なくさせて，株式を取得することである。これは，2条9項5号の優越的地位の濫用にあたる行為による株式取得である。もう1つは，市場における有力な完成品製造業者が，株式所有関係のない部品製造業者に原材料を供給している事業者に，当該部品製造業者への原材料の供給を拒絶させ，当該部品製造業者の事業活動を困難にさせて，当該部品製造業者の株主から株式を取得することである。これは，一般指定2項（その他の取引拒絶）該当行為による株式取得である。

5 一般集中規制

☐1 規制の意義と沿革

一般集中規制の意義 一般集中規制は，9条と11条からなる。これらは，競争に悪影響を与えるおそれのある大規模な企業集団の形成を阻止し，弊害が生じることを未然に防ごうとするものである。

9条は，持株会社に関する規定である。持株会社は，講学上，純粋持株会社と事業持株会社に分けられる。純粋持株会社とは，もっぱら他の会社の事業活動を支配することを事業とする会社である。

事業持株会社とは，製造や販売など一般の事業を行いながら，同時に他の会社の株式を保有し，他の会社の事業活動を支配する事業を行う会社である。

　持株会社を利用すると，比較的少ない資本によって，大規模な企業集団を作ることができる。持株会社は，複数の子会社を擁し，子会社がさらに子会社を傘下に収めるという形で，持株会社を頂点としてピラミッド型に結びつく企業集団が形成される。持株会社は，子会社の事業活動を支配することにより，孫会社，曽孫会社など，下に連なる会社にも影響力を及ぼすことができる。このような持株会社を中心とする企業集団に大きな経済的力が集中すると，競争に悪影響を及ぼすことが考えられるので，独占禁止法は，持株会社の形成に一定の制約を加えているのである。

　11条は，金融会社の議決権の保有を制限する規定である。銀行と保険会社は，その事業の性質上，多数の会社の株式を保有する。そのため，これらによって多くの企業の事業活動に影響力を及ぼすことになると，競争が阻害されるおそれがある。そのような事態を予防するために，議決権の保有を制限する必要がある。

一般集中規制の沿革　原始独禁法（→第1章1①）では，会社が他の会社の株式を保有することは厳しく制限されていた。9条で持株会社が禁止され，10条で一般事業会社の株式保有が禁止され，11条で金融会社の株式保有も厳格に制限されていた。これは，戦後解体された財閥の復活を阻止することを主たる目的としていた。戦後日本の占領政策の中心を担った米国は，財閥が，日本軍国主義と結びついており，日本経済が民主的でないことの一因となっていると考えていた。日本を政治的にも経済的にも民主化し，非軍事化するために，日本政府に財閥を解体させたの

である。

　その後，1949（昭和24）年と1953年の独禁法改正で，10条改正などにより事業持株会社が広い範囲で認められるようになった。しかし，1997（平成9）年改正前9条により，持株会社のうち，他の会社の事業活動を支配することを主たる事業とする会社（以下「旧9条の持株会社」という）については，禁止が維持された。旧9条の持株会社にあたるのは，純粋持株会社と一部の事業持株会社である。

　旧9条の持株会社を禁止することもやめるべきとの主張は，独禁法制定当初から経済界などにみられた。持株会社はその規模など多様で，その中には有用なものもあり，形式によって一律に禁止するのは不合理であるとの考えによるものである。しかし，法改正にはつながらなかった。財閥のような社会に弊害を及ぼす巨大企業集団への懸念がぬぐい去れなかったのである。その原因として，戦後形成された企業集団の存在がある。財閥解体により，財閥本社の下に統合されていた多数の会社がバラバラに解き放たれたが，その後，いくつもの企業集団が形成され，中でも六大企業集団と呼ばれる6つの巨大な企業集団は，競争に与える悪影響が問題視されていた。六大企業集団は，互いに他社の株式を少量ずつ持ち合うという方法で緩やかに結合したものであり，企業結合規制の条項によって規制することは難しかった。これに対処するため，1977（昭和52）年に大規模会社の株式保有総数を制限する9条の2が制定された。

　1990年代後半になると，長期的不況に陥った日本経済の立て直しに必要な企業再編に利用する必要などから，持株会社解禁の動きが活発になった。そして1997年，ついに9条が改正され，持株会社のうち子会社の株式の取得価額の総額が総資産の50%を超えるものについて，事業支配力が過度に集中することとなるものに限っ

て禁止する規定となった。9条の2は改正9条に吸収された。さらに，2002（平成14）年，9条が改正され，現行の条文となっている。現行9条では，持株会社という文言は用いられていないが，純粋持株会社であるか事業持株会社であるかにかかわらず，事業支配力が過度に集中する場合を規制するものとなっている。

　このような法改正が実現した一因として，戦後，民主的な社会をある程度経験し，戦前戦中の財閥のようなものが出現する懸念が薄らいだことが指摘できよう。

　2014年になって再び，政府から9条の見直しを示唆する動きが出てきた。規制改革実施計画（2014〔平成26〕年6月に閣議決定）では，市場集中規制があることを理由に9条を廃止すべきとする意見があることに基づき，廃止による弊害を具体的に明らかにすることが盛り込まれた。これを受けて，公取委は，2015年3月に，9条を廃止した場合に生じうる弊害について検討結果を公表した。この文書において公取委は，事業支配力の過度集中がある場合，市場集中規制，3条，19条などによっては規制できない競争への悪影響が生じうること，および将来事業支配力の過度集中が起こる蓋然性があることを指摘し，9条の必要性を説いている。

一般集中の経済的影響　一般集中により生じうる経済への悪影響は種々論じられている。1つは，同一企業集団に属する事業者間で互恵取引が行われ，資本関係のない事業者が十分な取引先を確保することが困難になったり，新規参入が難しくなったりすることがある。また，企業集団内に大規模な金融機関が存在し，この金融機関が同一企業集団内の製造業者に対して，その競争相手よりも有利な条件で融資を行うことで，市場において価格や品質による競争が減退する事態が生じうることも指摘されている。

企業集団が巨大化することにより，立法過程や行政に影響力を行使できるようになり，市場のルールを自己に有利なように作り替えるなどして，競争を歪める可能性も考えられる。他にも複数の悪影響が論じられている。後述する9条3項の「国民経済に大きな影響を及ぼし，公正かつ自由な競争の促進の妨げとなる」という要件は，このような多様な悪影響を含意するものと解される（→②）。

Column⑨ 財　閥　•••

　財閥という言葉には確定した定義があるわけではないが，一般に大日本帝国の時代に形成された大規模な企業集団を指すものとして用いられる。財閥の中でも最上位に位置したのが四大財閥といわれる三井，三菱，住友，安田であり，これより規模で劣るものとして，鮎川（日産），浅野，古河，大倉，野村，中島の六財閥などがある。財閥の形態は一様ではないが，代表的な財閥にみられるのは，純粋持株会社である財閥本社を頂点として傘下に子会社，孫会社等を従えていることと，同族支配（特定の一族が企業集団の事業全体を支配する）である。財閥傘下の会社に勤務する者は，財閥を支配する一族に強い忠誠心を抱いていたといわれる。

　財閥解体の時点で，四大財閥傘下の払込資本金は，当時の日本の全株式会社の 24.5% を占め，これに前記六財閥の払込資本金を加えると，比率は 35.2% になった。会社数でみると，三井と三菱は，それぞれ子会社，孫会社など合わせて 200 を超える数の会社を傘下に収めていた。住友も百数十社を傘下に収めていた。

　戦後形成された六大企業集団も旧財閥と関係が深い。三菱，三井，住友の各グループは，それぞれ同一の財閥に属していた会社が再結集したものである。芙蓉，第一勧銀，三和の各グループは，特定の銀行から融資を受けていた会社が集まってできたものであるが，前二者は，複数の中小財閥に属していた会社が中心となっている。

•••

②　独禁法9条

事業支配力過
度集中の禁止

9条1項は，「他の国内の会社の株式……を所有することにより事業支配力が過度に集中することとなる会社」を新たに設立することを禁じている。事業支配力は，「他の国内の会社の株式」を保有する会社の社員が保有する当該株式も合わせて判断する。同条2項は，既存の会社が「事業支配力が過度に集中することとなる会社」に転化することを禁じている。この既存の会社には，外国の会社も含まれる。

事業支配力の過度集中

「事業支配力が過度に集中すること」（以下「事業支配力過度集中」という）については，9条3項により定義される。事業支配力の大きさは，株式を所有する会社，その子会社および実質子会社を合わせた会社グループについて判断される。子会社とは，総株主の議決権の過半数を当該会社が有する会社をいい，当該会社の他の子会社が有する議決権も合わせて過半数に達するか否かを判断する（9条5項）。これに対して，子会社には該当しないが「当該会社が株式の所有により事業活動を支配している」国内の会社（9条3項）を，実質子会社と呼んでいる。事業支配力過度集中会社ガイドラインによれば，実質子会社に該当するのは，議決権保有比率が25％超50％以下であり，株主の中で議決権保有比率が最も高い場合（同順位の株主がいる場合を除く）である。

　9条3項によると，事業支配力過度集中にあたる場合とは，①会社グループの「総合的事業規模が相当数の事業分野にわたつて著しく大きい」，②会社グループの「資金に係る取引に起因する他の事

業者に対する影響力が著しく大きい」，または③会社グループが「相互に関連性のある相当数の事業分野においてそれぞれ有力な地位を占めている」，のいずれかに該当し，これにより「国民経済に大きな影響を及ぼし，公正かつ自由な競争の促進の妨げとなること」をいう。

ガイドラインの3類型

9条3項の規定は抽象度が高いので，公取委は，事業支配力過度集中会社ガイドラインにおいて，より具体的に事業支配力過度集中にあたる場合についての解釈を示している。それが以下の3類型である。

(1) **第1類型**　会社グループの規模が大きく（総資産の合計が15兆円を超える），相当数（5以上）の主要な事業分野（日本標準産業分類3桁分類のうち売上高6,000億円超の業種。ただし例外あり）のそれぞれにおいて，別々の大規模な会社（単体総資産の額3,000億円超の会社）を有する場合である。

第1類型は，六大企業集団が，持株会社の下に統合される形で結合して，かつての財閥のような企業集団を形成することを想定したものである。

(2) **第2類型**　大規模金融会社（単体総資産の額15兆円超の金融会社）と，金融または金融と密接に関連する業務を営む会社（銀行業または保険業を営む会社その他公取委が規則で定める会社）以外の大規模な会社（単体総資産の額3,000億円超の会社）を有する場合である。

これは，金融機関を中心とする事業支配体制の形成を防ぐものである。大規模な金融機関は，保有する巨額の資金を多数の事業者に融資するなどしており，事業者に影響力を及ぼすことができる立場にある。このような金融機関が大規模な事業者と利害をともにすることは，この大規模事業者と競争関係にある事業者や取引関係にあ

る事業者に対して，当該金融機関が影響力を行使するなどして，競争に悪影響を与えるおそれがある。大規模金融会社の15兆円という金額は，都市銀行のほとんどを含む水準として設定された。

(3) **第3類型** 相互に関連性のある相当数（5以上。ただし規模が極めて大きい事業分野に属する有力な会社を有する場合は，会社の有力性の程度により3以上）の主要な事業分野（日本標準産業分類3桁分類のうち売上高6,000億円超の業種。ただし例外あり）のそれぞれにおいて別々の有力な会社（売上高市場占有率が10％以上の会社）を有する場合である。事業分野の関連性は，諸要素を考慮して判断されることになるが，ガイドラインでは，例として次の2つを挙げている。

9条で禁止される（持株）会社の概念図

【第1類型】

総資産15兆円超

【第2類型】

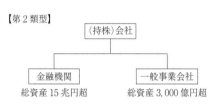

【第3類型】

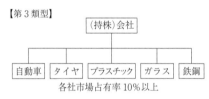

①各財・サービスを供給する事業分野間で密接な取引関係にある場合

②ユーザーが両方の財・サービスを結合して消費しまたは選択的に利用するなど，ユーザーからみて各事業分野の提供する財・サービスが補完・代替関係にある場合

これは，トヨタグループなどのいわゆる独立系企業集団を念頭に置いたものといわれている。この類型では，総資産の額は設定されていない。

| 過度集中に該当しないもの |

ガイドラインでは，事業支配力過度集中にあたらないものとして，①分社化し100％出資の子会社にする場合，②ベンチャー・キャピタルの場合，③金融会社が異業態の金融会社を設立して参入する場合，および④会社と子会社の総資産額の合計が6,000億円以下の場合を挙げている。これらに該当するものは，前記3類型に該当する場合でも，事業支配力過度集中にあたらないとする。

| 公取委への報告・届出 |

9条4項は，会社と子会社の資産額の合計が一定以上の場合，毎事業年度終了の日から3ヵ月以内に公取委に事業に関する報告書を提出することを義務づけている。また，同条7項は，新設された会社が4項に規定する会社にあたる場合は，設立の日から30日以内に公取委に届け出ることを義務づけている。これにより，公取委が規模の大きな企業集団を監視することが容易になる。

③ 独禁法11条

11条は，銀行と保険会社が他の会社の議決権を保有することを制限するものである。銀行については，他の会社の議決権の5％を超えて保有することが禁止され，保険会社については，10％を超えて保有することが禁止されている（同条1項）。

例外として，前記比率を超えて議決権を保有することが認められる場合がある。1つは，11条1項1号から6号に該当する場合である。まず，担保権の行使または代物弁済の受領により，または信託

財産として株式を取得・所有することにより議決権を取得・保有する場合（1号・3号），および他の国内の会社が自己株式を取得したことにより，議決権比率が高まった場合（2号）が挙げられる。また，投資事業有限責任組合の有限責任組合員となったり，投資事業を営む民法上の組合（民法667条）の非業務執行組合員（業務執行を他の組合員に委任）となったりすることにより，組合財産として株式を取得・所有することにより議決権を取得・保有する場合も，一定の条件の下に，既定割合を超えて保有することが認められている（独禁11条1項4号・5号）。1号から5号に該当しないものでも，「他の国内の会社の事業活動を拘束するおそれがない」ものであって公取委が規則で定めた場合については，既定割合を超える保有が認められる（6号）。1号から3号または6号により1年を超えて既定割合以上の議決権を保有する場合は，公取委の認可を受ける必要がある（11条2項）。

　例外のもう1つは，公取委の認可を受けた場合である（1項但書）。認可を受けられる場合については，公取委が公表した11条ガイドラインにおいて明らかにされている。そこでは，銀行または保険会社が他の銀行または保険会社と合併等をすることにより，他の会社の議決権を既定割合を超えて保有することになる場合，株式の既定割合を超える部分の金額が大きく市場で売却するのに相当の期間を要するなど，3つの条件のうち1つを満たせば認可するとされている。また銀行が他の会社の議決権を5％を超えて保有することになる場合であって，当該他の会社が，当該銀行等の支援を受けるなど，一定の条件を満たす事業再生会社である場合には，認可するとされている。さらに，銀行または保険会社が，投資事業有限責任組合の有限責任組合員になり他の会社の議決権を既定割合を超えて保有す

ることになる場合，有限責任組合員が議決権を行使できないなど，
3つの条件のすべてを満たせば公取委が認可を行うこと，およびこ
の基準は，銀行または保険会社が，投資事業を営む民法上の組合の
非業務執行組合員になり他の会社の議決権を既定割合を超えて保有
することとなる場合に準用する旨が示されている。それ以外の場合
であっても，公取委は，議決権保有の必要性などを考慮して，認可
すべきかどうか個別に検討する方針であることが，ガイドラインに
明記されている。

6 法の執行・実現

1 脱法行為の禁止

9条から16条については，脱法行為も禁止される（17条）。10条
の脱法行為が違法とされたものとして，日本楽器事件（勧審昭和
32・1・30審決集8・51）がある。楽器類の製造業者である日本楽器
は，競争相手である河合楽器の株式の購入を，材料の購入先である
三谷伸銅に依頼し，材料代の前渡し金という名目で三谷伸銅に一定
額を送金して，同社に河合楽器の発行済株式の24.5％を取得させ
た。この株式は，実質的には日本楽器が保有しているものである
（株式の間接保有）。この株式保有によりピアノなどの製造販売分野
における競争が実質的に制限されることとなるので，10条による
禁止を免れる行為であるとされ，17条違反とされた。

② 法 の 執 行

排 除 措 置

違法な企業結合に関する排除措置命令は、17条の2に規定されている。同条1項は、10条1項，11条1項，15条1項，15条の2第1項，15条の3第1項，16条1項または17条に違反する行為があるときの規定である。この場合，公取委は，事業者に対して，株式の処分，事業の譲渡など，違反する行為を排除するために必要な措置を命ずることができる。

第2項は，9条の1項もしくは2項，13条，14条または17条に違反する行為があるときの規定である。排除措置命令の名宛人は「違反行為者」となっており，事業者に限定されない。公取委は，株式の処分，会社の役員の辞任など，違反する行為を排除するために必要な措置を命ずることができる。広島電鉄事件（同審昭和48・7・17審決集20・62）では，広島電鉄の取締役など4名に対して，兼任していた広島バスの役員を辞任するよう命じられた。

合併等無効の訴え

合併，分割（共同新設分割と吸収分割）および共同株式移転に関して，事前届出を行わずに結合した場合と，届出受理後の結合が禁止される期間内に結合が行われた場合については，公取委は，それら結合を無効とするよう求める訴えを裁判所に提起することができる（18条）。

7 独占的状態に対する措置

① 独禁法8条の4

企業の内部成長による経済力の集中に対処するために設けられた

のが8条の4である。内部成長により企業が大きくなることにより，単独で圧倒的な市場支配力を獲得したり，市場が高度に寡占化し，人為的な要素がなくても競争関係にある企業が容易に協調して行動できるようになったりする場合，独禁法4章の企業結合規制を用いて競争を回復することはできない。そこで，会社を強制的に分割することなどを可能にする制度が作られた。それが8条の4である。この条文が適用された事例はまだない。

8条の4第1項は，「独占的状態があるときは，公正取引委員会は……事業者に対し，事業の一部の譲渡その他当該商品又は役務について競争を回復させるために必要な措置を命ずることができる」と規定する。これは，事業者の特定の行為を違法として差し止めるのではない。「独占的状態」という状態を捉えて規制するものである。市場の構造などが一定の条件を満たす場合に，事業者に対して市場構造を変化させる一定の措置をとることを命ずるものであることから，純粋構造規制であると評される。

② 独占的状態

一定の事業分野など　2条7項によると，「独占的状態」とは，「一定の商品又は役務に係る一定の事業分野において」，同項が掲げる市場構造が存在し，かつ同項が掲げる市場における弊害が生じていることをいう。「一定の事業分野」は，「一定の商品」または「同種の役務」について画定される。2条7項の「一定の事業分野」は，8条3号の「一定の事業分野」とは異なる概念である。

「一定の商品」とは，「同種の商品」と「当該同種の商品に係る通常の事業活動の施設又は態様に重要な変更を加えることなく供給す

ることができる商品」を合わせたものである。「同種の商品」とは，独占的状態ガイドラインによると，機能（商品の物的な作用や用途）および効用（商品のもたらす満足や経済的効用）が同種である商品を指す。「同種の役務」とは，前記ガイドラインによると機能および効用が同種である役務をいう。

国内総供給価額要件　独占的状態かどうかが問題となるのは，「一定の商品」および「その機能が著しく類似する他の商品」（以下「類似の商品」という）のうち国内で供給されたものの価額，または国内で供給された「同種の役務」の価額（以下「国内総供給価額」という）の最近の1年間における合計額が1,000億円を超える場合である（2条7項。2条8項に基づき政令で変更可能）。

「類似の商品」とは，「一定の商品」と密接な代替関係があり，現実に両者間に直接の競争関係がみられるものを意味する。「類似の商品」というには，少なくとも「一定の商品」の中核である「同種の商品」と密接な代替関係が認められなければならない。ゆえに，「類似の商品」の範囲は極めて限定される。

市場構造と弊害　「独占的状態」とは，最近1年間の国内総供給価額が1,000億円を超える場合に，「一定の事業分野」において，2条7項が1号から3号に掲げる市場構造と市場の弊害が存在することをいう。1号と2号が市場構造に関するもの，3号が市場の弊害に関するものである。

1号が規定する市場構造は，1年間における事業者1社の事業分野占拠率が50％を超えていること，または事業者2社の事業分野占拠率の合計が75％を超えていることである。2号が規定する市場構造は，他の事業者が当該事業分野に属する事業を新たに営むこ

とを著しく困難にする事情があることである。3号が規定する市場の弊害は，次の2つの条件を同時に満たすことである。第1は，当該事業者が供給する「一定の商品」または「同種の役務」について，相当の期間にわたり，受給の変動およびその供給に要する費用の変動に照らして，価格の上昇が著しいか，またはその低下が僅少であることである。第2は，当該事業者について，当該事業者の属する政令で定める業種（独禁法施行令2条に12業種が規定される）における標準的な政令で定める種類の利益率（独禁法施行令3条で規定される）を著しく超える率の利益を得ていること（3号イ），または当該事業者の属する事業分野における事業者の標準的な販売費および一般管理費と比較して，著しく過大と認められる販売費および一般管理費を支出していることである（同号ロ）。

③ 競争回復措置

措置を命じる条件 ▷ 「独占的状態」がある場合，公取委は，商品や役務について競争を回復させるために必要な措置（以下「競争回復措置」という）を命じることができる。命じられる措置は，事業の一部譲渡など公取委の裁量により適切と思われるものを選択できる。

「独占的状態」があっても，次の2つの条件のうちいずれかを満たす場合は，措置を命じることができない（8条の4第1項但書）。第1に，競争回復措置を命じることにより，命じられた事業者について，3つの場合，すなわち，その供給する商品または役務の供給に要する費用の著しい上昇をもたらす程度に事業の規模が縮小する場合，経理が不健全になる場合，国際競争力の維持が困難になる場合のうちいずれか1つに該当するときである。第2に，当該商品ま

たは役務について競争を回復させることができる他の措置が講ぜられる場合である。また，競争回復措置を命じるにあたって，公取委は，当該事業者と関連事業者の事業活動の円滑な遂行，および当該事業者に雇用されている者の生活の安定について配慮しなければならない。この配慮にあたっての考慮要素として，8条の4第2項に8つが列挙されている。

措置を命じる手続 「独占的状態」の審査は，職権探知により開始される（45条4項）。公取委は，審査を開始するときに，問題となる事業者が営む事業を所管する官庁の大臣（主務大臣）に，その旨を通知しなければならない（46条1項）。この通知があった場合，主務大臣は，公取委に対して，「独占的状態」の有無，および競争を回復する他の措置（8条の4第1項但書に規定）に関して，意見を述べることができる（46条2項）。

　競争回復措置を命じる手続には，排除措置命令における意見聴取の規定が準用される（64条4項）。競争回復措置命令をしようとするときは，公取委は，当該命令の名宛人となるべき事業者について，意見聴取を行わなければならない。この意見聴取にあたって，名宛人となる事業者に事前通知をしなければならないが，事前通知をしようとする場合は，公取委は，当該事業者が営む事業に係る主務大臣と協議を行わなければならず，さらに，公聴会を開いて一般の意見を求めなければならない（同条5項）。

　排除措置命令を行う場合，委員長と2人以上の委員の合議により，過半数をもって決するが，競争回復措置命令については，3人以上の意見が一致することが必要となる（65条3項）。

第5章 不公正な取引方法の規制

> 不公正な取引方法は，独禁法の主要な禁止行為の一つである。その規制は，私的独占や不当な取引制限の予防的・補完的規制として機能するだけでなく，競争ないし取引のルールを守るものとして独自の意義を有する。

序　論 　　　不公正な取引方法に該当する行為としては，次のようなものがある。再販売価格維持行為，排他条件付取引，共同の取引拒絶，不当廉売，押付販売など。

　独禁法19条は，事業者が不公正な取引方法を用いることを禁止している。これが，不公正な取引方法の規制に関する基本的規定となる。なお，事業者団体による不公正な取引方法の勧奨（→第3章2②）は8条5号において，不公正な取引方法に該当する事項を内容とする国際的協定・契約（→第8章1②，2②）は6条，8条2号において，不公正な取引方法による企業結合（→第4章4）は10条1項，13条2項，14条，15条1項2号，15条の2第1項2号，15条の3第1項2号，16条1項において禁止されている。また，下請代金支払遅延等が下請法（→10②）において禁止されている。

　他方，不公正な取引方法の禁止の適用除外は局限されており，一定の再販売価格維持行為（→2④）について認められるにすぎない（23条）。また，他の規定に基づいて独禁法の適用が除外される場合

でも，事業者が不公正な取引方法を用いるとき，または事業者団体が不公正な取引方法を勧奨するとき（→第3章5②）は，適用除外とされない（22条，中団法89条など）。

　違反行為に対しては排除措置が命ぜられ，また，一部の行為類型については，初回または違反行為の繰返しの場合に，課徴金が課せられる（→11①②）。さらには民事上の救済によっても，規制は実現される（→11③）。しかし，不公正な取引方法それ自体については，罰則の定めはない。

1 不公正な取引方法

① 不公正な取引方法の定義

```
定 義 規 定
```

何が不公正な取引方法となるかについては，定義規定がある（2条9項）。それによれば，不公正な取引方法とは，2条9項1号～5号に法定された行為（法定の行為類型），および6号イ～ヘのいずれかに該当する行為であって公正な競争を阻害するおそれがあるもののうち公取委が指定するもの（指定の行為類型），をいう。指定の行為類型にあって具体的に何が不公正な取引方法となるかは，公取委の指定を待たなければならない。

　不公正な取引方法の定義規定は，2009年改正により上記の法定の行為類型が導入され，大きく変わった。とりわけ，同改正前の2条9項柱書には，「各号のいずれかに該当する行為であって，公正な競争を阻害するおそれがあるもののうち，公正取引委員会が指定するもの」とあり，公正競争阻害性が共通の定義の一部に含まれて

いたが，現行規定では，これに相当する文言が2条9項6号柱書に移されたため，その点が不明確である。しかし，次のことを根拠に，その点に変更はなく，公正競争阻害性が同改正後も共通の定義の一部であると解すべきである。第1に，課徴金賦課のためには法治主義の観点から対象行為類型の法定が望ましいという理由で同改正が行われたという立法経緯に照らせば，法定の行為類型の要件から公正競争阻害性を排除するなど実質的に変更する立法意図はうかがえない。第2に，同一の定義規定で要件が異なるのは不自然であり，また2条9項6号柱書の「前各号に掲げるもののほか」という文言からしても，公正競争阻害性は同項1号〜5号の要件でもあると解することが可能である。第3に，同項1号〜5号は，「正当な理由がないのに」，「不当に」，「正常な商慣習に照らして不当に」といった，従来審決判例により「公正な競争を阻害するおそれ」を言い換えたにすぎないと解されてきた文言を含む（東京高判昭和46・7・17行集22・7・1070，最判昭和50・7・10民集29・6・888〔第1次育児用粉ミルク〈和光堂〉事件〕，判審平成21・2・16審決集55・500〔第一興商事件〕）。以上から，同改正後も公正競争阻害性が共通の定義の一部であると解すべきである。よって，不公正な取引方法の定義の実質的理解のためには，公正競争阻害性の意味内容を解明しなければならない（→2）。

法定の行為類型・指定の行為類型

今日，不公正な取引方法には法定の行為類型と指定の行為類型があるが，2009年改正までは，公取委による指定方式のみがとられていた。

(1) **指定の行為類型**　不公正な取引方法を公取委が指定するという方式がとられたのは，次の2つの要求を満たすためである。①禁

「不公正な取引方法」新旧対照表

旧2条9項／現行2条9項	原始一般指定（1953年）	旧一般指定（1982年）	現行2条9項および現行一般指定（2009年）
差別的取扱い（1号／6号イ）	取引拒絶（1号）	共同の取引拒絶（1項）	共同の供給拒絶 法定（1号）
			共同の購入拒絶（指定）（1項）
		その他の取引拒絶（2項）	その他の取引拒絶（指定）（2項）
	差別対価（4号）	差別対価（3項）	差別対価継続的供給 法定（2号）
			その他の差別対価（指定）（3項）
	取引条件等の差別取扱い（2号）	取引条件等の差別取扱い（4項）	取引条件等の差別取扱い（指定）（4項）
	事業者団体における差別取扱い等（3号）	事業者団体における差別取扱い等（5項）	事業者団体における差別取扱い等（指定）（5項）
不当対価（2号／6号ロ）	不当対価（5号）	不当廉売（6項）	典型的な不当廉売 法定（3号）
			その他の不当廉売（指定）（6項）
		不当高価購入（7項）	不当高価購入（指定）（7項）
不当な顧客誘引又は取引強制（3号／6号ハ）	顧客の奪取（6号）	ぎまん的顧客誘引（8項）	ぎまん的顧客誘引（指定）（8項）
		不当な利益による顧客誘引（9項）	不当な利益による顧客誘引（指定）（9項）
		抱き合わせ販売等（10項）	抱き合わせ販売等（指定）（10項）

拘束条件付取引 （4号／6号ニ）	排他条件付取引 （7号）	排他条件付取引 （11項）	排他条件付取引 （指定）（11項）
	拘束条件付取引 （8号）	再販売価格の拘束（12項）	再販売価格の拘束 法定（4号）
		拘束条件付取引 （13項）	拘束条件付取引 （指定）（12項）
取引上の地位の不当利用 （5号／6号ホ）	役員選任に対する干渉（9号）	優越的地位の濫用（14項）	取引の相手方の役員選任への不当干渉（指定）（13項）
	優越的地位の濫用（10号）		優越的地位の濫用 法定（5号）
競争者に対する不当妨害 （6号／6号ヘ）	競争者に対する取引妨害（11号）	競争者に対する取引妨害（15項）	競争者に対する取引妨害（指定）（14項）
	競争者に対する内部干渉（12号）	競争者に対する内部干渉（16項）	競争者に対する内部干渉（指定）（15項）

止行為の具体化を通じて，事業者の予見可能性を高める。②指定にかかる告示の制定・改正を通じて，経済実態の変化，個別の業種の特殊性に機動的に対処する。

　指定は，告示によって行われる（72条）。実際のところ，公取委は，あらゆる事業分野の事業者に一般的に適用される一般指定と，特定の事業分野の事業者にのみ適用される特殊指定を告示している。

　一般指定は，1953年に12号の行為類型をもって告示されたが（原始一般指定），1982年，行為類型の具体化・明確化を図る目的で全面改正され（一般指定が委任の趣旨に反しておらず，また合憲であることについては，前出第1次育児用粉ミルク〈和光堂〉事件最判），16項の行為類型に分離・整理された（旧一般指定）。そして2009年改正により特定の行為類型の全部または一部が法定化されたことに伴い，15項に整理されている（現行一般指定）（→**表**「不公正な取引方法」新

旧対照表）。

　他方，特殊指定は，制定・改廃を経て，現在3つ（大規模小売業，新聞業，物流）が告示されている。特殊指定に際しては，対象事業分野の事業者の意見を聴くなど，慎重な手続が要求される（71条）。

　(2)　**法定の行為類型**　2009年改正により，旧一般指定のうち，共同の取引拒絶，差別対価，不当廉売，再販売価格の拘束および優越的地位の濫用の全部または一部が法定化された（→表「不公正な取引方法」新旧対照表）。これは，上記5類型を課徴金賦課の対象としたためであり（→11②），内容上の実質的な変更はないとされる。

②　公正競争阻害性の意義

公正競争阻害性の考え方

　公正競争阻害性の概念は，①2条9項1号～5号，②2条9項6号柱書，③2条9項6号イ～ヘ，④公取委の指定（とりわけ一般指定）において問題となるが，それぞれにおいて重要な役割を担っている。

　2条9項6号柱書において，公正競争阻害性は，公取委が不公正な取引方法を指定するにあたっての判断基準となる。また，2条9項6号イ～ヘにおいては，「不当に（な）」という用語が用いられているが，それは公正競争阻害性を意味すると解されている（東京高判昭和46・7・17行集22・7・1070，最判昭和50・7・10民集29・6・888〔第1次育児用粉ミルク〈和光堂〉事件〕）。よって，公正競争阻害性は，そもそも公取委が不公正な取引方法を指定するに際し，規制対象の範囲を弊害の観点から画するという役割を担う。2条9項1号～5号および公取委の指定（とりわけ一般指定）においては，「正当な理由がないのに」「不当に」「正常な商慣習に照らして不当に（な）」

という用語が用いられているが，それらはすべて公正競争阻害性を表すと解されているので（前出第1次育児用粉ミルク〈和光堂〉事件最判），公正競争阻害性は，それらの用語の解釈基準となる。

　問題は，公正競争阻害性が何を意味するかである（→第1章2①）。このことについては，今日まで，多様な見解が表明されてきており，定説があるわけではない。しかし，それまでの主要学説を有機的に結合して一つのスタンダードを構築した，独占禁止法研究会報告「不公正な取引方法に関する基本的な考え方」（1982年）に従えば，公正競争阻害性とは，次の3つの条件が保たれていることをもって観念される公正競争秩序に対して，悪影響を及ぼすおそれがあること，ということになる。その条件とは，

　①　事業者相互間の自由な競争が妨げられていないこと，および事業者がその競争に参加することが妨げられていないこと（自由な競争）。

　②　自由な競争が価格・品質・サービスを中心としたもの（能率競争）であることにより，自由な競争が秩序づけられていること（競争手段の公正さ）。

　③　取引主体が取引の諾否・取引条件について自由かつ自主的に判断することによって取引が行われているという，自由な競争の基盤が保持されていること（自由競争基盤の確保——①，②を可能ならしめる前提条件でもある）。

　そこで，この見解に従えば，法定の行為類型も指定の行為類型も，これらの3つの条件のいずれか，またはいくつかを同時に侵害するものであるということになる。つまり，公正競争阻害性の具体的な内容は，①自由競争減殺，②競争手段の不公正さ，および③自由競争基盤の侵害の3つに整理することができる（→第1章2①）。

このうち，①の自由競争減殺が問題となる行為類型には，競争回避型（事業者相互間の自由な競争が妨げられる行為類型）と競争排除型（事業者がその競争に参加することが妨げられる行為類型）が含まれる（→第1章2①）。この行為類型（例えば，共同の取引拒絶，排他条件付取引など）では，不当な取引制限や私的独占と規制対象が重複しうるところ，公正競争阻害性については，「一定の取引分野における競争を実質的に制限するものと認められる程度のものである必要はなく，ある程度において公正な自由競争を妨げるものと認められる場合で足りる」（判審昭和28・3・28審決集4・119〔第1次大正製薬事件〕）とされている。また，公正な競争を阻害する「おそれ」とは，「具体的に競争を阻害する効果が発生していることや，その高度の蓋然性があることまでは要件になっておらず，公正競争の確保を妨げる一般的抽象的な危険性があることで足りる」と解される（東京高判令和元・11・27審決集66・476〔土佐あき農業協同組合事件〕。→第1章2①）。この結果，規制の重複領域においては，法執行機関である公取委にとって，要件の厳しい不当な取引制限や私的独占に代えて，不公正な取引方法を適用する方が，より容易であるという内在的な要件構造が存在する。ただし，近時の審決では，公正競争阻害性に関し，「競争減殺効果が発生する可能性があるという程度の漠然とした可能性の程度でもって足りると解すべきではなく，当該行為の競争に及ぼす量的又は質的な影響を個別に判断して，公正な競争を阻害するおそれの有無が判断されることが必要である」とするものがある（判審平成20・9・16審決集55・380〔マイクロソフト非係争条項事件〕）。

公正競争阻害性の表現　各行為類型において，公正競争阻害性を表現するため，「正当な理由がないのに」「不

当に」「正常な商慣習に照らして不当に（な）」という用語が有意に使い分けられている。その狙いは，使い分けによって，事業者の予見可能性を高め，法的安定性を確保することにある。

「正当な理由がないのに」は，行為の外形から原則として公正競争阻害性が認められる行為類型について，例外的に公正競争阻害性がない場合があることを表す趣旨で用いられている。「不当に」は，行為の内容だけでは原則として公正競争阻害性があるとはいえないが，個別に公正競争阻害性が備わってはじめて違法となる行為類型について用いられている。「正常な商慣習に照らして不当に（な）」は，「不当に」と同趣旨であるが，不当性の判断にあたって，「正常な商慣習」（独禁法の見地から是認できる，あるべき商慣習）の観点を他の行為類型より加味した方が望ましい行為類型について用いられている。

なお，「不当に」が用いられている行為類型にあっては，各行為類型の性格，公正な競争秩序に及ぼす影響が異なることから，違法性判断基準には幅がある。また，「正当な理由がないのに」が用いられている行為類型にあっても，「正当な理由」がある場合，すなわち公正競争阻害性のない場合の範囲は，行為類型ごとに違う。

公正競争阻害性の考慮要因

公正競争阻害性は，専ら公正な競争秩序維持の見地に立ち，諸要因を総合的に考慮して判断される。不当廉売を例にとれば，具体的な場合における行為の意図・目的，態様，競争関係の実態，市場の状況等を総合考慮して判断されることになる（最判平成元・12・14 民集 43・12・2078〔都営芝浦と畜場事件〕）。

問題は，社会的妥当性（経済社会の倫理性，公益性・公共性・安全性など）が，公正競争阻害性の判断にあたって，考慮要因とされるか

否かである。この点，それは，競争秩序の維持とは直接関係ない事項として，全面的に考慮の外に置かれるわけではない。それも，考慮要因の一つとされる（→第1章2③，第7章2③）。実際のところ，公共性，安全性については，次のように判示されている。公共性は，公正競争阻害性の判断にあたって，考慮される（前出都営芝浦と畜場事件）。安全性は，公正競争阻害性の判断にあたって，考慮要因の一つとされる（大阪高判平成5・7・30審決集40・651〔東芝昇降機サービス事件〕）。そして考慮要因とされる論拠は，次の各点に求められる。公共性は，総合考慮の要因の一つである意図・目的に関連する。安全性は，直接の競争要因とは性格を異にするが，一般消費者の利益に資するものであり，広い意味での公益にかかるものである。

なお，競争秩序の維持とは直接関係のない，単なる事業経営上・取引上の合理性・必要性は，公正競争阻害性の判断にあたって，考慮要因とされない旨判示されている（前出第1次育児用粉ミルク〈和光堂〉事件最判。なお，化粧品の対面販売の合理性を認めたものとして，最判平成10・12・18審決集45・461〔資生堂東京販売事件〕参照）。

───────────
公正競争阻害性と「市場」
───────────

公正競争阻害性の判断にあたっては，「市場」の範囲を画定することは法律上の要件とされていない。しかし審決判例の中には，それを画定した上で，行為が当該市場における参入の自由と競争の自由を妨げるものであるかどうかを検討すべきであると説くものもある（東京高判平成19・1・31審決集53・1046〔ビル管理契約継続拒絶等事件〕。前出マイクロソフト非係争条項事件も参照）。その論拠は，独禁法が公正かつ自由な競争を促進するために競争を制限ないし阻害する一定の行為・状態を規制する法律であり，競争が行われる場である市場を画定しない限り，公正競争阻害性の判断は不可能であると

することに求められている（→第1章2①）。

③　規制の意義・課題

規制の意義　不公正な取引方法の規制には，2つの意義がある。一つは，それ独自の意義であり，競争ないし取引のルールを守るということである。この点，競争は自由かつ公正に行われなければならず，また取引は自主的に行われなければならない。このことは，競争ないし取引の前提であり，ルールでもある。不公正な取引方法の規制は，自由な競争，競争手段の公正さ，自由競争基盤のいずれかまたは複数を侵害するおそれのある行為を禁止するものであり（→②），競争ないし取引のルールを守るものである。この点に着目すれば，不公正な取引方法の規制は，市場経済を適正に運営するために必要不可欠なものとして，独自の存在意義を有している。

　そして，もう一つの意義は，不公正な取引方法の規制が，私的独占および不当な取引制限の予防的・補完的規制として機能するということである。つまり，放置すれば私的独占，不当な取引制限に発展する可能性のある行為を不公正な取引方法として規制することによって，私的独占，不当な取引制限が予防されることになる。他方，私的独占の規制が活発でなかった時期には，私的独占の規制の対象とすることのできた行為を不公正な取引方法として規制することによって，私的独占の規制が補完された。また，不当な取引制限としては規制しがたい行為（縦のカルテル）を不公正な取引方法として規制することによって，不当な取引制限の規制が補完されることになる。なお，不公正な取引方法として規制された事件の中には，私的独占として規制されるべきものがあるとの批判がある（勧審平成

15・11・27 審決集 50・398〔ヨネックス事件〕など。→第 2 章 1 参照）。

規制の課題

不公正な取引方法の規制の課題は，時代の経過とともに，変化・増大している。まず，1950 年代には過大な景品付販売が，60 年代に入ると不当表示が，消費者問題との関連で取り上げられるようになった。また，60 年代には，物価問題との関連で，再販売価格維持行為の規制がクローズアップされるようになり，60 年代半ばになると，規制が実際にも活発に行われるようになった。70 年代には，再販売価格維持行為の背景にある流通系列化それ自体にも目が向けられるようになり，70 年代半ばには，流通系列化の手段行為（専売店制など）の規制が，寡占規制の一環として活発化するに至った。また，70 年代半ばには，大規模小売業者による優越的地位の濫用行為（押付販売など）の規制も，大きな問題となった。

　その後，80 年代半ば頃からは，とりわけ日米経済摩擦を背景として，流通分野における不公正な取引方法だけではなく，生産分野における排他的取引慣行，総代理店契約・並行輸入の不当阻害もまた，問題にされるようになった。その結果，1991 年には，流通・取引慣行ガイドラインが公表され，規制の考え方が示されるに至った（なお，2015〜17 年の同ガイドラインの改正については後述→ 2③，3②，4②）。個別的な課題についてもガイドラインが多数公表され，規制の考え方が示されている（→巻頭の「法令・ガイドライン等略称一覧」参照）。また近時，従来ほとんど適用を見なかった共同の取引拒絶，その他の取引拒絶，取引条件等の差別取扱いの適用事件も散見されるようになり，特に大規模小売業者による納入業者等に対する優越的地位の濫用行為の規制も活発である。

　さらに 2010 年代後半から，いわゆるデジタル・プラットフォー

ム（以下「DP」という）事業者による不公正な取引方法を含む競争阻害行為に対する規制が大きな課題として浮上した（→*Column*⑭⑮）。第1に，排除措置命令等を下した例ではないものの，確約手続（→第1章4③）における排除措置計画（確約計画）を受け入れた例や確約手続類似の処理を行った例が見られる（→*Column*⑩）。第2に，2019年，公取委がオンラインモールやアプリストアの実態調査を行った上で，DP事業者による消費者や他の事業者に対する優越的地位の濫用行為等の規制に向け，同年12月，新たに「デジタル・プラットフォーム事業者と個人情報等を提供する消費者との取引における優越的地位の濫用に関する独占禁止法上の考え方」が公表された（→10②）。また，独禁法とは別に「特定デジタルプラットフォームの透明性及び公正性の向上に関する法律」（通称「デジタルプラットフォーム取引透明化法」）が新規立法（2020〔令和2〕年5月27日成立，2021年2月1日施行）されるなどの対応が進められている。第3に，デジタル広告市場においてどのような競争阻害行為の懸念があるか等に関する実態調査（2021年2月17日最終報告公表）等が行われている。

*Column*⑩　デジタル・プラットフォーム事業者による不公正な取引方法の処理例

DP事業者には，インターネットを活用して，アマゾンや楽天のように売り手と買い手の間に立って両者の取引を仲介する事業者，検索エンジンやソーシャルネットワーキングサービス（SNS）のように，取引を仲介しないが，無料サービスを提供して利用者を増やし，広告料を得る事業者が含まれる。いずれの場合も，複数の利用者グループが存在するため多面市場と呼ばれる。

2010年代後半以降，諸外国だけでなく（→*Column*⑭，⑮），日本でもDP事業者による不公正な取引方法が頻繁に問題となり，公

取委が確約計画を受け入れた例や確約手続類似の処理を行った例が見られる（なお，2010年代初にDP事業者による不公正な取引方法が違法とされた例として，ディー・エヌ・エー事件〔排令平成23・6・9審決集58・1・189〕→9①）。

第1に，Amazonマーケットプレイスの出店者に価格等を他の販売経路と比べ同等または有利とし，品揃えを他の販売経路と同等以上とすること（同等性条件）を求めたアマゾンジャパンが違反の疑い（一般指定12項〔拘束条件付取引〕）を解消する措置（契約からの同条件の削除等）を申し出たので審査を終了している（2017・6・1公表）。第2に，Amazon.co.jp上で配信される電子書籍に関する出版社等との間の契約において，第1と同様の同等性条件を定めていたアマゾン米国法人から，自発的な措置（同条件規定の不行使等）を講じるとの報告を受けている（2017・8・15公表）。第3に，みんなのペットオンライン社が消費者との犬または猫の取引を仲介する同社サイトを利用するブリーダーに対し，他の取引仲介サイトへの犬または猫の情報掲載を制限している疑い（一般指定11項〔排他条件付取引〕）のあったところ，同社が同疑いを解消する改善措置を自発的に講じため，審査を終了している（2018・5・23公表）。第4に，エアビーアンドビー社が，同社の民泊サービス仲介サイトに取引先事業者が民泊サービス情報を掲載等する際，他の民泊サービス仲介サイトへの情報掲載等を制限している疑い（3条〔私的独占〕，一般指定11，12項〔排他条件付取引，拘束条件付取引〕）のあったところ，同社から同疑いを解消する措置の申し出があったため，同措置が講じられたことを確認の上，審査を終了する旨公表している（2018・10・10公表）。第5に，公取委は，アマゾンジャパンが，Amazonマーケットプレイスに出品される全商品について最低1%のポイントを付与し，当該ポイント分の原資を出品者に負担させるよう規約を変更したことについて，独禁法上の懸念（優越的地位の濫用）があったため，調査を行っていたが，同社

が商品をポイントサービスの対象とするか否かについて，出品者の任意とするよう当該規約を修正したため，上記調査を継続しないこととした旨公表している（2019・4・11公表）。第6に，楽天が，「楽天トラベル」サイトに宿泊施設を掲載するホテル事業者等との契約で，当該サイトに掲載する部屋の最低数の条件を定めるとともに，宿泊料金および部屋数については，上記第1および2と同様の同等性条件を定めていることが独禁法の規定に違反する疑い（一般指定12項〔拘束条件付取引〕）があるとして，確約手続通知（48条の2）を行ったところ，楽天から排除措置計画の認定申請があった。公取委は，当該計画が認定要件（48条の3第3項）のいずれにも適合するとして当該計画を認定した（認定令和元・10・25）。第7に，楽天の楽天市場への出店者に対する一定金額以上の注文に関し一律に「送料無料」と表示させる施策が独禁法の規定に違反する疑い（同法2条9項5号ハ〔優越的地位の濫用〕）があるとして，同法70条の4第1項の緊急停止命令を東京地方裁判所に対し申し立てたが（2020・2・28公表），同社が出店者が上記施策へ参加するか否かを自らの判断で選択できるようにすること等を公表したことを受け，公取委は同申立てを取り下げた（2020・3・10公表）。第8に，アマゾンジャパンが，納入業者に対し，代金減額，協賛金等の金銭提供の要請，返品等を行っていることが独禁法の規定に違反する疑い（同法2条9項5号〔優越的地位の濫用〕）があるとして，確約手続通知を行ったところ，同社から排除措置計画（これらの行為の取りやめ，納入業者への金銭的価値の返還等）の認定申請があった。公取委は，当該計画が認定要件をのいずれにも適合するとして当該計画を認定した（認定令和2・9・10）。第9に，アップルは，iPhone向けアプリ提供事業者がアプリ内でデジタルコンテンツの販売等を行う場合，アップルが指定する課金方法（IAP）の使用（売上げの15または30％を手数料として徴収）を義務付け，さらに消費者をIAP以外の課金による購入に誘導するボタンや外

部リンクをアプリに含める行為（アウトリンク）を禁止している。公取委は，同社の行為が独禁法に違反する疑い（同法3条前段〔私的独占〕または一般指定12項〔拘束条件付取引〕）があるとして審査を行ってきたが，同社から申出のあった関連行為を改める改善措置が上記の疑いを解消するものと認め，今後，同社が改善措置を実施したことを確認した上で本件審査を終了することとした（2021・9・2公表）。

以上の事例から，DP事業者による不公正な取引方法として，①競争者との取引制限（上記第3，第4），②同等性条件（上記第1，第2，第6），③優越的地位の濫用（上記第5，第7，第8）が問題となりやすいことが分かる。特に，多面市場の性格を持つDP市場では複数の利用者グループ間の間接のネットワーク効果（例 グループAの利用者〔例えば，上記第3のブリーダー〕が増えれば，グループBの利用者〔例えば，同消費者〕が増え，さらにグループAの利用者も増える）が働きうるため，①の競争者との取引制限等は，競争に強い影響を与えやすいとも指摘され，確約手続等を活用して早期に問題を解消することが望ましい。他方で，確約手続等を活用すると，新たな行為類型に関する違法性判断基準が明確化せず発展しにくくなる弊害も指摘できる（価格表示の制限や優越的地位の濫用に関する確約手続の活用例について，→3②，10②）。

4 行為類型の分類と論述の順序

以下，不公正な取引方法の各行為類型を，そのもたらす弊害の性質の違いに基づき，大きく①自由競争減殺型（→2〜6），②不公正な競争手段型（→7 不当な顧客誘引），③その両者にまたがる類型（→8 抱き合わせ販売等，9 競争者の事業活動の不当妨害）および④自由競争基盤の侵害型（→10 取引上の地位の不当利用）に分類し，この順序

で叙述する。このうち①自由競争減殺型については，競争回避型と競争排除型に大きく分類し（→第1章2），競争回避型（→2　再販売価格の拘束，3②　競争回避型の拘束条件付取引），競争排除型（→3③　競争排除型の拘束条件付取引，4　排他条件付取引，5　不当な差別的取扱い，6　不当対価）の順に叙述する。最後に，不公正な取引方法に対する法の執行・実現（→11）について叙述する。

2 再販売価格の拘束

① 規制の経緯

再販売価格の拘束とは，例えば製造業者が，取引先である卸売業者の販売価格（製造業者からみて再販売価格）を定めて維持させること，製造業者が，小売業者の販売価格（製造業者からみて再々販売価格）を定めて卸売業者をして小売業者に維持させることなどを指す。再販売価格の拘束は，本来，拘束条件付取引（→3）の一類型であるが，その重要性に鑑み，別個の行為類型が設けられている。

独禁法制定当初，再販売価格の拘束は，不当な取引制限として規制されてきた（同審昭和25・9・18審決集2・103〔北海道バター事件〕など）。しかし，1953年，縦の取引制限は不当な取引制限に含まれないとの判決（東京高判昭和28・3・9高民6・9・435〔新聞販路協定事件〕）が下されたことにより，私的独占の手段行為として規制された事件（東京高判昭和32・12・25高民10・12・743〔野田醬油事件〕）を除き，規制されることがなかった。

その後，1964年になって，再販売価格の拘束は，不当な拘束条件付取引（原始一般指定8号）に該当するとして再び規制され始めた

（勧審昭和 39・11・7 審決集 12・146〔日本水産事件〕が最初である）。そして，この規制方針は，1975 年，最高裁判所により全面的に支持された（最判昭和 50・7・10 民集 29・6・888〔第 1 次育児用粉ミルク〈和光堂〉事件〕，最判昭和 50・7・11 民集 29・6・951〔第 1 次育児用粉ミルク〈明治商事〉事件〕）。1982 年には，一般指定の改正が行われ，再販売価格の拘束は，違法性の強い行為類型として，要件を明確にした上で旧一般指定 12 項に独立して規定された。そして 2009 年改正により，2 条 9 項 4 号に法定化され，課徴金賦課の対象（ただし，繰返し違反時）とされるに至っている。

② 行 為 類 型

概　要

再販売価格の拘束とは，自己の供給する商品を購入する相手方に，正当な理由がないのに，次のいずれかの拘束の条件をつけて，当該商品を供給することをいう。①相手方に対しその販売する当該商品の販売価格を定めてこれを維持させること，その他相手方の当該商品の販売価格の自由な決定を拘束すること（2 条 9 項 4 号イ）。②相手方の販売する当該商品を購入する事業者の当該商品の販売価格を定めて相手方をして当該事業者にこれを維持させること，その他相手方をして当該事業者の当該商品の販売価格の自由な決定を拘束させること（2 条 9 項 4 号ロ）。

　行為者は，売手，しかも（役務ではなく）商品の売手であることを要する。他方，相手方は，行為者である売手が供給する商品を購入し，当該商品をそのまま再販売する買手であることを要する。拘束の内容は，再販売価格維持行為（再販行為）である場合と，その他の販売価格の自由な決定の拘束である場合とがある。2 条 9 項 4

再販売価格の拘束

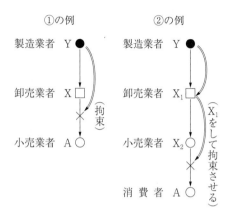

①の例　　　　②の例

製造業者　Y ●　　　製造業者　Y ●

卸売業者　X □　　　卸売業者　X₁ □
　　　　　　×（拘束）　　　　　　　（X₁をして拘束させる）
小売業者　A ○　　　小売業者　X₂ ○
　　　　　　　　　　　　　　　　　×
　　　　　　　　　　　消　費　者　A ○

号イは相手方（直接の取引先，および実質的な相手方とみることができる間接の取引先）の再販売価格の拘束に対し，同ロは相手方を通じての間接の取引先の再々販売価格の拘束に対し，それぞれ適用される。拘束の有無は，なんらかの人為的手段によって実効性が確保されていると認められるかどうかで判断される。以下，規制の対象，拘束の内容，拘束を受ける取引先，拘束の有無に分けて，行為類型について詳述する（なお，流通・取引慣行ガイドラインにおいて考え方が示されている事項については，それに依拠した）。

規制の対象　　　2条9項4号の規制対象は，限定されている（→3②）。①販売価格の拘束は，行為者が売手である場合のものでなければならない。行為者が買手である場合の販売価格の拘束は，一般指定12項（拘束条件付取引）の規制対象となる。②取引の対象は，商品でなければならない。取引の対象が役務である場合には，同12項の規制対象となる。また，行為者の供給する商品と相手方の販売する商品が実質的にみて同一でな

ければならない。加工などにより両者の商品が実質的同一性を失っている場合には，同12項の規制対象となる。③取引の形態は，売買でなければならない。

　次のような場合であって，製造業者の直接の取引先が単なる取次ぎとして機能しており，実質的にみて製造業者が販売していると認められる場合には，製造業者が当該取引先に対して価格を指示しても，通常，違法とはならない。①委託販売の場合であって，受託者が受託商品の保管，代金回収等についての善良な管理者としての注意義務の範囲を超えて商品が滅失・毀損した場合や商品が売れ残った場合の危険負担を負わないなど，当該取引が委託者の危険負担と計算において行われている場合，②製造業者と小売業者の間での直接の価格交渉により納入価格が決定され，卸売業者に対し，その価格で当該小売業者に納入するよう指示する場合であって，当該卸売業者が物流および代金回収の責任を負い，その履行に対する手数料分を受けとることとなっている場合など。また，親子会社間または同一の親会社が株式を所有している子会社（以下「兄弟会社」という）間の取引が実質的に同一企業内の行為に準ずると認められるときに，親会社が子会社に，または兄弟会社間で売り渡した商品の再販売価格を拘束する場合も，原則として，違法とならない。

拘束の内容　再販売価格の拘束には，再販行為とその他の販売価格の自由な決定の拘束とがある。このうち前者が，再販売価格の拘束の典型である。

　再販行為とは，再販売価格を定めて維持させることをいう。再販売価格とは，製造業者から流通業者に販売された商品が再び第三者に販売されるときの価格を指す。ここでの「再販売」は，実店舗における再販売（オフライン取引）だけでなく，インターネットを利用

した再販売（オンライン取引）を含む（排令平成28・6・15審決集63・133〔コールマンジャパン事件〕，排令令和元・7・1審決集66・291〔アプリカ事件〕，排令令和元・7・24審決集66・300〔コンビ事件〕）。「定めて」には，確定価格だけでなく，その他の価格を示すことも含まれる。例えば，「メーカー希望小売価格の10％引き以内の価格」（排令平成24・3・2審決集58・1・284〔アディダスジャパン事件〕）がそうである。「維持させる」とは，指示した価格で販売するよう拘束することである。ここでは，希望小売価格や建値（希望小売価格を基準として，製造業者が製品別に設定する各流通段階の標準的な価格）の拘束性が問題になる。

　希望小売価格や建値は単なる参考として示される限り，問題はない。しかし，参考価格として単に通知するだけにとどまらず，それを守らせる場合に，原則として違法となる（勧審平成3・8・5審決集38・70〔エーザイ事件〕など）。なお，違反の未然防止の観点からは，次のことが望ましい。①希望小売価格を設定する場合に，「参考価格」「メーカー希望小売価格」といった非拘束的な用語を用いること。②希望価格を通知する場合に，希望価格はあくまでも参考であること，流通業者の販売価格は各々の流通業者が自主的に決めるべきものであることを明示すること。

　その他の販売価格の自由な決定の拘束も，再販行為に加えて規制される。それは，再販行為に準じるその他の拘束を捕捉することによって，再販行為の規制の回避を阻止するという趣旨による。例えば，次の場合，販売価格の自由な決定の拘束が問題になる。製造業者が販売業者の廉売を牽制するために，販売代金の回収にあたり販売業者から売買差益の全部または一部を徴収し，これを一定期間保管した後に販売業者に戻す場合（こうした払込制は，第2次育児用粉ミ

ルク〈雪印〉事件（判審昭和52・11・28審決集24・65）などでは，優越的地位の濫用に該当するとされた。→10②）。

<u>拘束を受ける取引先</u>　再販売価格の拘束には，直接の取引先に対する拘束と間接の取引先に対する拘束とがある。相手方（直接の取引先）に対する拘束は2条9項4号イの規制対象となり，相手方を通じての間接の取引先（第1レベル）に対する拘束はロの規制対象となる。しかし，間接の取引先に対する拘束のなかには，規制対象となるか否か疑義の生じる場合がある。それは，①商品が卸売業者を通じて小売業者に販売される場合に，製造業者が自ら直接に当該小売業者と契約し，または，小売業者に対するリベートを用いて，小売業者の販売価格を拘束する場合，②商品が一次卸売業者および二次卸売業者を通じて小売業者に販売される場合に，製造業者が一次卸売業者を通じて，二次卸売業者のみならず小売業者の販売価格を拘束する場合，である。

　①の場合，小売業者を製造業者の実質的な相手方とみることができる限りで，2条9項4号イの規制対象になると解される。従来の事件では，次の場合にイが適用された。一つは，資本面や業務面で製造業者と一体関係にある販売会社が介在しており，販売会社の取引先である卸売業者などを製造業者の実質的な相手方とみることができる場合（勧審昭和51・10・8審決集23・60〔白元事件〕）。もう一つは，一般の卸売業者を通じて二次卸売業者などに商品を販売しているが，発注配送の状況，販売管理，リベートの直接支払などからみて両者間に実質的な取引関係があり，二次卸売業者などを製造業者の実質的な相手方とみることができる場合（勧審昭和58・3・31審決集29・96〔大塚製薬事件〕）。なお，間接の取引先に対する直接的行為を，製造業者が価格維持を図るために実施している販売方針の一環

と捉え，当該販売方針の破棄を命じることで事実上それを排除する，という手法もとられている（勧審昭和53・12・21審決集25・28〔兼松スポーツ用品事件〕）。

他方，②の場合には，実質的な評価に基づき，2条9項4号ロの規制対象となると解される（勧審平成16・6・14審決集51・463〔グリーングループ事件〕）。

| 拘束の有無 |

「『拘束』があるというためには，必ずしもその取引条件に従うことが契約上の義務として定められていることを要せず，それに従わない場合に経済上なんらかの不利益を伴うことにより現実にその実効性が確保されていれば足りるものと解すべきである」とされる（前出第1次育児用粉ミルク〈和光堂〉事件最判）。実効性確保手段は，①合意，②合意以外の人為的手段に二分することができる。

合意には，文書または口頭による契約，同意書の提出，取引条件の提示と条件の受諾などがある。前出コールマンジャパン事件では，取引先小売業者にキャンプ用品を下限価格以上で販売する等のルールを遵守するよう要請し，当該小売業者からその旨の同意を得て，実際に同ルールに従って販売させていたことをもって，また，価格表示の制限に対して旧一般指定13項（現行12項）が適用された松下エレクトロニクス事件（勧審平成5・3・8審決集39・236）でも，要請とその受入れ・遵守をもって，実効性が確保されたとされている。

合意以外の人為的手段には，経済上の不利益（制裁），経済上の利益，様々な形での圧力などがある。経済上の不利益（制裁）としては，出荷停止，出荷量の削減，出荷価格の引上げ，リベートの削減，他製品の供給拒絶などがある。これらの不利益を実際に課す場合のみならず，課す旨を流通業者に通知・示唆する場合も含まれる。

経済上の不利益（制裁）が実効性確保手段とされた事件は多数に及ぶ。

経済上の利益としては，リベートの供与，出荷価格の引下げ，他製品の供給などがある。これらの利益を実際に供与する場合のみならず，供与する旨を流通業者に通知・示唆する場合も含まれる。実際にも，資生堂事件（同審平成 7・11・30 審決集 42・97）では販売促進の支援（サンプル提供など）が，日本移動通信事件（勧審平成 11・12・22 審決集 46・358）では販売奨励金が，それぞれ拘束の実効性確保手段として認定されている。

様々な形での圧力には，次のものが該当する。①販売価格の報告徴収，店頭でのパトロール，派遣店員による価格監視，帳簿等の書類閲覧など，②秘密番号，安売りルートの解明，安売り業者への販売取りやめの要請，③安売り商品の買上げ・買い取らせ・買上げ費用の請求，④安売りについての近隣の流通業者の苦情の取次ぎ，安売り取りやめの要請。このような圧力が実効性確保手段とされた事件も多数に及ぶ。

人為的手段は実際には単一ではなく，例示以外の手段を含めて複数のものが併用される。ミニドリンク剤の再販売価格の拘束が違法とされた佐藤製薬事件（勧審平成 5・6・29 審決集 40・105）では，①出荷制限，②優待金の支払保留，③安売りの価格表示の取りやめの申入れ，④流通ロット番号による転売実態調査，⑤安売り業者，転売業者に対する出荷の継続的管理のための登録といった実効性確保手段がとられていた。また，ナイキジャパン事件（勧審平成 10・7・28 審決集 45・130）では，小売業者の選別登録制が，前出アディダスジャパン事件では，在庫の返品要請が，それぞれ出荷停止等とともに実効性確保手段とされた。

なお，2015 年の流通・取引慣行ガイドライン（2017 年改正後の第1 部第 1-3）改正では，事業者が単に自社の商品を取り扱う流通業者の実際の販売価格，販売先等の調査（流通調査）を行うことは，当該事業者の示した価格で販売しない場合に当該流通業者に対して出荷停止等の経済上の不利益を課す，または課す旨を通知・示唆する等の流通業者の販売価格に関する制限を伴うものでない限り，通常，問題とはならないことが明記された。ただし，アップリカ事件（排令令和元・7・1 審決集 66・291）では，インターネット上の販売価格の定期的調査，チラシ配布前の掲載価格の事前確認などにより，提案売価を下回る販売価格で販売していることなどが判明した小売業者に対し，提案価格で販売するよう要請し，また，出荷停止等をしていたことが再販売価格の拘束として違法とされた。

③ 違 法 性

原 則 違 法

　再販売価格の拘束は，原則として違法である。これは，審決・判決の一貫した立場であり（東京高判昭和 46・7・17 行集 22・7・1022，最判昭和 50・7・11 民集 29・6・951〔第 1 次育児用粉ミルク〈明治商事〉事件〕など），学説などにおいても，広く一般に支持されている。例えば，流通・取引慣行ガイドライン（2017 年改正後の第 1 部第 1-1）では，次のように述べられている。「事業者が市場の状況に応じて自己の販売価格を自主的に決定することは，事業者の事業活動において最も基本的な事項であり，かつ，これによって事業者間の競争と消費者の選択が確保される」。「事業者がマーケティングの一環として，又は流通業者の要請を受けて，流通業者の販売価格を拘束する場合には，流通業者間の価格競争を減少・消滅させることになることから，このよう

な行為は原則として不公正な取引方法として違法となる」。

　なお，再販売価格の拘束が行われても，ブランド間競争（別個の
ブランド品をめぐる製造業者や流通業者の間の競争）が維持・促進され
ていれば，違法性はないとの考え方もある。しかし，再販売価格の
拘束は，製品差別化が進行している商品について行われることが多
く，ブランド間の価格競争が期待できない状況において行われるも
のであるといえる。そこで，再販売価格の拘束は，通常，それ自体
で，違法性を有すると考えられる。

Column⑪　米国 Leegin 判決と日本への影響••••••••••••••••••••••••

　米国反トラスト法の判例上，再販売価格の拘束は，Dr. Miles 事
件連邦最高裁判所判決（1911 年）以降，長年にわたって当然違法
（*per se* illegal）と扱われてきた。ところが，Khan 事件連邦最高
裁判所判決（1997 年）は，最高再販売価格を拘束する行為を，当
然違法とせず，反競争的効果の有無について詳細な分析を求める合
理の原則の下で判断するとの判例変更を行った。日本においては，
この考え方を支持した審決判例は存在しないが，学説上，最高再販
売価格維持を原則違法と扱う必要はないという説もある。さらに，
米国連邦最高裁判所は Leegin 事件判決（2007 年）において，最低
再販売価格を拘束する行為をも，当然違法とせず，合理の原則の下
で判断するとの判例変更を行った。この判例変更に対しては，米国
内でも，連邦議会および州議会において，最低再販売価格維持が当
然違法であることを確認する法案が提出されるなど根強い反発があ
る。他方，EU 競争法においては，米国 Leegin 事件判決に必ずし
も追随せず，原則違法とする立場が維持されている。これに対し，
中国独占禁止法に関する民事判例では，最低再販売価格維持につい
て，原則違法でなく合理の原則が適用されるとしたものが存在する
一方で，行政処分では原則違法の考え方がとられているとされる。
2007 年の米国 Leegin 事件判決以降の日本における審決・判例（ハ

マナカ事件〔審決平成 22・6・9 審決集 57・1・28，東京高判平成 23・4・22 審決集 58・2・1，最決平成 24・1・17 審決集 58・2・126 により上告不受理〕は，従来からの再販売価格の拘束は原則違法との考え方に対し，特に変更を加えなかった。しかし，日本においても，2015 年に流通・取引慣行ガイドラインが改正され，再販売価格の拘束が違法とならない「正当な理由」について明確化を図るに至った（2017 年改正後の第 1 部第 1-2 (2)）。

| 正当な理由 |

再販売価格の拘束が行われる場合であっても，正当な理由がある場合には例外的に違法とはならない。

次の事由は，一般に，正当な理由にあたらない（前出第 1 次育児用粉ミルク〈和光堂〉事件，前出第 1 次育児用粉ミルク〈明治商事〉事件最判，前出ハナマカ事件東京高判）。①単なる社会通念上の合理性，事業経営上・取引上の合理性・必要性，②独禁法 23 条の適用除外規定の実体的要件の充足，③不当廉売，おとり販売に対する自衛，④ブランド内競争（同一のブランド品をめぐる流通業者間の競争）が行われた場合と同様の経済上の効果をもたらさない，シェアの低いブランド品について実施される場合のブランド間競争の促進の効果，⑤中小小売業の生き残りを図ること，⑥産業として，文化として特定業種を維持すること。

2015 年の流通・取引慣行ガイドライン改正は，「正当な理由」について明確化を図った（2017 年改正後の第 1 部第 1-2 (2)）。「正当な理由」は，製造業者による自社商品の再販売価格の拘束によって，①実際に競争促進効果が生じてブランド間競争が促進され，②それによって当該商品の需要が増大し，消費者の利益の増進が図られ，③当該競争促進効果が，再販売価格の拘束以外のより競争阻害的でな

い他の方法によっては生じ得ないものである場合において，④必要な範囲および必要な期間に限り，認められる。例えば，製造業者が再販売価格の拘束を行った場合に，当該再販売価格の拘束によって，いわゆる「フリーライダー問題」の解消等を通じ，実際に競争促進効果が生じてブランド間競争が促進され，それによって当該商品の需要が増大し，消費者の利益の増進が図られ，当該競争促進効果が，当該再販売価格の拘束以外のより競争阻害的でない他の方法によっては生じ得ないものである場合には，「正当な理由」があると認められる。しかし，上記の4つの要件をすべて満たすことは現実的には困難であり，「正当な理由」があるとして違法とならない場合は稀であると考えられる。

4　再 販 制 度

概　要

公取委が指定する特定の商品（指定商品）および著作物を対象とする再販行為は，一定の場合，例外的に独禁法の適用が除外される（23条）。本制度は1953年の独禁法改正により導入されたものであるが，その法的性格は，本来なら独禁法に違反する行為を，他の政策原理の要請をいれて例外的に違反としないこととしたもの，と解されている（前出第1次育児用粉ミルク〈明治商事〉事件最判）。適用除外の根拠は，指定商品についてはおとり廉売の防止に，著作物については文化の向上などに求められている。

　商品の指定はすべて，見直しの結果，取り消されたため（後述），現在のところ，指定商品は存在しない。他方，適用除外が認められる著作物は，現在のところ，書籍，雑誌，新聞，レコード盤，音楽用テープおよび音楽用CDであると考えられている。

独禁法の適用が除外されるのは，再販行為のためにする正当な行為のみであり，しかも次の場合，適用除外とされない。①当該行為が一般消費者の利益を不当に害することとなる場合，②販売業者が生産業者の意に反してする場合。また，消費者などの互助を目的とする団体（例えば消費生活協同組合）を相手に，再販行為を行うことはできない（前出資生堂事件）。

| 再販制度の見直し | 適用除外の目的が達成されない一方，弊害が大きいことが，見直しの根拠となる。 |

　指定商品に係る再販制度に関しては，1966年以降，指定商品（9商品が1953年から1959年の間に指定されていた）の取消し，弊害規制が行われてきた。特に1973年と1992年には，大幅な取消しが断行された。そして，1997年，最終的に指定はすべて取り消されるに至り，見直しは終結をみた。

　他方，著作物に係る再販制度に関しては，1979年に出版物，1992年に音楽用CDなどについて弊害規制が行われた。その後2001年3月に，10年近くにわたる検討の結果，現段階では独禁法改正による著作物再販制度の廃止は行わず，当面制度を存置することが相当とされた。同年11月には著作物再販協議会が設置され，現行の著作物再販制度下での関係業界における運用の弾力化の取組み等，著作物の流通について2008年まで意見交換が行われた。2010年からは同協議会に代え，公取委は関係業界に対する著作物再販ヒアリングを実施し，同取組み等を把握するとともに，それを促している。

拘束条件付取引

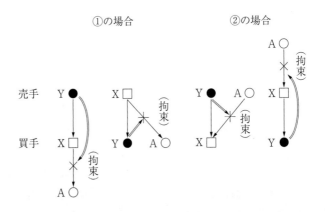

①の場合　　　　　　　　　　②の場合

売手

買手

3 拘束条件付取引

① 行為類型と違法性

行　為　類　型

　　　　　　　　拘束条件付取引とは，排他条件付取引，再販売価格の拘束に該当する行為のほか，相手方とその取引の相手方との取引その他相手方の事業活動を不当に拘束する条件を付けて，当該相手方と取引することをいう。本来，排他条件付取引も再販売価格の拘束も拘束条件付取引の一類型であるが，それぞれの重要性に鑑み，別個の行為類型が設けられている。排他条件付取引は一般指定11項の規制対象となり，再販売価格の拘束は2条9項4号の規制対象となるので，一般指定12項では，それ以外の拘束条件付取引（再販売価格の拘束に該当しない販売価格の拘束，販売の相手方の拘束，販売地域の拘束，販売方法の拘束など）が規制対象となる。

行為者が拘束条件を付けて取引する相手方は，直接の相手方に限らない。行為者と実質的に取引している実態があれば，その者も，取引の相手方に含まれる。また，拘束しているかどうかは，なんらかの人為的手段によって，実効が確保されていると認められるかどうかで判断される。

　拘束条件付取引には，①相手方とその買手との間の取引を拘束するもの，②相手方とその売手との間の取引を拘束するもの，③相手方のその他の事業活動を拘束するものがある。そして，いずれも，行為者が売手である場合と買手である場合とがある。もっとも，実際に多くの問題を生ずるのは，①の場合であり，特に行為者が売手である場合である。

違法性

拘束条件付取引は，それ自体が違法となるのではない。また，その違法性は，一概に論ずることはできない。というのは，拘束条件付取引には多様な類型・形態があり，それが公正な競争秩序に及ぼす影響も様々であるからである。もっとも，今日，流通・取引慣行ガイドラインは，違法性の判断基準として，①価格維持効果が生じるか否か（競争回避型），②市場閉鎖効果が生じるか否か（競争排除型），のいずれかをとっている。以下，流通・取引慣行ガイドラインに依拠して，拘束条件付取引のもたらす弊害の性質の違いに基づき，違法性の考え方を示す。

② 競争回避型の拘束条件付取引

概要

競争回避型の弊害をもたらす拘束条件付取引は，行為者が売手であり，その相手方とその買手との間の取引を拘束する場面に多くみられる。そこで，以

下，行為者が売手である場合の，相手方とその買手との間の取引の拘束に焦点を当て，①販売価格の拘束，②販売の相手方の拘束，③販売地域の拘束，④販売方法の拘束の順で，違法性の考え方を探ることにする。

販売価格の拘束

再販売価格の拘束は，2条9項4号の規制対象であるので，一般指定12項では，2条9項4号の規制対象から外れる販売価格の拘束が規制対象となる。違法性の考え方は，2条9項4号の場合と同様であり，原則として違法となる。例えば，次のものが問題になる。①役務の価格の拘束。小林コーセー事件（勧審昭和58・7・6審決集30・47）では，コールド液の製造販売業者による，美容院の同製品を使用したパーマネント料金の拘束が，フォックスジャパン事件（勧審平成15・11・25審決集50・389）では，映画配給業者による，映画館に対する，入場料の制限が，それぞれ違法とされた。②流通段階で加工された商品の販売価格の拘束。ヤクルト本社事件（勧審昭和40・9・13審決集13・72）では，はっ酵乳の原液を稀釈・瓶詰加工したヤクルトの小売価格の拘束が違法とされた。なお，委託販売については，すでに述べた（→2②）。

販売の相手方の拘束

(1) **帳合取引の義務づけ**　帳合取引の義務づけとは，事業者が卸売業者に対して，その販売先である小売業者を特定させ，小売業者が特定の卸売業者としか取引できないようにすることをいう。帳合取引の義務づけにより，価格維持効果が生じる場合，一般指定12項に該当し，違法となる。「価格維持効果が生じる場合」とは，帳合取引の義務づけにより流通業者間の競争が妨げられ，流通業者がその意思で価格をある程度自由に左右し，当該商品の価格を維持し，または引き上げる

ことができるような状態をもたらすおそれが生じる場合をいう。例えば、市場が寡占的であり、またはブランドごとの製品差別化が進んでいて、他のブランドとの競争（ブランド間競争）が十分に機能しにくい状況の下で、帳合取引の義務づけが行われると、当該ブランドの商品をめぐる（ブランド内の）価格競争が阻害され、価格維持効果が生じることとなる。また、この判断に当たっては、他の事業者の行動も考慮の対象となる。例えば、複数の事業者がそれぞれ並行的にこのような義務づけを行う場合には、一事業者のみが行う場合と比べ市場全体として価格維持効果が生じる可能性が高くなる。価格維持効果の有無は、個別のケースに応じて、次の事項を総合的に考慮して判断される（→表「価格維持効果の有無に関する判断枠組み」）。①対象商品をめぐるブランド間競争の状況（市場集中度、商品特性、製品差別化の程度、流通経路、新規参入の難易性など）、②対象商品のブランド内競争の状況（価格のバラツキの状況、当該商品を取り扱っている流通業者等の業態など）、③制限を行う事業者の市場における地位（市場シェア、順位、ブランド力など）、④制限の対象となる取引先事業者の事業活動に及ぼす影響（制限の程度・態様など）、⑤制限の対象となる取引先事業者の数および市場における地位。②から⑤の考慮要素に基づき、ブランド内競争がどの程度制限されるか判断し、さらに、①および③の考慮要素に照らし、その制限が、ブランド間競争によって緩和または相殺され得るか否か判断することになる。なお、帳合取引の義務付けは、卸売業者に対して、取引先として一定の小売業者を割り当て、他の卸売業者の帳合先となっている小売業者から取引の申出があっても、その申出に応じてはならないこととなるため、後述の販売地域の拘束のうち地域外顧客への受動的販売の制限と同様、ブランド内競争を制限する効果が大きいと考

価格維持効果の有無に関する判断枠組み

価格維持効果の有無に関する考慮要因	↑＝より違法となりやすい／ ↓＝より違法となりにくい
①対象商品をめぐるブランド間競争の状況	ブランド間競争が限定的↑／ ブランド間競争が激しい ↓
市場集中度	集中度が高い（寡占的）↑／ 集中度が低い（競争的）↓
商品特性	ロックインが生じやすい ↑／ ロックインが生じにくい ↓
製品差別化の程度	高い↑／低い↓
流通経路	閉鎖的 ↑／開放的↓
新規参入の難易性等	困難↑／容易 ↓
②対象商品のブランド内競争の状況	ブランド内競争が限定的↑／ ブランド内競争が激しい ↓
価格のバラツキの状況	統一的 ↑／多様↓
当該商品を取り扱っている 流通業者等の業態等	統一的↑／多様↓
③制限を行う事業者の市場における地位	市場における地位が高い↑／ 低い↓
市場シェア，順位，ブランド力等	高い↑／低い↓
④制限の対象となる取引先事業者の事業活動 に及ぼす影響	影響大↑／小 ↓
制限の程度・態様等	厳格（例外は限定的）↑／ 緩やか（例外が多い）↓
⑤制限の対象となる取引先事業者の数および 市場における地位	対象範囲が広い ↑／限定的↓
制限の対象となる取引先事業者の数	数が多数↑／少数↓
制限の対象となる取引先事業者の 市場における地位	地位が高い↑／低い↓

えられる（地域外顧客への受動的販売の制限と同様，市場における有力な事業者でない場合のセーフハーバーが適用されないことに注意を要する）。

　一店一帳合制をそれ自体独立の違反行為として取り上げ，独立に排除を命じたものとして，白元事件（勧審昭和51・10・8審決集23・60），第2次育児用粉ミルク〈雪印〉事件・同〈明治〉事件・同〈森永〉事件（いずれも判審昭和52・11・28審決集24・65，86，106）がある。

　(2)　**仲間取引の禁止**　　仲間取引の禁止とは，事業者が流通業者に対し商品の横流しを禁止することであり，これにより価格維持効果が生じる場合，一般指定12項に該当し，違法となる。なお，仲間取引の禁止が，次の(3)安売業者への販売禁止のために行われる場合には，通常，価格競争を阻害するおそれがあり，原則として一般指定12項に該当し，違法となる。例えば，安売りを行っている流通業者に対して自己の商品が販売されないようにするために行われる場合がそうであり，エーザイ事件（勧審平成3・8・5審決集38・70）では，有力事業者により再販売価格の拘束とともに実施された転売の禁止が，独立の違反行為として取り上げられ，独立に排除措置が命じられている。他方，ソニー・コンピュータエンタテインメント事件（判審平成13・8・1審決集48・3）では，値引き販売禁止行為の消滅により閉鎖的流通経路内での値引き販売禁止の前提・実効確保としての意味が失われたとしても，閉鎖的流通経路外への流通を防止し，外からの競争要因を排除する効果が直ちに失われるものではないとして，横流しの禁止が独立して違法とされている。

　なお，最高裁は，カウンセリング販売の義務づけが独禁法19条に違反しない場合，それに必然的に伴う卸売販売の禁止も同条に違反しない旨判示する（最判平成10・12・18審決集45・461〔花王化粧品

販売事件〕)。

(3) **安売業者への販売の禁止**　事業者が卸売業者に対して，安売りを理由に小売業者へ販売しないようにさせることは，再販売価格の拘束と同様，通常，価格競争を阻害するおそれがあり，原則として一般指定 2 項または同 12 項に該当し，違法となる。事業者が従来から直接取引している流通業者に対して，安売りを理由に出荷停止をすることも，同様である（→5②)。安売りを理由としているかどうかは，他の流通業者に対する対応，関連する事情などの取引の実態から客観的に判断される。

　松下電器産業事件（勧審平成 13・7・27 審決集 48・187）では，取引先小売業者から，未取引先小売業者による廉売に関する苦情を受けて，その流通経路を調査し，取引先卸売業者および小売業者に対し，廉売を行う小売業者に対する販売を拒絶させていたことが，一般指定 2 項に該当し，違法とされた。

(4) **選択的流通**　事業者が自社の商品を取り扱う流通業者に関して一定の基準を設定し，当該基準を満たす流通業者に限定して商品を取り扱わせようとする場合，当該流通業者に対し，自社の商品の取扱いを認めた流通業者以外の流通業者への転売を禁止することがある（具体例として，勧審昭和 57・6・9 審決集 29・23〔アシックス事件〕)。いわゆる「選択的流通」と呼ばれるものであり，自社商品に対する顧客の信頼（いわゆるブランドイメージ）を高めるために，当該商品の販売に係るサービスの統一性やサービスの質の標準化を図る目的で採用され，一定の競争促進効果を生じる場合がある。商品を取り扱う流通業者に関して設定される基準が，当該商品の品質の保持，適切な使用の確保等，消費者の利益の観点からそれなりの合理的な理由に基づくものと認められ，かつ，当該商品の取扱いを希

望する他の流通業者に対しても同等の基準が適用される場合には，たとえ事業者が選択的流通を採用した結果として，特定の安売業者等が基準を満たさず，当該商品を取り扱うことができなかったとしても，通常，問題とはならない（2017年改正後の流通・取引慣行ガイドライン第1部第2-5。2015年改正による）。

| 販売地域の拘束 |

流通業者の販売地域に関する制限としては，①責任地域制，②販売拠点制，③厳格な地域制限，④地域外顧客への受動的販売の制限などがある。①は，主たる責任地域を設定して，その地域内で積極的な販売活動を義務づけるものである。②は，販売拠点の設置場所を限定・指定するものである。③は，地域を割り当て，地域外での販売を制限するものである。④は，地域を割り当て，地域外の顧客からの求めに応じた販売を制限するものである。違法性は，類型ごとに判断される。

責任地域制や販売拠点制は，商品の効率的な販売拠点を構築し，またはアフターサービス体制を確保するためにとられることがあるが，厳格な地域制限または地域外顧客への受動的販売の制限に該当しない限り，通常，これによって価格維持効果が生じることはなく，違法とはならない。

厳格な地域制限（割当地域外での積極的販売は禁止するが，同地域外の顧客からの求めに応じた受動的販売は禁止しない地域制限）が，市場における有力な事業者（市場シェアが20％を超えることが一応の目安となる。2017年改正後の流通・取引慣行ガイドライン第1部3(4)。2016年改正による）によって行われ，これによって価格維持効果が生じる場合（→「販売の相手方の拘束」の項の(1)帳合取引の義務づけに関する価格維持効果の生じる場合の説明および表「価格維持効果の有無に関する判断枠組み」参照），一般指定12項に該当し，違法となる。他方，市場にお

けるシェアが20%以下である事業者や新規参入者によって行われる場合，通常，公正競争阻害性はなく，違法とはならない（市場における有力な事業者でない場合のセーフハーバー）。

　地域外顧客への販売制限（割当地域外での積極的販売も，同地域外の顧客からの求めに応じた受動的販売もいずれも禁止する地域制限）は，これによって価格維持効果が生ずる場合，同12項に該当し，違法となる。地域外顧客への受動的販売の制限は，厳格な地域制限と比較して，地域外の顧客からの求めに応じた販売をも制限している分，ブランド内競争を制限する効果が大きい。この場合，市場における有力な事業者が行うか否かは，問題ではない。

　公取委が，再販売価格の拘束および取扱商品の拘束とともに実施された販売地域の拘束について，販売地域の拘束それ自体を違反行為として取り上げ，その排除を命じたものとして，富士写真フイルム事件（勧審昭和56・5・11審決集28・10），裁判所事件としては，厳格な地域制限・地域外顧客への販売制限について判断を示した家庭用配置薬出荷停止差止請求事件（東京地判平成16・4・15審決集51・877）がある。

販売方法の拘束
---

(1) 販売方法に関する制限　小売業者の販売方法に関する制限としては，①商品の説明販売を指示すること，②商品の宅配を指示すること，③商品の品質管理の条件を指示すること，④自社商品専用の販売コーナーや棚場を設けることを指示することなどがある。事業者が小売業者に対して販売方法を制限することは，次の場合には，それ自体は独禁法上問題となるものではない。①商品の安全性の確保，品質の保持，商標の信用の維持など，当該商品の適切な販売のための合理的な理由が認められ，かつ，②他の小売業者に対しても同等の条件が課せ

られている場合。しかし，小売業者の販売方法に関する制限を手段として，小売業者の販売価格，競争品の取扱い，販売地域，取引先などについての制限を行っている場合には，それぞれの規制の考え方に従って違法性の有無が判断される。

而至歯科事件（勧審昭和62・8・11審決集34・21）では，「医療情報の伝達等の関連サービスの提供をなし得ないような販売を行わない」旨の契約条項に基づき，相手方が通信販売を行うのを禁止したことが，違法とされた。また，販売方法に関する制限は，特約店契約をめぐる紛争に端を発する損害賠償請求訴訟，地位確認等請求訴訟などにおいて争われているが（→11③），資生堂東京販売事件（最判平成10・12・18審決集45・461）などで最高裁は，化粧品のカウンセリング販売を義務づける契約条項を合法と認めた。

なお，確約手続（→第1章4③）導入後，コンタクトレンズの販売業者による小売業者に対するインターネット販売禁止について頻繁に確約計画が認定されている（認定令和2・6・4〔クーパーヴィジョン事件〕，認定令和2・11・12〔シード事件〕，認定令和2・3・26〔日本アルコン事件〕）。

(2) **広告・表示の制限**　　広告・表示の方法について，次のような制限を行うことは，これによって，再販売価格の拘束と同様，通常，価格競争が阻害されるおそれがあり，原則として一般指定12項に該当し，違法となる。①事業者が小売業者に対して，店頭，チラシなどで表示する価格について制限し，または，価格を明示した広告を行うことを禁止すること，②事業者が自己の取引先である雑誌，新聞などの広告媒体に対して，安売り広告や価格を明示した広告の掲載を拒否させること。

前出松下エレクトロニクス事件では，家電製品の卸売業者が，同

社が販売する消費者の間で高い知名度を有する家電製品について，家電量販店に対して，新聞折込み広告，店頭表示等において希望小売価格の 10% 引き程度に設定されていた参考価格を下回る価格での価格表示を行わないよう制限していたことが，ジョンソン・エンド・ジョンソン事件（排令平成 22・12・1 審決集 57・2・50）では，コンタクトレンズの有力な販売業者が，同社が販売するコンタクトレンズについて，小売業者が行う広告での価格表示自体を禁止していたことが，それぞれ違法とされた。なお，確約手続（→第 1 章 4 ③）導入後，コンタクトレンズの販売業者による同様の行為について頻繁に確約計画が認定されている（前出クーパーヴィジョン事件認定，前出シード事件認定，前出日本アルコン事件認定）。

③　競争排除型の拘束条件付取引

競争排除型の拘束条件付取引としては，排他条件付取引と類似するが，①行為者自身の「競争者と取引しないことを条件として」いない，②条件が排他的とまでいえない等のため，一般指定 11 項の行為類型（→4 ①）を満たさないものを挙げることができる。①の具体例としては，有力な金融業者が投入財製造業者に対し，自己と密接な関係にある製造業者にのみ同投入財を供給することを条件として融資する場合を挙げることができる。これは，排他条件付取引の行為類型に該当しないが，排他条件付取引と同様，市場閉鎖効果を生じる場合（新規参入者や既存の競争者にとって，代替的な取引先を容易に確保することができなくなり，事業活動に要する費用が引き上げられる，新規参入や新商品開発等の意欲が損なわれるといった，新規参入者や既存の競争者が排除されるまたはこれらの取引機会が減少するような状態をもたらすおそれが生じる場合）（→4 ① ②），一般指定 12 項に該当し，

違法となる。雪印乳業・農林中金事件（判審昭和31・7・28審決集8・12）では、農林中金が、単位農協に乳牛導入資金を融資するにあたり、資金借入単位農協などが生産・販売する原乳を、北海道における集乳量が合わせて約80％になる雪印乳業または北海道バターに販売することを条件としたことなどが、旧一般指定13項（現行12項）に該当し、違法とされた。②の具体例として、事業者が流通業者の取扱い能力の限度に近い販売数量の義務づけを行うことによって、競争品の取扱いを制限する場合を挙げることができる。

その他の拘束条件付取引の例として、マイクロソフト非係争条項事件（判審平成20・9・16審決集55・380）では、同社が、パソコン製造販売業者とパソコン用基本ソフトのOEM契約を締結するにあたり、非係争条項を含む契約の締結を余儀なくさせていたことなどが、パソコンAV技術取引市場における公正な競争秩序に悪影響を及ぼすおそれを有するとして、違法とされている（→第6章3④）。

また、購買力を利用した相互取引、事業者間の任意の取決めに基づいて行う相互取引が、問題とされることもある。購買力を利用した相互取引とは、購買市場における有力な事業者が、自己の商品を購入する旨の条件を付けて、自己に商品を販売する継続的な取引の相手方と行う取引をいう。これによって、当該の有力な事業者から商品を購入しないか購入できない事業者、または当該の有力な事業者の競争者が、代替的な取引先を容易に確保することができなくなり、市場から排除されるまたはこれらの取引機会が減少するような状態をもたらすおそれが生じる場合、一般指定12項に該当し、違法となる。

他方、事業者間の任意の取決めに基づいて行う相互取引とは、市場における有力な事業者が、継続的な取引の相手方と、それぞれ自

己の商品を相手方が購入する旨の条件を付けて，相手方から商品を購入することを任意に取り決めて行う相互取引をいう。これによって，当該相互取引の対象となる商品を販売する他の事業者が，代替的な取引先を容易に確保することができなくなり，市場から排除されるまたはこれらの取引機会が減少するような状態をもたらすおそれが生じる場合，同12項に該当し，違法となる。事業者が，任意に取り決めて，相手方が自己と密接な関係にある事業者の商品を購入することを条件として，相手方から商品を購入する場合なども，上記の考え方に従って判断される。同一のいわゆる企業集団に属する事業者間で任意に取り決めて相互取引を行う場合も，同様である。

　もっとも，相互取引は，独禁法上正当と認められる理由がある場合，違法とならない。例えば，商品の品質の確保を図るためには原材料を供給することが必要と認められる場合が，これに該当する。

4 排他条件付取引

① 行為類型と違法性

> **行為類型**

排他条件付取引とは，不当に，相手方が競争者と取引しないことを条件として当該相手方と取引し，競争者の取引の機会を減少させるおそれがあることをいう（一般指定11項）。排他条件付取引は，本来，拘束条件付取引（一般指定12項）の一類型であるが，その重要性に鑑み，別個の行為類型になっている。排他条件付取引に該当する行為としては，専売店契約（専売店制），一手販売契約などがある。

　取引の相手方は，行為者の直接の取引先であるのが通常であるが，

間接の取引先も，実質的に取引の相手方と認められる場合がある。競争者には，現に競争関係にある者のほか，潜在的な競争者も含まれる。また，特定の競争者であるか競争者一般であるかを問わない。「取引しないこと」とは，自己の競争者を排除する効果を有するものすべてを含む趣旨である。したがって，競争者との取引の禁止のみならず，競争品の取扱いの禁止なども含まれる。また，禁止だけではなく，実質的に禁止と同様の効果を有する制限も含まれる。「条件として」とは，契約などで取り決められていることは要せず，なんらかの人為的手段によって，実効性が確保されていることが認められれば足りる（実効性確保手段に関し，→2②）。

分　類　排他条件付取引は，行為者が売手であるか買手であるかによって，次のように分類することができる。①売手が，買手に対し自己の競争者から商品・役務の供給を受けないことを条件とするもの（排他的供給取引），②買手が，売手に対し自己の競争者に商品・役務を供給しないことを条件とするもの（排他的受入取引），③取引関係にある事業者が相互に相手方に排他的な取引条件を付すもの（相互排他条件付取引）。

　このうち主に問題となるのは，①の排他的供給取引である。なぜなら，商品・役務の売手が代替的な買手を見いだす方が，買手が代替的な売手を見いだすより困難であり，しかも供給の制約が競争に対して及ぼす影響の方が，受入れの制約の影響よりも直接的であるからである。なお，③の相互排他条件付取引（典型例は一地域一専売店制）は，①の排他的供給取引と②の排他的受入取引とが組み合わさったものであるので，その法的評価は，事案の実質に応じて，排他的供給取引または排他的受入取引の法的評価と同様に考えればよい。

排他条件付取引

①の場合　　②の場合

売手　Y● 　A○　　X□

買手　X□　　　　Y●　　A○

違 法 性

排他条件を付すことそれ自体が，違法となるのではない。**市場閉鎖効果**（新規参入者や既存の競争者にとって，代替的な取引先を容易に確保することができなくなり，事業活動に要する費用が引き上げられる，新規参入や新商品開発等の意欲が損なわれるといった，新規参入者や既存の競争者が排除されるまたはこれらの取引機会が減少するような状態をもたらすおそれ）が生じ，公正競争阻害性がある場合に，違法となる（競争排除型）。以下，主として流通・取引慣行ガイドラインに依拠しながら，排他的供給取引，排他的受入取引のそれぞれについて，より具体的な違法性の考え方を探る（なお，排除型私的独占ガイドラインにおいて排他的取引に関し考え方が示されている事項については，それに依拠した）。

② 排他的供給取引

専 売 店 制

排他的供給取引の典型は専売店制であり，従来からこれを中心に違法性の考え方が示されてきた。ただし，流通・取引慣行ガイドラインにおいては，厳格な専売店制のみならず，それと同様の効果を有するその他の類型の競争品の取扱いの制限を含めて，違法性の考え方が示されるに至っている。

競争品の取扱いの制限としては，自社商品のみの取扱いの義務づ

け（競合品の取扱いの禁止）などがある。**市場における有力な事業者**（市場シェアが 20% を超えることが一応の目安となる。2017 年改正後の流通・取引慣行ガイドライン第 1 部 3 (4)。2015 年改正による）が競争品の取扱いの制限を行い、**市場閉鎖効果を生じる場合**、一般指定 11 項（制限が排他的とはいえない場合は同 12 項、→3③）に該当し、違法となる「市場閉鎖効果が生じる場合」とは、当該制限により、新規参入者や既存の競争者にとって、代替的な取引先を容易に確保することができなくなり、事業活動に要する費用が引き上げられる、新規参入や新商品開発等の意欲が損なわれるといった、新規参入者や既存の競争者が排除されるまたはこれらの取引機会が減少するような状態をもたらすおそれが生じる場合をいい、その状態の生じたことを具体的な根拠をもって立証することまでは要しない（東京高判令和元・11・27 審決集 66・476〔土佐あき農業協同組合事件〕）なお、事業者が卸売業者をして小売業者の競争品の取扱いを制限させる場合、同様に考えることができるが、この場合には、同 12 項に該当し、違法となる。

他方、市場におけるシェアが 20% 以下である事業者や新規参入者が競争品の取扱いの制限を行う場合には、通常、公正競争阻害性はなく、違法とはならない（市場における有力な事業者でない場合のセーフハーバー）。

市場閉鎖効果が生じる場合にあたるかどうかは、以下の事項を総合的に考慮して判断される（→**表**「市場閉鎖効果の有無に関する判断枠組み」）。①対象商品のブランド間競争の状況（市場集中度、商品特性、製品差別化の程度、流通経路、新規参入の難易性など）、②対象商品のブランド内競争の状況（価格のバラツキの状況、当該商品を取り扱っている流通業者等の業態など）、③制限を行う事業者の市場における地位

市場閉鎖効果の有無に関する判断枠組み

市場閉鎖効果の有無に関する考慮要因	↑＝より違法となりやすい／ ↓＝より違法となりにくい
①対象商品のブランド間競争の状況	競争が限定的↑／競争が激しい↓
市場集中度	集中度が高い（寡占的）↑／ 集中度が低い（競争的）↓
商品特性	流通経路が重要↑／重要でない↓
製品差別化の程度	高い↑／低い↓
流通経路	閉鎖的↑／開放的↓
新規参入の難易性等	困難↑／容易↓
②対象商品のブランド内競争の状況	ブランド内競争が限定的↑／ ブランド内競争が激しい↓
価格のバラツキの状況	統一的↑／多様↓
当該商品を取り扱っている 流通業者等の業態等	統一的↑／多様↓
③制限を行う事業者の市場における地位	高↑／低↓
シェア，順位，ブランド力等	高↑／低↓
④制限の対象となる取引先事業者の事業活動に及ぼす影響	影響大↑／小↓
制限の程度・態様等	厳格（例外は限定的）↑／ 緩やか（例外が多い）↓
⑤制限の対象となる取引先事業者の数および市場における地位	対象範囲が広い↑／限定的↓
制限の対象となる取引先事業者の数	数が多数↑／少数↓
制限の対象となる取引先事業者の 市場における地位	地位が高い↑／低い↓

（シェア，順位，ブランド力など），④制限の対象となる取引先事業者の事業活動に及ぼす影響（制限の程度・態様など），⑤制限の対象となる取引先事業者の数および市場における地位など（前出土佐あき農業協同組合事件も支持）。これ以外にも，排除型私的独占ガイドラ

イン（第2-3 排他的取引）によれば，他に代わり得る取引先を容易に見いだすことができない競争者の事業活動を困難にさせるか否かを判断するに当たっては，規模の経済の有無，ネットワーク効果の有無，競争者の市場における地位（競争者の商品のシェア，その順位，ブランド力，供給余力，事業規模等），行為の期間等も判断要素になり得る。

例えば，制限を行う事業者の市場における地位が高いほど，そうでない場合と比較して，市場閉鎖効果が生じる可能性が高くなる。また，制限の期間が長期間にわたるほど，制限の相手方の数が多いほど，競争者にとって制限の対象となる事業者との取引が重要であるほど，そうでない場合と比較して，市場閉鎖効果が生じる可能性が高くなる。

なお，複数の事業者がそれぞれ並行的に競争品の取扱いの制限を行う場合には，一事業者のみが行う場合と比べ，市場全体として市場閉鎖効果が生じる可能性は高い（もっとも，東洋精米機事件〔東京高判昭和 59・2・17 行集 35・2・144〕は，このような場合，「排他条件付取引に公正競争阻害性が認められないとされる余地が生ずるものと解される」と判示している。しかし，学説は一般に批判的である）。

専売店制をめぐる事件

(1) **概 要** 専売店制が違法とされた事件は，初期と 1970 年代後半頃に集中している。初期の事件はいずれも，従来競争者と取引していた併売店を専売店に切り替えさせることにより競争者を既存の流通経路から排除するその手段の不当性に着目して，違法性が判断されている（同審昭和 28・3・7 審決集 4・106〔中京ライオン歯磨事件〕）。それに対し，1970 年代後半頃の事件は，手段の不当性というよりも，流通経路閉鎖性（2017 年改正後の流通・取引慣行ガイドラインにおける市場閉鎖効

果）それ自体に着目して，違法性が判断されている。

(2) **東洋精米機事件**　流通経路閉鎖性それ自体に着目する類型に
該当するものとしては，前出東洋精米機事件などがある。審判審決
（昭和 56・7・1 審決集 28・38）がなされたこともあり，業界における
東洋精米機の地位，特約店契約の趣旨・正当性，影響について詳細
な事実認定が行われた。しかし，それは，次のことについて実質的
証拠が欠けているとして，取り消された（前出東洋精米機事件東京高
判）。①精米機の販売高のシェアが約 28% であること，②有力な地
位を有する業者であること，③競争事業者の利用しうる流通経路が
閉鎖的な状態に置かれること。もっとも，本件は，その後，取り消
された審判審決と同じ内容の同意審決（同審昭和 63・5・17 審決集
35・15）により終結をみた。

　本件は，少なくとも，次のことを明らかにしたものと評価するこ
とができる。専売店制を違法とするためには，専売店制を実施してい
ている事業者が有力であること，競争事業者の利用しうる流通経路が
閉鎖的な状態に置かれることが，厳密に認定されなければならない。
このことは，専売店制を実施している事業者のシェアが低い場合に
は，なおさらそういえる。

```
その他の排除型
```
　排他的供給取引は，専売店制以外にも問題
になる。今日，原材料や部品の供給者によ
るものが問題視されている。例えば，3 条前段（私的独占）が適用
されたインテル事件（勧審平成 17・4・13 審決集 52・341）では，日本
インテルが，国内パソコンメーカーのうちの 5 社（CPU 国内総販売
数量の約 77% を購入）に対し，例えば自社製 CPU の割合を 100% と
し，競争事業者製 CPU を採用しないことを条件に割戻しまたは資
金提供を約束することにより，競争事業者製 CPU を採用しないよ

うにさせていたことが，違法とされた。仮に3条前段の適用が難しいとすれば，一般指定11項の適用が考えられることになる。

③ 排他的受入取引

一手販売契約

排他的受入取引の典型は，一手販売契約である。流通・取引慣行ガイドラインの考え方を当てはめれば，次の場合，一般指定11項に該当し，違法となろう。市場における有力な販売業者が，有力な製造業者から一手販売権を取得し，これによって市場閉鎖効果を生じる場合（新規参入者や既存の競争者にとって，代替的な取引先を容易に確保することができなくなり，事業活動に要する費用が引き上げられる，新規参入や新商品開発等の意欲が損なわれるといった，新規参入者や既存の競争者が排除されるまたはこれらの取引機会が減少するような状態をもたらすおそれが生じる場合）。市場における有力な販売業者が多数の製造業者から一手販売権を取得する場合も，同様に考えることができる。

事件としては，全国販売農協連事件（勧審昭和38・12・4審決集12・39）がある。本件では，全販連が，自己の競争者に米麦用新麻袋を供給しないことを条件として，新麻袋製造業者のすべて（4社）と取引していたことが，違法とされた。

生産財の場合

流通・取引慣行ガイドラインによれば，市場における有力な完成品製造業者が，有力な部品製造業者に対し，自己の競争者である完成品製造業者には部品を販売せず，または部品の販売を制限するよう要請し，その旨の同意を取り付け，これによって市場閉鎖効果を生じる場合，一般指定11項（制限が排他的とはいえない場合には同12項）に該当し，違法となる。

もっとも，次のように，自己の競争者との取引を制限することについて独禁法上正当と認められる理由がある場合，違法とはならない。①完成品製造業者が部品製造業者に対し，原材料を支給して部品を製造させている場合に，その原材料を使用して製造した部品を自己にのみ販売させること，②完成品製造業者が部品製造業者に対し，ノウハウを供与して部品を製造させている場合で，そのノウハウの秘密を保持し，またはその流用を防止するために必要であると認められるときに自己にのみ販売させること。

5 不当な差別的取扱い

　不当な差別的取扱いとは，不当に他の事業者を差別的に取り扱うことをいう。差別的に取り扱うとは，そもそも取引をしないこと，取引はするがその条件に差を設けることなどをいう。これらは，本来，事業者の自由であるということができるが，自由な競争を減殺するおそれがある場合には，不公正な取引方法として規制される。

　問題となるのは，①共同の取引拒絶（2条9項1号，一般指定1項），②その他の取引拒絶（一般指定2項），③差別対価（2条9項2号，一般指定3項），④取引条件等の差別取扱い（一般指定4項），⑤事業者団体における差別取扱い等（一般指定5項）である。また，新聞業における特殊指定においては，特定の差別対価が不公正な取引方法として指定されている。

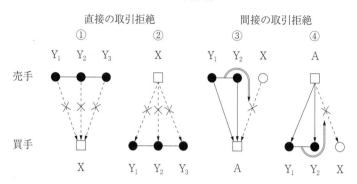

共同の取引拒絶

直接の取引拒絶　　　　　　間接の取引拒絶

① ② ③ ④

Y_1　Y_2　Y_3　　　　X　　　Y_1　Y_2　X　　　A

売手

買手

X　　　　Y_1　Y_2　Y_3　　　A　　　Y_1　Y_2　X

1　共同の取引拒絶

行 為 類 型

共同の取引拒絶とは，正当な理由がないのに，自己と競争関係にある他の事業者（競争者）と共同して，次のいずれかの行為をすることである。①ある事業者に対し供給を拒絶し，または供給にかかる商品・役務の数量・内容を制限すること（2条9項1号イ），②ある事業者から商品・役務の供給を受けることを拒絶し，または供給を受ける商品・役務の数量・内容を制限すること（一般指定1項1号），③他の事業者に①に該当する行為をさせること（2条9項1号ロ），④他の事業者に②に該当する行為をさせること（一般指定1項2号）。①および②は直接の取引拒絶であり，③および④は間接の取引拒絶である。

　共同の取引拒絶であるためには，競争者と共同して行う取引拒絶でなければならない（大阪高判平成17・7・5審決集52・856〔関西国際空港新聞販売差止請求事件〕）。「共同して」ということができるためには，行為の単なる外形的一致があるだけでは不十分である。競争者間で明示の協定などの決定行為があるか，競争者間に了解，共通

の意思の連絡がなければならない。共同する競争者は，現に競争関係にある事業者の場合もあるし，将来競争者となりうる事業者の場合もある。拒絶される取引は，継続的取引である場合もあるし，新規の取引である場合もある。商品・役務の数量・内容の制限は，取引拒絶と同じ効果を有する場合があるので，取引拒絶と同様に規制される。

　直接の取引拒絶に該当するのは，製造業者が共同して，安売りをする販売業者を排除するために，商品の供給を拒絶するような行為である。他方，間接の取引拒絶に該当するのは，製造業者が共同して，輸入品を排除するために，取引先販売業者に輸入品を取り扱わないようにさせるような行為である。なお，「させる」とは，他の事業者が要求に応じて取引拒絶を実施している事実があればよく，明白な強要を必要としない。

| **違 法 性** | 共同の取引拒絶は，単独の取引拒絶と異なり，自由な競争を減殺するおそれの強い行 |

為であり，原則として違法となる。なぜなら，拒絶される事業者は取引の機会を奪われ，市場から締め出されるおそれが強く（競争排除型），他方，拒絶する事業者は，取引先選択の自由を相互に拘束しているからである。東芝イーエムアイ事件（勧審17・4・26審決集52・348），着うた提供業者によるライセンスの共同拒絶事件（東京高判平成22・1・29審決集56・2・498）では，CD等として発売され人気を博している楽曲の原盤権の多くを保有等している着うた提供業者が，共同して，共同事業会社以外の着うた提供業者に対し原盤権の利用許諾を拒絶していることが，違法とされた。

　ただし，次の場合は違法とならない。競争者が多数存在する市場で少数の競争者により行われているにすぎず，拒絶された事業者が

容易に他の取引先を見いだすことができる場合で，かつ，独禁法上違法な行為の実効を確保するために行われているのではない場合。

　他方，共同の取引拒絶に社会的妥当性が存在する場合には，行為類型に該当するとしても，違法性が否定される。例えば，広告の倫理的・合理的基準を設け，これに合致しないものの掲載を拒否する場合のように，一定の資格基準を設けることにより，基準に合致しない者の取引が拒絶されることとなっても，基準設定の目的が是認され，かつ，その基準が目的を達成する上で相当な範囲内である場合がこれに該当する（→第3章3③，第7章2①）。

| 不当な取引制限との関係 | 共同の取引拒絶は，不当な取引制限としても規制されうる（→第3章1⑥）。不公正な取引方法として規制されるのは，市場に |

おける競争が実質的に制限されるまでには至らない場合など，不当な取引制限として規制することができない場合である（勧審平成12・10・31審決集47・317〔ロックマン工事施工業者事件〕）。その限りで，不公正な取引方法としての共同の取引拒絶の規制は，補完的な役割を果たすにすぎない。

② その他の取引拒絶

| 行　為　類　型 | その他の取引拒絶とは，不当に，①ある事業者に対し取引を拒絶し，または，取引に |

かかる商品・役務の数量・内容を制限すること，②他の事業者に①に該当する行為をさせることである。これには，主として，単独の取引拒絶が該当する。行為類型は，「共同して」に関わる問題を除いて，共同の取引拒絶のそれと同様である。

| 直接の取引拒絶の
違法性 | 事業者がどの事業者と取引するかは，基本的に，事業者の取引先選択の自由の問題である。事業者が独自の判断によって，ある |

事業者と取引しないこととしても，一般に，独禁法上の問題は生じない。例えば，供給余力がない場合や，買手の支払能力に不安がある場合の取引拒絶がそうである。しかし，直接の単独の取引拒絶は，次のような場合，例外的に違法となる。①独禁法上違法な行為の実効を確保するための手段として用いられる場合（違法行為の内容によって，競争回避型または競争排除型）。②市場における有力な事業者が，競争者を市場から排除するなどの独禁法上不当な目的を達成するための手段として用いられる場合（不当な目的の内容によって，競争回避型または競争排除型）。以下，流通・取引慣行ガイドラインに即して述べる。

　上記①の具体例は，直接の単独の取引拒絶が，再販売価格の拘束，排他条件付取引などの実効を確保するための手段として用いられる場合である。目的となる行為が違法となるとともに（2条9項4号，一般指定11項等），実効を確保するために行われる取引拒絶それ自体が，一般指定2項に該当し，違法となる。第2次大正製薬事件（勧審昭和30・12・10審決集7・99）では，取引相手に他のチェーンへの加入を禁止し，および他の商品の販売・広告を禁止したことが，排他条件付取引に該当して違法とされるとともに，実効を確保するために取引を中止したことが，独立に違法とされた（競争排除型）。

　上記②の具体例は，事業者が，直接的な取引関係にある流通業者に対して，安売りを行ったことを理由に出荷停止を行う場合である。これによって通常，価格競争を阻害するおそれがあり（競争回避型），原則として同2項に該当し，違法となる（→3②）。また，市場にお

ける有力な事業者（市場シェアが20％を超えることが一応の目安となる）が，競争者を市場から排除するなどの独禁法上不当な目的を達成するための手段として取引拒絶を行い，これによって取引を拒絶される事業者の通常の事業活動が困難となるおそれがある場合も（競争排除型），同2項に該当し，違法となる（不可欠施設について→第7章2③）。市場における有力な事業者が，自己と株式所有関係等密接な関係にある事業者の競争者を市場から排除するために取引拒絶を行う場合も，同様に考えることができる。

　前出ロックマン工事施工業者事件では，ロックマン工法協会施工部会の会員である複数の施工業者と，ロックマン機械の大部分を販売している販売業者が相互に協力して，前者にあっては受注競争の発生阻止等を目的に共同して非会員に対しロックマン機械の貸与・転売を拒絶していたことが旧一般指定1項1号の共同の取引拒絶に該当し，後者にあっては会員との信頼関係を維持しロックマン機械の販売維持を図るため非会員に対し，施工部会への入会が認められない限りロックマン機械の販売・貸与を拒絶していたことが一般指定2項に該当し，違法とされた。また，雪印乳業・農林中金事件（判審昭和31・7・28審決集8・12）では，雪印乳業および北海道バター（北海道における集乳量のシェアは合わせて約80％）と密接な関係にある農林中金が，両社以外の乳業者と取引する単位農協などに対して，取引先が両社ではないということ以外格別の理由もなく乳牛導入資金の供給を拒否したことが，違法とされた。

間接の取引拒絶の違法性　他の事業者に取引を拒絶させることも，例外的に違法となるにすぎない。この場合の違法性の考え方は，直接の取引拒絶の場合と同様である。全国農業協同組合連合会事件（勧審平成2・2・20審

決集36・53）では，東日本における青果物用段ボール箱市場のシェアが約60％である全農が，取引先段ボールシート・段ボール箱製造業者に，非取引先段ボール箱製造業者に対する青果物用段ボール箱向け段ボールシートの供給を拒絶させ，また，当該段ボール箱製造業者の実質的な親会社からの段ボール中芯原紙の購入数量を削減させたことが，一般指定2項に該当し，違法とされた。また，前出松下電器産業事件（勧審平成13・7・27審決集48・187）では，代理店等に，廉売を行う未取引先小売店に対する販売を拒絶させていたことが，同2項に該当し，違法とされた。

なお，複数の事業者に取引拒絶をさせることは，不当な取引制限として規制される場合がある。

③ 差 別 対 価

行 為 類 型

差別対価とは，不当に，地域または相手方により差別的な対価をもって，商品・役務を継続して供給し，他の事業者の事業活動を困難にさせるおそれがあること（2条9項2号），その他不当に，地域または相手方により差別的な対価をもって商品・役務を供給し，または供給を受けること（一般指定3項）をいう。対価は，通常，取引条件に含まれるが，価格（対価）が競争の最も重要な要素であり，また，対価にかかる差別が歴史的にも特徴をもって形成されてきたことに鑑みて，一般指定4項の「取引条件等の差別取扱い」とは，別個の行為類型とされている。なお，規制対象となる差別対価は，事業者に対するものだけではなく，消費者に対するものも含まれる。

対価とは，経済的利益の給付に対して反対給付される経済的価値をいう。商品・役務の供給を例にとれば，取引の相手方が支払う現

実の価格であり，値引きが行われる場合にはその金額を差し引いたものとなる。取引のつど取引数量に応じて支払われるリベートや，取引対象商品と同一商品の現品添付は，実質的にみれば値引きである。同等・同質の商品・役務間で価格差が設けられている場合に，対価は差別的となる。

違法性

価格をどのように設定するかは，本来，事業者の自由であり，価格差が存在するだけで，直ちに違法となることはない。まして，価格差に合理的な理由がある場合，違法とはならない。価格差が取引上の合理性（輸送費の相違，取引数量の多寡など）に基づいている場合や，需給関係・競争状態を反映している場合がそうである。

違法となるのは，典型的には，次の場合である。①独禁法上違法な行為の実効を確保するための手段として用いられる場合。例えば，メーカーが，再販売価格の拘束の実効を確保するため，安売り業者に対してのみ，納入価格を引き上げる場合が，これに該当する（競争回避型）。②独禁法上不当な目的を達成するための手段として用いられ，自由な競争（行為者とその競争者との間の競争，価格差の設定により事業活動に影響を受ける者の間における競争）を減殺するおそれがある場合。例えば，有力な事業者が，特定地域における競争者を排除するため，競合する地域においてのみ，安い価格で販売する場合が，これに該当する（競争排除型）。また，合理的理由のない差別対価により差別を受ける相手方に悪影響を与える場合にも，問題となりうる。

違法性は，関連する諸事情（行為者の意図・目的，価格差，費用と価格との関係，市場地位，取引の相手方の状況，取引形態など）を総合的に考慮して，個別に判断される。

なお，LP ガス差別対価差止請求事件（東京高判平成17・4・27 審決集52・789）は，禁止される差別対価とは，対価に差異を設けて行う販売方法自体の中に，競争を減殺し，市場における公正な競争秩序に悪影響を及ぼすおそれがある違法な性質が認められる行為をいうが，能率競争の限界を超えた価格政策により競争事業者を排除しようとしているものと認められる必要があり，特に，コスト割れでない場合には，「不当な力の行使」など特段の事情が認められなければならない，と判示する。関連してLP ガス差別対価差止請求事件（東京高判平成17・5・31 審決集52・818）は，不当な差別対価であるかどうかは，売手が，自らと同等あるいはそれ以上に効率的な競争事業者が市場において立ち行かなくなるような価格政策をとっているか否かを基準に判断するのが相当であり，原価割れの有無がその要素になると解される，と判示する（「自らと同等またはそれ以上に効率的な事業者の事業活動を困難にさせるおそれ」の基準について →6①）。

具体的な違反例 地域による差別対価が問題となった事件としては，第2次北國新聞事件（東京高決昭和32・3・18 行集8・3・443）があり，相手方による差別対価が問題となった事件としては，東洋リノリューム事件（勧審昭和55・2・7 審決集26・85）がある。

前者では，富山県下の競争各紙の多くが月極め330 円で販売されているところ，石川県を主たる販売地域として北國新聞を330 円で発行・販売している有力な地位にある北國新聞社が，実質的に同一内容の富山新聞を，富山県を主たる販売地域として280 円で発行・販売したことが，新聞業における特殊指定に該当して19 条に違反する疑いがあるとして，緊急停止命令がなされた。

他方，後者では，ビニルタイルの価格カルテルを行っていた製造

業者が，ビニルタイル工事業協同組合の組織を強化することが自らのビニルタイルの販売価格の維持に資するところから，床仕上工事業者の同組合への加入を促進するため，ビニルタイルの取引価格について格差（約10%）を設け，非組合員に対して組合員より高い価格で供給したことが，相手方による差別対価として違法とされた。

4 取引条件等の差別取扱い

行為類型 取引条件等の差別取扱いとは，不当に，ある事業者に対し取引の条件または実施について有利なまたは不利な取扱いをすることである。差別対価は別個の行為類型とされているので，一般指定4項の規制対象は一般に，対価以外の取引条件等の差別取扱いとなる（ただし，卸売価格の引上げと配送回数の削減を一括して同4項を適用した事件として，オートグラス東日本事件〔勧審平成12・2・2審決集46・394〕参照）。なお，消費者に対する差別取扱いは，同4項の規制対象とはならない。この点で，差別対価と異なる。

これには，取引条件についての差別取扱いと，取引の実施についての差別取扱いとがある。取引条件とは，支払条件，引渡条件，運送条件，販売促進費，リベートなど取引条件すべてをいう。取引の実施とは，取引条件とはなっていない，取引の履行に際しての事実上の取扱いを指す。例えば，配送順序の優遇，売れ筋の商品の優先的提供がそうである。「有利な」または「不利な」とは，客観的に一方が他方に比して有利なまたは不利な関係にあることをいう。

差別取扱いに供給にかかるものと供給を受けることにかかるものがあることなどは，差別対価の場合と同様である。

取引条件等をどのように設定するかは，本来，事業者の自由であり，取引条件等に差異が存在するだけで，直ちに違法となることはない。まして，取引条件等の差異に合理的理由がある場合，違法とはならない。

どのような場合に違法となるかなどは，差別対価の場合と同様に考えればよい。

リ ベ ー ト

今日，取引条件等の差別取扱いとして特に問題になるのは，事業者の取引先事業者に対するリベートである。リベートとは，一般的には，仕切価格とは区別されて，取引先に制度的にまたは個別の取引ごとに支払われる金銭をいう。流通・取引慣行ガイドライン（2017年改正後の第1部第3）によれば，リベートの供与は，次の場合に，問題となる（リベートに類似する払込制も，次の①，②の場合に問題となり，同様に判断される）。①取引先事業者の事業活動に対する制限の実効性確保手段となる場合（例えば指示価格で販売しない場合のリベート削減），②競争品の取扱制限としての機能を持つ場合（例えば占有率リベート，著しく累進的なリベート等）。②のリベートの供与が，競争品の取扱制限としての機能を持つかどうかの判断にあたっては，リベートの水準，リベートを供与する基準，リベートの累進度，リベートの遡及性等を総合的に考慮して判断する（排他的リベートについて→第2章2③も参照。各考慮事項のより具体的な考え方は，排除型私的独占ガイドライン第2-3(3)ア～エ参照）。違法性の有無は，販売価格，競争品の取扱い，販売地域，取引先などについての制限の規制の考え方（→2，3および4）に従って判断されるが（占有率リベートに関し旧一般指定13項（現行12項）が適用された事件として，山口県経済農業協同組合連合会事件〔勧審平成9・8・6審決集44・248〕参照。占有率リベートに関し3条前

段の私的独占の禁止規定が適用された事件として，インテル事件〔勧審平成17・4・13審決集52・341〕参照），②の場合には，制限をもたらす差別的な行為であるという点に着目して，一般指定4項が適用されることもある。

　なお，供与基準の不明確なリベートを裁量的に提供することは，特に，そうした不透明なリベートが取引先事業者のマージンの大きな割合を占める場合には，取引先事業者の事業活動の制限につながりやすいので，事業者は供与基準を明確にし，相手方に示すことが望ましい。

　リベートが問題となった事件に，前出第2次大正製薬事件がある。本件では，他メーカーを排して自社商品を優先的に取り扱う旨の約定書を差し入れるか否か，またその義務を実行するか否かを理由として，割戻金の交付などの取扱いに差異を設けたのが，排他条件付取引とは別個に，取引条件の差別取扱いとして違法とされた。

⑤　事業者団体における差別取扱い等

行 為 類 型

事業者団体における差別取扱い等とは，事業者団体もしくは共同行為からある事業者を不当に排斥し，または事業者団体の内部もしくは共同行為においてある事業者を不当に差別的に取り扱い，その事業者の事業活動を困難にさせることをいう。

　問題となるのは，①事業者団体・共同行為からの特定事業者の排斥，②事業者団体の内部・共同行為における特定事業者の差別的取扱いである。共同行為とは，そもそも不当な取引制限に該当しない共同行為，独禁法の適用が除外される共同行為をいう。排斥とは，加入拒否，除名，脱退勧告などをいう。差別的取扱いとは，共同施

設の利用制限，過大な負担の賦課などをいう。

　不公正な取引方法の行為主体は事業者であるので，実際のところ，事業者団体・共同行為の意思決定・活動内容を左右することができる地位にある構成事業者，共同経済事業などの事業を行っている事業者団体などが，一般指定5項の行為主体となる。

<table>
<tr><td>違 法 性</td></tr>
</table>

　特定の事業者の排斥・差別的取扱いそれ自体が，違法となるのではない。排斥・差別的取扱いが私的自治の合理的範囲を逸脱しており，かつ，排斥・差別的取扱いを受ける事業者の事業活動が困難になる場合に，違法となる。したがって，法定の除名事由に該当する場合の除名や，目的の実現に必要な範囲で定められた資格要件に適合しない場合の加入拒否は，違法とならない。なお，事業活動が困難になるか否かは，行為者の意図・目的，関連する客観的諸事情（市場における地位など）を総合的に勘案して，判断される。

　事件としては，浜中村主畜農協事件（勧審昭和32・3・7審決集8・54）がある。農協が生乳の出荷先乳業者により区別をし，生乳の販売委託の受付拒否，資金の貸出拒否，清算取引の中止をしたことが事業者団体の内部における不当な差別的取扱いに該当し，脱退勧告をしたことが事業者団体からの不当な排斥に該当するとされた。

6 不 当 対 価

　不当対価とは，不当な対価をもって取引することをいう。活発な価格競争の結果，競争者が市場から退出しても，それは一般に競争の反映とみることができる。しかし，事業者が，コストを下回る価

格で販売したり，不当に高い価格で購入したりすることによって，自由な競争を減殺するおそれがある場合には，不公正な取引方法として規制されることになる。

　問題となるのは，①不当廉売（2条9項3号，一般指定6項），②不当高価購入（一般指定7項）である。

1　不　当　廉　売

典型的な不当廉売の行為
類型（法定の不当廉売）

不当廉売とは，①正当な理由がないのに，商品・役務をその供給に要する費用を著しく下回る対価で継続して供給し，他の事業者の事業活動を困難にさせるおそれがあること（2条9項3号）（典型的な不当廉売），および②その他不当に商品・役務を低い対価で供給し，他の事業者の事業活動を困難にさせるおそれがあること（一般指定6項）（その他の不当廉売）をいう（要件の具体的事案への当てはめにつき，ダイコク原価セール損害賠償等請求事件〔東京高判平成16・9・29判例集未登載〕参照）。2条9項3号は旧一般指定6項前段を，一般指定6項は旧一般指定6項後段を，それぞれそのまま受け継ぐ規定である。両者に共通する違法性判断基準として，「他の事業者の事業活動を困難にさせるおそれ」が設定されている。以下，主として不当廉売ガイドラインに依拠して説明する。

　典型的な不当廉売の行為類型は，供給に要する費用を著しく下回る対価で継続して供給することが問題になる。供給に要する費用とは，当該廉売事業者自身の「総販売原価」であり，そのうち「可変的性質を持つ費用」（廉売対象商品を供給しなければ発生しない費用。小売業を例にとれば，実質的な仕入価格に，仕入経費および販売費の一部を加えたもの）を下回れば，「供給に要する費用を著しく下回る対価」

と推定される。「継続して」とは，相当期間にわたって繰り返して廉売を行い，または廉売を行っている事業者の営業方針等から客観的にそれが予測されることであるが，毎日継続して行われることを必ずしも要しない。

| 典型的な不当
廉売の違法性 | 原価を著しく下回る価格で継続して販売することそれ自体が，違法となるのではない。 |

廉売行為者自らと同等またはそれ以上に効率的な事業者の事業活動を困難にさせるおそれがある場合に（競争排除型），原則違法となる。その事業者は，一般的には廉売によって影響を受ける競争者であるが，それに限らない。「事業活動を困難にさせるおそれ」とは，廉売の対象となる商品・役務についての事業活動を困難にさせるおそれをいう。「おそれ」とは，現に事業活動が困難になることは必要なく，そのような結果が招来される具体的な可能性が認められる場合を含む。

　原価を著しく下回る価格で継続して販売することは，競争者などの事業活動を困難にさせるおそれが強いといえる。しかし，その違法性は，もっぱら公正な競争秩序維持の見地に立ち，具体的な場合における行為の意図・目的，態様，競争関係の実態，市場の状況などを総合考慮して判断される（最判平成元・12・14民集43・12・2078〔都営芝浦と畜場事件〕。国，地方公共団体などによる不当廉売について→第7章2③）。これ以外に，廉売行為者の事業の規模および態様，廉売対象商品の数量，廉売期間，広告宣伝の状況，廉売対象商品の特性等が総合的に考慮される。

　典型的な不当廉売として原則違法となるのは，実際には，次のような場合である。①有力な事業者が他部門の利益を投入して，原価を相当程度下回る価格による販売を相当の期間にわたり繰り返し，

競争者などの事業活動を困難にさせるおそれがある場合。②多数の商品を総合的に販売する大規模小売業者などが，顧客を誘引する手段として特定の商品を目玉として著しい廉売を行い，競争者などの事業活動を困難にさせるおそれがある場合。

ただし，次のような理由がある場合，廉売に違法性はない。①商品の市場の状況に対応したものである場合（需給関係の緩和を反映した低価格販売）。②当該商品の市場性の変化に対応したものである場合（急速な品質低下のおそれのある生鮮食料品の処分など）。

その他の不当廉売
（指定の不当廉売）

低い対価で供給することが問題になる。低い対価とは，原価を下回る価格であり（東京高判平成 19・11・28 審決集 54・699〔ヤマト運輸対郵政公社不当廉売事件〕），かつ典型的な不当廉売の行為類型に当てはまらない場合をいう。違法性については，他の事業者の事業活動を困難にさせるおそれがあるかどうか，ケースバイケースで判断される。

具体的な違反例

事件としては，中部読売新聞事件（東京高決昭和 50・4・30 高民 28・2・174），マルエツ事件（勧審昭和 57・5・28 審決集 29・13）などがある（損害賠償等請求事件について→11③，差止請求事件について，前出ヤマト運輸対郵政公社不当廉売事件）。前者では，販売原価 812 円（1 ヵ月 1 部あたり）の新聞を 500 円で販売したことが，東海三県における新聞販売の公正な競争秩序を侵害し，19 条に違反する疑いがあるとして，緊急停止命令がなされた。同事件ではその後，同意審決（昭和 52・11・24 審決集 24・50）によって，1,000 円を下回る価格で中部読売新聞を販売することが禁じられた。後者では，量販店であるマルエツが，他の量販店と交互に対抗的に牛乳の販売価格の引下げを繰り返した後，

2ヵ月近く継続して，仕入価格が1本あたり155円と158円の牛乳を1本目は100円，2本目からは150円の価格で本数制限なしに販売したのが，牛乳専売店などの事業活動を困難にするおそれがあるとして，違法とされた。

他方，より最近では，典型的な不当廉売（旧一般指定6項前段），その他の不当廉売（同後段）がともに問題にされた濱口石油事件（排令平成18・5・16審決集53・867）で，「効率的な事業者であっても，通常の企業努力によっては（濱口石油の廉売行為に）到底対抗することができ」ないことが指摘されている。マルエツ事件と同様，対抗的廉売が問題となった事件（排令平成19・11・27審決集54・504〔東日本宇佐美・シンエネ不当廉売事件〕）でも，「効率的な事業者であっても，通常の企業努力によっては……対抗することができ」ない点が，指摘されている。これらの運用は，不当廉売規制の目的の一つは，「廉売行為者自らと同等又はそれ以上に効率的な事業者の事業活動を困難にさせるおそれがあるような廉売を規制する」ことにあることを強調する不当廉売ガイドライン（平成21年改正）に定式化されている。

なお，中小事業者等に不利益を与える不当廉売については，酒類，ガソリン等のガイドラインが策定・公表され，警告・注意により多数の事案が処理されている。またダンピング受注についてもガイドラインが公表され，警告による事案処理がなされている。しかし警告による処理は，違法性の判断をあいまいにするなど問題がある。

②　不当高価購入

行　為　類　型

不当高価購入とは，不当に商品・役務を高い対価で購入し，他の事業者の事業活動を

困難にさせるおそれがあることをいう。

　高い対価とは、市場価格より高い価格をいう。実際上問題となるのは、他の事業者が対抗できない価格である。他の事業者とは、高価購入の影響を受ける事業者をいい、競争者に限らない。

違 法 性

市場価格より高い対価で購入することそれ自体が、違法となるのではない。商品・役務の入手を不可能にすることで競争者などの事業活動を困難にさせ、自由な競争を減殺するおそれがある場合に違法となる（競争排除型）。例えば、消費財の製造業者Yによる部品に関する不当高価購入は、部品製造業者Xとの間で同部品について排他受入契約を締結した結果、製造業者Aが部品を入手できなくなり、当該消費財を製造することができなくなる場合と問題となる状況は類似している。違法性が問題となりうるのは、特に、①商品の需給が逼迫しており、かつ市場に代替財・競合財が存在しない状況で行われる場合や、②市場における地位、総合的事業能力からみてきわめて有力であり、高価購入による損失を十分に補塡するだけの価格決定力を持つ事業者により行われる場合である。もっとも、高価購入が違法とされた事件はない。

7　不当な顧客誘引

　不当な顧客誘引とは、不当に競争者の顧客を自己と取引するように誘引することである。顧客の勧誘・争奪は競争の本質的な要素であり、それ自体は何ら非難されない。しかし、競争手段として不公正な顧客誘引は、不公正な取引方法として規制される。

問題となるのは，①ぎまん的顧客誘引（一般指定8項），②不当な利益による顧客誘引（一般指定9項）である。

1　ぎまん的顧客誘引

　　　　　　　　　　　　　ぎまん的顧客誘引とは，自己の供給する商

行為類型

品・役務の内容または取引条件などについて，実際のものまたは競争者に係るものよりも著しく優良または有利であると顧客に誤認させることにより，競争者の顧客を自己と取引するように不当に誘引することである。

　誤認の対象となるのは，商品・役務の内容・取引条件だけではない。その他の取引に関する事項（国産品・輸入品の別など）も含まれる。著しく優良・有利であるとは，単なる数量の問題ではない。当該の誘引行為が一般に許容される限度を超えれば，著しく優良・有利ということになる。誤認させるとは，客観的に誤認させるものであれば足り，現実の誤認を要しない。また，行為者の主観的意図も問わない。誤認させる方法の典型は不当表示であるが，表示以外の方法（マルチ商法など），不表示も含まれる。顧客は，事業者であるか消費者であるかを問わない。

　顧客を誤認させることにより，競争者の顧客を自己と取引するよう誘引することが問題である。顧客を実際に獲得したか否かは，問題ではない。なお，競争者の顧客とは，競争者と取引するであろう顧客一般をいう。それは，競争者の直接の取引先だけではなく，競争者の供給する商品・役務を購入しようとする者すべてを含む。

　もっとも，一般消費者に対する不当表示は，1962年，独禁法の特別法として制定された不当景品類及び不当表示防止法（景表法）により規制されうる（同法は，2009年，消費者庁の設置に伴い，所要の

改正が行われ，その規制権限は同庁に移管された）。そこで，一般指定8項は，実際上，景表法の規制対象とならない誤認行為，例えば，一般消費者に対する表示とはいえない表示（事業者または事業者になろうとする者に対する表示），表示以外の方法による誤認行為（マルチ商法など）に適用されるにすぎないであろう。その限りで，同8項が誤認行為の規制に際して持つ意味は，それほど大きくはない。

| 違 法 性 |

ぎまん的顧客誘引は，顧客の適正かつ自由な選択を歪め，適正な表示を行っている競争者の顧客を奪うおそれのある行為である。そこで，公正競争阻害性の主たる側面は，ぎまん的顧客誘引がそれ自体として，価格・品質・サービスを中心とする競争（能率競争）に反する性格を有し，競争手段として不公正である点に求められる。しかし，ぎまん的顧客誘引が独禁法の規制対象となる限りで，その違法性は，当該行為の相手方の数，反復継続性，伝播性などを考慮して判断されることになる。つまり，行為の質的側面（競争手段として不公正であること）だけではなく，量的側面（行為の広がり）も考慮して判断されるということである。

事件としては，マルチ商法による誤認行為が違法とされたホリディ・マジック事件（勧審昭和50・6・13審決集22・11）がある（損害賠償請求が認められた事件について→11③）。

② 不当な利益による顧客誘引

| 行 為 類 型 |

不当な利益による顧客誘引とは，正常な商慣習に照らして不当な利益をもって，競争者の顧客を自己と取引するように誘引することをいう。

利益とは，経済上の利益であり，提供の相手方にとって通常利益

となると客観的に認められれば足りる。景品が代表的であるが、それに限らない。誘引の手段は、直接的であると間接的であるとを問わない。客観的に自己と取引するように誘引する効果が認められれば、十分である。

　もっとも、過大な景品類の提供は、景表法で規制されうるので、実務上は、景表法の規制対象とならない経済上の利益の提供が、一般指定9項の規制対象となるにすぎないであろう。そのため、同9項が不当な利益による顧客誘引の規制に際して持つ意味は、それほど大きくはない。

違 法 性

　経済上の利益の提供は、価格・品質・サービスとは別の要因により顧客を誘引しようとするものであり、過大となれば、顧客の適正かつ自由な商品選択を歪め、良質廉価な商品を提供する競争者の顧客を奪うおそれがある。そこで、公正競争阻害性の主たる側面は、経済上の利益の提供が、能率競争の観点からみて、競争手段として不公正である点に求められる。しかし、経済上の利益の提供が独禁法による規制の対象となる限りで、違法性の判断に際しては、ぎまん的顧客誘引の場合と同様に、行為の質的側面だけではなく、量的側面も考慮される。

　なお、経済上の利益の提供は、経済社会において通常行われている行為であるので、その不当性の判断にあたっては、提供される経済上の利益の程度、提供の方法が、当該業界における正常な商慣習（公正な競争秩序の見地からも是認される商慣習）に照らして不当であるかどうかが個別に判断される。

　経済上の利益の提供が問題となった事件としては、野村證券事件（勧審平成3・12・2審決集38・134）などがある。本件では、取引関係を維持・拡大するために、一部の顧客に対して行われた損失補塡な

どが，違法とされた。

8 抱き合わせ販売等

以上見てきた行為類型のうち，2 再販売価格の拘束，3 拘束条件付取引，4 排他条件付取引，5 不当な差別的取扱い，および6 不当対価は，いずれも自由競争減殺型であるのに対し，7 の不当な顧客誘引（①ぎまん的顧客誘引および②不当な利益による顧客誘引）は，不公正な競争手段型である。その両者にまたがる行為類型として，①抱き合わせ販売等（一般指定 10 項），②競争者に対する取引妨害（同 14 項）がある（行為類型の分類について→1④）。ここでは，抱き合わせ販売等について述べる（なお，2017 年改正後の流通・取引慣行ガイドライン第 1 部第 2-7 および排除型私的独占ガイドライン第 2-4 の双方に依拠した）。

> **抱き合わせ販売の
> 行為類型**

抱き合わせ販売等とは，相手方に対し，不当に，商品・役務の供給に併せて他の商品・役務を自己または自己の指定する事業者から購入させ，その他自己または自己の指定する事業者と取引するように強制することである（一般指定 10 項）。ここでは，取引強制の主要な形態である抱き合わせ販売と，その他の取引強制が問題になる。

抱き合わせ販売とは，ある商品・役務（「抱き合わせる商品」または「主たる商品」）の供給に他の商品・役務（「抱き合わされる商品」または「従たる商品」）をも併せて供給し，相手方に当該他の商品・役務を購入させることをいう。相手方は，事業者であるか，消費者であ

るかを問わない。購入させるとは，購入を余儀なくさせることをいい，明白な強要を必要としない。購入を余儀なくさせるか否かについては，2つの商品が組み合わせて販売されたとしても，顧客がそれぞれの商品を単品で購入できるかどうかが考慮される。ただし，主たる商品と従たる商品を別々に購入することができる場合であっても，従たる商品とは別に購入することができる主たる商品の供給量が少ないため，多くの需要者が行為者の主たる商品とともにその従たる商品をも購入することとなるときは，実質的に他の商品を「購入させ」ていると考えられる。また，抱き合わせによって組み合わされた商品の価格が行為者の主たる商品および従たる商品を別々に購入した場合の合計額よりも低くなるため多くの需要者が引き付けられるときも，実質的に他の商品を「購入させ」ていると考えられる（バンドル・ディスカウント）。

　ある商品の供給に併せて購入させる商品が「他の商品」といえるか否かについては，組み合わされた商品がそれぞれ独自性を有し，独立して取引の対象とされているか否かという観点から判断される。具体的には，それぞれの商品について，需要者が異なるか，内容・機能が異なるか（組み合わされた商品の内容・機能が抱き合わせ前のそれぞれの商品と比べて実質的に変わっているかを含む），需要者が単品で購入することができるか（組み合わされた商品が通常一つの単位として販売または使用されているかを含む）等の点が総合的に考慮される。組み合わされた商品の内容・機能が抱き合わせ前のそれぞれの商品と比べて実質的に変わっている場合は，別個の特徴を持つ単一の商品と評価することができる。例えば，携帯電話機にデジタルカメラを組み合わせて販売されるカメラ付携帯電話機は，携帯電話機やデジタルカメラそれぞれと比べて商品の内容・機能に実質的な変更が

もたらされることから，別個の特徴を持つ単一の商品と評価することができる。この場合，購入させられる商品（デジタルカメラ）が「他の商品」であるとはいえず，そもそも抱き合わせ販売に該当しない。

抱き合わせ販売の
違法性

主たる商品の市場における有力な事業者（市場シェアが 20％ を超えることが一応の目安となる）が，取引の相手方に対し，当該商品の供給に併せて従たる商品を購入させることによって，従たる商品の市場において市場閉鎖効果が生じる場合には，一般指定 10 項に該当し，違法となる（競争排除型）。従たる市場において市場閉鎖効果が生じるか否かを判断するに当たっては，次のような事項が総合的に考慮される。①主たる商品および従たる商品に係る市場全体の状況（主たる商品および従たる商品についての市場集中度，商品の特性，規模の経済，商品差別化の程度，流通経路，市場の動向，参入の困難性等），②主たる商品の市場における行為者の地位（行為者の主たる商品のシェア，その順位，ブランド力，供給余力，事業規模等），③従たる商品の市場における行為者および競争者の地位（行為者および競争者の従たる商品のシェア，その順位，ブランド力，供給余力，事業規模等），④行為の期間および相手方の数・取引数量，⑤行為の態様（抱き合わせによって組み合わされた商品の価格，抱き合わせの条件・強制の程度，行為者の意図・目的等）。例えば，抱き合わせ販売を行う事業者の主たる商品の市場シェアが大きいほど，当該行為が長期間にわたるほど，対象とされる相手方の数が多いほど，そうでない場合と比較して，市場閉鎖効果が生じる可能性が高くなる。また，従たる商品の市場における商品差別化が進んでいない場合には，そうでない場合と比較して，当該事業者の従たる商品が購入されることにより競争者の

従たる商品が購入されなくなるおそれが高く，市場閉鎖効果が生じる可能性が高くなる。なお，市場シェアが20%以下である事業者や新規参入者が抱き合わせ販売を行う場合には，通常，公正競争阻害性はなく，違法とはならない（市場における有力な事業者でない場合のセーフハーバー。2017年の流通・取引慣行ガイドライン改正により新設。第1部第2-7）。

また，抱き合わせ販売は，顧客の選択の自由を妨げるおそれがあり，価格，品質，サービスを中心とする能率競争の観点から，競争手段として不当である場合にも，不公正な取引方法に該当し，違法となる。事業者による抱き合わせ販売が競争手段として不当であるか否かは，主たる商品の市場力や従たる商品の特性，抱き合わせの態様のほか，当該行為の対象とされる相手方の数，当該行為の反復，継続性，行為の伝播性等の行為の広がりを総合的に考慮して判断される。

実際のところ，抱き合わせ販売の違法性は，個別ケースごとに，自由競争減殺（競争排除型），または競争手段としての不公正さのいずれかの側面を重視して，判断される。

なお，次のような場合，抱き合わせ販売に違法性は認められない。①主たる商品と従たる商品の間に機能上密接な補完関係がある場合（レンタカーと保険など）。②技術的理由から抱き合わせる商品に従たる商品が必要不可欠な場合。もっとも，②の場合，主たる商品の品質を保持するためには品質についての仕様を示すことで足りれば，品質の保持を理由に抱き合わせ販売を行うことは正当化されない。

抱き合わせ販売が問題となった事件としては，藤田屋事件（判審平成4・2・28審決集38・41），マイクロソフト事件（勧審平成10・12・14審決集45・153）などがある。前者では人気ゲームソフトに他のゲ

ームソフトを抱き合わせて卸売りしたことが，後者では表計算ソフトにワープロソフトを抱き合わせるなどしてパソコン製造業者などに購入させたことが違法とされた（なお，損害賠償請求が認められた事件について→11③）。

その他の取引強制　その他の取引強制とは，相手方に対し，自己または自己の指定する事業者と取引するように強制することである。強制することとは，誘引の度を超えて取引するように余儀なくさせることである。取引を強制する手段は，直接的であるか間接的であるかを問わない。この場合の違法性の考え方は，抱き合わせ販売の場合と同様である。

その他の取引強制としては，①事業者に対して，自己の供給するすべてのまたは多種類の商品を購入することを余儀なくさせる行為（いわゆる全量購入条件付取引），②金融上の圧力をもって，または購買力を利用して，自己または自己の指定する事業者と取引するように余儀なくさせる行為が問題になる。

流通・取引慣行ガイドラインによれば，事業者が購買力を利用して，相手方から購入する旨の申出がないにもかかわらず一方的に商品を送付し，その販売代金を買掛金と相殺し，その行われた状況から，相手方が当該事業者から商品などを購入することを余儀なくされることとなる場合，一般指定10項に該当し，違法となる（2017年改正前の第1部第5-2(2)）。

9　競争者の事業活動の不当妨害

競争者に対する取引妨害や競争会社に対する内部干渉は，私的な

紛争として，民法，会社法，不正競争防止法などにより解決が図られる。また，それらの中には，刑法などにより禁止されているものもある。しかし，競争手段として不公正であり，または，自由な競争を減殺するおそれがある場合には，不公正な取引方法として規制されることになる。

　問題となるのは，①競争者に対する取引妨害（一般指定14項），②競争会社に対する内部干渉（一般指定15項）である。両者は，①が競争者の外部的な事業活動の妨害を問題とするのに対し，②が競争会社の内部関係を通じての事業活動の妨害を問題とする点で異なっている。

1　競争者に対する取引妨害

　　　　行 為 類 型　　　競争者に対する取引妨害とは，事業者が，自己と国内において競争関係にある他の事業者，または自己が株主もしくは役員である会社と国内において競争関係にある他の事業者と，その取引の相手方との取引を不当に妨害することである（業務提携関係の存在を手がかりに競争関係があるとしたものとして，電気保安業務取引妨害事件〔東京地判平成16・3・18審決集50・766〕参照）。

　妨害は，新規取引の開始の妨害に限らない。既存の取引関係の弱体化・解消も含まれる。また，妨害の対象となる取引は，競争者の取引であればよく，売手との間の取引であるか，買手との間の取引であるかを問わない。

　取引妨害の方法としては，例示されている契約の成立の阻止，契約の不履行の誘引のほか，次のようなものがある。①物理的妨害・実力行使，②競争者の商品や事業内容の中傷，誹謗（ひぼう），③競争者の取

引先に対する要請，威圧，脅迫，④競争者の使用者に対する商事賄賂の提供，多額の金銭による使用者の引抜きなど（知的財産権侵害を理由とする警告・出訴について→第6章1④）。もっとも，他の行為類型で規制対象となるものは，一般指定14項の規制対象とされない。

| 違法性 | 取引妨害は，そのすべてが禁止されるわけではない。妨害される取引が，ある程度， |

個別・具体的に想定され，かつ妨害が意図的に行われる場合にはじめて，一般指定14項の規制が問題になる。

取引妨害の公正競争阻害性の主たる側面は，価格・品質・サービスを中心とした能率競争からみて，競争手段として不公正であるところに求められる。この側面に着目すれば，そのまま放置されるなら，それ自体の有する目的・効果からみて能率競争を歪めたり，顧客の合理的な選択を妨げたりするおそれのある行為が，違法となる。この場合，取引妨害の規制は，独自の役割を果たす。

他方，公正競争阻害性の従たる側面は，自由な競争を減殺するおそれに求められる。この側面に着目すれば，他の行為類型で規制対象とはされないが，自由な競争を減殺するおそれのある行為が違法となる。この場合，取引妨害の規制は，補完的な役割を果たすことになる。もっとも，今日では，こちらの側面の方が，クローズアップされるに至っている。

具体的には，次のような行為が，違法性を有する。①価格維持を目的とした安売り業者の取引の妨害，②価格維持を目的とした並行輸入の妨害，③カルテルの実効性確保を目的としたアウトサイダーに対する取引の妨害，④新規参入阻止を目的とした新規参入業者に対する取引の妨害，⑤組織的，計画的な取引妨害で一般にも広く行われる可能性のあるもの。

事件としては，古くは，①熊本魚事件（勧審昭和 35・2・9 審決集 10・17），②東京重機事件（勧審昭和 38・1・9 審決集 11・41）などがある。①では障壁の設置などによるせりの物理的妨害が，②では他社とミシンなどの予約販売契約を締結している者に対して契約の不履行を誘引することによる販売の妨害が，違法とされた。その後は，③三蒲地区生コンクリート協同組合事件（勧審平成 3・12・2 審決集 38・127），④三菱電機ビルテクノサービス事件（勧審平成 14・7・26 審決集 49・168），⑤第一興商事件（判審平成 21・2・16 審決集 55・500→第 6 章 3④），⑥ディー・エヌ・エー事件（排令平成 23・6・9 審決集 58・1・189）などがある。③では非組合員である生コン製造業者（安売りを行っていた）の砂利購入の妨害が，④では独立系保守業者による昇降機の保守契約の締結・維持，保守業務の円滑な遂行の妨害が，⑤では，レコード製作会社をしてその管理楽曲の使用を競争者である通信カラオケ業者に対して承諾しないようにさせるなどしていたことが，⑥では，競合ゲームウェブサイトを通じて携帯電話向けソーシャルネットワーキングゲームを提供したゲーム提供事業者のゲームのリンクを自社のゲームウェブサイトに掲載しないようにすることにより，競合ゲームウェブサイトを通じて同ゲームを提供しないようにさせていたことが，それぞれ違法とされた。また，駅前のタクシー乗り場において被告従業員が原告タクシーの前に立ちはだかる，被告タクシーが割り込む等の物理的妨害が違法とされ差止めおよび損害賠償請求が認められた民事判決として，⑦神鉄タクシー事件（大阪高判平成 26・10・31 判時 2249・38）がある（その他，民事訴訟で取引妨害が争点となった事件について→11③）。

なお，輸入総代理店による並行輸入の不当阻害については，違法

となる場合が流通・取引慣行ガイドライン（2017年改正後の第3部第2）において示されるとともに，実際に規制が行われている。外国事業者が日本に直接投資するリスクを回避するため，日本国内事業者を輸入総代理店に選任することがある。この場合に，第三者が当該総代理店とは別のルートで契約対象商品を輸入することを「並行輸入」という（商標権を侵害しないいわゆる真正商品の輸入が前提）。

並行輸入は一般に価格競争を促進する効果を有するところ，輸入総代理店は対象商品の価格を維持するために，これを阻害することがある。例えば，輸入総代理店が対象商品の価格を維持するために，次のような阻害行為を行う場合，不公正な取引方法に該当し，違法となる（一般指定12項（拘束条件付取引）または14項（競争者に対する取引妨害））。すなわち，①並行輸入ルートを探知するなどして，外国メーカーに当該ルートへの販売中止を要請するなどの妨害行為を行うこと（勧審平成2・9・5審決集37・29〔ヤシロ事件〕，勧審平成8・3・22審決集42・195〔ヘレンド社事件〕，勧審平成10・7・24審決集45・119〔グランドデュークス事件〕），②国内の販売業者が並行輸入品を取り扱わないようにさせること（勧審平成10・7・28審決集45・130〔ナイキジャパン事件〕），③並行輸入品を取り扱う小売業者に対して対象商品の販売を制限するよう卸売業者に強く働きかけること（勧審昭和53・4・18審決集25・1〔オールドパー事件〕），④並行輸入品を取り扱う事業者に対し，十分な根拠なしに当該商品を偽物扱いし，商標権の侵害であると称してその販売の中止を求めること，⑤小売業者が並行輸入品の販売をしようとすると，総代理店が当該小売業者の店頭に出向いてこれを買い占めてしまうこと，⑥総代理店以外の者では並行輸入品の修理が著しく困難である場合などにおいて，自己の取扱商品でないことのみを理由に修理または補修部品の供給を拒

否などすること，および⑦総代理店がその取引先である雑誌，新聞等の広告媒体に対して，並行輸入品の広告を掲載しないようにさせるなど，並行輸入品の広告宣伝活動を妨害することなどである。

②　競争会社に対する内部干渉

行為類型　競争会社に対する内部干渉とは，事業者が，自己と国内において競争関係にある会社の株主・役員に対して，または自己が株主・役員である会社と国内において競争関係にある会社の株主・役員に対して，その会社の不利益となる行為をするよう不当に誘引したり，そそのかしたり，強制したりすることである。

競争会社に不利益となる行為を行うよう株主・役員に対して仕向けるだけで足り，株主・役員が実行したことまでは必要とされない。内部干渉の方法としては，株主権の行使，株式の譲渡，秘密の漏洩が例示されているが，それらに限らない。競争会社の役員に金銭などを提供して，当該競争会社の方針に反する行動をさせることなども，考えられる。

違法性　競争会社に対する内部干渉は，そのすべてが規制されるわけではない。公正な競争秩序の維持という観点から黙視できないもののみが，規制されることになる。実際には，競争者に対する取引妨害に関して述べたのと同様の目的，効果をもつ内部干渉が，違法性を有すると考えられる。競争会社に対する内部干渉が違法とされた事件は，存在しない。

10 取引上の地位の不当利用

「取引上の地位の不当利用」とは，取引上の地位において相手方に優越している事業者がその地位を利用して，取引の相手方に対し不当に不利益を与える行為である。

取引上の地位の不当利用は，取引の相手方の競争単位としての活力の発揮を妨げ，その自主的な事業活動を制約することになるところから，旧一般指定14項において優越的地位の濫用行為として規制されていたが，課徴金制度の導入によりその大部分の行為類型が法2条9項5号に法定化され，取引の相手方の役員選任への不当干渉のみが一般指定13項に残された。その他に，特定分野における優越的地位の濫用行為を規制する法令として，①親事業者と下請事業者との取引を規制する下請法，②新聞業特殊指定，③特定荷主が物品の運送または保管を委託する場合の特定の不公正な取引方法（物流特殊指定）および④大規模小売業特殊指定が定められている。

1 優越的地位の濫用とは

> **違法行為類型**

優越的地位の濫用とは，「自己の取引上の地位が相手方に優越していることを利用して」行う行為である。旧一般指定14項では，5つの行為類型があげられていたが，改正後の一般指定13項には，「取引の相手方の役員選任への不当干渉」（旧一般指定14項5号）のみが残され，他の行為類型は独禁法2条9項5号に法定されている。同号には，次の行為類型が定められている。

① 継続して取引する相手方に対して，当該取引に係る商品または役務以外の商品または役務を購入させること（同号イ）

② 継続して取引する相手方に対して，自己のために金銭，役務その他の経済上の利益を提供させること（同号ロ）

③ 取引の相手方からの取引に係る商品の受領を拒み，取引の相手方から取引に係る商品を受領した後，当該商品を当該取引の相手方に引き取らせること（同号ハ前段）

④ 取引の相手方に対して取引の対価の支払を遅らせ，もしくはその額を減じること（同号ハ中段）

⑤ その他取引の相手方に不利益となるように取引の条件を設定し，もしくは変更し，または取引を実施すること（同号ハ後段）

以上の①から⑤を「不利益行為」という。

①と②は「継続して取引する相手方に」対する行為であり，③④⑤はそれに限られない。①は旧一般指定14項1号を，②は同項2号を引き継いだものである。①は購入・利用強制に関する行為，②は協賛金等への負担の要請・従業員等の派遣の要請に関する行為である。③は受領拒否・不当返品に関する行為を，④は支払遅延・代金減額に関する行為を例示しているが，これは2009年改正による法定化に伴い新たに導入されたものである。⑤は広く取引条件の設定・変更・実施に関する行為を定めているが，これは旧一般指定14項3・4号を統合した規定であり，優越的地位の濫用行為についての一般条項的性格を有している。

| 優越的地位とは |

現実の取引においては，取引当事者間に取引上の地位の格差があるのは通常である。その結果，一方当事者の取引条件や内容等が他方当事者に比べて不利となることは，事業者の事業活動において日常的に発生している

ことであり，それ自体独禁法上問題となるわけではない。しかし，取引上の地位が相手方に優越している事業者が，その地位を利用して相手方に対し不当に不利益を与えたり，役員選任に不当に干渉することは，相手方の自由かつ自主的な判断による取引を阻害するとともに，相手方はその競争者との関係において競争上不利となる一方で，行為者はその競争者との関係において競争上有利となるおそれがある。このような行為は公正競争阻害性があり，不公正な取引方法として規制を受けることになる（優越的地位ガイドライン第1の1，審決平成27・6・4審決集62・119〔日本トイザらス事件〕）。ここで優越的地位とは，両当事者（AB）間において，Aが市場支配的な地位またはそれに準ずる絶対的に優越した地位にある必要はなく，取引の相手方Bとの関係で相対的に優越した地位にあれば足りる。AがBに対し優越的地位にあるとは，BにとってAとの取引の継続が困難となることが事業経営上大きな支障を来すため，AがBにとって著しく不利益な要請等を行っても，Bがこれを受け入れざるを得ないような場合をいう。その判断に当たっては，①BのAに対する取引依存度，②Aの市場における地位，③Bにとっての取引先変更の可能性，④その他Aと取引することの必要性を示す具体的事実が総合的に考慮される（優越的地位ガイドライン第2，前出日本トイザらス事件）。事業全体の経営に大きな支障を来せば，通常，「事業経営上大きな支障を来す」こととなるが，特定の事業部門や営業拠点など特定の事業の経営のみに大きな支障を来す場合であっても，当該特定の事業が当該事業者の経営全体の中で相対的に重要なものである場合などには，「事業経営上大きな支障を来す」ことがあり得る（審決平成31・2・20審決集65・1・95〔山陽マルナカ事件〕，審決令和元・10・2審決集66・53〔エディオン事件〕，審決令和2・3・25

審決集66・184〔ダイレックス事件〕，東京高判令和3・3・3審決集67・444〔ラルズ事件〕）。不利益行為をAが行い，Bがこれを受け入れている事実が認められる場合，これを受け入れるに至った経緯や態様によっては，上記①〜④に加え，AがBにとって著しく不利益な要請等を行っても，Bがこれを受け入れざるを得ないような場合にあったことをうかがわせる重要な要素となり得る（前出山陽マルナカ事件，前出エディオン事件，前出ダイレックス事件）。

優越的地位の事例

ローソン事件（勧審平成10・7・30審決集45・136）では，「ローソンは，全国的に店舗を展開し，……日用品納入業者にとってきわめて有力な取引先であるとともに，日用品納入業者は，自己の販売する商品がローソンチェーン店において取り扱われることにより当該商品に対する消費者の信用が高まること等から，ローソンとの納入取引の継続を強く望んでいる状況にある」ことが，優越的地位の認定根拠とされている。また，三井住友銀行事件（勧審平成17・12・26審決集52・436）では，「三井住友銀行と融資取引を行っている事業者，特に中小事業者の中には……当面，三井住友銀行からの融資に代えて，三井住友銀行以外の金融機関からの融資等によって資金手当てをすることが困難な……融資先事業者……が存在する。融資先事業者は，三井住友銀行から融資を受けることができなくなると事業活動に支障を来すこととなるため，融資取引を継続する上で，融資の取引条件とは別に三井住友銀行からの種々の要請に従わざるを得ない立場にあり，その取引上の地位は三井住友銀行に対して劣っている」とされている。前出山陽マルナカ事件では，山陽マルナカは，岡山県において食品販売高シェア第1位であるなど食料品等の小売業を営む事業者として有力な地位にあるとして，食料品等の製造業者および卸

売業者にとって，一般的にいえば，同社と取引することの必要性および重要性は高いとされつつも，問題となった165社のうち，127社について，同社に対する取引依存度が高く，取引先の変更が困難である等，同社との取引の継続が困難になることは事業経営上大きな支障を来すとして，同社の優越的地位が認定された一方で，残る38社については，取引依存度が極めて小さい等，同社との取引の継続が困難になることが直ちに事業経営上大きな支障を来すものとは認められないとして，優越的地位が否定された（審決令和元・10・2審決集66・53〔エディオン事件〕も同様）。

親事業者と下請事業者の範囲

下請法では，親事業者と下請事業者との範囲について図・〈下請法の対象〉のように資本金額によって相対的に区分されている（2条7項8項）。

違法性

優越的地位の濫用は，「正常な商慣習に照して不当に」行われる行為である。

優越的地位の濫用行為の違法性，すなわち公正競争阻害性については，事業者の自主的な競争機能の自由な行使を阻害する点に公正競争阻害性を求める立場と，競争原理が働かないことを利用しての優越的地位の濫用行為それ自体に公正競争阻害性を求める立場とが対立していた。これに対して，近時，取引主体が取引の諾否および取引の条件について，自由かつ自主的に判断することによって取引が行われるという，自由な競争の基盤を侵害する点に公正競争阻害性を求める見解が有力となっている（これを自由競争基盤説という。なお，優越的地位ガイドラインは，この説と，行為者は自己の競争者との関係において競争上有利となるとする間接的競争侵害説との折衷説を採っているのではないかとの指摘がなされている）。しかしこの説に対して

<h3 align="center">〈下請法の対象〉</h3>

- 物品の製造委託・修理委託
- プログラムの作成委託
- 運送，物品の倉庫における保管および情報処理に係る役務提供委託

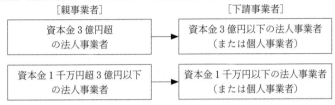

［親事業者］

| 資本金3億円超の法人事業者 |
| 資本金1千万円超3億円以下の法人事業者 |

［下請事業者］

| 資本金3億円以下の法人事業者（または個人事業者） |
| 資本金1千万円以下の法人事業者（または個人事業者） |

- 情報成果物作成委託（プログラムの作成を除く。）
- 役務提供委託（運送，物品の倉庫における保管および情報処理を除く。）

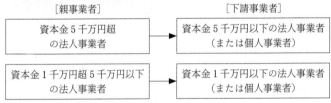

［親事業者］

| 資本金5千万円超の法人事業者 |
| 資本金1千万円超5千万円以下の法人事業者 |

［下請事業者］

| 資本金5千万円以下の法人事業者（または個人事業者） |
| 資本金1千万円以下の法人事業者（または個人事業者） |

は，「ここで違法とされているのは，濫用行為であって，優越的地位そのものではない。だから，濫用行為が排除されても，優越的地位は残るわけであるし，もともと優越的地位は，その濫用行為に基づいて生じたのではないのだから，この行為を排除することで，自由競争基盤が確保されることになるというのも，理由のない説である」との批判がなされている。

　思うに，取引先選択の自由（＝取引先の転換）は競争の基本的な一要素であるが，長期にわたる継続的な取引関係の結果，相手方への依存度が大きくなり，取引先の転換が事実上制約されている場合には，そもそも競争原理が働かないのであるから，この行為の公正競争阻害性は，競争原理が働かないなかでの，相手方への抑圧に求めるのが妥当であろう。

しかし，この論争は優越的地位の濫用の公正競争阻害性をどのように説明するかをめぐってのものであり，規制の必要性を否定するものではない。

| 「正常な商慣習」に
照らして不当に

これは，濫用行為についての判断基準を示したものであって，競争原理が機能している場合ならば行われることのないような行為を意味している（もっとも，この点については，「当事者間の依存関係を前提としてはじめて可能となるような取引条件」を判断基準とすべきとの説もある）。ここでは，「正常な商慣習」が判断基準となっているが，これは，取引条件の決定は原則として，当事者間の自主的な決定に委ねられることを考慮し，当該業界で定着している商慣習は一応経済的に合理的な取引条件を示すものと判断するとの趣旨である。ただ，この商慣習は，競争政策の観点からみて是認されるものでなければならない。

② 優越的地位の濫用の態様

法2条9項5号イ〜ハ，一般指定13項で禁止されている行為以外に，「大規模小売業特殊指定」によって，大規模小売業者の納入業者に対する不当返品，納入業者の従業員等の不当使用等10の行為類型が禁止されており，「物流特殊指定」では，特定荷主による特定物流事業者に対する不当な代金減額等の9の行為類型が禁止されている。「新聞業特殊指定」では，発行業者が販売業者に対して注文以上の新聞を供給すること，いわゆる「押し紙」が禁止されている（勧審平成10・2・18審決集44・358〔北國新聞社事件〕）。また，下請法が下請取引について，種々の行為を禁止している。さらに，テレビ番組制作やソフト開発などのサービス業の委託取引については，

「役務の委託取引における優越的地位の濫用に関する独占禁止法上の指針」（役務の委託取引ガイドライン），「フランチャイズ・システムに関する独占禁止法上の考え方について」（フランチャイズガイドライン），「優越的地位の濫用に関する独占禁止法上の考え方」（優越的地位ガイドライン）が，作成されている。2019年12月，「デジタル・プラットフォーム事業者と個人情報等を提供する消費者との取引における優越的地位の濫用に関する独占禁止法上の考え方」（消費者優越ガイドライン）が作成され，消費者との取引における優越的地位の濫用が独禁法の規制対象になることが公式の文書としては初めて明確にされた。

　優越的地位ガイドラインでは，法定の行為類型について想定例・具体例が挙げられ，詳細な説明がなされている。また，役務の委託取引ガイドラインでは，「役務の委託者による優越的地位の濫用行為」として，代金の支払遅延や代金の減額要請等の行為が，消費者優越ガイドラインでは，デジタル・プラットフォーム事業者による優越的地位の濫用行為として，個人情報等の不当な取得および利用が，それぞれ挙げられているので，これらも併せて説明する。

金融機関と優越的地位の濫用

(1)　役員選任への干渉　金融機関による優越的地位の濫用の事例として，まず，役員選任への干渉が挙げられる。役員選任への干渉は，経営執行の任にあたる者の選任に対する干渉であるから，相手方の自主性に対する重大な干渉であり，優越的地位の濫用のおそれがある。しかし金融機関が取引先の経営改善等のために役員を派遣すること自体は不当ではない。不当とされるのは，必要な限度を超えて役員選任へ干渉する場合である。それは，干渉される役員の人数，地位および干渉の態様などから判断される。

日本興業銀行事件（勧審昭和28・11・6審決集5・61）および三菱銀行事件（勧審昭和32・6・3審決集9・1）では，融資に際して役員全員の選任について干渉したことが，「金融機関の債権保全の見地からする正当な行為とは認められぬもの」であるとされた（旧一般指定14項5号〔現行13項〕）。

(2) **歩積・両建預金**　　次に，歩積 <ruby>歩<rt>ぶ</rt>積<rt>づみ</rt></ruby>・<ruby>両建<rt>りょうだて</rt></ruby>預金の問題がある。金融機関が，手形割引に際して割引金額の一部を預金させることを歩積預金といい，融資の際に融資の条件として定期預金などの拘束性の強い形で預金させることを両建預金という。歩積・両建預金は，本来，相手方が自由に利用できる手形割引金や貸付金の一部を強制的に預金させて拘束するものであるから，その性格上不当性を有しているといえるが，金融機関の債権保全の必要から是認される場合もある。「不当に不利益」かどうかは，担保の有無，拘束預金の比率，実質年利の程度などを総合的にみて判断される。岐阜商工信用組合両建預金事件最高裁判決（最判昭和52・6・20民集31・4・449）によれば，借り手に十分な人的・物的担保があるにもかかわらず，50％を超えて預金を拘束し，実質利率が利息制限法の制限利率を超えているような場合には，両建預金は，不当に不利益なものとされるのである（旧一般指定14項3号4号〔現行独禁法2条9項5号ハ後段〕）。

(3) **金融商品の押付販売**　　金融機関が融資先事業者に対して金融商品の押付販売をした事例として，前出三井住友銀行事件がある。本件では，同銀行が，融資に係る手続を進める過程で，融資先事業者に対して金利スワップの購入が融資を行うことの条件である旨または同商品を購入しなければ融資に関して不利な取扱いをする旨を明示または示唆することにより，融資先事業者に対して金利スワップの購入を余儀なくさせたことが，「自己の取引上の地位が融資先

事業者に対して優越していることを利用して，正常な商慣習に照らして不当に，融資先事業者に対し，融資に係る商品又は役務以外の商品を購入させている」とされた（旧一般指定 14 項 1 号〔現行独禁法 2 条 9 項 5 号イ〕）。

**メーカーによる優越的
地位の濫用——払込制**

払込制とは，メーカーが卸売業者や小売業者などの販売業者の売買差益の一部または全部を積み立てさせて，一定期間経過後に当該販売業者に払い戻す制度である。払込制は，本来，販売業者が自由に処分すべき売買差益の一部を徴収・保管して，一時的にせよ販売業者の資金運用の途を閉ざすことによって，販売業者に不利益を与え，また，販売業者の廉売行為に対する牽制効果を有する。第 2 次育児用粉ミルク事件（判審昭和 52・11・28 審決集 24・65〔雪印乳業事件〕，判審昭和 52・11・28 審決集 24・86〔明治乳業事件〕）では，「本来，被審人において保留すべき性格を有しない育児用粉ミルクの売買差益の一部を一定期間保留しているものであり，……自己の取引上の地位が優越していることを利用して，……卸売業者及び小売業者に不当に不利益な条件で取引しているもの」とされた（旧一般指定 14 項 3 号〔現行独禁法 2 条 9 項 5 号ハ後段〕）。

**下請取引と優越的地位
の濫用**

下請事業者は，取引の全部または重要な部分を親事業者に依存していることから，取引先を転換することは事実上不可能である。継続的取引関係のなかで，親事業者は資金繰りの都合から下請代金の支払を遅らせるなどして，負担を下請事業者に転嫁することが少なくない。この種の問題を優越的地位の濫用として独占禁止法に基づいて規制することは可能であるが，その際には，親事業者の優越的地位，その行為の不当性などを個別に認定する必要がある。独占

禁止法の手続では，下請取引の迅速かつ効果的な規制に対応できないことから，下請取引の実態に即してその公正化を図り，下請事業者を保護するために，1956年，独禁法の特別法として下請法が制定された。そして2003年，規制対象の拡大を目的として，下請法の改正が行われた。

　下請法では，前述のように資本金額を基準に適用対象となる親事業者，下請事業者の範囲が定められており（下請法2条7項8項），親事業者については，不当な受領拒否，下請代金の支払遅延，下請代金の減額，不当返品，買叩き，購入強制などを禁止するといった，遵守事項が定められている（下請法4条）。

　下請法は，製造委託と修理委託に係わる下請取引を対象としていた（下請法2条1項・2項）が，2003年の改正により，金型の製造委託，情報成果物作成委託および役務提供委託が新たに対象とされることになった（下請法2条1項・3項・4項）。建設工事の下請取引は，建設業法により規制されているところから，下請法の対象から除かれている。

　なお，独禁法2条9項5号ハに，これまで下請法で親事業者の遵守事項とされていた受領拒否・不当返品・支払遅延・代金減額などに関する行為が取り入れられたことにより，これらの行為に対して2条9項5号と下請法との双方適用の可能性が生じてきたが，公取委は，双方適用が可能な場合には，通常，下請法を適用することとなるとしている。親事業者が下請法に基づき公取委のした勧告に従った場合には，独禁法20条および20条の6の規定は適用されないことになっている（下請法8条）。

大規模小売業者等の 優越的地位の濫用

(1) **押付販売**　大規模小売業者が，納入取引関係を利用して納入業者に対し自社が販売する商品・役務の購入を要請することがある。これを押付販売という。優越的地位にある小売業者が商品・役務の購入を要請すると，納入業者の方は，購入を希望しない場合であっても，今後の納入取引に与える影響を懸念して購入せざるを得なくなる。このような場合には，優越的地位の濫用に該当することになる。三越事件（同審昭和57・6・17審決集29・31）では，「三越は，自己の取引上の地位が納入業者に対して優越していることを利用して，……納入業者に不当に不利益な条件で納入業者と取引しているもの」とされた（旧一般指定14項1号，現行独禁法2条9項5号イ，大規模小売業特殊指定6項および優越的地位ガイドライン第4の1）。

(2) **協賛金等の負担の要請**　大規模小売業者が，納入業者に対して，催事，広告等の費用負担のため金銭的な負担を要請することがある。これを協賛金等の負担の要請という。優越的地位にある小売業者が，一方的な都合で協賛金等の負担の要請を行う場合には，納入業者に不当に不利益を与えることとなりやすい。負担することの合理的理由に欠けている場合や，その算出根拠が明らかでない場合には2条9項5号ロに該当する（大規模小売業特殊指定8項および優越的地位ガイドライン第4の2(1)）。前出ローソン事件では，ローソンが日用品の納入業者に対し特段の算出根拠がなく，かつ，当該納入業者にとって提供すべき合理的理由がない金銭を提供させ，日用雑貨品を1円で納入させていた行為が，また，全国農業協同組合連合会事件（勧審平成2・2・20審決集36・53）では，全農が，段ボールの需要者が段ボールの購入を系統ルートから価格の安い系統外ルートに

変更することを阻止するために，系統ルートと系統外ルートとの価格差の補塡に要する費用の全部または一部を「市況対策費」と称して当該段ボール箱の製造メーカーに負担させていた行為が，旧一般指定14項2号（現行独禁法2条9項5号ロ）に該当するとされた。

(3) **購入商品の返品**　大規模小売業者による納入業者に対する購入商品の返品は，小売業者の側の一方的な都合でそれを行う場合には，納入業者に不当に不利益を与えることとなりやすい。どのような場合に，どのような条件で返品するか当事者間で明確になっていない場合で，納入業者にあらかじめ計算できない不利益を与えることとなる場合には，2条9項5号ハ前段に該当する（大規模小売業特殊指定1項および優越的地位ガイドライン第4の3(2)）。前出日本トイザらス事件では，「取引の相手方の責めに帰すべき事由がない場合の返品及び減額」は，「原則として，取引の相手方にあらかじめ計算できない不利益を与えるものであり，当該取引の相手方の自由かつ自主的な判断による取引を阻害するものとして，濫用行為に当たると解される」が，「返品に関しては，例外的に，①商品の購入に当たって，当該取引の相手方との合意により返品条件を明確に定め，その条件に従って返品する場合，②あらかじめ当該取引の相手方の同意を得て，かつ，商品の返品によって当該取引の相手方に通常生ずべき損失を自己が負担する場合，③当該取引の相手方から商品の返品を受けたい旨の申出があり，かつ，当該取引の相手方が当該商品を処分することが当該取引の相手方の直接の利益となる場合などは，当該取引の相手方にあらかじめ計算できない不利益を与えるものではなく，濫用行為には当たらないと解される」とされた。

(4) **従業員等の派遣要請**　メーカーや卸売業者が百貨店・スーパーなどの小売店に対して，自社商品または自社が納入した商品の販

売等のために自社の従業員等を派遣する場合がある。このような従業員等の派遣は，派遣するメーカーや卸売業者にとってメリットのある場合があるが，優越的地位にある小売業者が一方的な都合で派遣を要請する場合にはそれらの業者に不当に不利益を与えることとなり，2条9項5号ロに該当することになる（大規模小売業特殊指定7項および優越的地位ガイドライン第4の2(2)）。例えば，買取取引の売主が買主に対し新規店舗開設等作業のための従業員等派遣する行為は，「売主にとって通常は何ら合理性のないことであり，そのような行為は，原則として不利益行為に当たることになる」が，「例外的に，①従業員等の業務内容，労働時間及び派遣期間等の派遣の条件について，あらかじめ相手方と合意し，かつ，派遣される従業員等の人件費，交通費及び宿泊費等の派遣のために通常必要な費用を買主が負担する場合，②従業員等が自社の納入商品のみの販売業務に従事するものなどであって，従業員等の派遣による相手方の負担が従業員等の派遣を通じて相手方が得ることとなる直接の利益等を勘案して合理的な範囲内のものであり，相手方の同意の上で行われる場合は，不利益行為には当たらない」（審決平成31・2・20審決集65・95〔山陽マルナカ事件〕，審決平成31・3・25審決集65・314〔ラルズ事件〕。審決令和元・10・2審決集66・53〔エディオン事件〕も同旨）。

(5) **その他**　優越的地位ガイドラインでは，その他に，2条9項5号ハに該当する行為として，①受領拒否（第4の3(1)），②支払遅延（第4の3(3)），③減額（第4の3(4)），また，④その他取引の相手に不利益となる取引条件の設定等（第4の3(5)）として，取引の対価の一方的決定（第4の3(5)ア），やり直しの要請（第4の3(5)イ）等が挙げられている。

また，大規模小売業特殊指定では，取引先大規模小売業者が，納

入業者が本特殊指定に規定する行為をしている旨を公取委に知らせ，または知らせようとしたことを理由として，報復措置をとることが禁じられている（10項）。物流特殊指定にも同様の報復措置禁止の規定がある（2項）。

フランチャイザーによる優越的地位の濫用行為

前出フランチャイズガイドラインでは，優越的地位にあるフランチャイザー（本部）がフランチャイジー（加盟者）に対して，フランチャイズ・システムによる営業を的確に実施する限度を超えて，正常な商慣習に照らして不当に加盟者に不利益となるように取引条件を設定し，または取引の条件・実施について加盟者に不利益を与える場合には，優越的地位の濫用（2条9項5号ハ）に該当するとされている。例えば，取引先の制限，仕入数量の強制，見切り販売の制限，フランチャイズ契約締結後の契約内容の変更および契約終了後の競業禁止等である。

セブン-イレブン・ジャパン事件（排令平成21・6・22審決集56・2・6）では，セブン-イレブン・ジャパンが，「加盟店で廃棄された商品の原価相当額の全額が加盟店の負担となる仕組みの下で，推奨商品のうちデイリー商品に係る見切り販売（以下「見切り販売」という）を行おうとし，又は行っている加盟者に対し，見切り販売の取りやめを余儀なくさせ，もって，加盟者が自らの合理的な経営判断に基づいて廃棄に係るデイリー商品の原価相当額の負担を軽減する機会を失わせている」ことが，旧一般指定14項4号に該当するとされた（現行独禁法2条9項5号ハ後段およびフランチャイズガイドライン3(1)）。

事業者間の役務の委託取引には，運輸，ビ
ルメンテナンス等の委託取引のように受託
者（役務の提供を受託した事業者）が役務を
提供すること自体で債務の履行が完了するもののほか，ソフトウェ
ア開発，テレビ番組制作等の受託者が役務を提供して得られる成果
物を引き渡すことで債務の履行が完了するものがある。これらの取
引については，流通・取引慣行ガイドラインの考え方がそのまま適
用できない場合もあることから，役務の委託取引ガイドラインが設
けられた。

　同ガイドラインには，役務の委託者による優越的地位の濫用行為
として，①代金の支払遅延，②代金の減額要請，③著しく低い対価
での取引の要請，④やり直しの要請，⑤協賛金等の負担の要請，⑥
商品等の購入要請，⑦情報成果物に係る権利等の一方的取扱いが，
挙げられている。このうち，⑦役務の成果物に係る権利等の一方的
取扱いは，役務の委託取引固有の問題である。

情報成果物が取引の対象となる役務の委託
取引にあっては，受託者が制作した成果物
について，著作権が生じたり，特許権，意

匠権等の権利の対象となることがある。また，受託者が当該成果物
を制作する過程で，他に転用可能な成果物，技術等を取得すること
があり，これが取引の対象となる成果物とは別の財産的価値を有す
る場合がある。

　委託者が，受託者に対して，当該成果物または他に転用可能な成
果物等が自己との委託取引の過程で得られたことまたは自己の費用
負担により製作されたことを理由として，ⓐ一方的にこれらの権利
を自己に帰属させたり，ⓑ一方的に当該成果物の二次利用を制限す

ることなどは，受託者に不当に不利益を与えることとなり，2条9項5号ハ後段に該当する（役務の委託取引ガイドライン第2の7）。

デジタル・プラット
フォーム事業者による
消費者に対する濫用行為

多面市場の性格を持つデジタル・プラットフォーム（以下「DP」という）市場（例・検索サービスやSNSなど）は，ネットワーク効果等を通じて，独占化・寡占化が進みやすいだけでなく，DP事業者にデータが集積・利活用され，その結果，利用者へのサービスが向上し，さらに利用者が増加し，それによってさらにデータの集積・利活用が進むといった競争優位を維持・強化する循環が生じるともされている。また，DP事業者のデータの集積方法として，個人情報等の取得または利用と引換えに財やサービスを無料で提供するビジネスモデルが採られるところ，同事業者が，サービスを提供する際に消費者の個人情報等を取得または利用することに対して懸念する声もある（→*Column*⑮）。

こうした懸念に応えて，消費者優越ガイドラインは以下の点を明確にしている。第1に，独禁法2条9項5号における「取引の相手方（取引する相手方）」には消費者も含まれ，個人情報等が経済的価値を有し，消費者が，DPを利用する際に，その対価として自己の個人情報等を提供していると認められる場合は，消費者はDP事業者の「取引の相手方」に該当する。第2に，消費者がDP事業者から不利益な取扱いを受けても，消費者が当該DP事業者の提供するサービスを利用するためにはこれを受け入れざるを得ないような場合に，DP事業者が個人情報等を提供する消費者に対して優越した地位にある。また，この場合にあたるかの判断に当たっては，消費者にとっての当該DP事業者と「取引することの必要性」を考慮することとし，消費者にとって，①代替可能なDP事業者が存在しな

い場合，②代替可能な DP 事業者が存在しても当該サービスの利用をやめることが事実上困難な場合，または③当該サービスにおいて，当該サービスを提供する DP 事業者が，その意思で，ある程度自由に，価格，品質，数量，その他各般の取引条件を左右することができる地位にある場合には，通常，当該サービスを提供する DP 事業者は，消費者に対して取引上の地位が優越していると認められる。

第3に，個人情報等の不当な取得（①利用目的を消費者に知らせずに個人情報を取得すること，②利用目的の達成に必要な範囲を超えて，消費者の意に反して個人情報を取得すること，③個人データの安全管理のために必要かつ適切な措置を講じずに，個人情報を取得すること，④自己の提供するサービスを継続して利用する消費者に対して，消費者がサービスを利用するための対価として提供している個人情報等とは別に，個人情報等その他の経済上の利益を提供させること）および個人情報等の不当な利用（⑤利用目的の達成に必要な範囲を超えて，消費者の意に反して個人情報を利用すること〔例　ターゲティング広告への利用，第三者への提供〕，⑥個人データの安全管理のために必要かつ適切な措置を講じずに，個人情報を利用すること）は，優越的地位の濫用として問題となる。

3　優越的地位の濫用の規制

優越的地位の濫用事件タスクフォース

2009 年 11 月，公取委の審査局内に優越的地位濫用事件タスクフォースが設置された。これは，優越的地位の濫用行為を未然に防止することを目的として，優越的地位の濫用に係る事案を効率的・効果的な調査を行い濫用行為を抑止・早期是正する組織として設けられたものである。

　確約手続（→第1章4③）導入後，優越的地位の濫用について頻繁に確約計画が認定されている（認定令和2・8・5〔ゲンキー事件〕，認定令和2・9・10〔アマゾンジャパン事件〕，認定令和3・3・12〔ビー・エム・ダブリュー事件〕）。このうちアマゾンジャパンおよびゲンキーの確約計画には，納入業者に対する金銭的価値の回復が含まれている。

11 法の執行・実現

　不公正な取引方法に対する執行・実現の手段には，行政措置として排除措置命令と課徴金納付命令があり，また民事上の救済手段として，損害賠償請求や私法上の効力の無効主張のほかに，差止請求が認められている。なお，課徴金の対象は法定の5類型に限定されている。不公正な取引方法に対する刑事罰の定めは存在しない。不当な取引制限などに比べて競争制限効果の程度が低い行為を対象としていることが，その主な理由である。ただし，確定した審決・排除措置命令に違反した場合には，法人に対して高額の罰金を科すことができる（95条1項2号）。不公正な取引方法も確約手続（→第1章4③）の対象となり，実際に排除措置計画が認定された例がある（認定令和元・10・25〔楽天事件〕，認定令和2・9・10〔アマゾンジャパン事件〕，→*Column⑩*。他の例として→3②，10③）。

1 排除措置命令

　不公正な取引方法を用いた事業者に対しては，「当該行為の差止め，契約条項の削除

その他当該行為を排除するために必要な措置」を命ずることができる（20条）。また，7条2項の準用により，既往の違反行為に対しても，排除措置を命ずることができる（5年を限度。ただし2019年改正法の施行により，7年が限度となる）。

　排除措置の内容は，「当該行為を排除するために必要な措置」であればよいから，例示はされていないが，株式の処分などの構造的措置も命ずることができる（2017年改正前の流通・取引慣行ガイドライン第1部第7）。また，排除措置は，私法上の効果を直接左右するものではないが，私法上の法律関係を形成・変動させる行為を命ずることが可能であるから，契約条項の削除，契約内容の改訂なども命じることができる。

| 取引命令の可否 |

取引拒絶や抱き合わせ販売などの事案では，取引することを命じること（「取引命令」）も可能だとされている。ただし，共同の取引拒絶の事案では，個々の事業者が「自主的に」取引の可否を決定する旨を命じること（判審平成20・7・24審決集55・294〔着うた提供業者によるライセンスの共同拒絶事件〕），また，単独・間接の取引拒絶の事案では，相手方に取引拒絶を「させる」行為の取りやめを命じることにとどめられている（勧審平成2・2・20審決集36・53〔全国農業協同組合連合会事件〕）。他方，抱き合わせ販売の事案では，取引先事業者からの「申出に応ずること」を命じたものがある（勧審平成10・12・14審決集45・153〔マイクロソフト事件〕）。しかし，現在のところ，単独・直接の取引拒絶に対して取引を命じた事案は存在せず，当該拒絶行為の「取りやめ」を命じるにとどめられている。

| 価格設定への介入 |

不当廉売や差別対価の事案では，排除措置として，一定の価格水準の設定を命じる必

要がある場合が生ずる。これに関しては，特定の価格（確定値）を下回る価格での販売の禁止を命じたもの（東京高決昭和50・4・30高民28・2・174〔中部読売新聞事件〕），仕入価格ないし仕入価格＋販売経費以下での販売の禁止を命じたもの（排令平成18・5・16審決集53・867〔濵口石油事件〕）がある。また，差別対価の事案では，価格水準それ自体ではなく，価格差を設けていることの取りやめを命じるのが通例である（東京高決昭和32・3・18行裁8・3・443〔第2次北國新聞事件〕）。

② 課徴金納付命令

対象となる5類型　不公正な取引方法のうち課徴金が課されるのは，2条9項1号〜5号の5類型である。このうち，共同の取引拒絶および再販売価格の拘束は，「正当な理由がないのに」を要件とし違法性が明確であること，また，不当廉売と差別対価は，違法性が比較的明確であるほか，特に抑止力強化の要請が強いことから課徴金の対象とされたものである。ただし，これらの行為については，10年以内に同一の違反行為が繰り返された場合（2019年改正法施行により，10年以内に完全子会社の違反行為が繰り返された場合を含むことになる）という限定が付されており，現在のところ，実際に発動された事例は存在しない。

　優越的地位の濫用は，違反行為者に不当な利得が生じるため違反行為への誘因が強いこと，公取委が措置をとった事案が相当数あり，抑止力強化に対する要請が強いことから課徴金の対象とされたものである。そして，他の類型と異なり，違反行為の繰り返しによる限定も付されていないことから，積極的な法運用がなされている。

　課徴金の対象は，2条9項5号に該当する行為のうち「継続してするもの」に限定される。濫用行為があれば直ちに課徴金の納付を命ずることにすると，事業活動の萎縮をもたらすとの考慮からである。この趣旨に鑑みると，そこでは，違反行為が全体として継続していると判断されればよく，取引の相手方や個々の濫用行為ごとに継続性を判断することを求めるものではないと考えられる。

　課徴金算定の基礎となる売上額は，他の行為類と異なり，違反行為に係る特定の商品の売上げではなく，優越的地位の濫用行為を受けた相手方（「当該行為の相手方」）との取引額の全体である。当該行為の相手方だと評価されれば，その者に対して行われた個別の濫用行為の種類や個数の如何は問題にされない。そして，この取引額に1%を乗じた額が課徴金額とされる。相手方との取引額の1%という水準は，過去の違反事件における不当な利益が取引額に占める割合を参考にしたものとされている。

　課徴金の算定期間は，「当該行為をした日から当該行為がなくなる日までの期間」（20条の6。3年間を限度。ただし2019年改正法の施行により3年間の限度は廃止され，違反行為をした日は処分が最初に行われた日等から10年前まで遡ることとなる）である。その場合，濫用行為が複数存在し，また複数の取引先に対して行われたものであるとしても，「それが組織的，計画的に一連のものとして実行されているなど，それらの行為を行為者の優越的地位の濫用として一体として評価できる場合には，独占禁止法上一つの優越的地位の濫用として規制される」。したがって，そこでは「濫用行為が最初に行われた日」が始期，「濫用行為がなくなったと認められる日」が終期とされ，その期間内における濫用行為の相手方との取引額の全体が，算

定の基礎となる売上額となる（審決平成27・6・4審決集62・119〔日本トイザらス事件〕）。

その他の類型　①課徴金の対象（→1①参照）。共同の取引拒絶は「供給」に係るものが対象で，購入を拒む場合（一般指定1項）は含まない。不当廉売は「供給に要する費用を著しく下回る価格で継続して供給する」場合が対象で，不当に低い対価で供給する場合（一般指定6項）を含まない。また，差別対価は，不当廉売の要件に倣い，「継続して供給する」場合であって，「他の事業者の事業活動を困難にするおそれ」があることが必要であり，それ以外の不当に差別的な対価（一般指定3項）は対象とならない（以上，20条の2から20条の4）。②課徴金の算定方法。違反行為をした日からなくなる日までの期間（20条の2から20条の5。3年間を限度。ただし2019年改正法の施行により3年間の限度は廃止され，違反行為をした日は処分が最初に行われた日等から10年前まで遡ることとなる）における，当該違反行為に係る売上額に3％（小売業2％，卸売業1％。ただし2019年改正法の施行により業種による軽減は廃止され基本算定率に一本化される）を乗じて得た額が課徴金額とされる。算定の基礎となる売上額については，各々の行為類型ごとに，対象とされる商品・役務が具体的に規定されている。

　このほか，独禁法の関連法規である景表法にも，優良誤認表示および有利誤認表示（景表法5条1号・2号）を行った事業者に対して，課徴金の納付を命じる規定がある（同8条）。その算定方法は，独禁法と同様，課徴金対象行為をした期間（3年間を限度）における当該違反行為に係る商品・役務の売上額に3％を乗じて得た額である。ただし，違法であることを知らず，かつ「知らないことにつき相当の注意を怠った者でないと認められるとき」には課徴金の納付を命

じることができないとして，故意・過失を欠く場合の免責を認めている。これは，実質的な被害者に相当する者を課徴金の対象から除外する趣旨だと説明されている。

③ 民事上の救済手段

不公正な取引方法に対する民事上の救済手段には，不法行為に基づく損害賠償請求，違反行為の差止請求，違反行為の私法上の効力の無効の主張などがある。

損害賠償請求　不公正な取引方法により損害を被った事業者・消費者は，民法 709 条，独禁法 25 条などを根拠に，違反行為者に対して損害賠償を請求することができる（→第 1 章 5 ② 参照）。

このうち，損害および損害額の認定・立証については，取引拒絶が存在しなかった場合における被害者の推定市場占拠率（東京地判平成 9・4・9 審決集 44・635〔日本遊戯銃協同組合事件〕）や，不当廉売がなかった場合の推定販売価格と実売価格との差額（名古屋地判平成 11・2・10 審決集 45・475〔北勢・名古屋生コン協同組合事件〕）を基礎とする算定方法が用いられた事例，ぎまん的商法により出捐を余儀なくされたダイヤの購入代金等を損害と認定した事例（東京高判平成 5・3・29 審決集 39・608〔ベルギーダイヤモンド事件〕）などがある。また，フランチャイズ本部による見切り販売の制限の事案において，値下げ販売によって廃棄ロスが減少したことによる利益の増加分の算定は困難であるとして，民訴法 248 条を適用したものがある（東京高判平成 25・8・30 判時 2209・10〔セブン－イレブン損害賠償請求事件〕）。

差 止 請 求　不公正な取引方法に対する差止請求の制度（独禁法 24 条，→第 1 章 5 ② 参照）は，その

創設以来 10 年以上が経過し，訴訟件数も数十件に及んでいるが，請求が認容された事例は，現在のところ，競争者に対する誹謗中傷行為が取引妨害に該当するとされた事案（東京地決平成 23・3・30 判例集未登載〔ドライアイス仮処分事件〕），および個人タクシーによるタクシー乗り場の利用を物理的に妨害した行為が取引妨害に該当するとされた事案（大阪高判平成 26・10・31 判時 2249・38〔神鉄タクシー事件〕）にとどまっている。なお，敗訴事例のほとんどは違反行為の存在自体を立証できなかった事案である。

差止請求の要件のうち，「著しい損害を生じ，又は生ずるおそれ」の解釈について争いがあり，学説上は，①差止めを認めるに足る程度の「有意な損害」と解して，取るに足らないトリビアルな請求を除外する趣旨と解するもの，②「不公正な取引方法の禁止によって守られるべき利益」の侵害であればよく，そこで損害の程度は問わないとするものなどがある。他方，立法者は，③損害賠償請求を認容する場合よりも「高度の違法性」を要する趣旨と解し，これを「守るべき法益」と「受ける侵害の程度」に照らして判断するとしている。判例は，「例えば，当該事業者が市場から排除されるおそれがある場合や新規参入が阻止されている場合等独占禁止法違反行為によって回復し難い損害が生ずる場合や，金銭賠償では救済として不十分な場合等がこの要件に該当する」（東京高判平成 19・11・28 審決集 54・699〔ヤマト運輸対郵政公社不当廉売事件〕）として，基本的に③の立場に立っている。

具体的には，取引妨害の事案で，競争者の顧客獲得機会をほぼ完全に奪うことを現に行い，同様のことが継続されることが予想され，手段としても物理的な実力を組織的に用いていることが，著しい損害にあたるとした判決がある（前出神鉄タクシー事件）。

不公正な取引方法に関わって私法上の効力の無効の主張が認められた事例の多くは，現在のところ，優越的地位の濫用に関わるものである（→第1章5②参照）。

債務不履行による解除に関しては，化粧品メーカーによる特約店契約の解除が，安売り販売店による値引き販売を阻止する目的で行われたものである場合には，再販売価格の拘束という結果をもたらし公正競争阻害性を有するから，それが特約店契約中の解約規定に基づくものであっても，当該解除は無効であるとした事例がある（神戸地判平成14・9・17審決集49・766〔マックスファクター事件〕）。また，特定の契約条項が独禁法に違反し無効となる場合には，当該条項違反を理由とする解除の無効を主張することが可能である。

第6章

知的財産権と独占禁止法

特許権や著作権など，知的財産権の制度は市場に組み込まれている。このため，知的財産権を保有する事業者は，これを市場で濫用して自由な競争を制限・排除するおそれがある。独禁法の規制の課題がそこに生まれる。

1 知的財産権と競争政策の関係

① 知的財産権の本義

知 的 財 産

知的財産は，映像，音楽，トレードマークなど社会の文化的・商業的コミュニケーションを生み出す財産であり，また，そのようなコミュニケーションを支える情報技術（IT）などのテクノロジーである。

知的財産は知識・情報の性質をもち，その利用に量的限界がないから，多くの人が同時にどれだけ使用しようと使い尽くされるということはない。そのため誰がどこでどれほど知的財産を使用をしているかを知ることが難しく，無断使用に対して，契約法や不法行為法により保護を図ったとしても十分な防備ができない。これを放置すれば，知的財産の開発と商業化の事業はリスクが大きくなり，知的財産を創作する活動全般に悪影響が及ぶ。社会の文化的・商業的

コミュニケーションは低迷し，それを支えるべき技術的基盤の発展も滞るであろう。知的財産の重要性を考えれば，これを実効的に保護する特別の制度が必要である。

Column⑫　　**知的財産の性質と法的保護の意義**••••••••••••••••••••••••

　ノーベル経済学賞受賞者（1973 年）の W. レオンチェフは，技術の知識・情報としての性質と，特許権や著作権による保護の意義を平易に説明する。

　「研究産業の生産物，すなわち，科学的知識や技術上のノウハウと，他の大多数の財とでは異なる点が一つある。つまり，知識は有用であることもあるし，役に立たないことが結局わかる場合もあるが，しかし，使い尽くされることだけは決してありえないのである。ある着想は，それがいかに小さな技術的情報であっても，摩耗による消尽の危険を全く顧慮せずに，同一人が何度でも利用できる。そればかりかこの同じ着想を，多くの人が同時に利用できるし，利用者の数が増加して他人の取り分が増えたからといって，自己の取り分が少なくなるわけではない。

　研究が作り出す知識あるいは着想のもつ，この無制限的，普遍的利用可能性が，社会全体，人類全体にとってきわめて望ましい性質であることは確かだが，営利事業として（すなわち，利潤目的をもって）研究，すなわち，知識の生産に従事したいと考えている人にとっては，重大な問題を提起することになる。研究投資を正当化するためには，企業はその成果に価格をつけて直接に――あるいは生産物に化体して，間接に――販売することが可能でなければならない。しかし，一旦生産されるや，誰にでも無制限に利用できるような財に，一体誰が金を支払うだろうか。……略……

　特許権，著作権……はこの問題を扱っているのである。これらは，本来的には量的性質を具えていないものにそれを付与し，そうすることによって，私的企業が着想や新知識の生産に従事し，鉄鋼やパ

ンと同様に，それを営利的に販売，使用することを可能にしている。これは，問題の巧妙な解決法であり，ある程度までは極めて有効である。」

W. レオンチェフ著，時子山和彦訳「特許権と政府研究契約」（日本経済新聞社『経済学の世界』1974年所収）より。

────────────────────────────────

知的財産の保護

知的財産権制度は，直接には，不正競争（ただ乗り）を防止するために導入されたと考えてよい。今でも営業秘密や周知標識などの知的財産が不正競争防止法によって保護されているのはその証しである。しかし，知的財産権制度の目的は不正競争の防止にとどまるものではない。知的財産に排他権を与えて量的希少性をもたせ，確実に取引できる財として成立させるものである。取引の確実性が高まれば，知的財産を創作する投資活動も奨励されよう。こうして，知的財産制度は，不正競争を防止するという目的を超えて，知的創作を奨励するという積極的な政策目的（産業振興政策や文化学芸奨励政策）に照準する手段となる。先進工業国においては，知的財産権制度の設計の在り方が国際競争力に影響を及ぼすと考えられ，逆に多くの開発途上国においては国内産業の育成に必ずしも良い影響を及ぼさないと考えられている。このため知的創作を奨励する制度の在り方は国際機関（WIPO や WTO）において激しい論争を呼び起こしている。

知的財産権の保護の限界

知的財産は人々の多様なコミュニケーション活動と結びつくために，知的財産権の制度設計に適切な配慮を欠くと人々の自由な活動の脅威になりうる。多くの事業者に知られた技術に特許権が与えられ，あるいは多くの事業者が自由に使っていた商品の名称に商

標権が与えられ，それらの使用が禁止されるならば，商業的コミュニケーションは深刻な影響を受けるであろう。著作権の場合は事業者だけでなく，社会の多数の人々の教育，研究，娯楽などの文化的なコミュニケーションに深刻な打撃を与えるであろう。それを避けるため，特許法は新規で進歩的な発明を保護し，著作権法は創作的な表現を保護する。商標法は，識別性のある標識を保護するが，それでは保護範囲が広いので，商標の出所指示機能や品質保証機能を害する態様の侵害だけから保護する（商標的使用の保護）。

知的財産権の保護と利用の均衡

知的財産の保護は一定の社会的に有意義な利用や技術開発のための利用を制約しないように設計される。例えば，特許法では，試験・研究のための実施，医師や歯科医師による複数の特許医薬品の調剤行為，先使用による通常実施権の設定，特許権の消尽など特許権の効力が及ばない領域を設けている。著作権法では，教育・研究，文化，社会福祉，報道などの著作権の及ばない領域を設けている。また，検索エンジンにおける著作物の利用や AI 開発における著作物の利用などにも著作権の効力が及ばない領域を設けている。その理由について，検索エンジンや AI の開発は，人の視聴覚による鑑賞を目的としない行為であり，著作権に制約を課しても著作権者の利益を害さないか，または不利益が軽微である行為であるためと説明される。

　今日は知的財産の保護の強化が行われる時代である。国際競争力の強化のための積極的な政策手段として先進各国が知的財産権制度を強化していることから，人々の自由な活動に対する脅威もまた大きくなっている。制度の社会的なコストを軽減するために，保護の基準（新規性・進歩性，創作性，識別性）を高く設定し，その審査を

厳格にし，保護すべき知的財産を厳選することが必要であろう。知的財産の保護と利用のバランスを図ることは知的財産権制度の本義をなす。

２ 知的財産権の種類と分類

種類と分類

発明や著作物などの知的財産は，無体財産ともいわれる。商標など営業的に価値ある資産もこれに含まれる。知的財産はこれらの総称である。これらを財産権として保護するのが知的財産権である。

知的財産権は，発明や文学作品のような知的創作を保護する権利と，商標のような営業標識を保護する権利に大きく分けられる。前者の権利は，さらに，産業財産権（特許権，実用新案権，意匠権）のような産業政策的な権利と，著作権・著作隣接権のような文化学術的な権利とに分けられる。これらを順にみてみよう。

特許権・実用新案権・
意匠権など

特許権と実用新案権は発明を保護する。保護する要件は，新規であることと，進歩的であることである。すでに知られ，また公然と使用されている発明は保護されず（特許法29条1項），進歩性のない発明も保護されない（同条2項）。情報技術，バイオテクノロジー，ナノテクノロジーに関する現代の優れた発明は特許権で保護される。実用新案権が保護する発明は考案といい，特許発明よりも進歩性の乏しい発明で，モノの発明のみが保護される（実用新案法2条1項・3項）。意匠権は商品のデザイン（物品の美的な形状，模様，色彩，店舗等の内装，操作画像）を保護するもので，新規性と創作性（オリジナリティ）が登録の要件である（意匠法3条1項・2項）。半導体集積回路の回路配置利用権を保護する法律や，植物新品種を保護

知的財産権の種類と分類

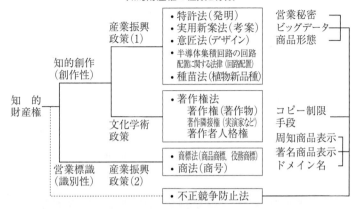

する種苗法がある。権利の存続期間は，実用新案権が出願から10年，半導体集積回路の回路配置利用権が設定登録から10年，種苗法の育成者権が品種登録から25年（一部30年），意匠権が出願から25年，特許権が出願から20年である。

> **著作権・著作隣接権・著作者人格権等**

著作権は著作物を保護する。著作物は，伝統的なものとして，小説，学術論文など言語の著作物，絵画，彫刻など美術の著作物，音楽の著作物などがある一方で，コンピュータ・プログラムやデータベースなど現代的な著作物もある（著作権法10条1項）。著作物を保護する著作権は1つの権利ではなく，複製権，上演権，演奏権，公衆送信権，譲渡権，貸与権，翻訳権などの支分権を束にした権利の総称である（同21条～28条）。著作隣接権は，著作物を広く社会に伝達する役割を果たす歌手，俳優などの実演家やレコード製作者，放送事業者に与えられる著作権類似の権利である（同89条～104条）。そのほか，著作者人格権（公表権，氏名表示権，同一性保持権），実演家人格権（氏名表示権，同一性保持権）がある。著作権，著作隣接権

の存続期間は著作者の死後70年（ただし，放送・有線放送事業者の著作隣接権は50年），法人著作は公表後70年である（2018年12月30日のCPTPPの発効により50年が70年になった→第8章2⓫）。

　著作物の公正な利用のために排他的効力を制限する一群の規定があるが（同30条以下），デジタル・ネットワーク技術を用いた複製権等の効力の制限が画一的・硬直的であったため，従来からIT技術の進展に対応できないとの批判があった。2018（平成30）年改正で，関連する規定は，権利者の利益を通常害さない行為類型（同30条の4，47条の5）や不利益が軽微な行為類型（同47条の6）として再編・整理され，デジタル・ネットワーク技術の進展に適合するように柔軟化された。

　人格権は著作者・実演家が死ぬまで存続する。しかし，死後直ちに消滅するわけではない。人格的価値が著作物に化体して残る（同60条・116条）。

商標権・商号　商品表示や営業標識は商標法により保護される。商標法は商品商標と役務商標（サービスマーク）を保護する（商標法2条1項1号・2号）。商標（記号，文字，図形，立体，音，色彩，位置等々）の識別性が保護の要件であって（同3条1項・2項），創作性は問わない。識別性を基礎にして出所指示，品質保証，宣伝広告の3つの経済機能を果たす。商標権は，使用実績がなくても登録され，強い権利となりがちである。そこで，誰が提供する商品・役務かの識別機能を発揮していない態様で使用されていれば，それは「商標的使用」ではないとして保護されない（同26条1項6号）。商標権の存続期間は一応10年だが，登録を更新することで，半永久的に保護される。

　商法上の商号も知的財産に含まれる。

③ 知的財産権の他の分類

そのほかの観点から知的財産権を分類することも可能である。

絶対的排他権と相対的
排他権の分類

排他権の内容から，絶対的排他権と相対的排他権に区分される。特許権，実用新案権，意匠権，植物新品種は絶対的排他権である。模倣・盗用を排除するだけでなく，出願に遅れた者の独立した知的創作の実施も排除する（例外は先使用による通常実施権）。このことは出願における先願主義と符号する。商標権も絶対的排他権である。他方，著作権・著作隣接権，半導体集積回路の回路配置利用権は相対的排他権である。模倣・盗用を排除するだけで，後発者の独立した知的創作の利用は排除しない。

審査制度と登録制度による分類

出願・審査・登録制度は保護すべき知的財産を審査によって選別し，それを登録制度によって社会に公開する。知的財産の選定と公開は，知的財産権制度が有効に機能するための条件である。反面，審査に時間を取れば知的財産の時宜をえた保護の機会を喪失させる。無審査，無登録の知的財産権が保護に有効なこともある。知的財産の性格に応じた両者の使い分けが行われている。特許権，意匠権，商標権，植物新品種は，出願・審査を経て登録されて権利の効力をもち，実用新案と半導体集積回路の回路配置は審査がなく出願による登録だけが必要である。著作権・著作隣接権は，審査も登録も必要としない（ベルヌ条約の無方式主義による）。

不正競争防止法

知的財産権を論じるとき，不正競争防止法の存在を忘れてはならない。この法律は，知的財産「権」法とは言えないが，近年，度重なる改正を経て重要

性を高めている。著名あるいは周知性のある商品表示や営業表示，ドメイン名，商品形態，営業秘密（ノウハウないしトレードシークレット），限定提供データ（ビッグデータ）コピー防止等の技術的制限手段を不正競争から保護し，知的財産の保護の根幹をなす法律である。2015（平成27）年改正で，営業秘密の保護は，営業秘密の不正取得の刑罰範囲の国外犯への拡大，侵害品の譲渡・輸出入等への禁止の拡大を含め，大幅に強化された。審査，登録は不要であるから，知的財産の侵害に機動的に対応できる。他人の不正競争から営業の利益を侵害された者が差止請求訴訟と損害賠償請求訴訟を提起することができる。

　なお，知的財産を侵害しているなどの虚偽の事実を告知・流布して競争者の「営業上の信用」を害すれば，これも「不正競争」となる。また，不正競争防止法は，品質誤認惹起や営業誹謗，外国公務員に対する贈賄行為など，知的財産に関係のない不正競争も禁止している。

4　知的財産権と独占禁止法の関係

基本的な関係　今日，知的財産権制度は，独禁法と対立する関係にあるのではなく，補完し合う関係にあると理解するのが通例である。特許法を例にとれば，たしかに特許法は発明者の独占権（専有する権利）を与える。それにより，特許権者となった者は，特許発明を専有し，これを侵害する者に対して，差止請求権を行使し，また損害賠償請求権を行使することができる。その結果として，特許侵害者の侵害活動は市場から排除される。これは競争の排除である。しかし，排除されるのは不正な競争であり，独禁法が守るべき競争ではない。独禁法にいう「公正か

つ自由な競争」の排除ではないから，侵害行為を排除しても独禁法の法益を侵害しない。

しかし，侵害する行為を排除することが，独禁法の問題になることが決してない，というわけではない。重要なことは，独禁法の法益を害することになる例外的な事例を見逃さないことである。それは，抽象的には，侵害者を排除することが特許法自体の趣旨・目的に反するという場合である。本来無効とされるべき特許権を用いて差止請求権を行使したり，あるいは発明の本質的な部分でないところの侵害に差止請求権を行使したり，通常，特許権の濫用となる態様で権利を行使する場合には，特許法上の救済が否定されるだけでなく，独禁法の問題になりうる。この基本的な考え方は，独禁法21条の適用除外規定が存在してもしなくても成り立つものである。

確認規定としての
独禁法21条

独禁法21条は，「この法律の規定は，著作権法，特許法，実用新案法，意匠法又は商標法の権利行使と認められる行為にはこれを適用しない」と定められている。ここでいう「権利の行使」とは，知的財産権の一般的な権利行使（使用，収益，処分。民206条）のことではなく，端的に「差止請求権」の行使のことであると解すべきである。

前述のように，知的財産権の「差止請求権」の行使が独禁法の問題になることが決してないというわけではない。問題となる場合を，公取委は，「権利の行使とみられる行為であっても，行為の目的，態様，競争に与える影響の大きさも勘案したうえで，事業者に創意工夫を発揮させ，技術の活用を図るという，知的財産制度の趣旨を逸脱し，又は同制度の目的に反すると認められる場合は，上記〔独禁法〕第21条に規定される『権利の行使と認められる行為』とは

評価できず，独占禁止法が適用される」（知的財産ガイドライン）としている。このように独禁法上看過することのできない事態の場合，知的財産権の侵害を排除することであっても，独禁法21条の適用はなく，「他の事業者の事業活動を排除」（2条5項）し，あるいは「競争関係にある他の事業者……の取引を不当に妨害すること」（一般指定14項）などに該当しうる。

　上記の「知的財産制度の趣旨を逸脱し，又は同制度の目的に反すると認められる場合」において，知的財産権者は，当然，差止請求権や損害賠償請求権を行使することが許されないであろう。ここから分かるように，知的財産法と独禁法は，差止請求権の行使という重要な接点で平仄が合っている。

　独禁法21条にかかわる知的財産権と独禁法の関係は，重要な接点たる特許侵害の排除の独禁法上の問題から始まり，ライセンス拒絶の問題，そして知的財産権のライセンス契約上の制限のうちその法的効力が差止請求権で担保されている制限の問題へと展開する。

特許侵害の排除と独禁法①　前述のように，知的財産権の侵害排除は独禁法違反になりうる。その可能性をうかがわせた事例がアップル対サムスン特許侵害事件知財高裁決定（知財高決平成26・5・16→3⑥）である。特許権者サムスンは，「公正，合理的かつ非差別（Fair, Reasonable and Non-Discriminatory）」のライセンスという意味のFRAND宣言（→2②）をした自己の標準必須特許（Standard Essential Patents）に基づいて，ライセンスを受ける用意のあった事業者アップルに対して，特許侵害を理由に差止請求をしたところ，知財高裁は，FRAND宣言をした特許権について，そのライセンスを受ける意思のある者に対して，差止請求権を行使することは特許権の濫用にあたるとして，

差止請求権の行使を否定した。本件で，アップルは，抗弁として，サムスンの差止請求は独禁法の取引妨害にあたるとの主張をしているが，知財高裁は，独禁法違反の判断をするまでもなく，特許法上の濫用法理により差止請求を認めなかった。

本件は，特許侵害が行われたにもかかわらず，その差止請求が独禁法違反となる可能性を示したことで，独禁法21条の観点から，重要な意味がある。すなわち，たとえ特許侵害が行われても，本件のような事情の下では（→3⑥），侵害行為に対して差止請求をすることは，特許権の濫用に該当するだけでなく，独禁法21条の「権利の行使と認められる行為」とされず，独禁法が適用される場合があり得ることを示唆したといえる。

公取委は，2016（平成28）年1月に，標準必須特許のこのような扱い方について，知的財産ガイドラインに追加的記載を行っている。

> **特許権の侵害と独禁法②**
>
> 特許侵害を前提とする差止請求に対して，独禁法が適用され，救済が否定された民事訴訟の事例がある（東京地判令和2・7・22

判例集未登載〔リコー・トナーカートリッジ事件〕）。原告は，オフィス向けの複写機等の機器と周辺機器を製造販売する事業者である。被告は，原告が製造販売したあと使用済みとなった空のカートリッジを入手して，これにトナーを詰め直したものをリサイクル品として販売していた。その際，被告は，使用済みとなった空のカートリッジに装着しているトナーの残量表示装置が「？」となったまま書き換えることができないようになっていたことから，チップ自体を取り換えてトナーの残量表示ができるようにして販売した。これに対し，原告は，チップの交換が原告の特許発明の侵害に当たるとして，被告に対し本件リサイクル品の製造・販売等の差止請求と損害賠償

請求を行った。

　裁判所は，被告がチップを交換したことは，原告の特許権の侵害に当たるとした。しかし，裁判所は，原告が，使用済みカートリッジの残量表示が「？」の表示のまま変更できないような設計をして，これを嫌った被告がチップを交換すれば特許侵害となるようにして，リサイクル品の販売を妨害したことは独禁法の不公正な取引方法（一般指定14項の「競争者に対する不当な取引妨害」）に該当するとし，特許権の濫用にあたるとして救済を否定した。真正の特許侵害に対する差止請求を，独禁法違反を理由として否定した珍しい事例である。本件は知財高裁に控訴された。

SEP のライセンス拒絶と独禁法 21 条

単独の特許権者の一方的なライセンス拒絶であっても，それが標準必須特許である場合には，特許法や独禁法違反の問題になることがある。すなわち，標準規格団体のライセンスポリシーに応じてFRAND宣言をした特許権者は，その者が有する標準必須特許について，ライセンスを受ける意思のある事業者に対して誠実にライセンス交渉をせずにライセンスを拒絶すれば，特許権の濫用や独禁法違反の取引拒絶になり得る。前述の「知的財産ガイドライン」には，標準必須特許を保有する事業者だけでなく，標準必須特許を譲渡された事業者や，管理を委託された事業者も，同様の扱いになることが明記されている。

　近時は電気自動車や情報通信装置などIoT技術に関わり，サプライチェーンへの標準必須特許のライセンス方式が問題になっている。サプライチェーンに属する複数の事業者がライセンスを希望すれば，標準必須特許の所有者は，それらにライセンスをしなければならないか，それともサプライチェーンの最終品の製造業者にライ

センスすればそれでよいのか，という問題である。

　標準必須特許の所有者が最終品の製造業者だけにライセンスをしたがるのは，価格が高い最終製品のメーカーにライセンスを与えれば簡単に高いロイヤリテイが確保できるからであるという。また，このとき，標準必須特許の保有者が，最終品に使う部品のメーカーにライセンスを拒絶するのは，部品メーカーによる当該部品の販売で特許権の効力が消尽してしまうのを防ぐためであるという。

　しかし，これはライセンスを受ける意思のある者（部品メーカー）に差別なくライセンスを与える（License to All）というFRAND宣言の趣旨に反する取引拒絶であるという批判がある。他方，部品メーカーが，標準必須特許のライセンスを受けた最終製品メーカーだけに特許部品を提供する限り，標準必須特許の保有者が部品メーカーを特許侵害として訴えないということが事実上行われていれば，FRAND宣言の趣旨に反しないという立場がある（Access to All）。このような標準必須特許の紛争は世界中で起きているが，議論は始まったばかりある。

特許ライセンス契約上の制限と独禁法21条

　知的財産権のライセンス契約上の制限は，様々なタイプがある。その一部に，ある条項に違反すれば，知的財産権の侵害が問題となるような制限がある。「権利の行使と認められる」タイプの制限である。特許製品の製造・使用・販売の制限や，特許製品の製造販売数量，製造販売の地域や期間の制限がそれである。これらは実施権を分割して，ライセンスの一部を留保・拒絶するものとみることができる。これに違反すれば留保・拒絶部分を侵害することになるから，独禁法21条にいう「権利の行使と認められる」制限ということができる。このような性質の制限は，通常，それだけでは特

許法上も独禁法上も問題にならないであろう。しかし，重要なこと
は，それらが地域制限カルテルや数量制限・価格カルテルの隠れ蓑
とされている場合は，特許権を逸脱して不当な取引制限に該当する
ことになる。このような例として，コンクリートパイル事件（勧審
昭和 45・8・5 審決集 17・86）や，日之出水道機器事件（審判審決平成
5・9・10 審決集 40・3）がある（→3②）。いずれもライセンス契約を
隠れ蓑にしたカルテルである。もしこのような特許権の濫用に関連
してカルテル参加者間で特許侵害訴訟が発生すれば，その侵害の救
済は否定されるだろう。

特許権と EF 法理

単独の直接的取引拒絶をそれだけで違法に
する「不可欠の施設」（Essential Facility）
法理が存在する。通信の回線網や電力の配線網など通信や電力供給
のような役務の提供になくてはならない設備を保有する事業者が，
他の事業者による当該施設の利用の申し出を拒絶すれば，原則とし
て違法となるという厳しい法理である。このような法理は，事業法
で供給義務として明文で定められているのが普通であり（→第7章
2③），知的財産権に直ちに当てはまるものではない。卓越した技術
であればあるほど競争への影響が大きくなるから，そのライセンス
拒絶が行われたというだけで，厳しい EF 法理の規制が及ぶとする
のはあまりに不合理である（特許法 93 条の公共の利益のための裁定実
施権は EF 法理とは関係がない）。EF 法理が特許権に適用されないと
することは，「排除」行為に「正常な競争手段の範囲を逸脱するよ
うな人為性」を求めた NTT 東日本最高裁判決（最判平成 22・12・17
民集 64・8・2067→第2章2①）とも整合的である。

2 知的財産の創出と知的財産権の利用の実態

① 事業活動としての研究開発

> 研究開発の共同化の
> 必要性

その費用とリスクからみて，個別企業が単独では簡単に取り組めない研究開発のテーマがある。これが共同研究開発の対象になる。共同研究開発は，知的財産の創出における"規模の経済"を達成する。反面で，共同研究開発は参加者間の研究開発競争を一時停止させる。しかし，それは，価格や産出量を制限する露骨な競争制限の共同行為とは異なる。共同研究開発は，研究開発の「規模の経済」を実現して，成果の早期達成を目指す企業間（競争企業間を含む）の共同行為である。独禁法からみれば，新しいタイプの共同行為である。

> 研究開発の共同化の
> 競争への影響

前述のように，研究開発を共同化する以上，テーマに関する研究開発の競争は一時停止される。同一テーマの研究開発を契約で禁止することもある。しかし，それを超える成果の達成が期待できるから，研究開発の共同化は，通常，競争制限的性格をもたない。ところが，共同研究開発の参加者が研究テーマに比して大規模になり過ぎれば，競争制限的な性格をもつことがある。外部からの競争圧力が乏しくなり，内部の士気が低下する可能性があるからである。これは競争政策上の問題となる。そのような競争制限効果をもたないように，複数の共同研究開発グループが相互に競争しあう形態が望ましいであろう。

共同研究開発は，時間的な段階を想定した複数の基本協定により行われる。①研究開発の実施にかかわる協定，②成果の帰属と利用に関する取決め，③成果を使った製品・役務の市場での取決めの3段階である。それらを一括同時に締結することもある。あるいは①の協定を先行させ，または①と②の協定を先行させて，結果をみてから③の協定を結ぶということもある。これらの契約に伴う制限条項がときに独禁法の問題になる。それらの制限条項は，共同研究開発の参加者の内部関係に関わり，各段階の目的に付随して行われるものであるから，技術市場におけるライセンス契約上の制限とは目的が異なる。したがって，①や②の契約上の制限は，通例のライセンス契約上の制限条項に対する不公正な取引方法の適用とは異なった考慮が必要になる。

膨大な数の特許権が存在する情報通信機器製造事業（パソコン，スマートフォンなど）では，有力な特許権者は，いつ侵害訴訟に巻き込まれるか予想ができないリスクのなかにおかれている（特許の藪）。米国では，有力な事業者が，賠償金やライセンス料，和解金目当ての侵害訴訟に巻き込まれ，特許侵害訴訟やその防御に資金や資源を投入せざるをえなくなる例がみられる。米国にはもっぱら研究開発に特化したベンチャー企業も多く，ライセンスビジネスが事業の中核であれば，侵害があれば侵害訴訟に訴えるのは当然であろう。しかし，状況により損害賠償だけで救済は十分であるというとき，裁判所は，このような特許権者に，差止請求を認めない，という考え方が生まれる。このような事例として米国の eBay v. MercExchange 連邦最高裁判決（547 U.S. 388（2006））が日本でも

注目された。また死蔵された特許権を他の事業者から買収して，和解金目当てで，侵害訴訟を提起する事業者（パテント・トロール）がいて，それが損害賠償請求や差止請求をするときは，特許権の濫用として損害賠償や差止請求を認めず，独禁法違反とすることも考えられる。膨大な特許権の存在が些細な侵害による差止請求の増加の原因となり，それが多くの事業者の研究開発投資の意欲を損なえば本末転倒である。企業活動がグローバル化している今日，これは米国だけの話ではないであろう。

② 知的財産権のライセンスの実態

**知的財産権の
ライセンス**

知的財産権は市場機構に組み込まれている。政府（特許庁）は，知的財産の創作者に直接報償を与えるのではなく，知的財産を市場に組み込むための法的な装置（「専有」権）を与えるだけである。知的財産の創作者に報償を与えるのは市場であり，市場が知的財産の価値を評価する。かくして，知的財産権者は，「専有」権を得て管理可能となった知的財産を自分だけで利用するか，他人に譲渡するか，ライセンスを与えて使用料（ロイヤリティ）を取るか，あるいは質権を設定して事業化の資金を調達することができる。

知的財産権の利用方法は権利者の置かれた状況による。事業設備をもたない企業は知的財産権の譲渡やライセンスで収益をあげる外はない。知的財産権を独占的に利用できる企業は，すでに製造・販売の事業設備をもっているか，投資リスクを負って新規参入しようとする企業である。このような企業はまた，自己の製造・販売事業と並行して，他社にライセンスを与えることができる。並行してライセンスを行う動機は多様である。自己の事業の地理範囲や業務範

囲の拡大の商業的リスクを回避したいという理由から，競争者に対する市場戦略上の理由まで，様々である。

　ライセンスを求める事業者にも相応の動機がある。例えば，自己の事業の拡大や新分野への進出を計画している者がライセンスを求める。進出の手がかりとなる技術を自分で開発する時間と費用を節約するためである。自己の開発技術が特許侵害等の紛争に巻き込まれないように，「保険」としてライセンスを受けておくということもある。

```
　ライセンスの
　多様な形態
```

ライセンス契約は知的財産の権利者と知的財産の利用を求める者との間の契約である。基本単位は1対1の契約であるが，知的財産は知識・情報として量的な制約がないことから，多数の者と，抵触なく同時に契約できる（1対多数）。これがマルティプル・ライセンスと呼ばれる。2人の特許権者が相互にライセンスしあう形態もある。利用権を交換するので，クロス・ライセンスと呼ばれる。また，複数の特許権者が，共同で会社等を設立し，特許権をその会社等に譲渡してライセンスの管理を任せる形態をとることがある（特許プール会社）。特許プールは，分散して所有される多数の特許技術を円滑に利用するためにそれらを1カ所に集めてライセンス交渉の窓口を一本化したり，共同して設けられた標準規格の技術的基盤を形成するために行われる。それは特定の事業者や団体への特許権の譲渡や専用実施権の設定により形成されるのが通例である。しかし，複数の特許権者が権利を保有したまま，侵害への法的対応，実施許諾や使用料の徴収などを共同して特定の事業者や団体に委託する方式もある。これも広義の特許プールといってよいであろう。

　音楽著作権は，多数の利用者を相手にした著作権の集団的な処理

の課題があり，膨大な著作権を信託プールして管理する団体を形成することが普通である（例，（一社）日本音楽著作権協会＝JASRAC）。音楽に限らず，著作物の高度利用は権利の集団的処理を必要とし，著作権の集積や著作権者の組織化が不可欠である。商標権は，ファースト・フード店やコンビニエンス・ストアのフランチャイズ・システムの下で，広くライセンスされる。営業本社たる商標権者が，原材料や物品役務の提供と経営指導を行う多数の加盟店に商標の通常使用権を設定する。

**デジタル著作物の
ライセンス方式**

検索エンジンは，ユーザーが，インターネット上の膨大なウェブサイト（著作物が含まれる）に瞬時にアクセスできるように，デジタル複製（著作21条），翻案（同27条），自動公衆送信・送信可能化（同23条）を行う。しかし，このために，検索エンジン事業者が，あらかじめ，個々のウェブサイトの運営者や著作権者に複製等のライセンスを得なければならないとすれば，検索エンジン事業の展開はきわめて困難となる。そこで，米国では，Googleなどのデジタル事業者が，著作権者から事前に許諾を得るというオプト・イン方式（opt-in）をとらず，無許諾で自動コピーを行い，キーワード検索用の索引や短いサンプル表示（スニペット表示）をユーザーに提供してきた。そして，著作権者から削除の通告があれば，自動的に削除するというオプト・アウト方式（opt-out）を採用してきた。

　GoogleのYouTubeは，ユーザーの投稿動画が自動公開され，そこに多くの著作権侵害物があるという事態が生じた。しかし，侵害の警告があった時にGoogleが投稿者にその旨の告知を行い，投稿者の異論があれば削除せず，異論がないか無反応であれば削除する（Notice and Take Down）という方式をとっていれば，Googleは，

著作権法上責任を免除された。日本にも同様のインターネット・サービスプロバイダ責任制限法（略称）がある。

　Google Books では，オックスフォード大学のボドリアン図書館など世界の大学図書館と提携し，それらが管理する数百万の書籍を著作者に断りなく全文コピーして利用する計画を立てた。それは複製物をユーザーに提供するものでなく（著作者への対価の還流を前提とした有料のデジタル方式の提供の計画もある），検索者が本を探すのを助ける包括的なインデックスを作成・公開するもので，検索者の設問に応じて，書誌的情報を開示したり，関心のある言葉や句を含む部分を本のテキストから抜粋することを可能にするものであった。裁判所は，これが実行に移されたとき，検索者が情報を効率的に発掘する全く新しい方法であると評価し，著作権侵害とはしなかった（→*Column*⑬も参照）。

　これらは，デジタル著作物の利用には，一定の範囲で，無断複製が避けられないことを示している。日本の著作権法もこのようなデジタル著作物の扱いを認める規定を 2019（令和元）年改正で導入している（著作権 30 条の 3，30 条の 4，47 条の 4，47 条の 5 を参照）。

標準必須特許のライセンス　情報技術に関する膨大な特許技術が存在する中で，それらの技術を自由に用いた複雑多様な電子機器を製造・販売して競争することは，消費者を混乱させるような規格競争を生み出し，必ずしも一般消費者の利益にならない。標準規格化団体が，電子機器の標準規格を決めて，電子機器の技術と製品の競争の基盤を形成すれば，一般の需要者にとって電子機器の利便性が高まるであろう。しかし，膨大な特許技術が存在するなかで，特定の標準規格を定めることは，その副作用として，標準規格に適合する特許技術だけが経済的な価

値を高めることになる。標準必須特許となれば一定の市場支配力が生まれ、ライセンス料が高額になるなど、標準規格の普及を阻害するおそれがでてくる。

そのような弊害を防止するために、標準規格化団体は、標準必須特許を有する特許権者に、公正で、合理的で、非差別的なライセンスを行う用意があることを明らかにする FRAND 宣言を行うように求めることが通例になった。FRAND 宣言は、標準必須特許のライセンス契約の締結に向けて、いかなる法的効果をもつか議論の余地はある。しかし、標準必須特許を有する特許権者は、一定の電子製品の特許侵害を理由に差止請求をする前に、その電子機器メーカーに対してライセンスを受ける意思があるかどうかを確認することが求められるであろう。そのようにしなければ、特許侵害が認められたとしても、特許権の濫用に当たるという考え方が定着しつつある（前出アップル対サムスン特許侵害事件決定→3⑥）。

③ 知的財産権のライセンス契約上の制限

制限的な取引慣行 　　ライセンス契約上の制限は、取引される知的財産が知識・情報の性質をもつことに関連して、契約外の盗用・流用、使用料のごまかしなど不誠実行為をモニターすることが難しいので、信頼を担保するために課されることが多い。交渉コストを削減するための取引形態もある。これらを整理して説明することにしよう。

制限の多様な目的の例示 　　信頼を担保するための制限には３つのタイプがある。第１に、知的財産の価値を保全するための制限がある。ノウハウの秘密保持条項や契約終了後の制限、商標の信用を守るための品質管理義務

が例になる。第2に，実施料収入を安定確実にするための制限がある。最善実施努力義務や最低実施数量義務が例になる。第3に，権利者の技術市場や製品市場における地位を守るための制限がある。不争条項や非係争条項，グラント・バック条項が前者の例になり，使用分野制限や地域制限，最高生産数量制限が後者の例になる。このほか第4に，交渉コストを削減するための取引形態がある。多数の技術を個別に取引することは煩雑なので，関連する技術を一括してパッケージで取引する。特許プールや著作権団体を組織して，パッケージ・ライセンスを行うこともある。独禁法の適用において，かかる制限の必要性や合理性を尊重することで知的財産権者のライセンス意欲を維持することは重要であろう。

非係争条項や不争条項の役割

標準必須特許を保有する事業者は，しばしば自己のライセンシーから特許無効やライセンシーの特許権を侵害しているという主張を向けられる状況におかれる。これに対する防御策として，標準必須特許を保有する事業者は，特許ライセンス契約上の拘束として，非係争条項や不争条項を多面的・多角的に張り巡らすという戦略をとることがある。このような防御行為は，ライセンシーである個別の事業者の研究開発投資の回収に悪影響を与え，独禁法上の問題になる（判審平成20・9・16審決集55・380〔マイクロソフト非係争条項事件〕，排令平成21・9・28審決集56・2・65〔クアルコム事件〕→3④）。

しかし，この場合，非係争条項は，不争条項と異なり，標準必須特許を所有する事業者だけでなく，他のライセンシーの事業活動を差止請求のリスクから解放し，標準規格に沿った多様な電子製品の開発投資を促す効果をもたらす。非係争条項は，特定のライセンシーの有する特許権の権利主張を抑圧し，その研究開発意欲を損なう

という観点だけから問題にするのは適正ではなく，このような業界に存在する膨大な数の特許権が侵害訴訟に巻き込まれるリスクを大きくし研究開発投資の悪影響を及ぼしている面にも目を向けるべきであろう。

3 知的財産権と独占禁止法違反行為

① 私 的 独 占

| JASRAC 私的独占事件 |

音楽著作権団体の音楽著作権の使用料金の決定方法が，新規参入者を排除する効果をもつとして私的独占の排除に問責された例がある。

JASRAC の料金は，音楽ユーザーであるラジオ，テレビ放送事業者の収入に一定率，例えば 1.5% を乗じる方法で算定して徴収していた。これは音楽の実際の放送回数が反映されない料金制度（「包括徴収」制度）である。公取委は，JASRAC の料金の決定方法が，音楽ユーザーが JASRAC の管理する楽曲の放送回数を減らし JASRAC に支払う料金を節約して他の音楽著作権団体が管理する楽曲を使うというインセンティブを殺いでいるから，私的独占の排除に該当するとして，これを取りやめる排除措置命令（排令平成21・2・27 審決集 55・712）を出した。

JASRAC はこれを不服として審判を請求した。公取委は，排除効果があることの実質的証拠がないとして，自らの排除措置命令を取り消す審決を下した（審決平成 24・6・12 審決集 59・1・59）。これに対し，審決の名宛人でないイーライセンスが，公取委の事実認定には誤りがあるとして東京高裁に審決取消訴訟を提起した。東京高

裁は，イーライセンスの原告適格を認めた上，排除効果があること
を示す証拠はあるとしてイーライセンスの主張を認め，公取委の審
決を取り消す判決を下した（東京高判平成25・11・1審決集60・2・22）。
公取委は，上告受理の申請を行い，受理されたが，最高裁は，
JASRACの行為は「排除性」があるとし，特段の事情がない限り，
通常の競争手段の範囲を逸脱するとみとめられるので，2条5項の
「排除」に当たるとして，公取委の請求を棄却した（最判平成27・
4・28民集69・3・518）。これを受けて公取委において審判が再開さ
れたが，JASRACが審判請求を取り下げたことから，当初の排除
措置命令が確定した。

ぱちんこ機メーカー
（特許プール）事件

複数の事業者の特許権を共同で特定の事業
者に管理委託する方式が濫用された事件が
ある（勧審平成9・8・6審決集44・238〔ぱち
んこ機メーカー事件〕）。ぱちんこ機メーカー10社は，日本遊戯機特
許運営連盟と共謀して，ぱちんこ機製造業の分野への新規参入を妨
害する目的で，10社を含む工業組合の組合員以外の事業者には特
許ライセンスを与えないとする排他的な管理を実施した。それが
10社と連盟の通謀による排除行為として，私的独占に問われた
（詳しくは，→第2章2②）。

「権利の行使と認められる行為」（独禁法21条）は，個々の単独の
特許権者のみが行うことができる。特許権者が特許プールを組織し
集積した特許権に基づいて行う共同の意思による権利の行使は，外
形上または形式的には権利の行使であっても，権利の行使の実質を
もたない（→1④）。「排除」行為とされるのを避けるために，なん
らかの開放性が確保されなければならない。

特許プールは，同一業界に複数存在し，その間で，特許の集積競

争，ライセンスの競争，さらに研究開発競争を含む競争が行われていることが望ましいだろう。

| その他の排除行為 |

「排除」行為には，違法な計画の一部に知的財産権を流用する行為も含まれる。都立病院の病院用のベッドの仕様入札に，事情に疎い入札担当者に働きかけて自己が実用新案権をもつベッドの仕様を指定させて，他社を入札参加できなくした例がある（勧審平成10・3・31審決集44・362〔パラマウントベッド事件〕）。新しい新聞社が自己の販売地域に進出するのを阻止するための一連の排除行為の一部として，進出者が使用する可能性のある複数の商標を先んじて商標登録出願した例（同審平成12・2・28審決集46・144〔北海道新聞社事件〕）がある。

| 検索エンジン等における双方向市場の独占化 |

売手と買手の間にたち，取引を媒介するアマゾンや楽天のような電子商取引の事業者は，デジタル・プラットフォーム事業者（以下，単に「プラットフォーム事業者」とする）といわれる。プラットフォーム事業は，例えば，売手を買手に仲介をする事業と，買手を売手に仲介をする事業を接続させるので，それらは双方向市場（もしくは2面市場）といわれる。双方向市場においては，概して，買手側の参加者が増加すれば，売手側の参加者も増え，逆に，売手側の参加者が増えれば，買手側の参加者も増えるという効果が発生しうる（いわゆる「間接のネットワーク効果」）。そのことから，プラットフォーム事業は，一般に，急速に独占を形成する傾向が認められる。また，LINEやFacebookのようなソーシャル・ネットワーキング・サービス（SNS）は，ユーザーの数が多いことがユーザーに大きな効用をもたらすので（いわゆる「直接のネットワーク効果」），同様の傾向が認められる。

検索エンジンも，検索連動型広告により，広告主と買手をつなぐことから，双方向市場のプラットフォームの1つであるが，GoogleやYahoo!のような検索エンジンが独占傾向をもつのは，直接には，検索技術の卓越性によるものであろう。ユーザーの数が多いのはその結果である。しかし，それが事後的に濫用される事例は少なくない。

Column⑬　Googleと米国著作権法，データ集積

　Googleの事業は，コンテンツ産業から見れば，著作権侵害そのものである。英国のある学者によれば，Googleは，創設以来，「革新を先に，許諾は後に」（Innovate First, Permission Later）という方式の事業活動を行ってきたという。そのためGoogleは様々な著作権訴訟に巻き込まれた。しかし，意外にも，Googleは訴訟に勝ち続けた。その勝因の1つは，Googleが，インターネット上のコンテンツを自動複製し，スニペット表示，サムネイル表示するインデックスを自動作成して，それを公衆に提供しているだけであり，複製物そのものを公衆に提供しているのではないと理解されたからである。コピーするのは，Googleの検索インデックスを使って著作物にアクセスする公衆自身であるという理屈である（Joanne E. Gray, GOOGLE RULES,（Oxford, 2020）を参照）。

　また米国の連邦裁判所は，Googleのサービスが公衆の情報アクセスに大きく貢献しており，米国著作権法上のfair use法理の下で，高度に「変容的」（Transformative）であるとして著作権侵害を否定した。たしかに，公衆は，これまで経験したことのない規模と質の情報サービスに接することができるようになった（それが無料であるのはGoogleの広告事業の大きな利益による）。しかし，それにより，Googleは，自社以外にはアクセスできない膨大な情報データベースを作り出すことに成功し，新たなサービス事業を次々と展開させてきた（Joanne E. Gray, 同書）。

ある日本の批評家は，Google のサービスはこれまでにない大きな便益を公衆に与えるけれども，公共的であるとは言い難いとする。なぜなら，そのサービスの実現に公共的な合意形成は存在しないからであるという（東浩紀『ゆるく考える』（河出文庫，2021 年）111〜117 頁）。

　競争法の領域において，これまで，独占的企業であっても，一般消費者に廉価で高品質なサービスを提供している限り，非難されることはなかった。しかし，そのような事業活動を行うことで，同時に，競争に勝ち続けることを可能とするデータ資源を永続的に蓄積する巨大 IT 事業の出現は，そのような競争政策上の評価が今後も妥当するか深い疑念を人々にもたらしている。競争法にどのような規制ができるか模索が行われている。

プラットフォーム事業者に対する政府の規制強化の概要

日本政府は 2019（令和元）年 12 月 17 日に首相官邸でデジタル市場競争会議を開き，新法案「デジタル・プラットフォーマー取引透明化法案」（当時の仮称）の概要を定めた。その骨子は，①プラットフォーム事業者の取引の透明化（利用者に契約条件の開示を義務づける，開示状況など運営状況の政府への報告義務），②独禁法の企業結合規制の指針の見直し（デジタル産業における届出基準の緩和，市場画定，市場シェアだけでなく，データの保有状況も判断材料にすること），③優越的地位の濫用の新たな指針（消費者のためにも適用し，不当な個人情報の取得・利用の制限），④個人情報保護法の改正（企業に対する個人データの利用停止請求権の拡大など），⑤デジタル広告市場の調査と検討（寡占化による弊害などを実態調査し対応を検討）である。

　そして，「特定デジタルプラットフォームの透明性及び公正性の向上に関する法律」が，2020 年 5 月 27 に成立し，2021 年 2 月 1 に

施行された。その内容は，上記①の骨子を具体化するもので，プラットフォーム事業者がプラットフォームを利用する事業者や消費者に対して取引条件等の一方的な変更を行い，その理由が開示されないなどが問題となるなか，それに対応するために，有力なプラットフォーム事業者を「特定プラットフォーム事業者」に指定し（実際に指定されたのは物販総合のオンラインモール運営事業者として Amazon Japan，楽天グループ，Yahoo! の3社，アプリストア運営事業者として米 Apple とその子会社 iTunes，米 Google の3社，計6社である），その事業者の取引条件等の開示および自主的な手続・体制の整備を促し，毎年度，自己評価を含む報告書を経産大臣に提出させるものであった。この法律は，提出された報告書を経産省が評価・検討してその結果を公表するという最小限の規制にとどめた。

Column⑭　IT 巨人に立ち向かう欧米の競争当局••••••••••••••

　IT 巨人が生み出す競争法上の問題は欧米においても重要な規制課題である。欧米の競争当局の動きが活発になっている（以下，「特集　欧米競争政策の動向」『公正取引』850 号（2021・8）に掲載の土佐和生，白石幸輔，多田英明の諸論文と「巨大 IT 企業の暴走を止める」『世界』2021 年9月号 106 頁を参照）。

　欧州では IT 巨人に対する競争法の適用がこれまで積極的に行われてきた。例えば，欧州委員会は，2017 年6月に，Google の価格比較サイトのランキング操作に対して高額の制裁金を課し，2018年7月に，無償提供した端末 OS「Android」に自社の検索エンジンと閲覧ソフトをも搭載するように端末メーカーを拘束したことに対して，高額の制裁金を課した。同委員会は，2019 年3月に，Google が，検索連動型広告の仲介業者 AdSense を通じて，この10 年間，アグレゲーター（ニュースサイトやブログ，トラベルサイトの情報を集めて公開する事業者）のサイトに，Microsoft や

Yahoo! などが仲介する広告を表示させないよう拘束を課したとして，高額の制裁金を課した。同委員会は，現在，App Store における自社の課金システムの利用強制等について Apple を調査し，また購入箱のボタンの設置を認める　販売業者の選定基準について Amazon Japan を調査している。

　米国でも，近時，競争当局の積極的な姿勢が目立ってきた。例えば，司法省は，2020 年 10 月 20 日に，11 州の司法長官とともに，Google が，検索市場と検索広告連動型市場において反競争的行為により，その独占的地位を維持しているとして，コロンビア特別区連邦地裁に民事訴訟を提訴した。38 州の司法長官等は，2020 年 12 月 18 日に，Google が，反競争的な契約や行為を通じて，検索エンジンや検索広告のほか，人工知能（AI）音声アシスタントなど新技術でも競争を阻害していると主張して同連邦地裁に提訴した。連邦取引委員会（FTC）は，Facebook（2021 年 10 月に Meta と社名変更）が，Instagram や WhatsApp を買収することで SNS 市場において独占行為をおこなったとして同連邦地裁に提訴した。ちなみに，FTC のリナ・カーン委員長は，バイデン政権下で，2021 年 6 月に就任したばかりの気鋭の反トラスト法学者であり，IT 巨人に立ち向かう新ブランダイス学派の論客とされる。

プラットフォーム
事業者に対する
公取委の措置事例

日本の公取委は，Apple　Japan の iPhone の販売条件が独禁法違反の疑いがあるとして審査を開始したところ，Apple Inc. が違反の疑いを解消する措置を申し出たので審査を終了している（2018・7・11 公表）。出店者に他の販売経路と価格等を同等とすることを求めた Amazon　Japan に対する審査も同様の経緯で終了している（2017・6・1 公表）。公取委は，2019（令和元）年 7 月 23 日に，独禁法違反の疑いがある楽天の取引条件に関して確約手続（→第 1

章4③）ができるとの通知を行った。楽天は，客室情報を「楽天ト
ラベル」に掲載させるホテル・旅館経営者との契約において，経営
者が同サイトに掲載すべき部屋の最低数を定め，宿泊料金と部屋数
について，他のサイトや販売経路と同等または有利な条件を設定す
ることをホテル・旅館経営者に求める「同等性条項」を設定してい
た。公取委の通知を受けて，楽天が排除措置計画を策定して申請し
たところ，公取委は，これを適切と判断して，その計画を「認定」
している（本件で「認定」された楽天の排除措置計画の概要は公取委のウ
ェブサイトに公表されている。2019・10・25報道発表。しかし，本件で確
約手続が必要であった理由は開示されてない）。

2021（令和3）年9月2日に，Appleが，アプリストアの決済方
法についてアプリ開発企業に課していた規約を緩和すると発表して
世界の注目を集めた。この問題の先鞭をつけたのは日本の公取委と
されている。この事例は，アプリ開発企業が動画，音楽や電子書籍
のユーザーに課金するとき，Appleが，事実上，自己の決済サイト
以外に使用できないように規約で拘束し，そこに高い手数料（いわ
ゆる「アップル税」）を課して，アプリ開発企業の反撥を招いていた。
世界の競争当局もこれに注目して調査していた。今回，Appleが緩
和策をとることになった契機は当初からの公取委の指摘があるとさ
れ，その影響は世界中に及ぶものとなった（ゲームは除かれている。
ゲームに関して，Appleはエピックゲームズ社と係争中である）。公取委
は，Appleの規約改定を受けて調査を中止したとされる。

| デジタル・プラット
フォーム事業者の規制
課題と公取委 | 公取委は，2018（平成30）年7月10日に，
経済産業者，総務省と共同で，Google，
Apple，Facebook，Amazonなどのプラット |

トフォーム事業者を念頭に，「デジタル・プラットフォームを巡る

取引環境整備に関する検討会」を設置して調査・検討を進めた。公取委は，2019（平成31）年1月から，自由かつ公正な競争の維持という観点の下で，多面市場におけるネットワーク効果，データ集積，萌芽的ライバルの買収，優越的地位の濫用などプラットフォーム事業者の行動とその影響の具体的な調査検証と，適切な規制ルールの設定に取り組んだ。

個人データの不当な
収集・利用に対する
公取委の考え方

公取委は，デジタル・プラットフォーム事業者が消費者の個人情報を不当に取得・利用する行為に対して，取引上の優越的地位の濫用として規制するという考えをまとめ，それを前述の2019（令和元）年12月17日の「デジタル市場競争会議」において，5項目の1つ（③）として公表した。それが，「消費者優越ガイドライン」である。

　この「考え方」によれば，デジタル・プラットフォーム事業者が，ⅰ）利用目的を消費者に告知しない個人情報の取得，ⅱ）利用目的の達成に必要な範囲を超え，消費者の意に反した個人情報の取得と利用，ⅲ）個人データの安全管理のために必要かつ適切な措置を講じない個人情報の取得，ⅳ）自己の提供するサービスを継続して利用する消費者に対し，消費者がサービスに利用するための対価として提供している個人情報とは別に，個人情報等の経済上の利益を提供させること，の4項目を優越的地位の濫用として規制するというものであった。

濫用規制の考え方の
問題点

この「考え方」に若干の懸念がないわけではない。従来の取引上の優越的地位の濫用規制は，相対的優越事業者を念頭においた取引先事業者に対する濫用行為の規制であり，市場独占者を念頭に

おいた一般消費者に対する濫用行為の規制ではなかった。言いかえれば，従来の濫用行為は，競争過程で行われた濫用行為の規制である。例えば，食品スーパーが，一般消費者を相手に活発に競争を行っているなかで行われる納入業者への過度の要求行為を濫用として規制するものであり，決して市場独占者に対する規制でも，一般消費者の利益を保護する規制でもなかった。今回示された公取委の濫用規制の考え方は，独禁法のこれまでの規制原理と異なる考え方を含んでいると思われる。この規制の理論的な位置づけを怠れば，独禁法（私的独占や不公正な取引方法）の規制に理論的な混乱を生み出すおそれがあろう。

|デジタル・プラットフォーム事業者と企業結合規制 | 公取委は，前述の「デジタル・プラットフォームを巡る取引環境整備に関する検討会」で示された趣旨に沿って，「企業結合 |

審査に関する独占禁止法の運用指針」を 2019（令和元）年 12 月 17 日に改訂した。具体的には，（ⅰ）「一定の取引分野」の画定における多面市場の捉え方や，「一定の取引分野」の画定において，価格の上昇への需要反応に加えて，品質等の悪化による需要反応も考慮することがあること，またデジタルサービス等の商品範囲と地理的範囲の画定における考慮事項（音質，画質や通信速度，使用可能言語など）の明記，（ⅱ）水平的企業結合における競争影響について，研究開発企業の買収による競争（参入の可能性）の減少を考慮することの明記，多面市場，ネットワーク効果，スイッチングコストなどデジタルサービスの特徴を踏まえた競争分析に考え方の明記，地域銀行や地域バスなど複数の効率的な事業者でも採算が取れない小規模の取引分野において独占をもたらす場合の企業結合の競争評価，（ⅲ）垂直的ないし混合的企業結合における，競争上な重要な投入

財（データ，知的財産）による川下市場の閉鎖・排除も考え方の明記，競争上な重要な投入財（データ，知的財産）を有するスタートアップ企業の買収によるによる参入競争の消滅の考え方の明記，データの競争上の重要性の評価の考え方の明記をしている。

　また，公取委は，「企業結合審査の手続に関する対応方針」を2019 年 12 月 17 日に改訂した。具体的には，被買収企業の国内売上額が届出基準を満たさない企業結合計画でも，買収の対価の総額が大きく（400 億円を超える），国内の需要者に影響を与えると見込まれるときは，公取委が当事会社に資料等の提出を求め企業結合審査を行うこと，提出を求める結合審査の資料に，取締役会の各種会議の資料や議事録，当事会社が企業結合の効果等を検討した資料，企業結合の検討に関与した役員や従業員の電子メール等が含まれることを明記した。

> **デジタル・プラット
> フォーム事業者の
> 取引実態の調査**

　そのほか，公取委は，オンラインモール運営事業者の取引実態，アプリストア運営事業者の取引実態，デジタル広告分野の実態調査を行い，またデータ市場や，アルゴリズムと AI と競争政策の研究会を開催して，それぞれ報告書を提出している（詳しくは，公取委のウェブサイトのピックアップ「デジタル市場における公正取引委員会の取組」を参照されたい）。公取委は，今後も，デジタル・プラットフォーム事業者の事業活動全般について調査を行うことになろう。

Column⑮　　デジタル個人情報の不正取得・不正利用と欧米の競争当局

　デジタル個人情報の取得・利用に関して，外国でも様々な動きがある。米国連邦取引委員会（FTC）とニューヨーク州司法長官は，米 Google とその子会社の You Tube が，You Tube の子供向けチャンネルの視聴者である子供（13 歳未満）の個人情報を，保護者

の同意なしに収集したことが児童オンラインプライバシー保護法（COPPA）に違反するとして問責した。Google と You Tube は、FTC とニューヨーク州に 1 億 7000 万ドルの和解金を支払い、子供（13 歳未満）の個人情報を収集しない仕組みに変えることや従業員に COPPA 遵守のための年間訓練をおこなうことになった（FTC のプレスリリース、2019・9・4）。これは競争政策というより、FTC が所管する消費者保護行政にかかわる事件である。

　ドイツ連邦カルテル庁は、2019 年 2 月 7 日に、Facebook（Meta）が、自己の系列と外部のウェブサイトから顧客のデータを集めて、自己のために利用していたことが、EU 一般データ保護規則（CDPR）違反を介してドイツ競争法（GWB）上の市場支配的地位の濫用に当たると判断した。そして、Facebook が、自己の系列と外部のウェブサイトから顧客のデータを同意なしに集めることを禁止した。しかし、デュッセルドルフ高等裁判所は、個人情報の収集を市場支配的地位の濫用とすることの因果関係が明確でないとして連邦カルテル庁の命令を執行停止する決定をした。この決定は、ドイツ連邦通常裁判所により破棄され、連邦カルテル庁の濫用の申立てが暫定認定された。個人情報の開示が少ない事業者を選択したい一般ユーザーが、その選択の余地のない市場にロックインされて個人情報の開示の選択権を奪われるなかで、個人情報の逸脱的な取得は支配的地位の濫用にほかならないとし、それは CDPR 違反と関係なしとした（「海外便り」『公正取引』839 号（2020・9））。

② 不当な取引制限

知的財産権とカルテル・ボイコット

　知的財産権はカルテルを組織し維持するための手段とされ、あるいはカルテルを知的財産の取引の外装（sham）で隠蔽するた

めに使われる危険がある。ライセンス契約上の制限の外装をとって，市況安定を図るために販売価格や生産数量を制限するカルテルを隠蔽しようとした事例がある（勧審昭和45・8・5審決集17・86〔コンクリート・パイル事件〕，判審平成5・9・10審決集40・3〔日之出水道機器事件〕）。露骨な競争制限の計画は，知的財産権の紛争の和解が契機となることがある（警告昭和57・4・23，昭和57年度公取委年次報告〔メトクロプラミド製剤警告事例〕）。このようなカルテルには共同のライセンス拒絶がともなうのが通例である。カルテルを組織した複数の事業者は，その実効性を強めるために，共同してアウトサイダーにライセンスを拒絶する。それによってアウトサイダーの参入を困難にすることができる（前出メトクロプラミド製剤警告事例）。この場合，ライセンスの拒絶はそれ自体で共同ボイコット類似の排除行為に該当するであろう。ライセンスを共同して拒絶するために，カルテルのメンバーが特許プールを形成することも考えられる。

カルテルやボイコットは露骨な競争制限の意図・目的を有するものである。形の上では特許権ライセンス上の地域制限・使用分野制限など，権利の行使に該当するライセンス契約上の制限を用いるものであっても，権利の行使の単位は個々の特許権の権利者にあり，その権利の行使に，他の事業者（他の特許権者や実施権者）の競争上の利害が混入すれば，権利の行使の実質を失う。カルテルは，当然，独禁法21条の「権利の行使と認められる行為」ではない。そして同時に違法である。

標準化のための特許プール

公取委は，「プール形成等の考え方」（2005〔平成17〕年6月）を公表した。

今日では，様々なデジタル機器の普及のために複数の企業が協力して標準化を行うことが求められている。そ

の標準を技術的に裏付けるために，多様な技術が必要になり，それを可能にするために，特許プールを形成する必要性が高くなっている。すでにみたように，特許プールの組織化と運営は，一定の場合に，私的独占（3条前段・2条5項）に該当するおそれがある（→2②）。あるいは，不当な取引制限（3条後段・2条6項）や事業者団体の違法な活動の問題（8条1号3号4号）を提起するおそれがある。

　しかし，特許プールの形成は権利処理の効率化，ライセンス料の低額化など競争を促進する機能をもっているから，「プール形成等の考え方」は，そのことを考慮して，まず最初に，通常は独禁法の問題を生じるという意味でセーフハーバーの基準を設定している。すなわち，特許権等のプールの組織化と運営は，規格に関連する技術や製品の市場シェアが20%以下のときには，あるいは，当該プールのほかに4つ以上の競合プールが存在するときには，独禁法上の懸念は原則として生じないという。他方，20%を超え，もしくは外に競合プールが4社以上存在しない場合であっても，直ちに独禁法の問題が提起されるのではなく，規格の普及シェア，代替プールの有無など，市場の状況を踏まえて独禁法の問題が判断されるという。また，標準化にともなう特許プールで集積される特許は，相互に補完しあう技術であるべきで，競合する技術を集積すれば，技術間の競争が制限されるおそれが強いとされる。

共同研究開発と不当な取引制限　共同研究開発も，不当な取引制限となることがある。露骨な競争制限を隠す外装として共同研究開発の形態をとる場合が考えられるし，真正の共同研究開発でも，きわめて例外的だが，不当な取引制限となるおそれは残されている。それは，研究開発の共同化が適正規模を超えて過度に組織され，外部からの競争がなくなり，同

時に内部の士気が低下することが明白な場合である。共同研究開発ガイドラインは，この問題を一部分で論じている。参加者の関連製品市場における市場シェア総計が20%を超える場合に，研究開発競争の制限の観点から，当該共同研究開発を一応の審査の対象としている。もっとも，共同研究開発自体が明らかに研究開発競争を抑制する事例はきわめて例外的であろう。なお，市場シェア総計が20%以内であれば，当該共同研究は，研究開発競争の制限のおそれがないものとして，独禁法のセーフハーバーに置かれる。

　共同化による研究開発競争の制限とは逆の問題がある。共同化からの排除の問題がそれである。競争者の大部分を組織する研究開発プロジェクトが一部の者を当該プロジェクトから排除するものであれば，独禁法の問題となる可能性がある。これは，形式上，不公正な取引方法（一般指定5号）に該当し，さらに独禁法3条違反（私的独占）に該当する可能性がある。しかし，実質的に考えれば，問題は単純ではない。研究開発プロジェクトに誰でも自由に参加させればよいというわけではない。それは研究成果のフリーライドを容認し，研究開発プロジェクトの士気を低下させるおそれがある。ここには独禁法における効率と公平の均衡の課題がある。このような大規模なプロジェクトは，大部分の競争者の研究開発競争を一時停止させて，競争者間の事業活動のための共通な基盤を形成するものである。このような性質をもつ共同行為においては，公平に重点をおいて検討されるべきであろう（共同研究開発ガイドラインを参照）。

事業者団体の活動規制と知的財産権

事業者団体も，知的財産権を競争制限の目的で利用するおそれがある。生産・販売数量カルテルのために特許権を利用し，ライセンス契約の外装で隠蔽しようとした事例（警告平成6・2・17，平成

5年度公取委年次報告〔日本かいわれ協会警告事例〕）や，音楽著作隣接権団体が，自己の利益を守るために，貸レコード業者に共同で取引拒絶を行った例（警告昭和57・12・15，昭和57年度公取委年次報告〔日本レコード協会警告事例〕）がある。事業者団体が特許権などを巧妙に利用すれば，ライセンス契約の外装で，構成事業者の数を制限したり，活動を制限することは容易である。しかし，ライセンスを行う事情やその前後の事情から競争制限の意図が露呈することが多い。

③ 資産としての知的財産権と企業結合規制

――――――――――――
**企業結合規制と
知的財産権**
――――――――――――

単体の知的財産権の譲渡が市場に大きな影響をもつことはあまり考えられない。少数でも市場に大きな影響のある医薬品に係る特許権の譲渡の場合などを除いて，独禁法16条の資産取得規制の対象になる可能性はないだろう。また，市場支配的な事業者が，将来有望な知的財産を取得したとしても，その開発に相当高いリスクがあり，他の競争者では開発費用を負担することが困難である場合も，その取得は規制の対象とならないことがあろう。

しかし，10条の株式保有や15条等の合併の企業結合規制において，知的財産権が競争制限の蓋然性を判断する重要な考慮要素になることがある。公取委は，近時，垂直的企業結合において，結合当事会社の市場シェアが小さく，HHI基準で「セーフハーバー」に該当するときでも，競争上重要なデータや知的財産権の提供拒絶が，川下市場の閉鎖をもたらす蓋然性を考慮する必要があることを明らかにしている。また，混合的企業結合において，重要なデータや知的財産権を有する潜在的競争者を買収することで競争を排除の蓋然性について検討する必要があることを明らかにしている（公取委「企業

結合ガイドライン」2019・12・17改定）。「セーフハーバー」に該当し
ても，医療者データについて，問題解消措置が取られた事例が存在
する（エムスリーによる日本アルトマークの株式取得〔令和元年度企業結
合事例8〕）。

Column⑯ **データ市場と競争政策**••••••••••••••••••••••••••••

　集積データは，産業上価値のある情報財となる。集積データは，
営業秘密として厳格に保護するものと，広く共有されるべき公共デ
ータの中間に，限られた範囲であるが広く共有されて利用される集
積データを想定しうる。今後，このようなデータの価値が重要にな
ると予想されている。

　不正競争防止法は，2018（平成30）年改正で，営業秘密の保護
と同様に，「限定提供データ」（ビッグデータ）を，不正取得・不正
利用・不正開示から保護する規定を設けた（不正競争防止法2条1
項11号〜16号）。「限定提供データ」とは，デジタル形式により相
当量蓄積され，IDやパスワード，暗号化により管理される産業上
利用価値のある情報であるとされる。それらはPOSシステムで収
集した商品毎の売上データや航空機・船舶などのエンジン稼働デー
タ，自動車の走行データ，各種人流データなど多様である。このよ
うなデータは，データ駆動型AIやIoT（「物のコンピュータ」）の
開発に利用される貴重な投入財となる。

　公取委・競争政策研究センターは「データ市場に係る競争性に関
する検討会報告書」（2021・6）を公表した。報告書ではデータをパ
ーソナルデータと産業データに分けて，競争法上の課題，プライバ
シー保護と消費者保護の課題を広く検討している。データの産業上
の価値（Value）は，その量（Volume），多様性（Variety），速度
（Velocity）により決まるとされる。そのようなデータが異業種の
プラットフォーム間でやり取りされ効率的に相互運用されるように
なれば，競争政策上も望ましいとされる（インターオペラビリテ

ィ）。また，消費者にとって，特定のサービス事業の下に集積される
パーソナルデータがその事業に囲い込まれず，消費者が取引先を
変更したい他のサービス事業へと容易に移転・開放することができ
ればこれも望ましいとされる（データポータビリティ）。こうした
ことは，異なるデータ構造の標準化に関する技術的課題とならんで，
競争政策上の重要な課題となる。上記「報告書」は，このほか，プ
ライバシー侵害に対する対応や，データ集積による供給側の規模の
経済と需要側の規模の経済（ネットワーク効果）がもたらす産業の
独占化・寡占化への対策が必要であると述べている。

**変動するデジタル・
プラットフォーム市場**
　　　　　デジタル・プラットフォームと，それを基
盤とする様々なサービス事業は，ユーザー
が検索した用語のデータや，ユーザーの購
買行為に関するデータを事業者が大量に蓄積して分析し，ユーザー
へのサービスを改善し，あるいは新しいサービスを創出することに
用いている。そのようなデータは資産的な価値をもつことから，そ
れを獲得する目的で企業買収も行われている。

　このような事業分野は変化が早く，市場構造や市場そのものが常
に変動していれば，「一定の取引分野」の画定には不確実性がとも
なう。この場合，算定した市場シェアや，HHI（ハーシュマン・ハー
フィンダール指数）が，企業結合や技術提携の競争への影響を評価す
る適切な指標となるかという懸念も生まれる。競争当局は，このよ
うな状況で，過剰な規制に陥らないように規制のあり方に配慮する
ことが求められる。日本において，公取委が，検索エンジンに係る
技術提携を独禁法上適法とした次の例がある。

Yahoo! Japan は，米 Yahoo! Inc. が検索エンジンの開発を停止することから，代替となる検索エンジンと検索連動型広告システムの技術を，米 Google から提供を受ける 2 年間の技術提携を計画した。これにより，日本の検索エンジンの 9 割は米 Google の検索エンジンが占めることとなり，これに対して，この提携は様々な独禁法上の問題を生じさせるとする意見が公取委に寄せられたという。Yahoo! Japan と米 Google から相談を受けた公取委は，2010（平成 22）年 7 月に，本件技術提携に関わる契約の諸条件が守られるかぎり，独禁法上の問題がないと両社に伝えている（2010・12・2 公表）。

公取委の見解によれば，Yahoo! Japan が，米マイクロソフトなどから検索連動型広告システムの提供を受けるには時間がかかりすぎるなどの事情があり，米 Google との 2 年間の提携関係の形成が独禁法の観点からも合理的な選択であるとされた。そのうえで，両社の提携関係を詳しく検討すれば，Yahoo! Japan による検索サービスにおいて独自の検索キーワードが作成されることにより米 Google による検索とは異なる独自の検索結果が確保され，Yahoo! Japan による検索連動広告も広告主，広告主の入札価格，広告掲載基準などにおいて米 Google と異なる独自の運用が確保されているとした。これにより，検索サービス事業と検索連動広告事業における両社の競争が確保され，また，現時点で，広告等の表示順位を恣意的に操作している事実はなく，検索サービスの利用顧客データ，広告データ，広告主等の情報の共有による協調行動の危険に対しても，情報の遮断など適切な手当がなされており，独禁法上の問題はないとした。

活発な研究開発を行う事業者の間の資産譲渡・合併など企業結合に関して，その研究開発競争への影響をみるために，技術革新市場なるものを想定する必要があるだろうか。まだ製品化されてない医薬品の開発段階の知識・情報が資産譲渡・合併・買収などにともなって特定の事業者に集中するとすればその影響をみる必要はあるであろう。しかし，それをみるための方法は研究開発市場を設けること以外にないわけではない。独禁法の観点からは，製品市場と技術の市場に加えて，技術革新市場の画定を必要とするとまでいえないであろう。研究開発の成果に関する知識・情報は，製品化・実用化のレベルに達していれば，技術市場における潜在的な競争要因として考慮しても十分可能である。公取委は技術革新市場は必要だとは考えていない（知的財産ガイドライン第 2-2(3)）。

④ 不公正な取引方法

知的財産権と不公正な取引方法

知的財産権のライセンス契約上の制限条項は，主として不公正な取引方法の規制の対象になる。ここでは制限条項の事業上の合理性や必要性を考慮することが必要で，優越的地位の濫用の規制（2 条 9 項 5 号）を安易に用いるべきではない。これはライセンス契約や制限条項のもつ競争促進性（技術移転促進効果や技術の開発機会の増大）が損なわれないようにするためで，競争政策上の配慮にほかならない。

2007（平成 19）年 9 月の知的財産ガイドラインは，1999（平成 11）年 7 月の「特許・ノウハウライセンス契約に関する独占禁止法上の指針」（知的財産ガイドラインの策定に伴い廃止）より広く，著作権法，

実用新案法，種苗法などを含む，技術系の知的財産を対象とする指針である。

　知的財産ガイドラインは，制限のタイプを①当該技術を使わせないようにする行為（原則として排他権に基づく権利行使であるが，実質的に知的財産制度の趣旨の逸脱や目的違背となる行為），②技術の使用範囲を限定する行為（ライセンス契約においてライセンスを保留する排他権の範囲を明示する行為であって，原則として排他権に基づく権利行使であるが，制度趣旨の逸脱や目的違背となる行為），③許諾の際にライセンシーの活動を制限する行為（不争条項や非係争条項，価格拘束条項などライセンス契約において排他権の範囲に入らない制限行為）の３つに分けている。そして，それらを，公正競争阻害性の３つの区分，すなわち自由競争減殺タイプ，競争手段としての不正性タイプ，そして自由競争基盤の侵害タイプの観点から検討している。特に知的財産ガイドラインは自由競争減殺タイプに重点をおいて独禁法の適用指針を示している。

ライセンス契約上の制限の公正競争阻害性(1)

　知的財産ガイドラインは，自由競争減殺タイプの行為の公正競争阻害性の評価において，「不公正な取引方法に該当する行為」，「原則として不公正な取引方法に該当しない行為」，「不公正な取引方法に該当する場合がある行為」に分けて記述している。

　例えば，販売価格，再販売価格，研究開発の制限，改良技術の譲渡義務などは「不公正な取引方法に該当する行為」とされる（勧審昭和40・9・13審決集13・72〔ヤクルト本社事件〕，判審平成13・8・1審決集48・3〔ソニー・コンピュータエンタテインメント事件〕）。また，最高製造数量（技術の使用回数），輸出数量，販売数量，原材料・部品に関する制限，不争義務，技術への機能追加，非係争義務は「不公

正な取引方法に該当する場合がある行為」とされる。他方，実施の区分許諾，利用期間の制限，技術の使用分野の制限，製造地域の制限・販売地域の制限，最低製造数量（技術の使用回数），販売数量，製品の輸出の制限，輸出しうる地域の制限，最善実施努力義務などは，「原則として不公正な取引方法に該当しない行為」とされる。

　公正競争阻害性の判断にあたっては，このような制限の内容や態様だけでなくライセンス技術の用途や有力性，制限にかかる当事者の競争関係の有無，市場に占める当事者の地位（シェアと順位），市場の状況（競争者の数や市場の集中度，取引される製品の特性と差別化の程度，流通経路，新規参入の難易），制限の合理性や研究開発意欲やライセンス意欲への影響を含めて総合判断されるという。

技術の有力性，競争関係，安全地帯

知的財産ガイドラインは，かかる総合的判断にアクセントを与えるべく「競争に及ぼす影響が大きい場合の例」と「競争減殺効果が軽微な場合の例」を挙げて分析の有用性を高めている。「競争に及ぼす影響が大きい場合の例」として，①技術の有力性と②競争関係に着目している。①技術の有力性とは標準必須特許など業界標準技術の存在を指している。②競争関係とはライセンス契約当事者が競争関係にある場合を指している。いずれも競争への影響が大きいとする。

　他方，「競争減殺効果が軽微な場合の例」としてセーフハーバー（原則として競争減殺効果が軽微である）基準を設けている。そして，契約当事者の総計シェアが20％を超えないものを一律に適法と扱うとしている。技術市場ではシェア情報が入手困難なときは，代替技術が4つ以上存在すれば，適法と扱うという。

　ただしセーフハーバー基準の適用は限定されている。公正競争阻

害のリスクが高いタイプの制限，すなわち，製品の販売価格，販売数量，販売シェア，販売地域もしくは販売先制限，研究開発活動の制限または改良技術の譲渡義務・独占的ライセンス義務が挿入されたライセンス契約には，セーフハーバー基準の適用がない。また，公正競争阻害性のうち，自由競争減殺のタイプには適用があるが，不公正な競争手段のタイプや，自由競争基盤の侵害のタイプには適用がない。

ライセンス契約上の制限の公正競争阻害性(2)

知的財産ガイドラインにおいて，不公正な競争手段のタイプや自由競争基盤の侵害のタイプとみなされる制限は，ライセンス当事者間の関係での濫用的な抑圧行為を対象とするので，結論は黒（違法）か白（適法）かであって，違法性の程度を分類するのになじまない。市場状況の検討も必要不可欠ではなく，技術の有力性，競争関係，セーフハーバー基準のアクセントは適用されない。それでも公取委が取り上げるに値する事例を選別すべく，ライセンシーの事業活動に及ぼす影響の内容と程度，当該行為の相手方の数，継続性，反復性等を総合判断することになっている。

不公正な取引方法の事例（特許権）

特許権の非係争（NAP）条項などが問題となった事例を紹介する。もともと非係争条項はそれ自体として著しく反競争的な条項ではないことから，これらの条項を採用する事業者の意図，その事業者の技術市場や製品市場における地位，研究開発における競争者の有無と研究開発競争への影響の分析が課題になろう。特に有力な技術を有する事業者が，これらの条項を採用して自己のライセンスシステムや流通システムを，知的財産権の侵害を理由とする一部のライセンシーの差止請求から守ろうとする意図をもつとき（侵害の

有無は時間と費用をかけて争ってみなければわからず，理不尽な侵害訴訟もありうるという前提で），それは単に当該事業者の利益の保護を超えて，取引関係者の利益（一般消費者の利益を含む）を守るという合理性が認められる可能性があるから，そのような合理性が認められる場合には，取引関係者に対してできるだけ抑圧性の少ない方法が採用されているかが問題になろう。

公取委は，ライセンシーが「契約の締結を余儀なくされている」場合，非係争条項等の合理性を事案に即して慎重に分析するという姿勢をとる必要性はないと考えているようで，もっぱら一部の有力なライセンシーの研究開発意欲への悪影響や，ライセンサーのライセンシーに対する技術力の格差の拡大に注意を向けている（知的財産ガイドライン第4-5(6)）。この観点から米国マイクロソフトと米国クアルコム（Qualcomm）の行為が問題とされた。

非係争条項とマイクロソフト

米国法人マイクロソフト（以下「MS」）は，日本の有力なパソコンメーカー（以下「OEM業者」）15社に対して非係争条項を付した「ウィンドウズ」のライセンス契約（「直接契約」）を締結していた。当該非係争条項は，OEM業者の特許権を，MSやその子会社，他のOEM業者が侵害している可能性がある場合に，特許侵害訴訟等を提起しないことを求めるものであった。

MSは，1998年頃，ウインドウズ98に，音声データや画像データの圧縮・伸張技術（以下「AV技術」とする）を用いたウィンドウズ・メディア・プレイヤーを搭載してライセンスを開始した。これに対して，AV技術で優位にたつ松下電器，三菱電機，ソニーなどのOEM業者は，AV技術の権利主張を阻む本件非係争条項に不満をもち，繰り返しその修正や削除を求めた。しかし，MSはこれを

頑なに拒絶した。

この条項に関する審査を開始した公取委は，2004（平成16）年7月に，非係争条項がOEM業者の研究開発意欲を損なうおそれがあり，不当な拘束条件付取引（旧一般指定13項〔現行12項。以下同じ〕）に違反すると勧告した。MSはこれを審判で争う一方で，勧告直後の同年8月1日以降の直接契約では非係争条項を削除することに決定した。公取委は，2008（平成20）年9月16日に，削除された非係争条項には依然として将来的効果が残っており，それが不公正な取引方法（旧一般指定13項）に該当するとして，本件非係争条項を違法とする審判審決（判審平成20・9・16審決集55・380〔マイクロソフト非係争条項事件〕）を下した。

この審決によって，MSを起点とする多数のライセンス契約のなかに挿入された非係争条項の経済的効果について，とくに研究開発意欲を減退させる効果について，どのような証拠により立証すべきか，明確な基準が示されたわけではない（→2③）。

**非係争条項・無償
条項とクアルコム**

クアルコム（Qualcomm）は，携帯無線通信に関する技術の研究開発や，関連する知的財産の実施許諾ビジネス，半導体集積回路の製造・販売に関する事業を行っている米国の事業者である。

公取委は，クアルコムがFRAND宣言を表明しているにもかかわらず，日本国内の携帯電話製造販売業者に対して，必須の知的財産権について非係争条項や無償条項を含むライセンスの締結を余儀なくさせているとした。この結果，日本国内の携帯電話製造販売業者は，半導体集積回路の研究開発意欲を損なわれ，技術面でクアルコムの有力な地位が強化され，公正な競争が阻害されるとして，非係争条項や無償条項を不公正な取引方法の拘束条件取引（旧一般指

定 13 項）に該当するとして排除措置命令を発した（排令平成 21・9・28 審決集 56・2・65〔クアルコム事件〕）。クアルコムは，これを不服として，審判請求をしたところ，公取委は，審決において，本件ライセンス契約は，一方的で無償のものではなく，双方向のクロス・ライセンス契約であるというクアルコムの主張を認め，他に違法とすべき証拠も示されなかったとして，排除措置命令を取り消した（審決平成 31・3・13 審決集 65・1・263〔クアルコム事件〕）。

　本審決はこのように終結したため，技術的に極めて有力なクアルコムを起点とする多数のライセンス契約に挿入された非係争条項の経済効果に関する議論は示されなかった（→2③）。

| **不公正な取引方法の事例（著作権）** |

著作権のライセンス拒絶に関する不公正な取引方法の 2 つの事例を紹介する。

　第 1 に，ライセンス拒絶による取引妨害の例がある。業務用カラオケ機器の販売・賃貸の有力な事業者である第一興商は，競争者のエクシングから特許侵害訴訟で訴えられたことに対する意趣返しに間接のライセンス拒絶をした。すなわち，エクシングを「徹底的に攻撃していく」として，第一興商は，自己の子会社の日本クラウンと徳間ジャパンが管理する中高年に人気のカラオケ楽曲のライセンスをエクシングに対し拒絶させ，これによりエクシングは人気楽曲を扱えなくなったという情報をスナックやバーの経営者，カラオケボックスの経営者などのユーザーに流し，一部のユーザーがエクシングとの契約を解除するという結果を生み出した。公取委は，第一興商の本件行為は不当な取引妨害（旧一般指定 15 項〔現行 14 項〕）に該当し 19 条に違反するとした。しかし，違反行為はすでになくなっているので排除措置は命じないとした（判審平成 21・2・16 審決集 55・500〔第一興商事件〕）。

第2に，共同のライセンス拒絶が違反とされた例がある。ソニー・ミュージックエンタテインメントほか3社は，共同して設立したレーベルモバイル社に，自分たちの保有する歌声等を録音された原盤から携帯電話の着信音として設定できるようにする配信業務（着うた提供業務）を委託した。他方で，4社は，他の着うた提供業者に対しては原盤の利用許諾を行わないようにしていた。公取委は，4社が共同して，他の着うた提供業者に原盤の利用許諾を行わないようにしている行為が不公正な取引方法の共同の取引拒絶（旧一般指定1項〔現行2条9項1号〕）に該当するとして，19条違反とし，行為の取りやめを命じた（判審平成20・7・24審決集55・294〔着うた提供業者によるライセンスの共同拒絶事件〕）。この審決に対して4社は東京高裁に審決取消訴訟を提起していたが，東京高裁は4社の請求を棄却した（東京高判平成22・1・29審決集56・2・498〔着うた提供業者によるライセンスの共同拒絶事件〕）。

| 知的財産権の種類，利用目的と違法性 | 知的財産権の種類や利用目的により，不公正な取引方法に関する違法性（適法性）の評価は異なる。 |

第1に，同じタイプの制限でも，知的財産の種類により，違法性の評価が異なる。例えば，特許権では，契約終了後の競争品や競争技術の取扱い禁止は比較的違法性が強い制限とみられる。しかし，ノウハウでは契約後の秘密保護を担保するための一定期間の禁止は不合理とはいえない。

第2に，知的財産の利用目的によって，違法性の評価が異なる。特許ライセンスでは，研究開発の禁止は比較的違法性が強い制限とみられる。しかし，共同研究開発では，共通の研究開発課題となった事項について，期間中，参加者独自の研究を禁止するのは不合理

ではない。

知的財産の集積を起点
とするライセンス

知的財産の集積に基づくライセンス契約上
の研究開発の制限，グラント・バック条項,
不争条項，非係争条項なども問題となりう
る。音楽著作権団体の JASRAC や，標準規格団体の特許プールな
どのように知的財産の集積を基点とするライセンスは知的財産権の
利用を高度化するものであり，規模の経済の達成や取引費用の削減
などから，個別の権利の単なる集合以上の大きな効用をもたらす。
それは全体として1個の新たな商品やサービスを提供するものとみ
ることさえできる。他方で，しかし，共同のライセンス拒絶などが
行われれば競争に対する悪影響も大きくなり，不公正な取引方法の
問題となる（前出の着うた提供業者によるライセンスの共同拒絶事
件）。それにとどまらず，3条の私的独占や不当な取引制限となることが
ある（勧審平成9・8・6審決集44・238〔ぱちんこ機メーカー事件〕）。関
係する契約条項や運用実態を慎重に見極める必要があろう（プール
形成等の考え方）。

ノウハウ・ライセンス
契約の違反事例

ノウハウ・ライセンス契約の制限条項が独
禁法19条違反となった例がある。旭電化
工業は，1981年4月28日に，台湾のT石
油化学にエポキシ系可塑剤に関する10年を期間とするノウハウ供
与契約を締結したあと，契約終了後に我が国向けの輸出を制限して
いた。公取委は，これらが不公正な取引方法（拘束条件付取引）に該
当するとした（勧審平成7・10・13審決集42・163〔旭電化工業事件〕）。
オキシラン化学も，1993年4月12日に，同じ台湾企業にエポキシ
系可塑剤エルソに関する10年の期間のノウハウ供与契約を締結し，
契約終了後には我が国向けの輸出を制限することとして，公取委の

勧告をうけた（勧審平成 7・10・13 審決集 42・166〔オキシラン化学事件〕）。いずれも，勧告を受ける前に輸入制限条項を自主的に破棄している。

　前述のように，ノウハウ契約終了後のノウハウ使用禁止や数年に限定された競合技術や競合製品の使用禁止は必ずしも不合理ではない。しかし，両事件では，旭電化工業もオキシラン化学も，契約終了後のノウハウの使用を禁止していない。これは日本企業の契約管理のミスとは思えない。ノウハウの商業的価値が低かったのであろう。日本市場への輸出禁止は，契約終了後もノウハウを使用許諾したか譲渡したことを前提にするものである。このことは，本件の拘束がノウハウの秘密保護とは関係のない輸入制限であることを示し，それも期限の限定のない露骨な輸入制限であることを示す。

⑤　適 用 除 外

**著作物の再販売価格
維持行為の適用除外**

戦前より書籍，雑誌，新聞およびレコード盤を定価で販売する慣行があった。1953（昭和 28）年改正で，独禁法 23 条（同年改正前 24 条の 2）第 1 項により，一定の日用品の再販売価格維持行為を適用除外として公取委が指定する制度が設けられる機会に，第 4 項で，この慣行を法定再販制度として受け入れた。その後の生まれた音楽テープや音楽 CD の販売はレコード盤の定価販売と同等に扱っているが（公取委 1992・4・15 公表），それ以外は第 4 項の「著作物」と認めていない。その理由は，第 4 項の著作物は「思想又は感情を創作的に表現したもの」と定義される著作物（著作 2 条 1 項 1 号）と異なり，市場で流通する個々の商品のことをいい，著作権法でいう「複製物」ないし「商業用レコード」に当たるからとされた

（判審平成 13・8・1 審決集 48・3〔ソニー・コンピュータエンタテインメント事件〕）。近時増加している電子書籍について，公取委は，4項は著作「物」を対象にしているので，ネット配信される電子書籍は含まないとしている。今後も，このように著作物の範囲を限定するのであれば，公取委の解釈でなく，立法で明確にされるべきであろう。

6 独占禁止法違反に対する規律

排除措置命令と課徴金 　知的財産権の使用が違反行為に関係していれば，通常の違反事件と同様，違反の態様に応じて，合意の破棄やライセンス契約条項の削除などの排除措置が行われる。他方，知的財産権の使用が違反行為に関係しないときも，必要があれば，知的財産に対する排除措置が行われる。新日鉄合併事件（同審昭和 44・10・30 審決集 16・46）において，鉄道用レール，鋳物用銑，鋼矢板の製造技術を特定の会社に公開する排除命令が出された。これは被審人の側が「計画書」を提出する同意審決（2005〔平成 17〕年改正で制度廃止）の特殊性からきたものだが，それ以外の審決でも可能な命令であろう。また，合理的な使用料で知的財産権を希望者に開放せよという措置も考えられる。さらに，必要があれば，専用実施権を通常実施権に代えよという排除措置も可能であろう。商標権の出願取下げを命じた例がある（同審平成 12・2・28 審決集 46・144〔北海道新聞社事件〕）。

　課徴金は，私的独占や不当な取引制限の違反行為に関係する知的財産権のロイヤリティ収入にもかかる。不公正な取引方法の共同ボイコット，差別対価，不当廉売や，取引上の優越的地位の濫用に関係する知的財産権のロイヤリティ収入にも課徴金がかかる。

　民事的規律として，独禁法違反を理由に，ライセンス契約上の制限条項を無効とすべきとする抗弁や，契約解除を無効とすべきとする抗弁ができる。また，同じ理由で，損害賠償（独禁法 25 条，民法 709 条）や差止め（独禁法 24 条）を請求できる。

　知的財産権の侵害訴訟に対する抗弁として独禁法違反の主張が行われることがある。最近の例では，すでに言及したアップル対サムスン特許侵害事件が挙げられる（→1 ④ を参照）。韓国企業のサムスンは，欧州電気通信標準化機構（ETSI）に自己の特許技術が標準必須特許であると申告し，同協会の設けた知的財産権に関するポリシーに従い，FRAND 宣言をしていた。しかし，サムスンは，サムスンの標準必須特許のライセンスを受ける意思のあるアップル社に対し，誠実なライセンス交渉を怠り，アップルの iPhone や iPad などの製品に特許侵害があるとして製造・販売中止の仮処分を求めた。知財高裁は，東京地裁と同じく，FRAND 宣言をした特許技術の差止請求は原則として権利濫用になるとして請求棄却の決定を下した（知財高決平成 26・5・16 判時 2224・89）。また知財高裁は，アップルが逆にサムスンを相手に提起した特許非侵害の確認訴訟で，損害賠償を請求すること自体が権利の濫用であるという東京地裁判決に続いて，若干の変更を加えて，ライセンス料相当額を超える損害賠償を求めることは濫用に該当するという判決を下した（知財高判平成 26・5・16 判時 2224・146）。

　標準必須特許の保有者は，多くのライセンシーを獲得できる地位を得て，非必須特許よりも遙かに保護された地位にある。知財高裁は，そのように過度に保護された権利者が，自らの意思でFRAND 宣言をしておきながら，この技術のライセンスを受ける

意思のある事業者に対し，いたずらに必須特許の使用を侵害として差し止めることは，標準必須特許のライセンスを受けることができると期待した事業者の信頼を損なうものであるとした。そして，それによってライセンス希望者の標準規格に準拠した製品・役務の開発，製造，販売の投資を無駄にすることは産業の発展という特許制度の趣旨に反し，権利濫用にあたるとした。

　本件で，アップルは，独禁法違反の抗弁を，他の多くの抗弁とともに行っている。本件のような特許権の濫用は「知的財権制度の趣旨を逸脱し，又は同制度の目的に反する」（知的財産ガイドライン第2の1）ものであり，また「正常な競争手段の範囲を逸脱するような人為性」（最判平成22・12・17民集64・8・2067〔NTT東日本事件〕）にあたるから，少なくとも，不公正な取引方法の取引拒絶や取引妨害，差別的取扱いの規制を行う可能性はあった。その場合，もちろん，サムスンは，独禁法21条による抗弁を行うことが可能であるが，自ら濫用行為をしながらの権利行使の抗弁は認められないであろう。もっとも，知財高裁は独禁法違反の抗弁に判断を加えていない。

　特許侵害訴訟において独禁法違反が主要な抗弁とならないのは本件に限ったことではない。独禁法違反は，市場への影響を要件とするから使いにくいのであろう。独禁法違反を抗弁に使うまでもなく，侵害訴訟に対する抗弁としては侵害の否認のほかに，公知技術の抗弁，特許権の当然無効の抗弁，無効審判請求（特許庁），契約法や不法行為法，不正競争防止法による対抗方法がある。

　刑事責任は，特許権を利用した悪質な事例で，刑事責任を問う一環として，独禁法100条により，裁判所に特許権の取消等を求めることができる定めがある。これには検察と協議することが必要である。著作権や他の知的財産権については明示の規定がないので，権

利の取消しはできない。なお，これまで独禁法100条が適用された
ことはない。

第7章　政府規制と独占禁止法

> "規制改革"の流れのなかで，政府規制分野に対する独禁法の適用の問題が重要性を増している。それは，法違反の問題にとどまらず，競争政策の観点からの既存の規制の抜本的な見直しや改革にも発展していく。

1　政府規制とその位置づけ

1　政府規制とその評価

政府規制とは

　政府規制とは，国や地方公共団体が，特定の政策目的の実現を意図して，許可・認可や下命・禁止などの行政的手段により事業者や国民の活動に介入するものを指す。広義では競争条件の維持を図る独禁法もその一種といえるが，政府規制というときには通例は，事業者の市場への参入や退出を規制したり，あるいは設備・数量や品質・価格・取引条件等を制限したりするなど，市場における事業者の競争行動に制約が加えられる場合を念頭に置いている。また，規制の方法としては，許可や禁止などの「権力的・強制的手段」だけでなく，行政契約，行政指導，補助金，公営企業などの「非権力的・誘導的手段」も用いられる。さらに，事業者による自主規制や内部統制システムなど

367

の「民間による規制」も，行政による規制を補完・補強ないし代替する手法として利用されることがある。以下，経済法の観点から，政府規制が市場に及ぼす作用に着目して，規制の分類と評価を行ってみたい。

経済的規制と社会的規制

政府規制は，規制の性格ないし政策内容に着目して経済的規制と社会的規制に分けることができる。まず経済的規制とは，国民生活の安定・向上や国民経済の健全な発展などを図るために，市場メカニズムの働きを修正したり，市場メカニズムが有効に機能するよう補完したりする規制であり，国民生活に不可欠なサービスを供給するネットワーク産業である電力・鉄道・通信などの公益事業に対する規制がその典型的な例である。この他に，信用秩序の維持を目的とする金融・証券などの規制，食料の安定供給の確保を図る農業・農産物分野の規制，あるいは中小企業の保護・活性化や研究開発の促進のための規制などがある。

他方，社会的規制とは，国民の安全・健康の確保，環境の保全や災害の防止などを目的として，事業の開始や製造を許可制としたり，一定の行為を禁止したり，遵守すべき基準を設定したりするものを指す。例えば商品・サービスの安全性の確保や品質・取引条件等の適正化を図る消費者保護のための規制，あるいは公害・環境・公衆衛生・危険防止などに関わる規制がこれに含まれる。さらに，放送・メディア等に対する文化的観点からの規制も，これに含めることができる。

参入・料金・その他の業務運営等の規制

政府規制は，規制の態様ないし手法に着目して，参入規制，価格規制，その他の業務運営等の規制に区分することができる。

参入規制とは，当該事業への参入や事業の開始を許可・届出・登録などにかからしめるものであり，その内容は欠格事由のチェックや資格要件の設定にとどまるもの，需給調整要件により需給の不均衡をチェックして事業者の数を制限するもの，さらには地域独占などの法的独占を認めるものまで様々である。また，製造の開始，設備の新増設などを規制する場合もある。なお，公益事業や金融業などでは参入とともに退出や兼業なども規制されることがある。次に価格規制とは，財・サービスの価格設定に制限を加えるものであり，料金の認可制や届出制がその典型である。その場合，取引条件や品質についての規制も併せてなされるのが通例である。最後に，その他の業務運営等の規制とは，参入や価格以外の，財務状況，事業組織の形態，技術や品質・規格，取引条件や広告・表示，営業の時間・方法などに規制を加えるもので，その内容や規制方法は多岐にわたっている。

競争制限型，競争促進型，競争中立型

政府規制は，市場の競争に対する関わり方に着目して，①競争制限型，②競争促進型，③競争中立型の規制に区分することができる。①競争制限型とは，需給調整を伴う参入規制や，原価主義に基づく料金認可制など，独占や競争制限を内容とする規制をいう。他方，②競争促進型とは，略奪的・差別的な料金の変更命令制度や，不可欠施設の利用を義務づける通信回線の接続制度や電力の託送制度など，独禁法と共通する競争促進を内容とする規制である。また，③競争中立型とは，客観的な資格要件による許可・登録制や，外部補助方式の路線補助やユニバーサルサービス基金など，市場メカニズムを歪曲しにくい競争適合的な内容の規制を指す。

政府規制は，市場メカニズムだけでは解決できない種々の問題に対処して，様々な公共的機能を果している。政府規制の具体的な根拠は，大きく「市場の失敗」と「社会公共的な目的」に分けることができる。前者は，自然独占，外部性，公共財，情報の非対称性など，市場メカニズムが有効に機能しない場合に，これに対処して市場の機能を補完・代替することを目的とするものであり，後者は，安全・健康・環境の保護やユニバーサルサービスの維持，所得の再配分など，市場の失敗に必ずしも還元できない人権的価値や社会的連帯などの非経済的価値の確保を目的とするものである。両者の論拠には差異があるが，実際の規制においてはオーバーラップする部分も少なくない。そして，社会的分業が深化した現代の都市社会においては，そこで生じる種々の社会的なリスクやアンバランスを制御・調整し，市民的権利を確保するなんらかの規制なしには，国民生活や経済活動はおよそ進行しえないといってよい。

他方で，既存の政府規制は，しばしば技術や社会経済環境の変化に遅れたり，市場メカニズムを制約することから来る機能不全を引き起こす。また規制の中には，そもそも制定当初からその必要性が疑わしいものも存在する。元来規制は，予測の誤りや情報不足による"規制の失敗"の危険を内包しているが，特に参入や料金を規制する競争制限型規制は，消費者ニーズの変化に対応できなかったり，効率的な事業経営を阻害したりするほか，カルテル等の競争制限的体質を助長したり，規制が既得権化して閉鎖的な産業構造を形成したり，監督官庁の権限維持の指向と相まって不必要な規制を長期に存続させたりする。また，特に経済的規制においては，規制機関の裁量が大きくならざるを得ず，それが規制のプロセスを不透明・恣

意的にしたり，規制の内容が過度に競争制限的となることを招く場合もある。そして，これらの弊害は，商品選択の幅を狭めたり不必要なコストを発生させたりして，結局は消費者の不利益と負担増をもたらすことになる。

規制の必要性・
合理性の審査

そもそも「公正且つ自由な競争」を促進する独禁法の立場からは，政府規制による市場メカニズムへの介入や制約はあくまで例外的なものである。そこで，以上のような規制の弊害を是正するため，①規制の目的ないし政策的必要性が事実に照らして明白か，②規制の手段・手法が目的との合理的関連性を有するかが絶えず見直される必要がある。

まず①については，規制のもたらす政策的効果や社会的価値が競争による便益よりも優先されると判断される必要があり，この点を従来の経緯にとらわれずに検討する必要がある。そして，不要な規制であれば撤廃すべきであり，また規制の新設も認めるべきでない。次に②については，ⓐ規制手法が目的達成に必要な範囲を超えるなど目的と手段の均衡を失していないか（比例性），ⓑ規制方法の実効性が疑わしいなど目的と手段の不整合が生じていないか（適切性），ⓒより競争制限的でない他の代替的手段・手法がないか（必要性）等が検討されるべきである。その場合，単に規制の量的な多寡を問題にするのではなく，規制の枠組み自体を競争促進型ないし競争中立型に改革していくことが重要である。また，規制の見直しは一度限りではなく，改革の効果を検証しながら反復・継続してなされる必要がある。

この点では，2010（平成22）年度より，「行政機関が行う政策の評価に関する法律」（政策評価法）9条に基づく規制の事前評価の一

部として，公取委が中心となり，「競争評価」が導入されたことが注目される。競争評価とは，規制の社会的費用の一つとして競争に与える影響を考慮することとし，規制の導入・改廃の際に，規制官庁に対し，規制の競争への具体的影響に関する「競争評価チェックリスト」の記入を求め，その回答内容を精査して，必要に応じ回答の背景や趣旨などを確認するというものである。それは直接の法的効力を有するものではないが，今後の情報の蓄積と分析・評価能力の向上などにより，競争政策の観点から規制の必要性・合理性を事前にチェックする，有効な方策の一つとなることが期待されるものである。

公益事業と「市場形成」型規制

公益事業分野においては，1990年代以降，技術革新による自然独占性の後退やネットワーク管理技術の発展を踏まえて，法的独占を解体し市場化と競争導入を進める「規制改革」が進められ，競争制限型から競争促進型・競争中立型へ，規制の性格が抜本的に転換することになった。その中で，特に，電力・ガス，電気通信など，ボトルネック性を有するネットワーク施設が必要とされる分野においては，市場メカニズムを有効に機能させるために必要な競争市場の制度的な枠組みやルールを，直接的・継続的な規制という手段も用いて積極的に形成しようとする「市場形成」型と性格づけられる規制が展開してくることになった。これらの規制は，アクセス料金の認可制やネットワーク施設の投資の計画手法による規制などに見られるように，強力な行政介入を伴うことがあるが（→3④），規制の性格は，従来の競争制限型の規制と大きく異なっている。その基本的特徴は，以下の点にある。

(1) **競争的市場の創出・維持**　第1に，競争的市場の創出と維持

を図るための特別規制が重要な役割を果たしている。具体的には，①接続・託送のように，競争的市場の構成要素となる市場取引自体を生み出す「取引創出」規制，②電力の需給調整メカニズムや卸電力取引所のように，市場における競争的取引の条件となる，取引の規格化・標準化や取引ルールの設定を行う「市場設定」規制，③ネットワークの混雑管理やネットワーク施設の整備など，競争の基盤となるネットワークの利用の公平や容量の確保を図る「ネットワーク基盤」規制，④卸取引市場の整備や消費者のスイッチングのような，競争的市場が有効に機能するための制度を整備するための「市場基盤」規制などである。

(2) **市場支配力の規制**　第2に，ネットワーク産業の特質に起因する高い市場支配力を低下させることにより，競争水準を底上げするための特別の市場支配力規制が設けられている。具体的には，①ネットワーク施設のボトルネック独占に起因するレバレッジや，当該施設のネットワーク効果や規模の経済性に起因する略奪行為など，ネットワーク施設を保有する事業者が有する強力な「排除力」に対する規制，②法的独占を享受していた既存事業者が有する強力な市場支配力の削減と集中防止を図るために「競争単位」の積極的な創出を図る各種の構造的措置などがそれである。これらの規制においては，「事前」に事業者の行為にあらかじめ一定の枠をはめるという手法がとられるのが通例であり，これによって市場における競争の広がりや強度を，以前に比べて拡大することが意図されている。

(3) **社会公共的な目的の市場への組み込み**　第3に，「市場形成」型規制においては，社会公共的な目的ないし価値を市場に組み込むことが基本的な戦略とされており，これらの価値を市場に内部化するために，市場メカニズムと両立しかつ市場における競争を歪める

程度が少ない「競争適合」的な規制手法が採用されるのが通例である。具体的には，①通信におけるユニバーサルサービス基金や，電力における最終保障約款・離島約款のように，ユーザー・消費者から広く均等に負担金を徴収し，これを対象者に再配分する広義の"税"方式の手法，②電力の「電源入札」や「容量メカニズム」のように，必要な電源への投資を確保してサービスの安定供給を図るために，市場メカニズムの活用を図りながら予備電源の確保を図る，供給力の"リザーブ"方式の手法，③その他，各種の補助金や融資などの公的補助によって，社会公共目的を達成しようとする"金銭による誘導"方式の手法などがその例である。

　以上のような特徴を有する「市場形成」型規制は，市場における競争を有効に機能させることを基本的な目的として全体の規制が組み立てられているから，そこでは，立法者によって「市場形成」型規制を採用するという基本的な制度選択に関する決定がなされていると解することが可能である。したがって，このような基本決定を変更ないし否定するような制度改正がなされない限り，これに逆行する法改正や法運用は原則として認められないと考えるべきであり，例えば，市場の機能を阻害する規制の新設や，既存の規制の競争制限的な運用に対しては，その必要性や範囲を厳しくチェックしていく必要がある。

　また，これらのうち，第2の市場支配力の規制は，競争の促進を図る点で独禁法による規制と目的および機能において重なり合う部分が少なくないから，そこで競争水準を底上げするために特別の事前規制を設ける必要性があることが明確にされるべきである。そして，その必要が認められる場合も，実体的基準と規制手続の双方について，両者の関係ないし役割分担のあり方を検討し，規制の整合

性を確保することが求められている。

　政府規制は，憲法上の基本的人権の一つである職業選択ないし「営業の自由」の公共の福祉による制限の問題でもある（憲法 22 条 1 項・29 条）。この点について従来の判例は，立法府の裁量を尊重する"合理性の基準"を採用しつつ，規制を社会公共秩序の維持を目的とする"消極的規制"と，福祉国家的理想に基づく社会経済政策目的の"積極的規制"とに区別し，前者は規制の必要性や目的と手段の合理的関連性が厳しく審査されるが，政策的技術的な裁量の余地の広い後者は「著しく不合理であることの明白である場合」に限り違憲となるとしてきた（最大判昭和 47・11・22 刑集 26・9・586〔小売商業調整特別措置法事件〕，最大判昭和 50・4・30 民集 29・4・572〔薬事法事件〕）。

　しかし，積極的規制に分類される経済的規制こそが規制の弊害を生みやすい。憲法学においてもこの点を踏まえ，①積極的規制であっても立法事実を詳細に検討して規制の必要性や合理性を厳しく判断する必要がある，②消極的規制でも，例えば生命・健康を保護する規制は論理的に必要最小限でなければならないわけではなく，予防的規制の強化が求められる場合があるなどの指摘がなされ，積極・消極の 2 区分が見直されつつある。また，判例もこの区分で一貫しているわけではなく，近年は二分論の相対化の試みとも評価できる判決も出されている（酒税法に関する，最判平成 4・12・15 民集 46・9・2829 および，最判平成 10・3・24 刑集 52・2・150）。また，学説においても，森林法違憲判決（最大判昭和 62・4・22 民集 41・3・408）などを根拠にしながら，最高裁の基本的な判断枠組みは，「規制の目的，必要性，内容，その規制によって制限される財産権の種類，性質及び制限の程度等を比較衡量して決すべき」だとするものであって，積極・消極の二分論を経済的自由全般に妥当する包括的な違憲審査基準として理解するのは妥当ではない，とする

考え方が有力になっている。独禁法の観点からの政府規制の緩和や見直しは，いわゆる"自由放任"を目ざすものではなく，このような憲法の考え方と共通の基盤に立ち，またこれを補完して"政府規制の改革"を図るものと位置づけることができる。

❖❖❖

② 政府規制と事業者性・適用除外・正当化事由

それではまず，政府規制分野における独禁法の適用範囲に関し，事業者性，適用除外規定，独禁法違反と正当化事由を概観しよう。

公的主体・公的独占と事業者性

国・地方公共団体などの公的主体についても，「なんらかの経済的利益の供給に対応し反対給付を反復継続して受ける経済活動」を行っている限り，独禁法上の事業者に該当する（→第1章2②）。その場合，提供されるサービスの一部が無償であっても，例えば事業体として原価主義をとっているなど，問題とされる行為を含む活動を全体としてみると有償性が前提とされている場合には，事業者性は肯定されるべきである。さらに，近年は，反対給付の要件を相対化し，たとえ無償で提供されていても，私人による対価的取引が成立可能で，そこに競争が生じる可能性が存在する場合には，事業者性を肯定すべきであるとの考え方も提唱されている。

次に，特殊会社による事業の独占が認められている郵便事業（郵便法2条・5条）などの"公的独占"については，法による独占が認められている範囲では競争成立の余地がないから，そこでの行為の事業者性は否定されるとする見解もありうる。しかし，"公的独占"といっても，市場独占を法認するのではなく，一定の財・サービスについての排他的供給権を認めているにすぎないから（郵便法4条），

例えば宅配便貨物におけるゆうパックと宅急便などのような，代替サービスとの競争が成立する可能性まで禁止しているわけではない。したがって，このような競合サービスとの関係が問題とされる場合に，"公的独占"を根拠に事業者性を否定するのは妥当ではない。

適用除外規定 独禁法には，政府規制に関わる禁止行為の適用除外規定は存在しない。

他方，個別の事業法においては，規制目的を達成する手段の一つとして適用除外が認められる場合がある。道路運送法（18条・19条），航空法（110条・111条）などの運輸業での各種の運輸協定，保険業法での保険カルテル（101条）などが主なものである。これらは，その範囲を縮小・整理するなど，近年その大幅な見直しが進んでいる。そして，適用除外を残す場合でも，認可にあたって公取委との協議ないし同意を義務づける，協定内容の変更命令や認可の取消処分を公取委が主務大臣に請求できるようにするなど，公取委が協定等を強力に監視する手続が設けられている（道路運送法19条の3，航空法111条の3，保険業法105条など）。このような見直しの流れに逆行するかのように，2020（令和2）年に，一定の条件下で，乗合バス事業者，地域銀行またはこれらの親会社の企業結合，および乗合バス事業者の共同行為に独禁法の適用除外を認める，「乗合バス及び地域銀行に係る独禁法の特例法」（略称）が制定された。

適用除外規定が存在する場合でも，除外の範囲外の行為に対して独禁法が適用されることは当然である。例えば，海上運送法の適用除外規定（28条4号・29条の2）により，日本と外国との間の航路における運賃に関する協定を届け出ていた外航海運業者が，複数の航路における日本から外国の港への自動車運送業務の運賃について，荷主ごとに運賃の引上げまたは維持を合意していた事案では，届け

出た荷主一律の協定運賃を実際には個々の荷主に対してほとんど適用していなかったことから，適用除外カルテルとは異なる行為であり，除外の対象とはならないとされた（排令平成 26・3・18 審決集 60・1・413〔外航海運自動車運送カルテル事件〕）。

事業法による規制と
"正当化事由"

"明文の規定による除外"が独禁法の基本原則であるから，以上の適用除外規定に該当しない限り，政府規制分野であっても独禁法が競合して適用されることになるが（→第1章2④），個別の事例において，独禁法と，個別の事業法等の規定ないし事業法を所管する規制機関の法運用とが抵触ないし矛盾するようにみえる場合には，どのように考えるべきか。これは，規制の仕組みなどに照らし，個々のケースごとに判断されるべき問題であるが，以下，主要な議論を概観しておこう。

(1) **一般法と特別法**　第1に，そのような場合は，"特別法は一般法に優先する"という法解釈の基本原則に従い，例外的に独禁法を適用できないとする考え方がある。しかし，事業法と独禁法の要件には差異があり，独禁法から特定の事項を取り出してこれを特別に扱う趣旨とはいえないこと，問題となった競争制限行為をすべて事業法によって規制することは予定していないこと，明文の規定による除外の原則が確立していることなどから，一般法・特別法の関係自体が否定されるのが通例である（判審平成 7・7・10 審決集 42・3〔大阪バス協会事件〕）。

(2) **政府による強制**　第2に，問題となった行為が，法律によって義務づけられている場合や，許認可や行政指導等による行政機関の権限行使によって強制されていると評価されるような場合には，事業者側に自主的な選択の余地が存在せず，違反行為の前提である

行為の自由ないし決定の自由を欠くから，独禁法を適用することはできない（大阪高判平成6・10・14審決集41・490〔お年玉年賀葉書事件〕，東京地判平成17・4・22判例集未登載〔NTT接続料認可取消訴訟事件〕，審決平成27・2・27審決集61・45〔新潟タクシー運賃協定事件〕）。また，一方の法律に従えば他方の法律に違反することとなるという二律背反が生じるなど，事業法の規制により余儀なくされた行為であると認められる場合にも，独禁法の適用が除外される可能性がある（判審平成19・3・26審決集53・776〔NTT東日本事件〕）。ただし，このような"法律による強制"ないし"規制との二律背反"を理由として除外が認められる余地は限定されており，そこで事業者側に選択の幅ないし変更申請の余地が存在する限り，独禁法の適用を免れることはできないと考えるべきである（→2①，2③）。

(3) **目的の正当性・手段の相当性**　　第3に，正当化事由に関する法益衡量論に依拠して，目的の正当性および手段の相当性を検討するというアプローチがある。これに関しては，石油価格カルテル刑事事件の最高裁判決が，傍論であるが，「石油業法に直接の根拠を持たない価格に関する行政指導であっても，これを必要とする事情がある場合に，これに対処するため社会通念上相当と認められる方法によって行われ……独禁法の究極の目的に実質的に抵触しないものである限り」当該行政指導を違法とすべき理由はないとした上で，このような「適法な行政指導に従い，これに協力して行われた」行為は，違法性が阻却されると判示している（最判昭和59・2・24刑集38・4・1287）。そこでは，①行政機関の権限行使が独禁法の究極目的に照らして正当と判断されるか否かを判断し，②そこで正当性が認められた場合に，これに対する事業者側の協力行為であれば，原則として正当化事由があるとしているように読める。

政府規制が関わる場合に，目的および手段に関する法益衡量によって正当化事由の存否を判断するという考え方自体は，妥当なものである。ただし，この判示は傍論であり，①は，法律に根拠のない行政指導の法治主義の観点からの適法性の可否を，独禁法の究極目的に照らして判断した点に主眼があると考えられること，また，②については，協力行為か否かの判断基準が不明確で，事業者側が取り得る手段や方法についての具体的な検討がなされていないことから，この判決の判示を，政府規制が関わる場合の法益衡量の具体的な判断基準を示したものと理解するのは，必ずしも適切ではない。そこでは，法益衡量の基本的な判断枠組み（→第1章2③）に依拠して，個々の事案ごとに，まず，事業者が独禁法の違反要件に該当する行為を行う根拠とされた，事業法の規定ないし行政機関による権限行使の趣旨を，当該行為の目的の正当性の観点から判断し，その上で，目的達成の手段として，当該行為の必要性や代替的方法の如何を具体的に検討するのが妥当である。これに関しては，以下の節で，個々の行為類型ごとに検討することにする（→2①認可料金の遵守協定の項，2③不当廉売の項などを参照）。

　(4)　**両者の抵触が存在しない場合**　　最後に，問題となった行為が，事業法の規定の趣旨や仕組みに照らし，規制の範囲外だとされる場合や，その制度趣旨を逸脱すると評価されるような場合には，そもそも事業法との抵触は存在しないから，当然に独禁法が適用されることになる（最判平成22・12・17民集64・8・2067〔NTT東日本事件〕）。逆に，当該行為が競争の実質的制限や競争減殺などの対市場効果を有していない場合には，そもそも独禁法違反行為は存在しないから，事業法との抵触もありえない。そして，実際には，このような事業法ないしは独禁法の解釈によって決着がつく場合も少なくない。

2 政府規制と独占禁止法

　政府規制分野では，個々の規制領域の特性や規制の仕組みに即して独禁法の解釈と適用を考えていく必要が生じる。本節ではこの点を中心に検討する。なお，行政指導と独禁法に関わる論点は，→第3章1⑤，本章3①を参照されたい。

① カルテル規制

――――――――――
認可申請とカルテル
――――――――――

　料金の設定や事業計画の変更などについて認可制が採用されている場合には，事業者は価格や設備・数量などについて自由に決定することはできない。しかしその場合であっても，申請人たる事業者に法令上申請権を認めているのが通例であり，申請をするか否か，申請の時期，申請内容などは事業者が個別に決定し，行政庁はその申請を受けて処分の可否を審査・決定するという仕組みがとられている（個別申請・個別認可。最判平成11・7・19判時1688・123〔三菱タクシー事件〕）。そしてこの仕組みを前提にして，認可料金のバラツキなどの競争の可能性を法が認めていることが少なくない。このような場合に，申請内容について事業者間で協定を結んだり，事業者団体を通じて申請の内容を調整したりする行為が，不当な取引制限ないしは事業者団体の禁止行為に該当しないかが問題となる。

　この場合，所管の行政庁が実質審査を経て認可の適否を判断するから，運賃や事業計画の最終決定権は行政庁側にある。そこで，例えば料金の申請内容について事前に事業者間で協定がなされても，

その後に実質審査を経た認可処分がなされれば，実際の事業者の価格行動は協定ではなく認可処分に従った行動であるといえ，したがって，後続する認可処分が介在することにより，当該協定によって競争制限効果が発生したという因果関係が否定されるのではないかという問題（いわゆる"因果関係の中断"ないし"因果関係の断絶"）が生じる。しかし，そこでは，申請の制限を意図した事業者間の合意が成立しているのだから，規制の形式にとらわれず，認可制の仕組みや運用実態，制限行為の態様などを具体的に検討して違法性を判断すべきである。

　第1に，事業者団体を通じて申請内容を調整したり，申請内容について事前に事業者団体の了承を経ることを求めるような場合には，そのような申請行為の制限自体を構成事業者の機能・活動の制限（8条4号）として問題にすることができる。そこでは，申請の是非や時期・内容等について異なった申請をすれば認可される可能性がある部分がはじめから排除されることになるから，申請が認可される可能性が全くないとか，制限内容と異なる申請がすべて却下されるなど特別の事情がない限り，少なくとも公正な競争を阻害するおそれがあると評価できるからである（勧審昭和56・12・17審決集28・3〔新潟市ハイヤータクシー協会事件〕，勧審昭和57・12・17審決集29・82〔群馬県ハイヤー協会事件〕等）。

　第2に，事業者団体による事前の調整などを前提にして，申請がほぼそのまま認可される慣行がある場合や，個別の料金設定や割引料金の算定などに関して一定の基準が設けられ，これに沿った申請であれば認可される可能性が高い場合などには，認可処分による因果関係の中断ないし断絶は生じないから，不当な取引制限ないし8条1号違反に問うことが可能である（昭和61・8・22公正取引432・66

〔航空3社に対する警告事例〕等）。

政府の行為とカルテル
の「強制」

事業者間の合意や事業者団体の決定が，許認可や行政指導などの政府の行為によって，何らかの形で強制されたと言える場合には，どのように考えるべきか。以下，価格や数量等のハードコア・カルテルについて見てみよう。

(1) **行為要件該当性**　第1に，そこで事業者が自主的に選択する余地がなかったと評価されるような場合には，行為要件である意思の連絡ないし団体の決定が存在せず，違法とならないとされることがある。例えば，総務省の情報通信審議会の公開ヒアリングの場で一致して東西均一料金の維持を訴えた NTT 東日本および NTT 西日本が，同審議会の答申およびこれに沿った改正省令に基づき，東西の接続料金が均一で，開始日・文言・算定書類等も同一の接続約款の変更認可申請を行った場合に，共同行為該当性を欠くとした事例（前出 NTT 接続料認可取消訴訟事件）がある。そこでは，東西均一料金につき事業者は「その内容を自由に決定することはできない」から，そもそも事業者の共同の意思に基づく行為であるとは評価できないとしている。また，後述する大阪バス協会事件（判審平成7・7・10審決集42・3）において，貸切バスの認可料金の遵守の協定が，値下げの改訂認可申請を制限するものとして8条4号違反に該当するかが争われたのに対し，事業者は旧運輸省の認可料金の遵守を求める通達の下で，値下げの認可申請をしても「主務官庁から認可を得られる見込みは全くないと認識していた」から，そもそも本件決定には改訂認可申請を制限する趣旨は含まれていなかったとされたのも，同様の事例と評価することができる。

これらの事例は，行政の規制により事業者の側に決定および行動

の自由がほとんど失われている場合に，意思の連絡ないし団体の決定の存在自体を否定したものである。

(2) **反競争効果と因果関係**　第2に，競争の実質的制限などの反競争効果の要件の解釈として，強制が問題にされることがある。

例えば，タクシー特別措置法の下で一定範囲で許容されているタクシー運賃の多重化を解消するために，タクシー事業者26社が行った新自動認可運賃への移行の合意が，国土交通省の行政指導により強制されたものであるか否かが争われた事例（東京高判平成28・9・2審決集63・324〔新潟タクシー運賃協定事件〕）では，特定の運賃区分に移行すること等を内容とする共同行為がなされていたことを認定した上で，競争の実質的制限における正当化事由の存否の観点から，26社が「自由に意思決定をすることができない状況」にあったか否かが検討された。そして，①国土交通省の行政指導は，新運賃への移行を促す方向での要望ないし一般指導の範囲にとどまり，事業者を強制するものではなかったこと，②そもそも特定の運賃区分への移行を求める指導はしていないから，これに関する強制も存在しえないことを認定し，競争の実質的制限の要件を充足するとした。また，防衛庁石油製品談合刑事事件（最判平成17・11・21刑集・59・9・1597）において，調達実施本部が指名競争入札を形骸化させて落札価格を決定していたとの事業者側の主張に対して，そこで受注調整を黙認・助長した事実はあったとしても，それは調達実施本部が「指示，要請し，あるいは主導したもの」ではなく，事業者の入札における自由競争は妨げられていないから，競争を実質的に制限すると判断したのも，同様の事例と評価することができる。

これらの事例では，事業者の行為が，競争の実質的制限の発生に寄与しているか否かという因果関係の観点から，反競争効果要件の

該当性が判断されている。行政によって強制された行為による競争制限効果は，行政の関与によるもので事業者の行為によって生じたとは言えないからである。その場合，政府の行為によって競争の余地が狭められていることを理由に，当該行為の競争制限効果への寄与度の多寡を問題にすることも考えられる。しかし，ハードコア・カルテルについては，そこで残存している競争が制限されないことが，競争の実質的制限の認定・判断にとって決定的に重要であるのが通例であるから，事業者側に何らかの自主的な選択の余地が残されている限り，競争制限効果への因果的な寄与が否定される可能性はほとんど考えられないと言ってよい。したがって，上記の行為要件該当性で判断する場合と，その判断基準に実質的な違いはなく，どちらで判断するかは，事案の実質に応じて決められることになる。

認可料金の遵守協定と正当化事由：大阪バス協会事件

料金認可制の下でも，市場競争の実態により実勢料金は認可料金から乖離し，認可料金の形骸化が生じることがある。そこでこの場合に，例えば確定額の認可運賃の遵守や，ゾーン運賃などで柔軟性が認められる範囲以下の料金の是正を内容とする，認可料金の遵守協定がなされたらどうなるのだろうか。

これに関しては，バス事業者の団体によるゾーン運賃の遵守協定について，認可された以外の料金の収受が罰則をもって禁止されている点（旧道路運送法 99 条）を捉え，当該協定は"違法な取引条件に係る競争"を制限しようとするものだから，これを禁止しても独禁法の目的に沿わず，したがって「特段の事情」がない限り"競争"の実質的制限には該当しないとした審決がある（前出大阪バス協会事件）。その場合，例外的に独禁法違反に問える特段の事情としては，実勢運賃と認可運賃との乖離が常態化し，監督官庁も刑事告

発や改善命令などの法的効果を持つ是正措置を講じていない場合などが挙げられている。

　この事件は，規制機関である旧運輸省が認可料金の値下げの認可申請を認めない方針を明確にし，警告書や周知徹底を求める文書を送付していたこと，買い手である大手旅行業者に対する依存度が大きく個別的な値上げが困難であったことなどから，実質的に旧運輸省によって強制された行為であり，事業者および事業者団体に意思決定の自由は存在しなかったとすることも可能な事案であったと思われる。他方，審決は，この点は問題にせず，最高裁の正当化事由に関する法益衡量論を参照しつつ，事業法等によって刑事罰等をもって禁止されている違法な取引に係る競争は，独禁法の目的に照らして保護に値しないから，これを制限しても原則として競争の実質的制限には該当しないとする。そして，専門的行政機関として裁量的な規制権限を付与されている旧運輸省が，その権限を行使したことが全くないなどの特段の事情がない限り，独禁法違反には問えないとしている。

　しかし，本審決の立論には多くの問題がある。このアプローチだと，規制機関の裁量に基づく料金等の認可が一旦なされると，変更認可の可能性の有無や，共同行為の態様の如何に関わりなく，当該認可料金を遵守するカルテルであれば容認されることになりかねないからである。それは，規制機関の裁量が認められる範囲で適用除外カルテルを認めるのと変わらない結果となり，明文の規定による除外の原則（→第1章2④）を空洞化させることになる。なお，公取委は事業法運用の主務官庁ではないから，専門行政機関の裁量的な政策判断を尊重すべきとの議論もあるが，事業法を管轄する主務官庁といえども違法なカルテルを容認する裁量まで有しているわけで

はないから，このような"管轄による適用除外"を認めることは妥当ではない。

　したがって，本件では，まず上記の意味での強制の有無が問題にされるべきであった。そして，正当化事由に関する法益衡量を問題にする場合には，本件遵守協定の目的の正当性および手段の相当性を具体的に判断すべきであった。すなわち，①協定が遵守の対象とする本件認可料金の趣旨・目的が，独禁法の究極目的に照らして正当か，②その趣旨・目的を達成する手段としてカルテルを利用する必要性があるか，また他に代替的手段はないかを，本件事案に即して判断すべきであった。①については，料金認可制度の趣旨目的の正当性のほか，規制機関の裁量判断に逸脱・濫用がないかを判断することになる。また，②については，値下げの認可申請を行う可能性のほか，旧運輸省に刑事告発や業務停止等の措置を求める，顧客に対して法遵守を呼びかけることにより違反状態を是正する，などの方法は可能ではなかったか検討すべきであった。また，構成事業者に対する強制や差別的取扱いを伴っていなかったかなど，行為の態様の如何についても検討する必要があった。このように見ると，本件審決の結論は別として，その先例としての価値は限定されていると考えられる。

<hr>

**料金規制の柔軟化・
届出制とカルテル**

　料金認可制がとられている場合でも，料金設定について柔軟性を認め，一定範囲の割引料金を届出制にしたり，認可料金に幅（ゾーン）を認めたり，上限以下の運賃設定や料金の引下げを届出制としたり（鉄道事業法16条など）することがある（→3③）。これは，規制を緩和して一定の枠内での競争を積極的に認めたものである。したがって，柔軟性が認められる範囲内で料金協定を結べば競争の

実質的制限にあたる（勧審平成2・2・2審決集36・35〔三重県バス協会事件〕，勧審平成9・2・5審決集43・339〔日本機械保険連盟事件〕）。

　また，行政手続法上の届出制（行政手続法37条）に該当する場合には，届出の形式上の要件に適合していれば届出義務が履行されたものとされ，行政庁側に料金や事業計画等についての最終決定権はない。したがって，そこで届出内容について協定を結んだり団体を通じて調整したりすれば，通常のカルテルと同じく違法となる。

　なお，届出料金に対する料金変更命令制度が設けられている場合（航空法105条2項など。→3③）には，届出に際して変更命令の発動要件に抵触しないよう申し合わせる料金協定であれば，先の認可料金の遵守協定と同様の考え方から正当化事由が認められる余地はないか問題となりうる。しかし，①そこで届出料金の事前審査制が採用されているわけではなく，届出制自体は，料金表（タリフ）による料金設定の担保と情報収集に主眼があること，②変更命令は，個別に個々の事業者に対して事後的に発動される仕組みがとられていることから，変更命令を先取りする形の協定は，たとえ発動要件との抵触回避を意図するものであっても，命令制度の趣旨を逸脱する行為であり正当化事由を認める余地はないと考えるべきである。

共同事業・標準化とカルテル

新規の事業の開始や，新たなサービスの提供などにあたり，ネットワーク効果や規模の経済性の発揮を目的として，事業者間で共同事業や技術・規格等の標準化などが行われることがある。その場合，事業法による規制が関与していたり，規制官庁がこれを推進したりすることも少なくない。しかし，このような場合であっても，明示の適用除外規定が存在しない限り，独禁法の観点からその可否が判断される。

例えば，バス事業者による共同運行の協定（運賃・料金，運行回数
または運行系統の制限，路線分割や市場分割）は，道路運送法上の適用
除外（18条）に該当しない限り，原則として違法である。ただし，
高速バスについては，着地が遠隔地にあり，事業者が単独では運行
しにくい場合が多いという特性があり，そこでは共同運行協定が，
新規参入による競争促進効果および効率性の向上による利用者利便
の向上効果を有する場合がある。そこで，単独では参入しにくい新
規路線を開設するために行われる協定である場合，またはそのよう
な協定をすでに行っている事業者が単独では当該路線の維持が困難
である場合には，それが路線分割や市場分割を伴うものでない限り，
原則として独禁法上問題にならないとされている。ただし，他の事
業者の協定への参加または協定からの脱退を不当に制限する行為は，
独禁法上問題となる。また，協定参加者が共同して競合路線を運行
する他の事業者を排除するなど，共同ボイコットに該当するような
行為をすることは認められない（公取委「高速バスの共同運行に係る独
占禁止法上の考え方」2004・2・24）。

　次に，携帯電話の事業者を変更した場合でも電話番号を変更する
必要のない"番号ポータビリティ"は，これに関する技術的仕様や
NTTの接続約款などは電気通信事業法で規制されているが，その
接続方式，管理方式，仕様の共通化，費用の負担方法，利用手続等
の具体的な実現方法は，事業者間での協議や取決めに委ねられてい
る。そこで，これらの事項に関する協議については，携帯電話事業
者間の共通の競争基盤となるのものであるから原則として問題とな
らないが，そこで取り決めた事項の遵守を強制する場合には排他条
件付取引ないし拘束条件付取引として，また，利用者負担の可否・
徴収額や事務手数料など価格に関する取決めをする場合には不当な

取引制限として，独禁法上問題となる。さらに，新規参入者に対してポータビリティを提供しない場合には，取引拒絶や差別的取扱いの問題が生じる（公取委「携帯電話の番号ポータビリティに関する独占禁止法上の考え方」2004・11・1）。

社会的規制と「自主規制」

事業者団体が，表示・広告の適正化，安全・保安の確保や環境保護等の目的で，営業の種類・内容・方法，製品の種類や品質・規格あるいは設備・技術等に関する自主的な基準・規格を設定することがある。これらは「自主規制」と総称されているが，その中には，関係行政機関の行政指導に基づいて設定されたり，公的機関が設定した法的拘束力のない基準（JAS や JIS などの「任意規格」）に関わる認定・認証を団体が受託するものも少なくない。これらの行為は，表示の適正化や規格・品質の統一化等による競争促進効果を有することも少なくないが，それが，多様な商品・役務の開発・供給に係る競争を阻害する，多様な営業の種類・内容・方法等を需要者に提供する競争を阻害するなどの競争制限効果を伴う場合には，独禁法 8 条違反の問題が生じる。また，基準・規格の内容自体は問題がない場合であっても，その運用や実施方法の如何で独禁法違反の問題が生じることがある。

(1) **基準・規格の内容**　　まず，基準・規格の内容については，それが，「競争手段を制限し需要者の利益を不当に害する」場合，「事業者間で不当に差別的なもの」である場合に問題となる（事業者団体ガイドライン第 2-7・8）。特に，特定の販売方法を制限する場合，製品の開発や供給それ自体を制限する場合，製品の価格・数量の制限と結びつく場合，特定の事業者を狙い打ちにしているとか一部の事業者のみにコストがかかるなど，特定の事業者のみに不利となる

制限である場合には，違法となる可能性が高い（8条4号・5号）。その場合，「社会公共的な目的等正当な目的に基づいて合理的に必要とされる範囲内」か否かが勘案されるとされているが，この点を考慮して正当化事由が認められるのは，例えば，人体・健康への悪影響が明らかな有害成分の自主規制であること，代替品が存在すること，特定事業者の狙い打ちとならないこと等の条件を満たす例外的な場合に限定される。

なお，法令により製品の安全基準等が定められている場合には，ユーザーは当該基準に反する製品を使用することができないから，当該基準を満たさない製品の製造・販売を禁止する自主基準を設定しても，利用者の利益を不当に害するものとはいえず，直ちに独禁法上問題となるものではないとされることがある（二輪車用マフラーに関する平成18年度相談事例5）。これは，騒音防止という社会公共目的にも言及しているが，法令の存在それ自体ではなく，法令の基準に適合しない部品による競争の余地が限定されていることから，本件自主基準に起因する競争制限の程度は小さいと考えられたことが，重視されたものと考えられる。

(2) **自主規制の実施方法**　次に，基準・規格の内容自体は問題がない場合であっても，自主規制を利用することを構成事業者に強制する場合（8条4号）や，事業者が当該自主規制を利用しなければ事業活動が困難な状況において，特定の事業者による利用を正当な理由なく制限する場合（8条3号～5号）には，そのような運用ないし実施方法が，独禁法違反として問題となる。また，自主規制を遵守させるために共同の取引拒絶などの独禁法上違法な手段を用いることは，原則として許されない。例えば，エアソフトガンの安全性に関する自主基準を設けている事業者団体が，アウトサイダー事業

者に対して，その製品が自主基準に適合しないことを理由に共同ボイコットを行った事件では，「安全という法益に重大な危険性が認められ，右危険を防止するため他に適当な方法が存在しない場合」でない限り，正当化事由は認められないとされた（東京地判平成9・4・9審決集44・635〔日本遊戯銃協同組合事件〕）。

２ 企業結合規制

政府規制と一定の取引分野

公益事業分野では，事業者が事業活動を行う地域や路線等が，許可制・免許制などにより制限され，市場が仕切られていることがある。しかし，事業法による市場区分がそのまま独禁法上の一定の取引分野になるわけではない。例えば，事業者による変更申請が可能であれば，この区分は絶対的なものではないし，また，代替的な競合サービスが存在する場合には，これらも含まれる可能性がある。これらの点を総合的に考慮し，規制や市場の実態に基づいて一定の取引分野を画定する必要がある。

例えば電鉄会社が同じ地域のバス会社の株式保有および役員兼任をしていた広島電鉄事件（同審昭和48・7・17審決集20・62）では，当該地域に多くの競合路線が存在し，またその交通需要を両社でほぼ充足していたことから，事業の違いや路線免許の如何に関わらず，「広島市の主要な地域における軌道および乗合バスによる旅客運送分野」の競争を実質的に制限するものと判断された。次に，日本航空（JAL）と日本エアシステム（JAS）の統合事例（公取委「日本航空株式会社及び株式会社日本エアシステムの持株会社の設立による事業統合について」2002・3・15）では，混雑空港である羽田と伊丹について，路線を含む運航計画の許可制が敷かれていたが，そこで発着枠

の範囲内での路線の付け替えには制約が課されていなかったことから、路線間の供給の代替性も考慮し、JALとJASが競合している「国内各路線分野」のほか、「羽田空港発着の航空旅客運送事業分野」「伊丹空港発着の航空旅客運送事業分野」および「国内航空旅客運送事業分野」が検討対象市場として画定され、いずれについても競争を実質的に制限するおそれがあるとされた。

政府規制と競争の実質的制限

許認可による参入規制によって事業者の数が制限されたり、規制自体が有力な参入障壁として機能している場合には、企業結合によって残存する競争が消滅したり有意な潜在的競争の余地が失われる可能性が高くなるから、より競争の実質的制限が認定されやすくなると言える。また、料金認可等の規制が課されている場合であっても、変更認可申請は可能であり、さらに、価格以外のサービスや供給条件による競争の余地が残されているのが通例であるから、料金規制によって市場支配力の行使が制約されていること自体は、競争の実質的制限の存否の判断を左右するものではない。

ただし、一定の規制の存在が、競争の実質的制限のおそれを低下させる考慮要素の一つとして評価されることがある。例えば、鉄道事業の競合路線のうちの「競合区間」10区間がそれぞれ一定の取引分野として画定された、阪急ホールディングスによる阪神電鉄の株式取得の事例（平成18年度企業結合事例12）では、競合区間の輸送人員・営業収益の割合が小さく、競合区間に限定した価格設定のインセンティブが小さいことの背景事情として、鉄道運賃の上限認可制度（→3③）の下で距離に応じた対キロ区間制の運賃が採用されており、特定区間のみの運賃変更はシステムの膨大な変更・改修を伴うことが指摘されている。そして、この点と、輸送力、スピー

ド，ネットワークともに優れた競争事業者が存在している点を合わせて，競争を実質的に制限することにはならないと判断されている。

また，中部電力によるダイヤモンドパワーの株式取得の事例（平成25年度相談事例7）では，託送供給事業と電気小売業の垂直型結合としての側面の判断において，当事会社の川下の小売市場におけるシェアが100%であり，本件行為の前後で投入物閉鎖の能力およびインセンティブが変化しないことに加えて，電気事業法による託送供給命令（旧24条の3第5項）および託送供給約款の変更命令（同条3項5号）の制度が存在することが，投入物閉鎖を行うことが困難だと考えられる事情の一つとして指摘されている。これらの事例は，規制それ自体ではなく，規制が事業活動のインセンティブに及ぼす影響を考慮したものである。

ネットワーク産業と
問題解消措置

公益事業分野では，事業の性格や規制の歴史的経緯などにより，競争上重要なネットワーク設備・施設の利用を単独ないしは少数の事業者に依存せざるをえないことがしばしばある。通信会社の回線網や電力会社の送電網等がその典型である。この場合には，当該事業者とその施設を利用する事業者との間に結合関係が生じると，施設・設備の独占をテコとした市場閉鎖や競争者の排除が生じたり，総合的事業能力の格差が増大して寡占的な市場支配力が形成されたりする危険性が生じる。そこで，このような結合を認めるにあたっては，問題解消措置として，当該ネットワーク施設を競争者に公平な条件で利用させることが条件とされることが多い。

(1) **NTT・NTTドコモの事例**　日本電信電話（NTT）が子会社であるNTTドコモとの共同出資により新会社を設立してPHS事業に進出しようとした事例では，NTTドコモのシェアが5割〜7

割を占めるなかで，競争単位が一つ減少すること，NTT が全国通信網を有する唯一の事業者であり，その公衆網に接続することなく PHS 事業を営むことは著しく困難な状況にあることから，新会社は PHS・携帯電話を合わせた「携帯電話等サービス分野」において取引条件等で他の競争者よりも優位に立ち，競争を実質的に制限することが懸念されるとされた。そして NTT の株式所有比率の引下げ，PHS 競争事業者との公平・適切な条件での接続の義務づけなどの対応策がとられた（平成 6 年度企業結合事例 6）。

(2) **NTT コミュニケーションズ・JSAT の事例**　　NTT コミュニケーションズ（NTT-C）が，衛星通信事業を行っている JSAT に自社の保有する衛星 2 機の持分を譲渡するとともに，JSAT に出資しようとした事案では，JSAT が衛星通信分野において衛星総数の 3 分の 2 を有すること，NTT-C は有力な競争単位となりうる潜在的競争者であること，NTT-C の地上網と JSAT の衛星網を組み合わせたシステム提案が容易となり JSAT の総合的事業能力が高くなることから，「衛星による国内専用線サービス分野」における競争を実質的に制限することとなるおそれがあるとされた。そこで，NTT-C と JSAT の取引は他の衛星通信業者と公平かつ適切な条件で行い，また接続料金等につき各衛星通信事業者と公平な条件で接続する，JSAT の営業活動を行う際に NTT-C の販売力を不当に使用できるような補助を行わない等の対応策がとられた（平成 12 年度企業結合事例 6）。

(3) **JAL・JAS の事例**　　前出の JAL・JAS の統合事例において，新規参入促進のための措置として，羽田空港の発着枠の一部返上，ボーディングブリッジ等の空港施設の新規航空会社への提供，航空機整備業務等での新規航空会社への協力などの対応策がとられたの

も，ネットワーク施設の公平な利用のための措置と評価することができる。その場合，航空運送事業を所管する国土交通省が，発着枠配分の抜本的な見直し，空港施設面での新規航空会社への協力などの措置を講じるとしたことも指摘されており，これは，規制機関による競争促進措置が，最終的に競争を実質的に制限しないと判断する考慮要因の一つとされたものと評価することができる。

3 私的独占・不公正な取引方法の規制

料金規制と不当廉売

料金認可制がとられている場合に，不当廉売（2条9項3号，一般指定6項）の禁止規定の適用は可能だろうか。一見すると，事業者は認可料金に法的に拘束されているから，対価を自由に決定できることを前提とする不当廉売は問題にならないようにみえる。しかし，先述したように認可制のもとでも，申請額や変更申請の可否・時期については事業者の自主的な判断の余地があるのが通例であり，増額申請による低料金の変更が可能である。その場合，増額が認められるか否か不明であるとの主張もありえるが，増額申請をすれば認可される可能性がある限り，これを怠って低料金で販売していることは不当廉売規制の適用対象となると考えてよい。例えば，と畜場法（旧8条）による料金認可制の下にある公営と畜場のと場料について，「その額の設定及び変更の申請に当たり各事業者による自主的，裁量的判断の働く余地」があるとして，これを肯定した裁判例がある（最判平成元・12・14民集43・12・14〔都営芝浦と畜場事件〕）。

なお，料金法定制がとられ，そこで販売額が法定されている場合には，法定額以外で販売する自由はないから，原則として不当廉売に該当する余地はない（大阪高判平成6・10・14審決集41・490〔お年

玉年賀葉書事件〕)。

不当廉売と正当化事由 コストを下回る価格での廉売が，ユニバーサルサービスの確保や物価抑制などの社会公共的な目的で行われることがある。その場合，廉売による赤字分は，独占部門からの内部補助あるいは政府や地方公共団体からの補助により補塡されているのが通例である。このような公益目的の廉売は，独禁法上どのように考えるべきだろうか。

　これについて判例は，公益目的というだけで違法性を欠くということはできないが，そのような廉売の意図・目的は，行為の意図，目的，態様，競争関係の実態および市場の状況等を総合考慮して公正競争阻害性を判断するに当たっての，考慮要素の一つとなりうるとし（前出都営芝浦と畜場事件），目的・手段の法益衡量により正当化事由が認められる余地を認めている。そして，具体的には，①都営と畜場のと場料について，集荷量を確保し小売価格の高騰を抑制するという目的で原価を大幅に下回る料金を設定し，一般会計からの補助金により赤字分を補塡していた事例（前出都営芝浦と畜場事件），②国（旧郵政省）が，郵便の役務を安い料金であまねく公平に提供するという郵便法の目的の下，絵入葉書を実質的に無償で提供していた事例（前出お年玉年賀葉書事件），③下関市が，タクシー以外に公共交通手段を有しない住民に対する利便性の向上を目的として，供給に要する費用を著しく下回る対価で福祉バスを運行した事例（山口地下関支判平成18・1・16審決集52・918〔下関福祉バス廉売事件〕）において，公益目的を考慮要因として認め，他の事情を総合考慮した上で，最終的に違法ではないと判断している。ただし，このうち，①は他の競争者との対抗上廉売を余儀なくされたもので，競争減殺効果との因果関係が希薄であり，また③はタクシーとバス

は利用者に提供する役務内容ないし市場が異なるので，タクシー事業者の事業活動を困難にするおそれは小さく，いずれも競争減殺効果自体が認められないと評価される事案であった。また，②も，絵入りでない葉書の法定料金を基準とするとコスト割れの金額は僅少であり，絵入葉書の廉売による排除効果は限定されていたと見ることも可能な事案であった。したがって，これらのケースは，正面から正当化事由について判断した事例とは評価できないものであることに注意しなければならない。

ユニバーサルサービスの確保などの目的は，その政策的必要性が示される限り，消費者利益の観点から見て，原則として目的の正当性が認められると考えられる。ただし，手段の相当性については，廉売の範囲や実施方法などについて，それが目的達成に必要な範囲内か，あるいはより制限的でない方法がないかについて具体的に検討をする必要がある。例えば，前記③の福祉バスの事例では，ⓐ廉売の主体が地方公共団体であり，住民からの要望に基づいて提言・検討がなされるなど，住民の意思による民主的な統制が及んでいること，ⓑ影響を受けるバス・タクシー事業者に対する説明や協議を重ね，タクシー補助券の交付を拡大するなど，廉売の影響を緩和する措置を講じていることなどが考慮要素として挙げられている。

公益事業と不当廉売・差別対価　電力・ガス，電気通信，航空運送などの公益事業分野では，規制の歴史的経緯，規制による参入障壁，ネットワーク効果などの事業の性格その他の事情により，市場支配的地位を有する既存事業者が存在することが多い。このような支配的事業者が行う低価格販売や差別対価は，通常の市場に比べ，競争制限効果を有し違法とされる可能性が高くなる。

例えば，大手航空3社（ANA・JAL・JAS）が，東京─九州間の国内航空路線のうち，新規参入者が運航している宮崎・福岡などの3路線において，新規参入者と同等またはこれを下回る割引運賃を設定し，一部路線の運賃水準が原価以下であったことが，私的独占に該当するおそれがあるとして問題にされた事例がある（「大手航空3社の運賃設定について」2002・9・30）。ここでは，市場が高度に寡占的で，発着枠の制約による参入障壁も高いこと，新規参入者との競合路線で割引の程度が大きいなど，新規参入者の定着を阻止するための狙い打ち的な差別対価といえることなどが，問題とされた理由だと考えられる。

　次に，電気通信ガイドラインにおいては，電気通信サービスにはネットワーク効果が働くので，相対的に高い加入者シェアを有する事業者による低料金の設定により，顧客囲い込み効果を生じさせることが重視され，このような状況下では，新規参入者の存在する地域でのみ差別的な低料金を設定したり，競争事業者のネットワークを利用する場合に比して自己の料金を差別的に低く設定するなどの行為は，私的独占ないし差別対価（2条9項2号，一般指定3号）に該当するおそれがあるとされている。

　また，電力取引ガイドラインやガス取引ガイドラインにおいても，独占的地位を有する既存の電力会社やガス会社が，自己に契約を切り替える需要家，または他の小売電気事業者と交渉を行っている需要家にのみ供給に要する費用を下回る料金で供給することが，新規参入者の事業活動を困難にするおそれがある行為として，独禁法上違法となるおそれがあるとされている。

公益事業分野において自由化と規制改革が進展するのに伴い，異なる業態や分野の間での相互参入が行われ，複数の分野にまたがる取引が行われることが多くなっている。その場合，ある分野において市場支配的な地位にある既存事業者が，当該分野の商品・役務とそれ以外の商品・役務をセットで割引販売したり，種々の方法で自己の分野の商品・役務を購入するように仕向けたりするなどの行為が行われることがある。これらは，以下のような場合に独禁法上問題となる。

(1) **セット割引**　電力とガス，FTTH とモバイル通信，電力とモバイル通信などのセット割引は，セットでの購入を強制する抱き合わせ販売に該当しない限り，セットによる合算料金の割引を可能にする，事業者の創意工夫による顧客サービスの向上が図られるなどの競争促進効果が期待されるから，原則として独禁法上問題とはならない。

しかし，第1に，セットによる割引が，いずれかの商品・役務の市場における不当廉売に該当する場合には問題になる。例えば，区域において一般電気事業者であった小売電気事業者が，自己の電気と合わせてガスや通信サービスなどの他の商品・役務を，セットで割安となる方法で販売する場合に，それが供給に要する費用を下回る料金で電気を小売供給し，他の電気小売事業者の事業活動を困難にさせるおそれがあれば，電力小売市場における不当廉売に該当するおそれがある（電力取引ガイドライン）。これは，電気事業者だけでなく，市場支配的地位を有するガス事業者や電気通信事業者についても同様に当てはまると言える。また，市場において相対的に高いシェアを有する電気通信事業者が，自己の電気通信役務と合わせ

て，自己または自己の関係事業者の商品・役務の提供を受けると当該他の商品・役務の料金が割安となる方法でセット提供をする場合，それが供給に要する費用を著しく下回る水準に設定され，他の事業者の事業活動を困難にさせるおそれがある場合には，他の商品・サービスの市場における不当廉売に該当するおそれがあるとされている（電気通信ガイドライン）。これも，電気事業者やガス事業者に同様に当てはまると言える。

第2に，一方の商品・役務について支配的地位にある事業者によるセット割引は，個々の商品・役務単位ではコスト割れでなくても，合算料金の値引き額全体を，もう一方の競争的な商品・役務に割り当てた場合に，その供給に要する費用を下回るなど，競争者が対抗することが困難になる場合には，効率的な競争者を排除する行為として問題になりうる。この点は，分野別ガイドラインには明記されていないが，支配的地位にある商品・役務の経済力をテコにした抱き合わせ販売類似の市場閉鎖効果を有する行為として，取引妨害ないし排除型私的独占に該当する場合があると考えられる。

第3に，セット割引は，事業者間の業務提携によって行われることが多いが，そこで，競争事業者との提携に制限を課すことが，独禁法上問題となる場合がある。例えば，区域において一般電気事業者であった小売電気事業者が，当該業務提携を行う事業者に対して，他の小売電気事業者との業務提携を行わないこと，またはその内容を自己との提携内容よりも不利なものとすることを条件とすることにより，他の小売電気事業者の事業活動を困難にさせるおそれがあるときは，拘束条件付取引，排他条件付取引，取引妨害等として独禁法上違法となるおそれがある（電力取引ガイドライン）。これも，市場支配的地位を有するガス事業者や電気通信事業者にも同様に当

てはまると言える。

(2) **オール電化**　すべての熱源を電気でまかなう"オール電化"は，都市ガスの代替となる熱源と電気とを一体として供給するという性格を有している。その場合，一般電気事業者であった既存の電力会社が，受電室の設置，無電柱化について，オール電化を採用する住宅開発業者に比べて，住宅の熱源としてガスを併用する開発業者を不利に取り扱っていたことが，差別的取扱いに該当するとして警告された事例がある（公取委2005・4・21公表〔関西電力に対する警告〕）。そして，電力取引ガイドラインでは，区域において一般電気事業者であった小売電気事業者や一般送配電事業者が，オール電化とすることを条件として，電線の地中引き込みに応じる，その費用を負担する，屋内配線の工事費を負担する，供給用変圧器室の設置を免除する，当該集合住宅の売れ残り物件の買取りを保証するなどの行為が，不当な利益による顧客誘引，拘束条件付取引，差別的取扱い等に該当するとされている。

(3) **金融分野における取引の強制・不当な顧客誘引**　金融分野において，金融機関が融資を通じた影響力を背景にして，自己の金融子会社に有価証券の引受業務を行わせる，引受業務の幹事会社とさせたり一定以上の引受けシェアを確保させるよう要請する，自己の子会社の取り扱う有価証券を購入させるなど，融資先企業に対して自己の子会社との取引を事実上余儀なくさせる場合には，取引強制ないし優越的地位の濫用として問題になる。また，金融機関が，顧客に対し，有価証券の引受業務や有価証券の購入について，正常な商慣習に照らして，通常であれば行わない融資または著しく有利な条件での融資を提供することにより，自己または自己の子会社との取引の誘引をすることは，不当な利益による顧客誘引として問題とな

る（公取委「金融機関の業態区分の緩和及び業務範囲の拡大に伴う不公正な取引方法について」2004〔平成16〕年，最終改正2011〔平成23〕年）。

取引拒絶・差別的取扱いと「不可欠施設」の法理

通信の加入者回線網や電力の送配電網など，それを利用しなければ財・サービスの提供が困難な施設・設備（→3④）を保有している事業者が，競争者に対して当該施設の利用を拒否したり，差別的な利用料金や取引条件を課したりした場合には，単独の取引拒絶（一般指定2項），差別的取扱い（2条9項2号，一般指定3項4項）ないしは私的独占（排除）に該当しないかが問題になる。当該施設の利用の市場（川上市場）において施設保有者が独占的地位を有している場合には，そこでの取引拒絶や差別的な利用料金の設定により，当該施設を利用した財・サービスの市場（川下市場）において，他の事業者が市場から排除されたり，新規参入が阻害されたりする危険があるからである。特に，施設保有者が川下市場でも事業活動を行っている垂直統合企業である場合は，このような行為が行われる危険性が大きくなる。

この場合，独占的な施設保有者が，従来は認めていた施設の利用を合理的な理由なしに拒否したり，特定の事業者を狙い打ちにした差別や拒否をするなど，競争者排除の意図・効果が明確であれば，独禁法違反となることは当然である。それでは，この点が明確でなくても，施設保有者が，単に競争者の利用申込みを拒否したり，あるいは競争者に不利な価格や取引条件を提示するなどしただけで違法に問うことは可能であろうか。

これに関しEU法やドイツ法などでは，①当該施設・設備の利用が川下市場において不可欠で，競争能力にとり死活的な重要性を持つ，②投資やバイパス等により同種設備を構築することが困難であ

る場合には，③当該施設・設備の利用の提供が技術的・現実的に不可能であるなどの正当化事由がない限り，④これを非差別的かつ合理的な価格・取引条件で利用させなければならないとする，「不可欠施設」（Essential Facility）の法理が認められている。これは，上記①②の"不可欠性"の要件を満たす場合には，そこでの取引拒絶や差別的取扱いを原則的に違法とするものということができる。

不可欠施設の法理に対しては，施設保有者の投資インセンティブを阻害する，事業者の取引先選択の自由を侵害する，利用料金の規制を行う必要があり継続的な価格規制と変わらなくなるなどの批判もある。しかし，独禁法は独占力に基づく投資インセンティブまで保護するものではなく，また取引先選択の自由を絶対化するものでもない。施設の利用料金についても，非差別的料金の設定にとどめるなど，継続的な価格規制に至らないソフトな手法をとることが可能である。したがって，自然独占性が明確で重複設置が非現実的な施設である場合（電力の送配電網など）や，管路・電柱等のネットワーク敷設基盤の構造から重複設置が困難ないし一部に限定される施設である場合（通信の加入者回線網など）のように，競争の復元可能性に乏しく強度の独占力を有する施設の保有者であって，川下市場でも事業活動を行っている者に対しては，この法理の適用を認めて市場の開放性を確保する必要がある（なお，知的財産権に対する「不可欠施設」の法理の適用については，→第6章1④参照）。

| 「不可欠施設」の法理の適用 |

日本においても，近年，公益事業分野における公取委の法運用やガイドラインにおいて，この法理と共通する考え方が認められるようになった。

例えば，NTT東日本が，接続協定による加入者回線への接続を

希望する DSL 事業者に対して，①試験サービスであることを理由にエリアや収容回線数を制限する，②接続交渉に際し必要な情報を十分に提供しない，事業者による自前工事を認めないなどして，協定締結を遅延させる，③接続交渉の場に自社の営業担当者を同席させ，そこで得た DSL 事業者の営業情報を自社内に提供しているなどの行為を行ったことが，私的独占に該当するおそれがあるとして警告を受けた事例がある。そこでは，NTT 地域会社が加入者回線網をほぼ独占し，地域通信市場において支配的地位にあることを認定し，上記のような行為は，DSL 事業者の新規参入を阻害したり，円滑な事業活動を困難にさせたりすることにより，「地域通信市場における NTT 東日本の地位を維持・強化し，加入者回線を利用したインターネット接続サービス市場における競争を実質的に制限」するおそれがあるとした（平成 12 年度年次報告 188 頁）。

　そして，電気通信ガイドラインでは，固定系の電気通信設備には，「電気通信役務を提供するに当たり必要不可欠であるものの，投資等を行うことにより同種の設備を新たに構築することが現実的に困難と認められるボトルネック設備」があり，「市場において相対的に高いシェアを有する電気通信事業者が保有する」加入者回線網（光ファイバー回線等を含む）がこれに該当するとした。そして，このような設備を保有し，「市場において相対的に高いシェアを有する電気通信事業者」が，競争事業者に対し，当該設備との接続や接続に際してのコロケーションの取引を拒絶し，またはそれらの取引の条件もしくは実施について自己または自己の関係事業者に比べて不利な取扱いをすることは，新規参入を阻害したり，円滑な事業活動を困難にさせ，私的独占ないしは不公正な取引方法（取引拒絶，差別的取扱い等）に該当することとなるとしている。

また，電力取引ガイドラインでは，一般送配電事業者が，送配電業務に関して「一般送配電事業者の特定関係事業者（認可一般送配電事業者にあっては，自己の小売部門又は発電部門を含む。）と他の発電事業者，小売電気事業者やネガワット事業者を差別的に取り扱うこと」，具体的には，①必要となる情報を開示しない，必要な資材を調達しない，託送供給手続を遅延させるなど，実質的に託送供給を拒絶していると認められる行為，②情報の開示や手続について，自己または自己のグループ内の小売部門に比べて他の小売電気事業者を不利にさせるような取扱いを行うこと，③他の小売電気事業者が必要とする需要家の情報を，自己またはグループ内の小売部門に対する開示手続と同様の手続によって開示することをしないこと，④連系線等の利用の申請に対して，正当な理由なくその利用等を制限すること，⑤停電の復旧作業や計量器の交換作業における差別的取扱い，⑥時間帯別の送電や電力使用量の連絡等のきめ細かいサービスの提供についての差別的取扱いなどが，取引拒絶または差別的取扱いとして問題になるとされている。この他，ガス取引ガイドラインにおいても，一般ガス事業者（既存のガス会社）が，接続供給に附帯する業務の新規参入者に対する提供を拒否することが，取引拒絶に該当するとされている。

ネットワーク施設と「マージンスクイーズ」

　独占的なネットワーク施設の保有者は，川上市場だけでなく川下市場においても事業活動を行っていることが多い。そこで，当該事業者は，川下市場において自己の提供する財・サービスの価格を，川下市場の競争者に提供する当該施設の利用料金に比べて低く設定したり，あるいはその競争者が経済的合理性のある事業活動によっては対抗できないほど近接した価格に設定することがある。こ

のような行為は，当該施設の利用料金と川下市場における財・サービスの価格差を利用して，川下市場の競争者の事業活動を困難にする行為（マージンスクイーズ）であり，そのような価格差を設定する行為が，私的独占の排除に該当する（最判平成22・12・17〔NTT東日本事件〕，排除型私的独占ガイドライン第2の5）。

マージンスクイーズは，事業法によるネットワーク施設の規制（→3④）ないし不可欠施設の法理によって当該施設の利用拒否並びに利用料金等の差別的取扱い等が禁止されている場合に，利用料金と川下市場の価格との差を利用して，実質的にこれらと同等の排除効果をもたらそうとする行為であるから，川上市場における取引拒絶・差別的取扱いに準ずる行為と位置づけることができる。ただし，それは川下市場との価格差を利用した行為であって取引拒絶ないし差別的取扱そのものではないから，単に競争者が対抗できないというだけでは不十分であり，当該施設保有者の価格設定が，能率に基づかない反競争的なものであることを認定する必要がある。具体的には，仮に当該施設保有者の川下部門が競争者と同様の施設利用料金を支払うとした場合に，川下部門がコスト割れにならない価格であるか否かが重要なメルクマールとなる。

そこで，例えば，川下市場の価格が当該施設の利用料金を下回る"逆ざや"の場合は，川下部門について可変的性質を持つ費用を下回る価格が設定されていることを意味し，同等に効率的な競争者であっても対抗できないから違法である（前出NTT東日本事件）。また，逆ざやではない場合であっても，競争者が経済的合理性のある事業活動によっては対抗できないほど近接した価格が設定され，それが施設保有者の川下部門が同様の施設利用料金を支払うとした場合の総販売原価を下回るような場合には，効率的な競争者を排除する行

為として問題にすることができる。

　なお，ネットワーク施設の利用料金やこれを利用したユーザー料金については，事業法上の認可ないし届出の制度が設けられていることが多いが（→3④），事業者は，認可料金の変更申請や届出料金の変更を行うことが可能であるから，そのような選択の余地が認められるかぎり，事業法による規制が存在することは，独禁法の適用を排除する理由にはならない。

ネットワーク施設と顧客情報等の利用

　独占的なネットワーク施設の保有者は，川下市場の競争事業者との当該施設の利用交渉の過程や当該施設を利用させる業務を通じて，当該競争事業者の需要者や需要規模，あるいはサービスの内容や供給設備等についての情報の提供を受けることになるから，競争事業者やその顧客に関する情報を知りうる立場にある。そこで，川下市場において，競争者の顧客情報を利用して当該顧客を狙い打ちにした売込みを行ったり，競争者が営業を行うことを計画している地域や顧客に対し先回りして囲い込んだりするなど，それらの情報を自己の営業部門や自己の関係事業者の事業活動に有利に利用する行為を行うことができる。

　このような競争者の顧客情報を利用した営業行為は，施設保有者の地位を利用して得た通常は知りえない競争者の情報を用いて，その取引の機会を奪おうとするものであって，価格・品質・サービスなどのメリット（業績，真価）によらない行為であるから，これにより，競争事業者の新規参入を阻止したり，その事業活動を困難にしたりするおそれがあれば，私的独占の排除，ないし不公正な取引方法の取引妨害（一般指定14項）に該当し違法となる（電気通信ガイドライン，電力取引ガイドライン等）。

規制改革が進められている公益事業分野などでは，市場支配的な事業者による違反行為に対して，当該分野の特性を踏まえた適切・迅速な処置をとるために，分野別ガイドラインが作成されている。その場合，法運用の整合性を確保するために，独禁法だけでなく，各分野の事業法による規制に関する運用基準が併せて示されることが多い。

　まず，電力分野では，①小売分野における一般電気事業者であった既存の電気事業者が，各供給区域内で100％近いシェアを有すること，②既存の電気事業者間で，同調的な行動をとる可能性があること，③新規参入者は，既存の電気事業者である一般送配電事業者の託送に依存して競争せざるをえないこと，④既存の電気事業者は，多数の電源やネットワーク制御システムを保有し，新規参入者に比して容易に負荷追従等が図れるという特徴があることから，先に触れた不当廉売，セット販売，オール電化，送配電業務における差別的取扱いのほか，部分供給や常時バックアップにおける不当な取扱い，戻り需要時の不当な高値設定，自家発補給契約や需給調整契約の解除・不当な変更，不当な違約金・清算金の徴収，物品購入や役務取引の停止，スイッチングにおける不当な取扱い，卸供給における不当な料金設定，卸供給契約や余剰電力購入契約の解除・不当な変更，卸売事業者に対する小売市場への参入制限，卸電力取引所への電力投入の制限，自家発電設備の導入・増設の阻止などを対象とした，電力取引ガイドラインが作成されている。また，ガス事業においても，類似の適正取引ガイドラインが作成されている（ガス取引ガイドライン）。

　次に，電気通信分野では，①加入者回線網などの不可欠性を有するボトルネック設備が存在し，また市場シェアの大きさ等に起因し

て市場支配力を有する事業者が存在し，十分な競争が進みにくいこと，②ネットワーク産業であるので，サービス提供にあたり他事業者への依存を余儀なくされること，③市場の変化や技術革新の速度が速いという特徴があることから，電気通信の接続・共用，電柱・管路の貸与，電気通信役務の料金の設定，セット提供，競争者と顧客との取引の妨害，卸電気通信役務の料金設定，コンテンツの提供，設備の製造・販売などに関し，独禁法上問題となる行為を列挙した，電気通信ガイドラインが作成されている。

このほか，金融分野においても，業態別子会社や持株会社方式による他業態への参入が可能になり，銀行等の取扱商品の範囲も拡大されたことから，銀行，保険会社，証券会社による取引の強制や不当な顧客誘引に関するガイドライン（「金融機関の業態区分の緩和及び業務範囲の拡大に伴う不公正な取引方法について」）が作成されている。

3 政府規制と競争政策

本節では，独禁法違反に限定されない政府規制をめぐる競争政策上の論点を検討する。

1 行政指導と競争政策

行政指導と行政手続法　政府規制においては，行政運営の弾力性・機動性の確保や行政目的の円滑な達成のために，行政指導という方法がしばしば用いられている。しかし，そこでは事業者間の共同行為や協調的行動を誘発する競争制限的な行政指導がなされることがある。さらに行政指導は，カルテルなどの

独禁法違反行為を誘発しない場合でも，事業者の新規参入や価格設定を制約するなどの競争制限効果を持つことがある。

行政手続法は法治主義の観点から，指導に従わないことを理由とする不利益取扱いの禁止などの行政指導の一般原則を示し（32条），許認可の申請や権限行使にかかる指導についてこの原則を具体化した規定を置くとともに（33条・34条），行政指導の明確化（35条）や指導基準の公表（36条），行政指導の中止等の求め（36条の2）について定め，行政指導の公正の確保と透明性の向上を図っている。これにより，例えば強制力を背後に控えた指導の抑止や，競争制限的な内容の指導の間接的な抑制を期待することができる。しかし，行政手続法は行政指導の存在そのものについては中立的であり，これだけでは競争制限効果を有する行政指導に対しては十分ではない。

行政指導ガイドライン　そこで，独禁法違反行為を抑止するとともに，競争政策の視点から広く競争制限的効果を持つ行政指導を是正することを目的として作成されたのが行政指導ガイドラインである。ここでは，法治主義の柱の一つである“法律の優位の原則”から，制定法である独禁法の趣旨・目的に抵触する行政指導は許されないとの考え方が採用され，「独占禁止法違反行為を誘発する」おそれがある行政指導だけでなく，「公正かつ自由な競争を制限し，又は阻害する」おそれがある行政指導も問題にされている。そして，このような行政指導に関し，関係行政機関に対して個々の事案ごとに事前に公取委との調整をすることを求めている。

ガイドラインでは，①法令に具体的な規定がある行政指導と，②具体的規定がない行政指導に区別されている。①は指導・勧告等についての明文がある場合のほか，許認可や命令の発動の前段階また

は代替として行われる場合を含み，②は，①のような規定を欠く行政指導ならびに①の範囲を逸脱した指導が念頭に置かれている。ここでは独禁法の目的に抵触する指導を中心にガイドラインを概観する。

**法令に具体的規定の
ない指導**

まず②の法令に具体的規定のない指導については，独禁法違反行為を誘発するおそれのある指導だけでなく，競争を制限・阻害するおそれがある指導も直接に問題とされる。具体的には，指導の目的・内容の点から，「過度の競争の防止，需給調整，価格低下の抑制，事業者間の利害調整，業界秩序の維持」等の観点からなされる指導，および「参入・退出，商品又は役務の価格，数量，設備」等を内容とする指導が，「市場メカニズムに直接的な影響を及ぼす」ものとして問題にされる。さらに，違反行為を誘発するおそれのある指導の具体例が詳細に示されている。

例えば，厚生大臣（当時）が，資格免許制をとる柔道整復師について，過当競争によるサービスの質の低下や関係審議会の不適当意見などを理由に，そこでの修業が受験資格とされる整復師養成施設の不指定処分をしたことが争われた行政事件で，「行政機関は，法令に具体的な規定がない参入・退出に関する行政指導により公正かつ自由な競争が制限され，又は阻害され，独占禁止法との関係において問題を生じさせるおそれが生じないよう十分留意すべき」であり，問題を孕む審議会の意見に拘束されるものではない等と判示したものがある（福岡地判平成10・8・27審決集45・435〔柔道整復師養成施設不指定処分取消請求事件〕）。

補助金の交付と行政指導	国や地方公共団体が，補助金交付の際に競争制限的な内容の条件を課すことも，法令に具体的規定のない行政指導として問題と

なりうる。例えば，市から家庭用コージェネレーションシステム（以下「コージェネ」という）を購入する消費者のみに補助金を給付する行為が，市がコージェネ販売事業者に対して著しく有利となり，コージェネ販売市場における競争を歪めることになるとして，競争政策上望ましいものではなく，独禁法上問題になるおそれもあるとされた相談事例がある。また，木造住宅の耐震診断料金の一部を助成金として交付するにあたり診断料を一律に定める行為，助成金の交付対象とする灸マッサージの施術料金を一律に決定する行為，福祉用具のレンタルの費用の一部を助成するに際してレンタル価格を決定する行為などについて，他のより制限的でない方法もあるから，競争政策上好ましくないとされた相談事例がある（公取委「地方公共団体からの相談事例集」2007〔平成 19〕年 6 月）。

法令に具体的規定のある指導	他方，①の法令に具体的規定のある指導については，指導の目的・内容・方法が法令の規定に合致することを求め，特に「参

入・退出，価格，数量，設備等に関して，許認可等により規制が行われている」場合には，法令に規定された要件を超えた観点を付加した運用をしたり，届出を許認可の申請と同様に運用するなどが問題とされている。

この場合，例えば許認可の前段階や代替としてなされる指導については，正規の手続を踏んでいないこと自体が問題であるとの考え方も不可能ではないが，許認可等の根拠法令は法形式上独禁法と同等であるので，これを直ちに独禁法との関係で問題にすることは困

難だとされている。しかし，そこでの法令の規定への合致は厳しく解されており，明文の規定や政・省令の定めなしに競争制限的要素を付加する指導は法令の範囲を逸脱するものと評価される。また，事業者団体などに対して許認可等の申請や手続に関与するよう指導する場合には，違反行為を誘発するおそれのある指導として問題とされる。例えば，旧大蔵省が，機械保険料率の認可にあたって日本機械保険連盟に一括申請するよう指導し，今後このような違反行為を助長する行為をしないよう公取委から要請を受けた事例がある（公正取引 558 号〔1997 年〕74 頁）。

②　参入規制と競争政策

参入規制と需給調整

許可・届出制等による事業者の参入規制のうち，競争政策の観点から特に問題となるのは，需給の不均衡や設備の過剰の有無を事前に判断して事業者の数を制限する需給調整ないしはこれに類似する競争制限的規制である。それは，①事前の需給予測が困難で予測の誤りによる非効率を招きやすい，②新しい財・サービスの導入や展開が妨げられやすい，③既存業者が優先され既得権保護に傾きやすい，④裁量の範囲が広く，恣意的な規制になりやすいなどの弊害があり，また⑤目的達成の手段としての必要性・合理性に疑問がある場合も少なくないからである。そこで現在は，以下に述べる公益事業分野の一部を除き，その多くが廃止されている。

　なお，タクシー事業については，運転手の労働条件の悪化による安全性やサービスの低下を防ぐとの理由で，供給過剰地域における新規参入および増車を規制する，道路運送法の特例法が制定されている（特定地域及び準特定地域における一般乗用旅客自動車運送事業の適

正化及び活性化に関する特別措置法14条の2〜15条の2）。しかし，強制カルテル（同法8条の10）も伴う，その規制の必要性・合理性には強い疑問が出されており，運転手の賃金水準の向上には，最低賃金の遵守，事業に要する経費を運転手に負担させる慣行の見直し，歩合給と固定給の割合の見直しなどの給与体制の再構築などの雇用環境の改善が何より重要であると指摘されている（規制改革会議意見2014・6・13）。

公益事業と需給調整 電力・通信などの公益事業では，料金や契約条件が規制され，またサービスの提供義務と事業の休・廃止規制が課されるなど，強力な利用者保護のための規制がなされていることから，「これとの均衡上，役務提供者に対してある種の独占的地位を与え，その経営の安定をはかる」必要がある（最大判昭和50・4・30民集29・4・572〔薬事法事件〕）との理由で，需給調整が正当化されてきた。そして，事業が自然独占的性格を有することが，このような規制の経済的な根拠とされてきた。

しかし，自然独占性が希薄でこのような強力な規制を課す必要があるのか疑わしい分野があるほか，技術革新やネットワーク施設のオープン化によって独占性が弱まった領域も広範に生じてきた。また，そもそも需給調整には規制手法として明白な弊害がある。そこで近年は公益事業分野においても，必要な場合には，利用者保護のための直接補助の制度を導入したり（電気通信のユニバーサルサービス基金，交通運輸における生活路線への補助金など），安全・品質・契約条件などに関わる社会的規制を整備したりしながら，需給調整要件を緩和・廃止して競争の導入と促進を図る傾向が拡大している。

現在，公益事業関係で需給調整条項が存在するのは，水道法（水道事業：8条），電気事業法の一部（一般送配電事業：5条），ガス事業法の一部（一般ガス事業：37条）である。また，郵便の業務を日本郵便株式会社の独占とする郵便法（2条・4条）もこれと類似の機能を有している。

　このうち，電気事業では，低廉で安定的な電力供給の確保，多様な電源の活用と利用者の多様なニーズへの対応を目的として，2016（平成28）年4月から家庭用小売も含めた参入の全面自由化を図ることを主な内容とする電気事業法の改正が行なわれた。すなわち，新たに，主要な事業類型を①小売電気事業，②一般送配電事業，③発電事業の3つに区分し，自然独占性が残る②については需給調整要件を伴う許可制（3条以下）を維持するが，①については登録制（2条の2以下），③については届出制（27条の27以下）とし，一定の資格・能力要件を充足すれば，事業を行えることになった。これにより，①および③の事業者は，後述する②の送配電事業者が提供する託送（→④）を利用して，自由に参入することが可能となる。その場合，需給バランスと安定供給を確保するため，①の小売電気事業者には，需要想定に基づく「供給計画」の作成・提出ならびに供給の相手方の「需要に応ずるために必要な供給能力を確保」する義務が（2条の5第1項4号），また③の発電事業者等には，発電所の設置・運用等に関する「供給計画」の作成・提出義務が課される。そして，①②③の事業者は，電気の需給状況の監視や事業者への指示等の業務を行う「広域的運営推進機関」（→④）の会員となり，当該機関の指針や指示に従わなければならないとされている。

　また，ガス事業でも，2017年4月から家庭用小売も含めて参入

を全面自由化するガス事業法の改正がなされ，電気事業法に倣って，新たに，①ガス小売事業（登録制。ガス事業法3条以下），②一般ガス導管事業（許可制。ガス事業法35条以下），③ガス製造事業（届出制。ガス事業法86条以下）の事業類型が導入されることになった。

　郵便事業では，日本郵便株式会社が排他的供給権を有する「信書」の範囲を限定し，速達など一部に民間事業者の参入を認めるとともに，信書の配達についても，ポストの設置など一定の条件の下に民間事業者の参入が認められており（民間事業者による信書の送達に関する法律6条以下），また，ポスト設置義務のない特定信書便の範囲の拡大が図られている。

③　料金規制と競争政策

料金規制の現状

　価格・料金の規制は，価格をシグナルとする市場メカニズムの機能を直接に規制するのでその弊害も大きく，需給調整の緩和・廃止と並行してその抜本的な改革や廃止が進行している。その一方で，不可欠性を有するネットワーク施設については，競争促進の観点から取引条件や利用料金に係る約款の認可制が導入され，その規制が強化されている（→④）。以下では，利用者向け料金の規制について見てみたい。

　(1)　公益事業においては，独占的料金の抑制や不当差別の禁止・料金体系の公平性の確保などを目的として料金認可制を敷くのが通例であった（鉄道事業法16条等。また，郵便法67条の料金届出制も実質的には認可制に類似する）。しかし，競争の導入に伴い，料金設定を柔軟化したり，届出制に移行するなどの傾向が拡大している。

　電気事業においては，小売の全面自由化に伴って，既存の電力会社に対する従来の規制料金も一定期間残す経過措置を講じた上で，

競争の進展状況を確認しながら，今後，適切な時期に料金規制を撤廃することが予定されている。その場合，ユニバーサルサービスの確保を図るために，一般送配電事業者に対して，届出約款による最終保障供給および離島供給を義務づけている（電気事業法17条3項・20条・21条）。また，利用者保護を図るために，小売電気事業者に対し，説明義務・書面交付義務，事業休廃止時の届出・周知義務などを課している（電気事業法2条の8・2条の13〜2条の16）。

ガス事業においても，電気事業と同様，一定期間の経過措置を講じた上で規制料金を撤廃することとしているほか，一般ガス導管事業者に最終保証供給を義務づけ（ガス事業法51条），またガス小売事業者に供給条件の説明・書面交付などの義務を課している（ガス事業法14条以下）。

(2)　金融機関では，金利の最高限度の規制（臨時金利調整法2条）や保険料率の規制（保険業法5条）などがあるが，前者は当座預金（無利息）を除いて自由化され，保険料率も，企業向けの保険や火災保険の料率を届出制にするなど，自由化範囲が拡大している。

(3)　この他，統制額を指定したり暴利行為を禁止したりする一般的物価規制法として物価統制令があり，また物不足時に価格を監視する国民生活安定緊急措置法や石油需給適正化法がある。しかし，主に緊急時を想定したこれらの法律は，公衆浴場料金など，ごく一部を除いて動かされていない。

料金設定の柔軟化　需給調整が廃止された分野のうち，依然として独占的高価格や差別的・略奪的な価格設定を継続的に監視する必要があると考えられる役務ないしサービスを提供する事業者については，料金認可制は存続させながら，事業者に料金決定の自由を与えて競争の促進を図る料金設定の柔軟化

が進められている。

まず，公正報酬率をベースに算定する上限価格を認可し，これ以下の価格であれば届出で足りるとする最高価格制を採用するものとして，鉄道運送事業者の旅客運賃・料金（鉄道事業法 16 条），一般乗合旅客自動車運送事業者（路線バス）の運賃・料金（道路運送法 9 条），一般旅客定期航路事業者（フェリー等）の指定区間に係る運賃・料金（海上運送法 8 条 3 項・4 項）がある。その際，鉄道事業では，内部補助などによる不当な差別運賃を抑止するため，個々の事業者の路線・区間別の運賃の相互格差に限度（20％以内）を設けている。また，一般乗用旅客自動車運送事業（タクシー）では，公正報酬率規制をベースに認可料金（固定額）の上限と下限を設定し，その範囲内であれば自動的に認可し，下限以下の申請などは個別に審査する方式がとられている（道路運送法 9 条の 3）。

次に，電気通信料金のうち，回線設備で支配的地位にある第 1 種指定電気通信設備を設置する電気通信事業者が当該設備を用いて提供するサービス（特定電気通信役務）については，基準料金指数による上限を設定するプライスキャップ制を導入している（電気通信事業法 21 条）。これは NTT の東西地域会社を念頭に置いた非対称規制であり，“消費者物価指数変動率－生産制向上見込み率（RPI－X）”を基礎とする料金指数を設定し，対象サービスの料金の変化率の加重平均が当該指数以下である限り個別の料金の変更は自由とし，その指数を超える場合にのみ認可を必要とするものである。

届出制への移行と料金変更命令等

需給調整が廃止された分野のうち，上記以外については，料金認可制を廃止して届出制に移行するか（航空法 105 条：本邦航空運送事業者，海上運送法 8 条 1 項：一般旅客定期航路事業者，道路運送法 9

条の2：一般貸切旅客自動車運送事業者，電気通信事業法19条：基礎的電気通信役務を提供する事業者，同20条：指定電気通信役務を提供する事業者など），あるいは料金の届出も不要とされている（貨物自動車運送事業法3条以下の貨物運送事業者，電気通信事業法9条以下の電気通信事業者など）。その場合，なお支配的事業者が存在したり，競争が十分に機能しない場合があることから，不当な差別的取扱い，不当な競争，不当な高価格などを事後的に規制する料金変更命令ないし業務改善命令の制度が導入されるのが通例である（航空法105条2項，海上運送法8条2項，道路運送法9条の2第2項，電気通信事業法19条2項・20条3項・29条，電気事業法2条の17，貨物自動車運送事業法26条など）。また，上記の料金の柔軟化によって届出制が導入された部分についても，同様の変更命令制度が導入されることが多い（道路運送法9条6項，鉄道事業法16条5項など）。

　これら料金変更命令ないし業務改善命令の制度は，地域的均一料金や同一の顧客グループ内の平等取扱いなど，利用の公平性の観点からの差別的取扱いの規制としては，事業法独自の存在意義がある。しかし，それ以外の競争促進の観点からの差別的取扱いや「不当な競争」の規制は，独禁法の私的独占・不公正な取引方法の規制と実質的に重複する部分が多く，その運用にあたっては，命令の発動基準や審査手続などについて独禁法との統一性・整合性を図る必要がある（電気通信ガイドライン，電力取引ガイドラインなど参照）。

内部補助と部門別収支　料金規制の緩和や廃止に伴い，既存の支配的事業者などにより，自由化された競争分野での赤字を規制などによって独占が残る分野での利益によってカバーする"内部補助"が行われることがある。部門間のコスト移動を意味する内部補助一般は，サービスの多様化，事業多角化，新規

事業への進出などに伴って生じるノーマルな企業行動であるが，独占的分野から自由化分野への補助は，独占分野の利用者に一方的な負担を課し，公平性の観点から問題であるだけでなく，競争分野の赤字を独占分野の利益が補塡することで，競争分野への新規参入を妨げるなどの競争制限効果をもたらす危険がある。

そこで，郵便事業では，日本郵便（JP）に対し，規制部門である郵便業務等とそれ以外の自由化部門の業務とに会計を区分して，当該業務区分ごとの収支の状況を公表することを義務づけ（日本郵便株式会社法14条），内部補助のチェックを図っている。

この他，指定設備管理部門と指定設備利用部門とに区分する電気通信の接続会計や，電気事業における一般送配電事業者の会計分離も，独占的なネットワーク部門からの内部補助の防止ないし監視の機能を有している（→④）。

④　ネットワーク・インフラ施設と競争政策

| ネットワーク・インフラ施設と事業法 |

通信の加入者回線網や電力の送配電網，空港の発着枠さらには電柱・管路など，それを利用しなければ財・サービスの提供が困難なネットワーク・インフラ施設に対しては，前述（→2③）のように，「不可欠施設」の法理の適用が可能である。

もっとも，同法理によって利用の申込拒否や差別的取扱いを違法にし，排除措置や差止めを命じるためには，当該施設の合理的な利用料金や利用条件を決定する必要が生じることがある。公取委や裁判所が法適用にあたって価格に介入することは可能であるから，そこでは，適正な料金・条件で施設を利用させることを命じることも不可能ではない。しかし，このような命令を包括的に行おうとする

と，違反行為者に継続的な料金規制を課する結果となる。これは，競争条件の整備による間接的な介入を基本とするという独禁法の規制手法の原則と乖離する危険性がある。また，そこでの利用料金の規制にあたっては，施設保有者の投資インセンティブの確保，競争促進的な料金体系の形成，過去の回収不能コストの負担など，独禁法違反行為の排除にとどまらない総合的な考慮をする必要が生じる場合がある。

このように，競争促進を図るためには，一般的ルールである独禁法だけでは限界があることから，これを補完するために，個別の領域ごとの事業法においても，競争上重要な施設・設備の利用料金や利用条件を継続的に規制する，事前規制型の特別規制が設けられるようになった。これらの規制は，①垂直統合した独占企業の内部取引を外部化して市場における卸取引を創出する，②ボトルネック独占による排除力の行使を抑止し，競争水準の底上げを図る，③競争の基盤となるようなネットワーク施設の投資を促進するなど，「市場形成」型規制として固有の意義を有している。

その場合，ネットワーク施設自体の競争については，電気事業では，送配電網の自然独占性が明確であることから，一般送配電事業者の法的独占を維持した恒久的な託送制度が設けられている。他方，技術革新が活発な電気通信においては，設備競争による代替的な競合ネットワークの展開が可能であり，また競争政策上望ましいことから，通信回線シェアや設備シェアを基準としてその要否を判断する接続制度が採用されている。また，ガス事業では，基本的には電力と同様の法的独占方式としつつ，一定の範囲で「二重導管」を容認して，部分的に設備競争を導入することにしている。

電気通信事業法は，まず，競争事業者による重複設置が困難な加入者（端末）回線網を保有する NTT の東西地域会社を念頭に置いた接続約款の認可制を設けている（電気通信事業法 33 条）。すなわち，地域通信網（固定端末系伝送路設備）の通信回線数の区域（都道府県単位）におけるシェアが一定割合（50％）を超える場合に指定される第 1 種指定電気通信設備の設置事業者に対して，①接続機能の細分化（アンバンドル），②原価に照らし公正妥当な接続料，③接続条件の公平性（内外平等原則）などの要件に適合する認可接続約款の使用を原則として義務づけ，さらに必要な情報の提供義務，網機能変更計画の届出・公表義務などを課した。そして，そこでの接続料の算定については，指定設備管理部門（回線設備部門）と指定設備利用部門（通信サービス提供部門）とを区分した接続会計の整備・公表を義務づけるとともに（同 24 条，第 1 種指定電気通信設備接続会計規則），効率的な競争者の参入を促進するために，"長期増分費用"方式を採用し，実際の費用発生額ではなく，現時点で最も低廉かつ効率的な設備や技術を用いて新たにネットワークを構築した場合の費用に基づいてコスト計算をすることにした。

　次に，特定移動端末設備の端末の区域（都道府県）における設備シェアが一定割合（10％）を超える場合に指定される第 2 種指定電気通信設備の事業者について，接続約款を届出制とし，①適正な原価に適正な利潤を加えた接続料金を超える，②他の電気通信事業者に対し不当な条件を付する，③不当な差別的取扱いをするなどを発動要件とする，接続約款の変更命令制度を設けた（同 34 条）。

　さらに，これらの規制の補完を目的として，第 1 種指定電気通信設備の事業者および，第 2 種指定電気通信設備の事業者のうち収益

シェアが一定割合（25％）を超え，「他の電気通信事業者との間の適正な競争関係を確保するため必要」と認めて指定した事業者については，情報の目的外使用，特定の電気通信事業者の不当な差別，他の電気通信事業者への不当な規律・干渉が禁止される，いわゆるドミナント規制を課している（同30条）。

また，NTT東西が2015年から開始した「光アクセス回線の卸売サービス（サービス卸）」については，第1種指定電気通信設備を用いて提供される卸電気通信役務であること，小売市場における競争においてサービス卸の料金が原価の一部として重要であることなどから，その提供形態や提供内容によっては「競争事業者との公正な競争の確保に支障を及ぼすおそれ」があるとし，①特定の卸先事業者のみを合理的な理由なく有利に取り扱うことが，不当な差別的取扱い（同29条1項2号・10号）として問題になるおそれがあり，②卸先の移動通信事業者に対する料金等が同一でない場合には，不当な優先取扱い（同30条3項2号）に該当するおそれが大きいとされた（総務省「NTT東西のFTTHアクセスサービス等の卸電気通信役務に係る電気通信事業法の適用に関するガイドライン」2015〔平成27〕年2月）。そして，その監視のために，1種および2種の指定電気通信設備事業者が提供する卸電気通信役務に対する事後届出制が導入された（同法38条の2）。

なお，接続に関する紛争については，電気通信事業紛争処理委員会によるあっせんおよび仲裁の制度が設けられている（同法154条以下）。

電力・ガス：託送と競争政策　電気事業法は，電力の送電網および配電網を維持・運用する一般送配電事業者に対して，託送供給義務等を課している（電気事

業法17条)。そして、託送供給約款を認可制として、①適正原価・適正利潤の原則、②事業者間公平の原則、③差別的取扱いの禁止などの要件に適合する約款の使用を義務づけ、合わせて同約款の変更命令等の規定を設けるとともに（同18条・19条）、一般送配電事業等とそれ以外の事業との会計分離を義務づけている（同22条・27条の2）。その場合、安定供給を確保するために、一般送配電事業者に対して、当該系統における需給バランスを維持する義務（周波数維持義務）を課している（同26条）。

また、広域的な系統運用による安定供給の確保を図るために、認可制の「広域的運営推進機関」（電気事業法28条の4以下）を設立し、送配電事業者・発電事業者・小売事業者に加入義務を課すとともに、区域を越えた電気の需給状況の監視と需給管理、将来の供給不足に備えた発電設備の確保、広域的な送配電網の整備計画の策定・指導、災害などの緊急時における需給調整などの業務を行わせることとしている。そして、託送の中立性確保のために、同機関が託送の受付と系統情報の公開を行うことにしている（→*Column⑱*）。

ガス事業においても、電気事業に倣い、ガス導管網を維持・運用する一般ガス導管事業者に対して、託送供給義務（ガス事業法47条）、託送供給約款の認可制（同48条）、会計分離の義務（同59条）などが課されている。さらに、卸事業への新規参入を促進し、卸取引の活性化を図るために、ガス製造事業者（同86条）として届出義務が課される"LNG基地事業者"（LNG基地を運用するガス・電気・石油元売りの事業者）に対しても、当該基地の第三者への開放義務を課している（同89条〜92条）。LNG基地は、ガス事業においては、導管網と並ぶ、不可欠性を有するネットワーク施設と評価されるからである。

航空：空港発着枠と
競争政策

航空法では，従来の需給調整を伴う路線ご
との参入許可制を廃止し，これを輸送の安
全確保を目的とする許可制に改めるととも
に，ボトルネックとなる羽田，伊丹，関西，福岡などの混雑飛行場
における空港発着枠の配分に関する規定が設けられた。すなわち，
混雑飛行場として指定された空港を使用する運航を有効期間5年以
内の許可制とし，許可にあたっては，その運航計画を，安全性のほ
か，競争の促進，多様な輸送網の形成を通じる利用者利便への適合
などの基準に照らして審査することとし，空港発着枠に期限を設け
てこれを定期的に回収・配分する仕組みを設けた（航空法107条の
3）。そして，配分された発着枠を利用していかなる路線を設定する
かについては，ネットワーク維持の必要性がある場合を除いて原則
自由とされた。

このなかで国土交通省は，混雑空港である羽田空港について，
2005年以来，大手2社からの回収分ならびに新規の発着枠を，新
規事業者に対して優先的に配分する政策をとってきている。これは，
新規航空会社の参入・拡大による競争の促進を図ろうとするもので
あり，その結果，2020年度現在，羽田空港におけるJAL・ANA以
外の新規航空会社の国内線発着枠シェアの合計は約23%になって
いる。

ネットワーク関連施設
の多目的利用

電気事業者や電気通信事業者の保有する電
柱や管路・とう道，鉄道事業者の保有する
側溝や光ファイバーケーブルなど，公益事
業分野のネットワーク関連施設は，他の事業者がこれを利用して事
業を展開することができれば，資源の効率的利用に資するだけでな
く，当該施設を利用した種々のサービスの競争を活発化したり，各

種の代替的ネットワークの発展を促進したりすることが可能になる。

そこで，電気通信においては，電気通信事業者・電力事業者・鉄道事業者の保有するこれら施設の利用について，①自己の事業または法令に支障がない限り，公平かつ公正な条件で設備を提供する，②資本関係その他による差別的取扱いをしない，③設備の提供条件を事前に公表するなどを原則とする，「公益事業者の電柱・管路等使用に関するガイドライン」（総務省，2001〔平成13〕年4月，最終改正2019〔平成31〕年4月）が定められている。このガイドラインは，他人の土地等の使用権に関する協議の認可・裁定条項（電気通信事業法128条以下）の運用基準として作成されたものであるが，基本的な内容は独禁法と共通する部分が多い（電気通信ガイドライン参照）。

Column⑱ **ネットワーク施設と構造的規制措置**••••••••••••••

独占的なネットワーク施設の公平な利用を確保し競争促進の徹底を図るためには，不可欠性を有するネットワーク施設部門を分割するなどの構造的規制措置が最も有効である。その方法には，①ネットワーク部門の所有関係を断ち切る完全分離方式，②競争者が共同でネットワーク部門を所有する方式，③所有と運用を切り離し，ネットワークの運用だけを競争者も参加する中立的組織で行う方式，④ネットワーク部門を別会社とするなど，施設保有者の内部組織を分ける方式，⑤単一のネットワークを複数に分割し，ネットワーク効果による接続のインセンティブを働かせる方式などがある。

例えば，英国の電気通信で，BTの加入者回線（アクセスサービス）部門の管理・運営を独立した事業部として分離し，厳格な業務隔壁を設けたのは④の方式である。

(1) **電気通信事業：NTTの持株会社化・機能分離**　　日本の電気通信では，1999（平成11）年に，NTT本社が地域会社（NTT東日本および西日本），NTTコム，NTTドコモ等の株式を保有す

る，④の"持株会社方式"による再編が実施された（「日本電信電話株式会社等に関する法律」参照）。また，2012（平成24）年には，第1種指定電気通信設備の設置事業者であるNTTに対して，接続業務を担当する「設備部門」を設置し，小売の利用部門との兼務の防止，執務室の別フロア配置，接続情報システムへのアクセス制限などを義務づけるとともに，設備部門における接続情報の適正な取扱や接続の同等性の確保をチェックする「監視部門」を設けることを内容とする，"卸と小売"の「機能分離」が実施された（電気通信事業法31条5項・6項）。ただし，モデルとされた英国BTの機能分離などと異なり，組織やインセンティブの面で卸のネットワーク部門の独立性を確保する措置を欠いていること，子会社を用いたグループ連携に対するチェックを欠いていることなどから，これによってNTTのネットワークの利用の公平性が十分に担保されるのか，少なからず疑問が残るところである。

(2) **電気事業：既存電力会社の法的分離**　日本の電気事業においては，2011（平成23）年の東日本大震災による原発事故を契機としてスタートした電力システム改革により，送配電業務の運営における中立性の一層の確保を図るための措置として，送配電部門の「法的分離」を行うこととし，2020〔令和2〕年4月に実施された。これに伴い，一般送配電事業者が小売電気事業または発電事業を営むことを禁止し（電気事業法22条の2），同事業者の取締役・執行役の兼職を制限すると共に（同22条の3），「電気供給事業者間の適正な競争関係を阻害する」行為を抑止する観点から，一般送配電事業者による情報の目的外使用および差別的取扱いの禁止（同23条1項），同電事業者とその特定関係事業者との間の取引の規制ならびに従業者の移動の制限（同23条〜23条の3）などの行為規制を課すことになった。しかし，そこでは，分社化した送配電・発電・小売の各会社間で株式保有による結合関係を形成することは許容されているから，新規参入者との公平な競争機会の確保が十分に

図られるか否か，依然として不透明な部分が残されている。

　第1に，法的分離の形態としては，親子会社方式よりも持株会社方式の方が各部門の経営の自立性が高くなると考えられるが，東京電力と中部電力は，持株会社方式を選択したものの，8社（北海道電力，東北電力，北陸電力，関西電力，中国電力，四国電力，九州電力および電源開発）は親子会社方式を採用しており（沖縄電力は分離の対象外），分離の実効性が十分に確保されるか疑問がある。第2に，公平な競争機会の確保を徹底するためには，新設された広域的運営推進機関が，各エリアの送配電網の整備計画の立案・実施，および給電指令などの系統運用のルールの策定や実施において主導的な役割を果たし，個々の送配電事業者の利害を超えた広域的な送配電ネットワークの投資と運用を図ることが不可欠である。しかし，これらの事項に関する広域的運営推進機関と既存の電力会社との間での意思決定の仕組みや責任分担のルールは明確ではなく，両者の協働が有効に機能していくか，不確定要因が少なくない。以上の点は，法的分離の本格的な実施と合わせて，今後，より抜本的な解決が迫られることになると考えられる。

　(3)　**ガス事業：大手都市ガス3社の法的分離**　　日本のガス事業においても，電力の法的分離に倣い，2022（令和4）年に，大手都市ガス3社のガス導管事業の法的分離を行うことになった（ガス事業法54条の2以下）。法的分離の対象を大手3社に限定したのは，導管網が全国的には接続されておらず，LNG受入基地を起点としたネットワークとなっていること，中小事業者が多く，これらも法的分離の対象とすると，安定供給や保安の確保に組織面・費用面で支障が生じるおそれがあることが主な理由であり，具体的には(1)導管網の総延長数が全国シェアで1割以上であること，(2)保有する導管網に複数の事業者のLNG基地が接続していることが法的分離の基準とされている。

第8章 国際取引と独占禁止法

今日，各国経済は密接な依存関係を形成し，相互に影響を及ぼしあっている。国外の競争制限の影響から国内市場を守ることも，日本の独禁法の課題である。独禁法の渉外的適用の可能性や国際協力の必要性が検討課題となる。

1 国際取引・投資と独占禁止法

1 経済のグローバル化と独禁法の基礎概念

　独禁法の保護法益は，国内市場における自由かつ公正な競争秩序である。経済のグローバル化が進行しても，これは変わることがない。ただ，国内の競争秩序はグローバル化の影響を被るから，独禁法の実体法上の概念がそれに適切に対応しているかを検討する意義はある。実体規定について，「事業者」（→第1章2②），「一定の取引分野」（→第4章2②）の概念を検討する。手続規定については，後に詳しく検討するので（→2②），ここでは示唆するにとどめる。

事業者の概念と
外国企業

　独禁法上の「事業者」の定義（2条1項）は，事業者を国内のそれに限定していない。もし「事業者」の概念を国内の事業者に限定すれば，3条や19条などの規制で不都合がおきる。例えば，企

業結合規制では，1998年まで，15条の企業結合の禁止の名宛人は「国内の会社」とされ，また，第4章の株式保有における被保有会社や役員兼任における派遣先企業も「国内の会社」に限定されていた。しかし，このような限定により，日本に輸出している外国企業Aが，日本の国内企業Bを買収して，日本国内の競争秩序に影響を与えても，外国企業Aに独禁法は適用できない。これでは経済のグローバル化に対応できない。1998年改正で「国内の会社」の「国内の」の文言は削除され，手続規定を除いて，外国企業と日本企業の区別なく適用されることになった。

　外国企業に対する独禁法の手続規定の適用は別の問題である。独禁法の手続規定の観点からは，外国企業が日本法に基づく法人を日本に設立し，または支店・営業所をもつかどうか，あるいは書面の受領権限のある代理人（弁護士）が選任されているかどうか，という点が重要になる。独禁法違反に対する公取委の一連の執行手続は，国家管轄権（執行管轄権）の行使であるから，日本の国境を越える主体を執行手続の対象にするとき，外国の主権を侵害しないよう配慮する必要がある。これらについては後述する（→2①）。

外国市場と「一定の取引分野」

経済がグローバル化し，外国の市場にも競争制限の影響が及ぶ場合や，競争制限が外国に所在する事業者によりもたらされている場合であっても，独禁法6条（3条，8条）と第4章の企業結合規制に規定する「一定の取引分野」は，必ずしも，日本の地理的市場を越えて広く画定しなければならないということはない。他方，日本の市場における公正かつ自由な競争が独禁法の保護法益であるから，少なくとも日本の地理的範囲内における公正かつ自由な競争が侵害されていなければならない。

そのうえで，事案により，日本の地理的市場を越えて広く画定しないと違反行為を的確にとらえることができない場合，日本市場を含む東アジア市場や，世界市場が「一定の取引分野」とされる。たとえば，日本の企業Ａと欧州に所在する企業Ｂが，相手方の属する地域（アジア地域と欧州地域）には製品を輸出しないという相互に拘束性のある国際市場分割カルテルをすれば，外国企業Ｂの所在する欧州地域を「一定の取引分野」に含めないと，「ＡはＢの属する欧州地域に輸出しない」という一方の拘束はとらえることができなくなり，拘束の相互性を的確に認定できなくなろう（「一定の取引分野」については→第2章3③，第3章1③，本章1③）。

② 国際カルテルおよび外国企業による私的独占

国際カルテルの意義

　国際カルテルとは，通常，カルテルの主体に複数の国の事業者や業界団体を含み，その影響が複数の国の市場に及ぶものと考えてよいだろう。しかし，独禁法は，前述のように，違反行為をグローバルな観点からみるものではなく，日本の独禁法の実体規定の観点からは，カルテルに外国の事業者が参加しているという要素のほかに，行為の影響が日本市場に及んでいることが重要になる。カルテルが日本市場を直接の対象にしたものでも，日本市場に波及効果があるものでもよい。逆に，カルテルに日本企業が参加していても，それが日本市場を標的としたものではなく，また，その影響が日本市場に波及しないものは，日本の独禁法の規制対象となる国際カルテルではない。

**独禁法6条の
運用の問題点**

　独禁法は，国際カルテルを6条（8条2号）で禁止する。3条（8条1号）でも規制できるはずであるが，沿革的な理由（「日本政府

に対する連合軍最高司令官の持株会社の解体に関する覚書」（昭和20・11・6）7項に基づき，国際カルテルへの参加禁止を求められたこと）で，独禁法6条が設けられたといわれる。

　過去の法運用をみる限り，独禁法6条は渉外問題を回避して，日本企業だけを規制の対象にするために便宜的に用いられたといえる。例えば，日本企業Ａ，Ｂが，外国のライバル企業Ｃ，Ｄと世界市場を分割する地域カルテルを行ったとき，日本の競争秩序に影響を与えている外国企業Ｃ，Ｄの輸入制限を視野の外に置き，日本企業Ａ，Ｂの輸出制限だけを規制した。そのために，「一定の取引分野」を「日本から特定の海外地域向け輸出の取引分野」として，そこにおけるＡ，Ｂ間の競争制限だけを相互拘束と構成した（勧審昭和47・12・27審決集19・124〔レーヨン糸国際カルテル事件〕，勧審昭和47・12・27審決集19・140〔アクリル紡績糸国際カルテル事件〕）。

　経済のグローバル化が進行する時代に，手続法上の困難を実体法の解釈で回避する法運用は適当ではない。それは手続規定の問題点の検討を妨げ，競争政策の国際協力のための検討を遅らせる。

　近年，独禁法改正による民事訴訟法の外国への書類送達の規定の準用（70条の7）や公示送達規定の創設（70条の8），ハードコア・カルテルに対する課徴金の減免制度の採用，外国の競争当局との協力関係の進展などが外国企業への独禁法の適用の道を開き，公取委も国際カルテルに対して積極的な法適用を行うようになった。公取委は，あえて明言していないが立法管轄権の行使による域外適用において効果主義（外国で行われた外国企業の行為の効果が自国内に及ぶときに，それに管轄権を行使できるとする原理）を採用していると考えられる（マリンホース国際カルテル事件，テレビブラウン管国際カルテル事件，BHPビリトン事件〔→2②〕，いずれも後出）。

ところで最近の公取委が摘発した国際カルテル事件は独禁法3条が適用されている。このことは6条の存在意義を厳しく問うことになった。過去において6条の適用は問題が多かった（→後出2②のノボ・インダストリー事件）。独禁法6条の規定は削除してもよいという議論は説得力を増している。

マリンホース国際カルテル事件

　タンカーと石油備蓄基地施設等の間の送油に用いられる一定の製品規格および検査基準を満たすマリンホースに関する国際カルテルが各国で摘発された。日本の事業者2社を含むマリンホースの製造販売業者の8社は、1999年12月以降、多くの国に所在するマリンホースの需要者が見積価格の提示を求めた上で廉価な者に発注するマリンホース（「特定マリンホース」という）の取引分野において、(1)日本、英国、フランス、イタリアの4ヵ国を特定マリンホースの使用地とする場合には、使用地となる国に本店を置く者を受注予定者とし、複数の事業者がこれに該当するときには（日本の場合は、横浜ゴムとブリヂストン）、いずれかの者を受注予定者とする。(2)上記の4ヵ国（「本店所在国」）以外を使用地とする場合には、あらかじめ各社が受注すべき特定マリンホースの割合を定め、その割合を勘案して、ロンドンに所在するコーディネーター（受注予定者の選定を委任した者）が選定する者を受注予定者とする。(3)いずれの場合も、受注価格は受注予定者が定め、それ以外の者は受注予定者が受注できるように協力する旨の合意のもとに、国際カルテルを行ってきた。

　日本の公取委は、2007年5月に、米国司法省と欧州委員会とほぼ同時期に調査を開始したという（国際協力が行われたことが推測される）。公取委は、日本に所在する需要者が発注する特定マリンホースの取引分野を一定の取引分野として、8社がこの市場で入札談

合を行うことにより競争を実質的に制限したとして独禁法3条違反に該当するとした。すでに違反行為は中止されていたので，既往の違反行為に対する排除措置命令が出された。

本件国際カルテルは，「本店所在国」ルールと本店が所在しない国のコーディネーター・ルールの二重構造のカルテルであるが，公取委は，日本を「本店所在国」とし，横浜ゴムとブリヂストンのいずれかを受注予定者とする8社の入札談合を本件違反行為と構成した。その上で，排除措置命令を5社に，課徴金を1社に課した。5社にはブリヂストンのほか，英国1社，フランス1社，イタリア2社の事業者が含まれ，課徴金は実行期間中に売上げのある日本の企業のうちブリヂストンにのみ238万円の納付命令が出された（納令平成20・2・20審決集54・512）。本件では横浜ゴムによる課徴金減免制度の適用申請が事件の端緒となったため，同社に対しては排除措置命令と課徴金納付命令のいずれも下されていない。

テレビブラウン管
国際カルテル事件

本件は，日本，韓国，台湾，マレーシア，インドネシア，タイに所在する特定ブラウン管の製造販売の親会社5社と子会社等6社の11社による価格カルテル事件である。親会社5社が，その現地子会社等6社と一緒になって，それぞれが販売するブラウン管の取引価格について，価格安定を図るべく，各社が共同して遵守すべき最低目標価格を設定する合意をしたものである。このカルテルは日本の国外で行われている。

日本に所在するテレビの製造親会社は，特定ブラウン管の製造親会社5社と価格交渉を行い，それにより決まった価格をもって本件ブラウン管を購入するように現地ブラウン管テレビ製造子会社に指示していた。

公取委は，違反行為者11社のうち，解散した事業者や事業譲渡した事業者，リニエンシー制度を利用した事業者を除いて，排除措置命令を親会社2社に，課徴金納付命令を現地子会社等6社に下した。これに対し，MT映像ディスプレイほか3名，サムスンSDI，サムスンSDIマレーシアがそれぞれ審判を請求した。公取委は審判を行い，サムスンSDIに対する排除措置命令を取り消した以外，請求を棄却する審決を下した（審決平成27・5・22審決集62・87）。

審決は，本件カルテルの合意が日本の国外で行われたとしても，それは独禁法の適用のなかで十分に対処できるという立場をとった。そして，特定ブラウン管の製造親会社5社と取引交渉を直接に行った者が，現地のテレビ製造子会社等ではなく，日本に所在するブラウン管テレビの製造親会社であったという事実を重視して，売手事業者が国外でカルテルをした場合であっても，その地域のブラウン管の販売競争が，日本に所在するテレビ製造の親事業者等をめぐって行われたとみることができるとき，その範囲が独禁法2条6項の「一定の取引分野」に当たるとした。そして，「競争の実質的制限」について，違反行為者11社は，本件ブラウン管の製造子会社等向けのブラウン管の約83.5％を供給し，ブラウン管の価格をある程度自由に左右することができたことから，独禁法2条6項の「競争を実質的に制限する」に当たるとした。

本審決に対して3件の取消訴訟が東京高裁に提起された。東京高裁は，その一件のサムスンSDIマレーシアに対する判決（東京高判平成28・1・29審決集62・419）で，本件「一定の取引分野」の場所的範囲を「我が国の領域内」と明記し，そこでの競争が実質的に制

限されたとして，原告の請求を棄却した。東京高裁は，そのほかの
2件についても，それぞれ4月13日（審決集63・241），4月22日
（審決集63・265）に請求棄却の判決をした。

　3件の原告は最高裁に上告したが，課徴金を課されたサムスン
SDIマレーシアのみが上告を受理された。

　　　　　　　　　　　　　　　　最高裁は，本件の事実関係を次のように整
┌─────────────┐
│ ブラウン管事件最高裁 │ 理した。すなわち，日本に所在するテレビ
│ 判決   │
└─────────────┘ 製造業者が，ブラウン管テレビの製造業務
を現地製造子会社等に移管または委託していたけれども，①ブラウ
ン管テレビの製造販売業の主体として事業を統括し，遂行していた
ことから，また，②日本のテレビ製造業者自身が，本件ブラウン管
製造5社と交渉をして，本件ブラウン管の購入先，購入価格，購入
数量等の重要な取引条件を決定し，現地の製造子会社等にその取引
条件で購入することを指示し，購入させていたことから，本件合意
は，日本のテレビ製造業者との交渉において提示する価格を拘束す
るものであったとした。

　最高裁は，「価格カルテル（不当な取引制限）が国外で合意され
たものであっても，当該カルテルが我が国に所在する者を取引の相
手方とする競争を制限するものであるなど，価格カルテルにより競
争機能が損なわれることとなる市場に我が国が含まれる場合には，
当該カルテルは，我が国の自由競争経済秩序を侵害するものという
ことができる」と一般論を述べたうえで，上記の事実関係の下にお
いては，「本件ブラウン管を購入する取引は，我が国テレビ製造販
売業者と現地製造子会社等が経済活動として一体となって行ったも
のと評価できるから，本件合意は，我が国に所在する我が国テレビ
製造販売業者をも相手方とする取引に係る市場が有する競争機能を

損なうものであったということができる」とした（最判平成29・12・12民集71・10・1958）。

　この判決の評価は分かれる。一方で，国際取引が国際分業を背景にして行われているなかで，独禁法をその実情に合わせて適用する可能性を開いたものとして評価する考え方がある。他方で，取引の交渉と購入の意思決定という「重要な取引条件」の決定が日本国内で行われていたとしても，本件ブラウン管を用いて製造されたテレビは日本国内に輸入されず，同テレビの販売収益も国内で生じていないことから，収益獲得という事業者の主要な機能からみて，この取引は日本における取引とはいえないという趣旨の批判がある。また，同じ観点から，本件価格カルテルが，上告人らと，日本に所在するブラウン管テレビの製造親会社との間の取引をめぐる「競い合い」を制限するものであったとしても，そのことが日本の市場の競争機能を損なったとするのは論理の飛躍があるとする批判がありえよう。

外国事業者と私的独占
　　　　　　　　　　　　　　外国企業が日本企業の事業活動を支配し，あるいは日本企業が外国企業の事業活動を排除し，日本の国内市場の競争に影響があれば，独禁法違反になる。違反行為者が日本市場で市場支配的企業であれば，私的独占に問われる。外国企業が他の外国企業を，日本市場から排除する行為が，私的独占に問われた例がある（勧審平成10・9・3審決集45・148〔ノーディオン事件〕）。

　カナダの企業ノーディオン社は，世界のモリブデン99の過半を製造販売する第1位の企業である。モリブデン99はガン治療用の放射性医薬品の原料で，日本国内でこれを製造する企業はない。日本のモリブデン99の需要の全部は，日本の薬品会社2社がノーデ

ィオン社から輸入していた。ノーディオン社は，カナダ国内で新規に建設される原子炉を取得するための資金が必要になった。そこで，収益を安定的に確保するために，世界の主要な顧客に必要量の全量をノーディオン社から購入させる長期契約を締結する方針を決定し，日本の薬品会社2社にも10年間の排他的購入契約を締結するように申し出た。1社は，これに不満で，ベルギーのIRE社との契約交渉を開始した。しかし，そのことでノーディオン社との取引で不利益を受けることをおそれて，結局，交渉を中止してノーディオン社の申出を受けた。他の1社も止むなく申出を受け入れた。公取委は，カナダ企業のノーディオン社が，ベルギーのIRE社など世界のモリブデン99の製造販売業者を排除して，日本のモリブデン99の販売競争を実質的に制限したとし，ノーディオン社を私的独占で問責した。本件は，日本市場の競争秩序に影響があれば，排除する事業者や排除される事業者がどこの国に属するかは，独禁法の実体規定の適用を左右するものではないことを示している（本件の手続問題について→2②）。

③　国際的企業結合の規制

国際的企業結合と「一定の取引分野」

国際的企業結合における「一定の取引分野」は，相談事例では，東アジア市場や国際市場として画定される事例がみられる。半導体の製造工程に使う露光装置のメーカーのエーエスエム・ホールディング・エヌ・ビーが，露光装置に必要な光源のメーカーのサイマー・インクを垂直統合した相談事例（平成24年度企業統合事例4）において，公取委は，光源の「一定の取引分野」を国際市場と画定している。その理由は，光源のメーカーは世界全体で実質的に

同等の価格で光源を販売しており，内外の需要者である露光装置のメーカーは，内外の光源のメーカーを差別することなく取り扱っていることを挙げている。

同じく，公取委は，露光装置の「一定の取引分野」を国際市場としている。理由は同じである。露光装置の内外の需要者である半導体メーカーは，内外の露光装置のメーカーを差別することなく取り扱っていることを挙げている。

国際的企業結合の現状 国際的企業結合の事例は，国内のそれと同様に事前相談（現在は届出前相談）で解決されてきており，審決事例はない。豪州の事業者の BHP ビリトンが，リオ・ティントの株式を取得する計画をし，それが日本市場に供給される鉄鉱石などの競争を実質的に制限する疑いがあるとして，日本の公取委の審査の対象となったことがある。本件は，最終的に株式取得計画が断念され，審査は中止されたが，2 回の審査の機会があり，域外適用の手続が行われたので，後で紹介したい（→2②）。

この事例の当時，独禁法 10 条が規制する株式取得は事後届出制であったため，本事例の審査は遅れた。2009 年改正で，株式取得に事前届出制が採用され，併せて，届出基準も見直されている（→第 4 章 3①）。

④ 輸入総代理店と不公正な取引方法

1980 年代後半に，急激に進行する円高ドル安を背景に，日本市場に高価な外国製ブランド製品が大量に輸入されるようになり，輸入総代理店と並行輸入業者との関係などにおいて，不公正な取引方法の規制が課題になった。今日では，高価な外国製ブランド製品の氾濫はみられなくなったが，当時の状況から，重要な審決が生まれ

ている。

輸入総代理店は，外国の供給者との潜在的
な競争関係や，並行輸入業者との競争関係
など，複雑な競争関係のなかにあり，その競争を制限する輸入総代
理店の行為が問題になりうる。輸入総代理店が並行輸入を妨害して，
排他条件付取引（一般指定 11 項），拘束条件付取引（一般指定 12 項）
や，取引妨害（一般指定 14 項）に該当することとなった事例が多く
ある（→第 5 章 3，4，9）。

2 競争政策と渉外的適用

外国企業や日本企業の日本領域外における行動に独禁法を適用す
ることを，独禁法の渉外的適用（あるいは域外適用）という。今日，
企業はグローバルに事業活動を展開しており，それに対応して，外
国企業や域外行動など渉外的な要素が関連する取引への独禁法の適
用が課題となる。その反面で，渉外的適用に対する国際法上の制約
が問題になる。

1 競争法の渉外的適用の根拠と国際法

日本の独禁法の法益を保護するために，外
国の事業者に独禁法を適用することはどこ
まで可能であるか。これは，独禁法が，外
国的な事象に適用されるべき範囲と限度をいかに定めているか，と
いう解釈の問題である。外国では，効果主義（後述）を採用するな
ど，渉外問題になんらかの立場を明記する競争法をもつ国が多くな

っている。しかし，日本の独禁法はかかる立場の明記はしておらず，これまでの公取委の実務からもその立場は必ずしも明らかではなかった。独禁法には，1998 年改正まで，企業結合規制を「国内の会社」に限定する規定があり，2002 年改正まで排除措置命令書（旧手続では勧告書）などを外国に送達する手続規定がなかった。それらの規定はその後改正され，外国の事業者に独禁法を適用する準備は整えられた。しかし，それが整えられたことから，直ちに，独禁法の域外適用の立場が明確にされたとはいえない。法改正（後述する「立法管轄権」の行使）が直ちに外国の主権との抵触を引き起こすわけではなく，実際に法が適用されなければ，外国政府との外交問題や国際法上の法的な紛争に発展するおそれはないだろう。ようやく最近になって国際カルテルの規制が行われ，国際的企業結合に関する審査が行われたことから，公取委が効果主義の立場に立っていることが明確になった（前出マリンホース国際カルテル事件→1②，テレビブラウン管国際カルテル事件→1②，後出 BHP ビリトン事件→②）。

独禁法における
国際法の斟酌

外国の事業者に独禁法を適用することは，その適用の仕方次第では外交政府との国際法上の紛争や政治的な紛争に発展するおそれがあるとしても，国際法は国内法とは異なる法システムであり，通常の場合，国内法の解釈の場面に国際法が直接適用されることはない。国内経済法の解釈で国際法の存在を斟酌（尊重）することがあるというのみである。しかも，それは，国際法が国家主権の域外行使をどう規律しているか（国際法そのもの）を，その国の執行機関や裁判所がどのように考えているか（斟酌された国際法），という問題である。経済法の分野では，域外適用が必要であるとされるが，どの程度までそれが可能かという確立した国際慣行はないとされる。

そうであれば、それだけ、国により考え方に差違があったとしてもおかしくないが、いたずらに紛争を招くような法適用を回避しようとするのが普通であろう。日本の独禁法の域外適用に関しては、日本の外交に関する政策も関係するが、ここでも日本政府の立場は明らかであるとはいえない。

　そこで、ここでは、国内法としての独禁法から一旦離れて（後の→2②で検討）、一国の国内経済法の適用になんらかの制約を課しうる国際法の考え方を、一般的に整理しておこう。

| 国家管轄権の作用分類 |

　国家管轄権とは、国際法上、ある国の国内法を一定の範囲の人、財産、行為に対して具体的に適用する国家の権限をいう。

　国家管轄権は、通常、立法管轄権、執行管轄権、司法管轄権の3つの作用に分けて論じられる。立法管轄権とは一定の事項や活動を対象とする国内法を制定して、合法性の有無を判定する国家の権限である。それだけであれば管轄権の行使は観念的であるが、通常、それは執行管轄権や司法管轄権の実際の行使と結び付く。執行管轄権とは、公取委など行政機関が強制調査などの措置により、国内法を実際に具体的に行使する国家の権限である。司法管轄権とは、司法機関が国内法を適用して具体的な事案を処理し、判決の執行を行う国家の権限である。渉外的適用に関して国家管轄権を論じるときには、この3つの作用を区分することが有益である。国家管轄権の3作用は相互に密接に関連しているが、それぞれに国際法上許される行使の範囲が異なるからである。国家は立法管轄権の行使について広い裁量が認められる。他方、他の管轄権、なかでも執行管轄権の行使は、他国の主権侵害のおそれが強く、国際法の強い制約の下におかれる。

経済法の領域では，自国の経済的な利益を擁護するために，外国企業の域外行動にも国家管轄権を行使する必要が出てくる。国家管轄権の渉外的行使は，国家とその域外の事業者の行動との「正当な関連」によって基礎づけられる。その意味では，属地主義と国籍主義が，国際法上承認された法原則である。属地主義とは，自国の域内にある人，財産，行為に対して，その国の管轄権が排他的に成立するとするもので，国籍主義などによる例外はあるが，一番強固に確立した法原則である。国籍主義は，他国にある自国民とその財産，行為に対する管轄権の行使を国籍によって根拠づけるものである。ただし，相手国の同意が必要であり，属地主義に優越するものではない。これらの法原則は国際的に確立している。

属地主義の原則は，客観的属地主義や効果主義という原則を生み出している。客観的属地主義とは，外国で開始された違法行為の要件の一部が国内で完結するときに，属地主義の客観的解釈に基づき，渉外的適用を正当化する原理である。効果主義とは，属地主義からの派生というより変種であり，外国で行われた外国企業の行為の効果が自国内に及ぶときに，それに管轄権を行使できるとする原理である。

国籍主義の原則も適用範囲が拡大される。米国政府は，自国企業が親会社となっている外国の子会社や，自国の企業が技術をライセンスしている外国の会社にも，国籍主義を根拠に輸出管理法の渉外的適用を行ったことがある（シベリア・パイプライン事件）。

これら国際法の原則に基づく諸外国の渉外的適用の事例と議論はわかりにくい。それは，自国法を制約する国際法の原則の解釈と適

用の範囲について国家間で見解が分かれたまま，各国とも，外形上，これらの国際法上の概念を駆使して渉外的適用を正当化したり，これに対抗したりしているからである。属地主義から派生した諸原則の適用や拡張された国籍主義の適用は，相手国の管轄権と抵触し，それが外交上の反発と対抗措置を招いてきた。その急先鋒が米国であろう。たしかに独禁法などの経済規制法は，企業の活動が国際化しているという現状から，渉外的適用の必要性が高い分野とされている。そのため，渉外的適用が積極的に行われ，他国の国家管轄権との競合・抵触が起こる。米国は，経済規制法の領域では，国家管轄権の行使にかかる国際法上の権利・義務関係の成立が未成熟で，国際法上の制約は存在しないという前提に立って，積極的に管轄権を行使してきた。しかし，近年，独善的な渉外的適用の反省から，米国の裁判所は，渉外的適用における合理の原則を創出し，他国の管轄権と競合するときには，違反行為の米国経済への関連性，米国経済に対する影響の重要性，最終的に国際礼譲や外交上の配慮などにより問題を処理しようとしている。EUやその構成メンバー国であるドイツも，効果主義に基づく渉外的適用を行っている。客観的属地主義に基づく経済法の渉外的適用は正当化され，さらに効果主義による渉外的適用も独立した法原則に高められたかのようである。しかし，英国など伝統的な属地主義を守る国はこれに強く反発している。

②　日本における独占禁止法の渉外的適用の事例

規定の概要

独禁法の実体法（禁止規定）には，渉外的事象に対して独禁法の適用を否定・制約する文言はない。個々の手続規定も同様である。しかし，2002年改

正まで，書類の送達に関する独禁法69条の2（当時）は，民事訴訟法99条などを準用するのみで，108条の「外国への送達」の規定の準用が排除されていた。このために，違反行為が日本国内で行われたのに，国内に支店や営業所（連結点）をもたない一部の外国企業に対する措置がとれなかった例が過去にある（三重運賃事件，公取委昭和47・8・18決定。なお，判審昭和47・8・18審決集19・57も参照）。

　2002年改正は，独禁法69条の2（当時）を，69条の2，69条の3，69条の4に分けて整備した。独禁法69条の3（現70条の7）では，民事訴訟法108条の「外国への送達」の規定を準用することが定められ，独禁法69条の4（現70条の8）では，一定の場合には，公示送達もできることが定められた。

　「外国への送達」に関する規定の新設は，日本側での法執行の窓口を開いたことになる。しかし，これで外国の門戸が開くわけではない。訴状の私人による送達を認める米国の国内法は例外として，通常，外国では，書類の送達は，裁判所の職員の職権行為である。2002年改正で，外国への書類の送達が国内法上適法に行うことができても，他国の執行管轄権（外国の官吏の職権）と競合・抵触する問題が残る。この場合，国際法上も適法に書類を送達するためには，二国間協定がなければならず，少なくとも外国の執行機関の同意（黙認を含む）が必要である。

> ノボ・インダストリー
> 事件における手続問題

独禁法6条は，すでに述べたように（→1②），実体法のレベルで，域外適用を回避するように解釈・運用された。そして，しばしば日本企業の保護のために用いられた。日本の企業が外国からの技術導入契約などの条項で事業活動の拘束を受けるとき，公取委は，日本企業を被審人として拘束条項を排除する独禁法6条の運用を行っ

た。必ずしもすべての拘束条項が不合理な制限ではない可能性があったのに、日本企業を対象とする独禁法6条の運用は外国企業にそれを争う機会を与えないものとなった。ノボ・インダストリー事件（勧審昭和45・1・12審決集16・134）がその例になる。

ノボ社は、天野製薬に対する本件審決を不服として東京高裁に審決取消訴訟を提起した。しかし、東京高裁（東京高判昭和46・5・19行裁22・5・761）も最高裁（最判昭和50・11・28民集29・10・1592）も、本案に入らず、勧告審決の名宛人以外の第三者には取消訴訟を提起する原告適格がないとして訴えを却下した。ノボ社が審決を争う機会が与えられなかったのは、独禁法6条の法運用と独禁法69条の2（当時）の規定が招いた結果である。もはや過去の事例だが、渉外問題が絡む事例に対する規制の在り方に問題を提起する事件となった。

ノーディオン私的独
占事件の渉外的側面

カナダの企業のノーディオン社は、前述のように、日本国内のモリブデン99の販売で、私的独占に問われた。そのとき、本件で問題となった排他条件付の長期契約は日本国内で締結されている。しかし、ノーディオン社は、日本国内に日本法人も、支店・営業所もなく、公取委の問責を逃れれば、逃れることができたであろう。しかし、ノーディオン社は、日本で書面の受領権のある代理人（弁護士）を選任して、本件に協力的に対応した（将来も日本市場における権益を無視できないからだろうと推測される）。そのために、本件の渉外的な局面は先鋭な問題にならなかった。本件は、厳格な属地主義からも、客観的属地主義からも、また効果主義からも説明できる事例であり、公取委が、当時、渉外的な問題にいかなるスタンスをとっていたかわからなかった。

英国や豪州などで鉄鉱石，石炭等の採掘と
販売事業を行う BHP ビリトンが，同じく
英国や豪州などで同様の事業を行うリオ・
ティントの株式を取得する計画（TOB）は世界の競争当局の注目を
集めた。日本でも，この計画が海上貿易により日本に輸入される鉄
鉱石，コークス用原料炭の取引分野における競争の実質的制限をす
る疑いがあるとして（独禁法 10 条 1 項），日本の公取委が 2008 年 7
月末より審査を開始した。

公取委が，外国の事業者間の統合案を審査するのは初めてであり，
企業結合規制で正式の審査を行うのは新日鉄合併事件（同審昭和
44・10・30 審決集 16・46→第 4 章 3③）以来のことである。

BHP ビリトンは日本国内に支店も営業所もなく，国内に代理人
も選任してもいなかった。公取委の審査にかかわる任意の協力要請
は，BHP ビリトンから拒否された。その間，公取委は，競争事業
者やユーザー等から情報収集を行っている。また EU や韓国の競争
当局とも意見交換を行っている。

公取委は BHP ビリトンへの書面送達の正
式の手続を段階的に開始した。まず外国へ
の送達手続（独禁法 70 条の 7）が行われた。
メルボルンの日本総領事館の領事が BHP ビリトンの関係者に，本
件統合に関する石炭等の採掘と取引の実態などの報告を求める命令
書の受領を求めた。しかし，受領は拒否された。公取委は，受領が
拒否されたという報告を，外務省から受けている。

次に，公取委は，公示送達の手続を行った（独禁法 70 条の 8）。公
示送達は，公取委の庁舎の正門玄関前にある掲示板に，いつでも報
告命令書を BHP ビリトンに交付するという告示を掲げることであ

る。掲示から6週間経てば公示送達の効力が発生する。公示送達の効力は2008年11月6日に発生し，告示に対する回答期限は16日の休日を挟んで11月17日と確定した。11月14日に，BHPビリトンは，リオ・ティントに対するTOB事案について報告命令の内容に沿った報告書を公取委に提出した。しかし，その後，BHPビリトンは，買収計画を断念したことから，審査は中止された。

買収計画の復活・
審査手続・再断念

その後，BHPビリトンとリオ・ティントはジョイント・ベンチャーの設立を計画し，2010年1月20日に，公取委に対して事前相談（当時）の申し出を行い，自主的に資料を提出した。公取委は，2月8日に，当事会社に対して追加資料の提出を求め，その資料提出があったのを機に，正式の審査手続に入った。2010年6月16日に第1次審査，7月16日に第2次審査を開始した。そして，9月27日に，公取委は，本件統合の問題点の指摘を当事会社におこなった（平成22年度企業結合事例1）。このように今回の審査手続は円滑に進行していた。しかし，当事会社は統合を最終的に断念することを表明し，審査手続は中止された。この間，本件統合は他の競争当局も審査をしており，公取委はEUの競争当局と意見交換を行っていた。

3 競争政策と国際協力

1 国際協力の現状と可能性

競争法の国際協力は多面的になっている。他国の主権と抵触する

域外適用を解決することばかりでなく，法執行における情報交換などの協力，競争法の実体面と手続面の調和，旧社会主義からの移行国や開発途上国における競争法の制定に対する協力などの国際的な課題がある。まず競争政策に関する日米構造問題協議の意義，二国間交渉や二国間協力の現状，多数国間協定の将来をみることにしよう。次に，主要国と地域の競争法の歴史と現状を概観し，競争政策に関する国際機関等の取組みの現状をみることにする。

二国間交渉：
日米構造問題協議

一方国の競争政策が二国間交渉の対象となることは珍しい。日米構造問題協議（SII）は，自国の対外貿易政策（米国の市場開放要求）を実現するため，相手国（日本）の競争政策の改善を要求するものであった。1989年7月に，日米政府の首脳は，貿易不均衡を是正するために，構造問題協議を開始することを合意した。構造問題協議は公式には日米の両国の要求を公平に議論するものであった。しかし，実際には，一方的な制裁を背景にした二国間交渉であった。米国連邦議会は貿易不均衡国に対する輸出実績の早急な改善（結果主義）を大統領府に求めていた。1988年包括通商・競争力法で新設された米国通商法スーパー301条は，そのために，連邦議会が大統領府に開始を強制した交渉枠組みであった。日米構造問題協議とは，スーパー301条で枠をはめられたブッシュ政権が，苦肉の策として打ち出した301条の枠外の打開策であり，議会向けの政治的演出という面をもっていた。しかし，協議が不調に終われば対日制裁の問題が日程に上ったであろう。

ほぼ1年間の協議を経て，1990年6月28日に，最終報告書が公表された。そこでは，貿易障壁の削減のために，日本側が競争政策を強化すべきことが求められた。流通問題，排他的取引慣行，系列

関係，価格メカニズムに関する措置がそれである。近年の独禁法の改正と運用の強化は，経済のグローバル化と規制緩和の進行によるものであるが，この協議の政治的責務の実施としても理解することができる。それは独禁法の改正と運用の歴史のなかでも顕著な競争政策の強化であった。

日米構造問題協議の歴史的評価はまだ定まってはいない。最終報告に基づいて，日本の独禁法は強化され，談合の告発，系列の開放，流通規制の緩和など一定の実績はあがった。しかし，それは競争政策の国際協力の形態として二国間協力協定や多数国間協定に優るものではない。

二国間協力協定　　二国間協力協定による法運用も行われている。EU や米国がこれを積極的に行っている。EU 競争当局と加盟国の競争当局の協業と分業は，経済統合という共通の高度の目標があり，秘密情報の交換を含めて成功している。EU と米国の間で 1991 年 9 月に締結された競争法に関する二国間協定は，秘密情報の交換など国益のからむ問題があり，必ずしも円滑に運用されていない。米国では，連邦議会が，他国の競争政策当局との秘密情報の交換を含む国際協定の締結をみとめる「国際反トラスト執行援助法」を 1994 年 11 月に可決している（もっとも，米国司法省は，「1995 年国際反トラスト法ガイドライン」を公表して，米国の一般消費者に悪影響がなくても，米国の輸出業者の利益を害する外国企業の行為に域外適用を行うことを明らかにした）。これらと対照的に，日本の公取委は二国間協力の取組みに近年まで消極的であった。しかしそれも今は過去の話になりつつある。米国政府との協力協定（1999 年，後出），欧州共同体（EC）との協力協定（2003 年），カナダ政府との協力協定（2005 年）が締結されている。さらに，これらの

国以外とも経済連携協定本体に競争章を設け，その下で競争当局間の協力取決めが締結されている例（例えば，後出の豪州当局との2015年協力取決め）や経済連携協定は未締結だが，競争当局間の協力覚書が取り交わされている例（例えば，韓国当局との2014年協力覚書や中国当局との2019年協力覚書）がある。なお，2009年独禁法改正では，外国の競争当局に対する情報提供について，相互主義に基づき，また目的外使用や刑事手続に利用されないことを条件にこれを認めている（43条の2）。

**反競争的行為に係る
日米政府の協力協定**

上記のように，1999年10月7日，日米両政府は，「反競争的行為に係る協力に関する日本国政府とアメリカ合衆国政府の間の協定」（日米独禁協力協定）を締結した。この協定は，「①執行活動に関する相互通報，②執行上の協力・調整，③積極礼譲（相手国における一定の反競争行為に関して，相手国競争当局に相手国の法令の範囲で執行活動の開始を要請することができる等），④消極礼譲（両国の競争当局が執行活動に関して互いに相手国の重要な利益に配慮すること等）など」を合意の内容に盛り込んでいる。積極礼譲により，米国の競争当局の要請があれば，公取委は，日本の独禁法に違反する範囲で日米企業等の日本国内における行為に対する調査を開始するかどうか注意深く検討することになる。米国の競争当局も，相互主義により，日本の公取委が要請すれば，同じ調査を同様に検討することとなる。

本協定によって，日米の領域に及ぶ反競争的行為に対する公取委の執行力の強化，日米競争当局の執行の協力関係の発展，米国独占禁止法の渉外的適用をめぐる問題への対処等が可能となろう。

2014 年に締結された日豪経済連携協定の
なかで，両国の競争当局が協力する取決め
を行うことができるとされていた。公取委
は，2015 年 4 月に，オーストラリア競争・消費者委員会と，競争
法の運用の協力に関する取決めを締結した。このなかで特記すべき
ことは，秘密情報の交換が含まれたことであろう。一方の当局の審
査の過程やリニエンシーなどで違反被疑事業者等から入手した情報
を，第三者への非開示などを条件に，他方の当局と共有することが
できることになった。これは，外国当局への情報の提供を認める前
述の 2009 年独禁法改正のひとつの成果であろう。

WTO（世界貿易機関）の自由貿易交渉が
2000 年以降に円滑な進展がないなかで，
地域的な自由貿易協定（FTA）や経済連携
協定（EPA）が先行的に締結されるようになった。モノ（商品）・サ
ービス・ヒト（人）・カネ（資本）の自由移動を求める FTA・EPA
の交渉が行われ，締結されている。EU の経済統合の拡大を筆頭に，
北米，南米などの自由貿易協定がそうである。東アジアにおいては，
中国を主体とする東南アジア諸国との FTA・EPA 交渉が活発であ
り，韓国も 2007 年に米国との FTA を締結し，続いて EU との
FTA 交渉を行い，2009 年 7 月に妥結している。

　2019 年 12 月現在，日本は，シンガポール，メキシコ，マレーシ
ア，チリ，タイ，インドネシア，ブルネイ，ASEAN 全体，フィリ
ピン，スイス，ベトナム，インド，ペルー，オーストラリア，モン
ゴル，EU の国・地域と EPA，FTA を締結し，かつ環太平洋パー
トナーシップに関する包括的及び先進的な協定（CPTPP または
TPP11），も締結している。

そのうち日EU・EPAは2017年に交渉が妥結し，2018年7月に署名が行われ，2019年2月1日に発効した（世界のGDPの約30％）。

　CPTPP（TPP11）は，米国のトランプ政権が環太平洋パートナーシップ協定（TPP12），から離脱を決めたあと，11ヵ国が再交渉をして妥結したものである。これは，法の支配などの理念を共有する国々で，アジア太平洋地区に自由で公正な市場を作り出そうというもので，関税，サービスの自由化，投資の保護・自由化を進め，知的財産，電子商取引，国有企業，環境，労働などに係る合意を含んでいる。11ヵ国は，2018年3月にチリのサンティアゴで合意文書に署名した。発効に必要な6ヵ国が批准したので，CPTPPは2018年12月30日に発効した（世界のGDPの約13％）。

　また，日本，中国，韓国，インド，オーストラリア，ニュージーランドの6ヵ国とASEAN10ヵ国を合わせた16ヵ国で，FTA，EPAを締結すべく東アジア地域包括的経済連携（RCEP）交渉が進められた。2019年12月，インド以外の15ヵ国が20分野のルールについて交渉を終えたが，インドが関税引下げについて慎重な姿勢をくずさず，最終的に2020年11月15日，インドを除いた15カ国がRCEPに署名した。同協定は，2021年内に署名国の多くが国内批准手続を終えた結果，2022年1月1日に発効した（世界のGDPの約30％）。

　WTO加盟国間のFTA・EPAは，第2次世界大戦を招いた政治経済的要因となった経済のブロック化の懸念がある。そのために，FTA・EPA締約国の地域内では実質的にすべての貿易について関税等を廃止することを求めるGATT 24条の要件を満たした場合に初めて最恵国待遇原則の例外が認められる。実際には，要件審査が難しく，ほとんどのFTA・EPAは，同24条の要件を遵守してい

るか曖昧なままであるという課題を抱えている。

FTA・EPA と競争政策

FTA・EPA には，競争法に関するルール（競争章）が挿入されるのが通例である。競争章は様々なタイプがある。日本とシンガポールの間で締結されたFTA は，執行当局間の協力（情報交換）を主眼とする競争章を挿入している。そのほかに，FTA・EPA 締約国間の実体法の調和を志向するタイプ（北米自由貿易協定型），貿易投資活動に即した制限的商慣行を規制するルールを定め，締約国に履行を求めるなどのタイプ（拡大 EU 型）がある。

近時は，中国や東南アジアの新興国の経済に占める国有企業の大きさから，FTA・EPA により，国有企業と民間企業の間の競争中立性（Competitive　Neutrality）を求める規律が設けられる例が見られる（TPP12〔未発効〕，CPTPP，および北米自由貿易協定を改定したUSMCA）。

② 世界の競争法と競争政策

競争法の世界的広がり

競争法は，1990 年代以降，世界の国と地域で制定され，あるいは制定の検討が行われている。東欧など旧社会主義からの移行国や開発途上国が市場経済制度への転換を図り，競争法を制定し始めた。もともと経済協力開発機構（OECD）や国連貿易開発会議（UNCTAD）が勧告的ないし啓蒙的文書の公表をするなど競争政策の取組みをしていたが，最近の世界的な制定の動きに対応するかのように，WTO や国際通貨基金（IMF），世界銀行など他の国際機関や先進国の競争当局が競争法の課題の検討，モデル法草案の作成，技術支援やキャパシティ・ビルディング，研修，セミナーを行い始めた。さらに，競争法

を専門とする非公式の国際組織である国際競争ネットワーク（ICN）の活動も始まった（後述）。

世界の競争法の
2つの「かたち」

世界の競争法の「かたち」は米国型とEU型に分かれている。米国型は裁判と判例中心の法体系であり、EU型は行政と行政ルールの法体系である。世界的な流れでみると、米国型の競争法よりも、ドイツを起源とするEU型の競争法の方が、体系的に理解しやすく運用が容易なようで、広く採用される傾向がある。1997年アジア通貨危機以降、東アジアや東南アジアでは、競争法が制定されているが、市場支配的地位の濫用規制など、EU型を採用する国が多く、中国の競争法の2005年草案もEU型であった（2007年成立、後出）。米国型を継受した日本はアジアでは少数派になった。

米国反トラスト法

米国は世界で最初に独占行為の規制とカルテル規制を含む競争法を制定した国である。1890年のシャーマン法の制定は、産業化する米国社会のなかで抑圧された農民や小生産者の利益を守るポピュリズム（人民党）運動が契機となった。その後1914年にクレイトン法と連邦取引委員会（FTC）法が制定された。米国では連邦の他にもそれぞれ州の反トラスト法がある。

反トラスト法の主要規定としてシャーマン法1条（不当な取引制限の規制）、2条（独占行為の規制）、クレイトン法7条（企業結合規制）、FTC法5条（不公正な競争行為の規制）がある。連邦反トラスト法の運用機関は司法省（DOJ）と連邦取引委員会（FTC）の2本立てである。司法省による反トラスト法の運用は裁判所への訴追による判決が中心である。3倍額賠償が得られることもあり、私人による民事訴訟も盛んである。コモンローの伝統をひく米国の裁判所は法廷

侮辱罪やエクイティ上の救済手段など強い権限が与えられている。

裁判所の競争法に関する判例法理では「当然違法の原則」と「合理の原則」の2大法理が存在し，ハードコア・カルテルに対する当然違法の法理が早くから確立している。独占行為（日本における私的独占）や垂直的取引制限に対する合理の原則の適用が長く行われてきた。

世界大恐慌を経た1930年代末から1970年代前半までは，ハーバード学派の市場構造規制（高度寡占対策）指向の産業組織論や連邦最高裁のウォーレン・コートのリベラルな伝統が反トラスト法の運用を支えた。しかし，米国産業の国際競争力に陰りが生じた1970年代後半からは，経済効率性を重視するシカゴ学派の産業組織論が興隆して反トラスト法の運用に影響力を強め，市場の自律性（取引の自由）を国家介入から守る米国の保守的な伝統が復興した。後述する東アジアの法と産業社会にはみられない伝統である。

| EU 競争法 |

欧州連合（EU）は，①欧州経済共同体（EEC），欧州石炭鉄鋼共同体（ECSC），欧州原子力共同体（EAECまたはEURATOM）の3つを統合した超国家機関たる欧州共同体と，②共通外交安全保障政策（CFSP），③司法内務協力（HJA）により構成される（マーストリヒト条約，1993年）。欧州連合条約（マーストリヒト条約）と欧州共同体設立条約（EC条約）を修正する条約が2007年12月にリスボンで署名された。この条約は2009年12月に発効しリスボン条約またはEU運営条約と称される。EU運営条約では，EU大統領（欧州理事会常任議長）と外相（外務・安全保障政策上級代表ポスト）を新設して欧州連合の機構改革を行い，民主的で効率的な意思決定のための「二重多数決」（加盟国の55％以上で総人口の65％以上の賛成）が採用された。EUの加

盟国は2013年に28ヵ国に達したが，2020年の英国離脱により現在27ヵ国となった。主要な機関として欧州委員会，理事会，欧州議会（諮問機関），欧州裁判所（二審制）がある。

　EU法の基本原則は，EU法（競争法）が加盟国の国内法（競争法）よりも優先することであり（優先原則），また，加盟国の国民が直接EU法（競争法）に基づいて国内裁判所で権利主張ができることである（直接効果）。EU法は，EU運営条約を第1次法源とし，EU競争法として事業者・事業者団体を対象としたEU運営条約101条（旧81条，不当な取引制限の規制），102条（旧82条，市場支配的地位の濫用の規制），106条2項（旧86条2項，公企業の競争法遵守義務），また加盟国政府を対象とした106条1項（旧86条1項，公企業への規制のEU法による制約），107条（旧87条，国家援助（State Aid）の規制）がある。第2次法源は加盟国内の国内措置が必要となる理事会指令，加盟国内に直接適用ができる集中（企業結合）規則のような理事会規則，そして理事会決定がある。第2次法源を実施するために，それを根拠とする第3次法源として欧州委員会規則・指令・決定がある。

　EU競争法は，西ドイツ（当時）の競争制限禁止法（GWB）の影響を受けた行政主導型のエンフォースメントを採用する。欧州委員会競争総局が執行機関であり，欧州の市場統合という使命を強く意識して加盟国の競争法との役割分担をしながら運用されてきた。米国反トラスト法のように短期的に効率性を求める立場とは異なり，公正競争も重視して長期に市場の競争条件を整えようとする傾向が認められる。体制移行国や開発途上国はEU競争法をモデルに自国の競争法を作ることが多いのはこのような傾向のためであり，また判例法よりも大陸法のほうが継受しやすいからでもあろう。

　東アジアで競争法が制定されたのは第2次世界大戦後の GHQ 占領下における 1947 年の日本法がはじめである。しかし，独禁法は 1953 年改正以降にカルテル規制を著しく後退させた。その後 1970 年代初頭の石油ショックを契機にカルテルに課徴金を課す制度が 1977 年に導入された。他の国では，かなり遅れた 1980 年に韓国の公正去来法（公正取引法）が当時の権威的な政治体制と財閥（チェボル）に対する国民の不満を解消するために制定され，台湾の公平交易法（公正取引法）が 1991 年に米国との通商交渉を契機として制定された。そして 2007 年には，中国において，WTO の加盟交渉の課題となった反壟断法（以下「反独占法」とする）が制定された。中国では 2014 年以降，積極的な法運用がなされ，メルセデス・ベンツ，フォルクス・ワーゲン，BMW，クライスラー，日産といった日欧米の自動車メーカーの現地合弁会社，日本の自動車部品メーカー，米国のクアルコムなどに巨額の行政制裁金が課されている。他方では，国内の国有企業間の企業結合が容易に承認されるなどの課題を抱えている。2020 年末，デジタルプラットフォーム事業者に対する規制強化方針が打ち出され，2021 年には，ネット通販大手・アリババ，SNS・ゲーム等の大手・テンセント，ネット出前アプリ大手・美団といった事業者に巨額の行政制裁金が課される等，新しい運用動向が見られる。

　経済の発展段階や政治体制の違いから競争法の内容と運用に格差がみられるが，共通の課題もみえる。日本では，産業政策に基づく行政指導によるカルテルが行われ，都市部から農村部・地域への所得の再分配のための補助金と公共工事に絡んで官製談合が行われた。官製談合にメスが入ったのは最近のことである。1989 年から 90 年

までの日米構造問題協議による独禁法のエンフォースメントの強化の約束を経て，エンフォースメントが国際標準に近い水準で行われるようになった。韓国では権威主義的な政治体制下で，血縁で繋がる財閥が育成され政権と結びついた腐敗が国民の反感をかった。中国では，深刻化する行政独占の問題が競争法の課題となるべきかの議論が行われた。香港でも，2012年6月14日に競争法が制定されたが，一般的な企業結合規制は含まれていない。このように政府主導の近代化・産業化を行った国々は，各国とも，そこからの脱却に困難を抱えるという「経路依存」の問題に直面しているようにみえる。政府主導から比較的自由であった台湾は中小企業中心の産業化を遂げている。

| 東アジア競争法の特徴 |

中国を含めた東アジア経済法・競争法が対象とする社会と経済の特徴は，第1に，行政権の裁量的権限が強く，その法的統制が弱いことである。中国では，国有企業への対応のほか，地方保護主義と業界保護主義の「行政独占」が問題となっている。日本でも過去に行政指導によるカルテルがあり，最近まで公共入札談合や官製談合が行われていた。公正な競争を確保するために行政権の民主的な統制が必要である。

第2に，自由競争の意義が理解され難く，それよりも公正競争が理解され支持されやすいことである。これは東アジアでは過度の「競争者の保護」が「競争の保護」を後退させるおそれを生み出すが，「競争者の保護」にウエイトを置く法運用が東アジア経済法・競争法の当面の原理となる可能性がある。公正競争が理解されやすい例として，例えば，中国では，「反独占法」と「反不正当競争法」の立法作業が1987年に同時に開始されたが，「反不正当競争法」のみが先んじて1993年に発布され，「反独占法」は2007年にようや

く制定され，翌年施行された。日本でも 2009 年改正で，再販価格維持行為や，共同ボイコットだけでなく，不当廉売，価格差別，優越的地位の濫用に課徴金が課せられるようになった。これは日本においても公正競争の重視，「競争者の保護」の考え方が依然として根強く支持されていることを示している。

　第 3 に，司法権は弱くて独立性が乏しく，時に腐敗していることである（中国の裁判所の腐敗は有名であるが，韓国においても，裁判官を辞めて弁護士になった者が扱う事件に現職の裁判官が有利な判決を出す「前官礼遇」という悪しき慣行があるとされる。台湾においては若く経験の乏しい法律家が裁判官となるため社会的な評価は低いという）。競争法のエンフォースメントにおいても裁判所に頼る私人の民事訴訟はかなり少ない（ただし，中国では私人による反独占法の訴訟が増えている）。東アジアでは競争法の行政的執行に求められるべき当局の独立性も乏しい。このために，東アジアの競争法の専門家の間では，まず執行すること，実績を上げることが重要であり，独立性がなくても強い行政機関で運用されることが最初の段階では重要だとされる。これは韓国の競争法の初期の教訓でもあり，「2 段階・多機関」の執行体制（調整の「反独占委員会」と法執行の「国務院反独占執行機関」の 2 段階の下で，「国家工商行政管理総局」，「商務部」，「国家発展改革委員会」の多機関）を採用した中国でもこのような考え方を支持する学者が多い（ただし，多機関での執行体制は 2018 年 4 月に国家市場監督管理総局による統合執行体制に移行した）。

　東アジア競争法の社会・経済的環境は，米国の保守主義の伝統にあるようなレッセフェールの倫理が存在しない。これは「市場の自生的秩序」の形成を待つ余裕がなく，政府の積極的な保護育成政策により産業化を踏み出したこの地域に特有の課題であろう。そのた

めに市場の競争制限には行政権が様々なかたちで関与していること
が多い。例えば，すでにみた移行経済における国有企業や行政独占，
独裁政権下で育成された財閥，官製談合・行政指導によるハードコ
ア・カルテルなど東アジア競争法に固有の課題がある。これに対し
て政府主導の競争文化（Competition Culture）の醸成や，競争当局
の公式な法執行と区別される様々な活動，非政府組織（NGO）の支
援など多面的な競争政策の奨励・支援が必要であるとされる（Com-
petition Advocacy）。

東南アジア競争法　東南アジアでは，2015 年末に発足した東
南アジア諸国連合（ASEAN）経済共同体
（AEC）が，域内の「単一市場」・「単一生産基地」を目指しており，
全加盟国が競争法を制定するという努力目標が定められている。
ASEAN10 ヵ国は，大陸部と海洋部にわけると，政治体制も，経済
の発展段階も対照的である。ベトナム，タイ，ラオス，カンボジア
など大陸部は共産党や軍事政権による独裁政治体制が多く，経済の
発展も遅れている国が含まれる。フィリピン，シンガポール，マレ
ーシア，インドネシアなど海洋部は民主主義ないし制約のある民主
主義が多く，経済も発展しつつある。

　競争法の立法状況を見ると，両地域にまたがる 8 ヵ国において標
準的な競争法（独占規制，カルテル規制，企業結合規制の 3 本柱）が制
定されている。ブルネイ，カンボジアではまだ標準的な競争法は制
定されてないが，フィリピンおよびミャンマーではそれぞれ 2015
年および 2017 年にそれが制定された。東南アジアでは，国有企業
や財閥が国民経済を支配し，賄賂など不正・汚職が横行しており，
競争法がこのような問題にも対処するように求められている。

WTO の成立と多角的
な競争政策

WTO 体制は，GATT（関税及び貿易に関する一般協定）の伝統的なモノの貿易の分野に農産物，繊維を含め，サービス貿易の自由化，知的財産権の貿易的側面の保護を追加し，それらを対象とする紛争解決メカニズムを整備した。WTO は 2015 年に設立から 20 周年を迎えた。しかし，多角的な競争政策の検討はまだ本格的に行われていない。EU が主張していたように，競争政策は，自由・無差別（最恵国待遇の原則と内国民待遇の原則）・透明な貿易システムを構築する WTO システムに欠落する柱である。多国間協議を通じた競争法規則の標準化の努力，不執行に対する苦情と紛争処理，多国間で管理された対抗措置など GATT／WTO モデルは競争政策の多数国間協定の構想においても参考になると考えられる。第 2 次世界大戦後のハバナ（ITO）憲章の起草時から，自由貿易体制は企業の競争制限行為が実効的に規制されなければ維持することはできないという認識があった。ハバナ憲章には，私的な競争制限による貿易の歪曲を防止する加盟国政府の義務を定め，それを守らなければ憲章違反とする定めが盛り込まれていた（憲章 46 条。発効に至らなかった）。

これまで，OECD 閣僚理事会においても，EU においても，競争政策と貿易政策に関する問題や競争政策の収斂に関する問題の調査研究が報告され，公表されている。それらをみると，実体法，手続法の両面にわたる調和が課題となっている。当面は二国間協力協定が基礎となり，実体法上の最低限のルール統一，企業結合規制などの手続の標準化，違反行為が行われた国の競争政策当局が，国内市場への影響の如何に関係なく，それを取り上げるべき合意などを含む違反行為の通告制度，秘密情報の交換，法執行に対する国際的に

管理された渉外的適用の承認，競争政策の不十分な運用に対する制裁制度，競争政策に関する紛争の解決システムの構築などが検討されている。

WTO における競争政策の取組みの現実

1996 年 11 月の WTO のシンガポール閣僚会議（第 1 回）で，貿易と競争政策の関係に関する作業部会が設立された。この作業部会に任された検討課題は，加盟国間の協力と交流の促進，WTO の目的を果たすための競争政策の貢献の検討，開発途上国に対する技術支援プログラム（競争政策に関する専門知識援助プログラム）の実施である。しかしいまだ競争政策に関する多国間協定の課題は日程に上っていない。それは米国が積極的でないからである。米国政府は，競争政策の課題に貿易問題が混合することを懸念して多数国間協定に冷淡である。むしろ，競争政策に関する二国間交渉や二国間協力協定を優先させている。

ドーハ開発アジェンダと競争政策のゆくえ

2001 年 11 月にカタール・ドーハで開催された第 4 回 WTO 閣僚会議で新しい貿易交渉の開始が合意された（ドーハ開発アジェンダ。通称，ドーハ・ラウンド交渉）。それは，シアトルで 1999 年 11 月末に開催されたが紛糾して閣僚宣言も公表できずに終わった第 3 回閣僚会議の教訓を受け止めるものであった。すなわち，シアトルにおいて示された自然環境保全，生物多様性の保護，過酷な幼年労働の廃止など自由貿易以外の多様な価値を擁護する市民団体・労働組合の声を受け止め，また透明性や開放性に乏しい WTO の協議方式（影響力のある国家の交渉代表者を交渉の非公開グループとして囲い込み，事前に合意形成のコアを作り上げるグリーンルーム方式）に対する開発途上国の強い不満を受け止め，さらに 9・11 の同時多発テロで引き

裂かれた世界のなかで貧しい国々の経済開発を支援することを目指す開発アジェンダであった。

　しかし2003年9月にメキシコのカンクンで開催された第5回閣僚会議においても，農産物の貿易自由化や競争政策および投資を含む新分野の議題化をめぐって加盟国間，とりわけ先進国と途上国間の対立が激化し，再び会議は決裂した。翌2004年7月の枠組み合意において，競争政策および投資を含む新分野はドーハ・ラウンドの交渉議題から外すことが決定された。しかし，2005年12月に香港で開催された第6回閣僚会議においても，農産物の関税引下げや農産物のセーフガード問題をめぐる対立を主要因として，交渉は大きく進展しなかった。第7回閣僚会議はジュネーブで2009年12月に開催された。この当時，米国の住宅金融（サブプライムローン）市場におけるバブル崩壊とそれを背景とする2008年9月のリーマンショックに端を発する世界金融・経済危機の只中であり，保護貿易主義が台頭するのではないかと懸念されていたが，WTOの存在が1930年代の世界不況のような保護貿易主義を防止する一定の歯止めの役割を果たしていることが確認された。その後，ギリシャの債務危機を発端とする欧州の財務危機の只中に，第8回WTO閣僚会議（2011年12月）がジュネーブで開催されたが，やはり交渉の進展はなく，不合意について合意するのみであった。第9回閣僚会議（2013年12月）はインドネシアのバリで開催され，貿易円滑化，農業，開発の3分野で合意を目指したが，貿易円滑化について限定的な合意が得られたもののラウンド全体に関する合意はできなかった。第10回閣僚会議（2015年12月）はケニアのナイロビで開催されたが，先進国からのドーハ・ラウンド交渉の終結の提案に対し途上国が反発し，終結することすら合意できなかった。第11回閣僚会議

（2017 年 12 月）はアルゼンチンのブエノスアイレスで開催され，ほぼ成果がなかったが，電子商取引や投資円滑化といった新しい議題について有志国が検討を開始する動きが見られた。このような交渉環境のなかで，主要国は有志国で特定の分野の自由化の合意を目指す志向を強めている。

多角的貿易体制の曲がり角

2016 年には多角的自由貿易体制の曲がり角となる出来事があった。米国では，同年 11 月の大統領選挙で，米国第一主義を唱えたトランプ氏が，米国の第 45 代大統領に選出された。トランプ大統領は，就任後直ちに TPP12 からの離脱を表明し，NAFTA 再交渉も表明した。英国では，同年 6 月に，EU からの離脱をめぐる国民投票があり，EU 離脱派が勝利した。英国の（British）離脱（exit）はブレグジット（Brexit）と言われる。保守党のキャメロン首相の辞任のあと，同年 7 月に同党のメイ氏が首相に就任し，EU との離脱の交渉が始まった。同交渉は 2019 年 7 月，同党のジョンソン首相に引き継がれ，同年 12 月総選挙での同党勝利を受け，2020 年 2 月，実際に EU 離脱が行われた。

多角的自由貿易体制の一翼をなす EU は，ブレグジットに加えて，加盟国に移民・難民の受け入れに反発する政治勢力が台頭して，将来に不確実な要因を抱えている。

トランプ大統領は，2017 年 4 月に，通商拡大法 232 条に基づき中国，EU，カナダ，日本などの鉄鋼やアルミの輸入が米国の安全保障を脅かしていないか調査を開始し，同年 8 月に，不公正な貿易慣行に関する通商法 301 条に基づき中国の知的財産侵害や技術移転強要に関する調査を開始した。前者の 232 条調査を受け 2018 年 3 月に，日本，中国を含む各国からの鉄鋼に 25％，アルミに 10％ の

関税を課した。中国はこれに反発して米国の農産品などに対抗関税をかけた。同年6月には，当初適用除外されていたカナダ，メキシコ，EU の鉄鋼とアルミに対しても，中国や日本と同率の関税を課し，当該3ヵ国は米国に対抗関税をかけた。その後，2019年5月には米国とメキシコ，カナダ間で合意が成立し，いずれも関税を撤廃したが，他の各国からの鉄鋼・アルミに対する関税は依然として課されている。また後者の301条調査を受け，同年7月に，米国政府は，中国による技術移転強要等を理由に，中国の工業製品に関税をかけ，中国は米国の農産品などに対し対抗関税をかけた。米中間の関税引上げの応酬は，同年8月，9月，2019年9月と続き，2019年12月，部分的合意に至り，一部の関税は引き下げられたが，なお双方の関税引上げは完全に撤廃されるに至っていない。

日本は，上記の232条に基づく米国措置に対して対抗関税などを課していない。米国に TPP12 に復帰するように働きかけたが容れられず，2019年1月から，日米2国間で物品に限定した貿易交渉が開始され，同年10月署名に至った。

岐路に立つ WTO 体制　世界の多角的自由貿易を主導してきた米国政府が「米国第一主義」に転じた影響は様々な局面に影響を及ぼしている。2017年12月13日，第11回 WTO 閣僚会議が開催された。米国の通商代表は，会議の冒頭から，WTO は途上国に不公正な例外を与えていると批判を行った。この閣僚会議は，米国政府の反対などで，閣僚宣言が採択されず，議長声明だけで幕を閉じる異例の事態となった。米国政府はまた，WTO の紛争解決の判定に不満を持ち，2017年以降，紛争解決手続に係る上級委員会の7人の委員のうち6人の後任人事手続の開始を拒否し続けた。結果として上級委員会は，2019年12月11日，委

員1名のみとなり，1つの事件の担当に必要な3人の委員がそろわず，新規の上訴案件が審理できない状態に陥った。2020年11月30日，最後の委員が退任したが，その後任人事手続も米国の拒否にあい，その後，上級委員会委員が1名もいない状態が続いている。

　米国政府は，2018年8月に，中国などを念頭にWTOの改革が進まなければ脱退も辞さないという立場を表明した。たしかに中国には国有企業に対する補助金問題，技術移転強制などの問題があり，WTO加盟国に相応しくない行動であるとして米国以外からも批判がある。その批判の背後には，急激な経済成長を遂げて経済大国化する中国への警戒感があるだろう。

　WTOは，今後，米国政府の圧力の下で，合意の方法など協定の見直しや紛争解決ルールの改革を迫られることになろう。しかし，それに対して中国や途上国の反撥が起きることは避けられない。1995年に成立し，164ヵ国・地域で構成されるようになったWTO体制は，26年を経て，今，大きな岐路にたっている。

専門の国際組織 ICN

　国際競争ネットワーク（ICN）は，既存の国際機関では競争法の国際的な協力や調和が難しいという認識のもとに，WTO，OECDの枠外で設立された競争法専門の非公式の国際組織である。その目的は競争法の手続面と実体面の国際的な収斂にある。この組織は，もともとは，米国の司法長官により1997年に組織された競争法の専門家の会議が，その報告書で非公式の国際組織の立ち上げを提唱したことに由来する。ICNは，その提唱に対応するもので，いかなる国や統合地域の競争当局であれ，反トラスト法を執行する権限を与えられたすべての競争当局に開放された国際組織である。130ヵ国・地域から141の競争当局が参加している（2021年7月末現在）。WTO，OECD，

UNCTAD 等の国際機関の支援を受け入れ，事業家，消費者，弁護士，反トラスト法や経済学の学者も参加することができるオープンな組織である。常設の事務局はなく，日本を含む主要 21 当局の代表者で構成される運営委員会の合議で運営され，必要時に適宜に作業部会が組織される。第 1 回の年次総会が，イタリアのナポリ（2002 年）で開催されて以降，毎年世界各国の都市で開催され，第 17 回および第 18 回年次総会はインド・ニューデリーおよびコロンビアのカルタヘナで 2018 年 3 月および 2019 年 5 月にそれぞれ開催された。2018 年の企業結合ワークショップは 2018 年 11 月 7-8 日に東京で開催された。

　上記の運営委員会の下に，カルテル作業部会，企業結合作業部会，単独行為作業部会，当局有効性作業部会，アドボカシー作業部会の 5 つの部会がおかれ，また，ICN の組織と運営等に関する作業部会がおかれている。これらの作業部会は必要に応じて適宜開催されている。もし ICN が，そのプロジェクトで，コンセンサス，勧告，ベストプラクティス（法運用の成功事例や模範事例）を得て，それを公表したとしても，それを実施するか，また如何に実施するかは各国と地域の競争当局の判断に委ねられるという。しかし，ICN の年次総会の各セッションの準備のために各国の実務家の間で行われる事前の議論は，米国と EU の間などで相当激しく活発に行われているという。

　米中を中心とする貿易摩擦が激化する今日，ICN が世界の競争政策を議論する中立的なフォーラムとして維持されるとすれば，その意義は大きいであろう。

参考文献

I 教科書・概説書・コンメンタールなど

独禁法の主な入門書・テキストとして

川濵昇他『ベーシック経済法──独占禁止法入門〔第5版〕』(有斐閣, 2020)

白石忠志『独禁法講義〔第9版〕』(有斐閣, 2020)

土田和博他『条文から学ぶ独占禁止法〔第2版〕』(有斐閣, 2019)

菅久修一編『はじめて学ぶ独占禁止法〔第3版〕』(商事法務, 2021)

泉水文雄『経済法入門』(有斐閣, 2018)

独禁法の概説書

金井貴嗣他編著『独占禁止法〔第6版〕』(弘文堂, 2018)

白石忠志『独占禁止法〔第3版〕』(有斐閣, 2016)

根岸哲・舟田正之『独占禁止法概説〔第5版〕』(有斐閣, 2015)

独禁法の執行・手続に重点を置いたものとして

長澤哲也・多田敏明編著『類型別独禁民事訴訟の実務』(有斐閣, 2021)

村上政博監修『独占禁止法と損害賠償・差止請求』(中央経済社, 2018)

森・濱田松本法律事務所編『独禁法訴訟』(中央経済社, 2017)

榊原美紀他『詳説 独占禁止法審査手続』(弘文堂, 2016)

村上政博他編『独占禁止法の手続と実務』(中央経済社, 2015)

白石忠志監修・西村ときわ法律事務所／長島・大野・常松法律事務所編
『独占禁止法の争訟実務』(商事法務, 2006)

公取委・弁護士などの実務担当者によるもの

菅久修一編著『独占禁止法〔第4版〕』(商事法務, 2020)

野口文雄『独禁法・景品表示法・下請法』(金融財政事情研究会, 2018)

幕田英雄『公取委実務から考える 独占禁止法』(商事法務, 2017)

山﨑恒・幕田英雄監修『論点解説　実務独占禁止法』（商事法務，2017）

波光巖・栗田誠編『解説　独占禁止法』（青林書院，2015）

白石忠志・多田敏明編著『論点体系　独占禁止法〔第2版〕』（第一法規，2021）

独禁法のコンメンタールとして

村上政博編集代表『条解　独占禁止法〔第2版〕』（弘文堂，2022）

根岸哲編『注釈独占禁止法』（有斐閣，2009）

厚谷襄児他編『条解　独占禁止法』（弘文堂，1997）

今村成和他編『注解経済法』（青林書院，1985）

絶版などで入手困難となっている通説の名著（大学図書館等で所蔵）

実方謙二『独占禁止法〔第4版〕』（有斐閣，1998）

今村成和『独占禁止法入門〔第4版〕』（有斐閣，1993）

今村成和『独占禁止法〔新版〕』（有斐閣，1978年）

今村成和『私的独占禁止法の研究（一）〜（六）』（有斐閣，1956〜1993）

ケースブック・演習書として

金井貴嗣・川濵昇・泉水文雄編著『ケースブック独占禁止法〔第4版〕』（弘文堂，2019）

鈴木孝之・河谷清文『事例で学ぶ独占禁止法』（有斐閣，2017）

金井貴嗣・泉水文雄・武田邦宣『経済法判例・審決百選〔第2版〕』（有斐閣，2017）

白石忠志『独禁法事例集』（有斐閣，2017）

川濵昇・武田邦宣・和久井理子編著『論点解析　経済法〔第2版〕』（商事法務，2016）

諸外国の独禁法の紹介・国際比較として

田村次朗『競争法におけるカルテル規制の再構築　日米比較を中心に』（慶応義塾大学法学研究会，2021）

越知保見『日米欧競争法大全』（中央経済社，2020）

長尾愛女『フランス競争法における濫用規制——その構造と展開』（日本評論社，2018）

植村幸也『米国反トラスト法実務講座』（公正取引協会，2017）

笠原宏『EU競争法』（信山社，2016）

滝沢敏明『実務　知的財産法と独禁法・海外競争法——技術標準化・パテントプールと知的財産ライセンスを中心として』（法律文化社，2017）

松下満雄・渡辺泰秀編『アメリカ独占禁止法〔第2版〕』（東京大学出版会，2012）

ハーバート・ホベンカンプ『米国競争政策の展望——実務上の問題点と改革の手引き』荒井弘毅・大久保直樹・中川晶比兒・馬場文訳（商事法務，2010）

白石忠志・中野雄介編『判例　米国・EU競争法』（商事法務，2011）

稗貫俊文編著『競争法の東アジア共同市場』（日本評論社，2008）

高橋岩和『ドイツ競争制限禁止法の成立と構造』（三省堂，1997）

経済学による分析として

大橋弘『競争政策の経済学　人口減少・デジタル化・産業政策』（日本経済新聞出版，2021）

小田切宏之『産業組織論——理論・戦略・政策を学ぶ』（有斐閣，2019）

岡田羊祐『イノベーションと技術変化の経済学』（日本評論社，2019）

岡田羊祐・川濱昇・林秀弥編『独禁法審判決の法と経済学——事例で読み解く日本の競争政策』（東京大学出版会，2017）

小田切宏之『競争政策論〔第2版〕』（日本評論社，2017）

小田切宏之『イノベーション時代の競争政策——研究・特許・プラットフォームの法と経済』（有斐閣，2016）

柳川隆・川濱昇編『競争の戦略と政策』（有斐閣，2006）

後藤晃・鈴村興太郎編『日本の競争政策』（東京大学出版会，1999年）

Ⅱ　経済法の年報・講座

日本経済法学会編『日本経済法学会年報』1〜42 号（有斐閣）
日本経済法学会編『経済法講座　1〜3』（三省堂）
日本経済法学会編『現代経済法講座　1〜10』（三省堂）
日本経済法学会編『独占禁止法講座　Ⅰ〜Ⅶ』（商事法務研究会）

独禁法以外の領域もカバーした主な経済法の教科書として

松下満雄『経済法概説〔第 5 版〕』（東京大学出版会，2011）
根岸哲・杉浦市郎編『経済法〔第 5 版〕』（法律文化社，2010）
丹宗暁信・厚谷襄児『新現代経済法入門〔第 3 版〕』（法律文化社，2006）
丹宗暁信・伊従寛『経済法総論』（青林書院，1999）
金沢良雄『経済法〔新版〕』（有斐閣，1980）

Ⅲ　独禁法・経済法の歴史研究と「年史」

平林英勝『独占禁止法の歴史（上）（下）』（信山社，2012，2016）
公正取引委員会事務局編『独占禁止政策 50 年史 上・下』（公正取引協会，1997）

Ⅳ　主な研究書・論文集

伊永大輔『課徴金制度——独占禁止法の改正・審判決からみる法規範と実務の課題』（第一法規，2020）
上杉秋則・山田香織編著『独禁法のフロンティア——我が国が抱える実務上の課題』（商事法務，2019）
早川雄一郎『競争者排除型行為規制の目的と構造』（商事法務，2018）
舟田正之・土田和博編著『独占禁止法とフェアコノミー——公正な経済を支える経済秩序のあり方』（日本評論社，2017）
岸井大太郎『公的規制と独占禁止法——公益事業の経済法研究』（商事法務，2017）
楠茂樹『公共調達と競争政策の法的構造〔第 2 版〕』（上智大学出版，

2017）

岸井大太郎・鳥居昭夫編著『情報通信の規制と競争政策』（白桃書房，
2014）

上杉秋則『独禁法による独占行為規制の理論と実務』（商事法務，2013）

越知保見『独禁法事件・経済犯罪の立証と手続の保障』（成文堂，2013）

土田和博編著『独占禁止法の国際的執行――グローバル化時代の域外適
用のあり方』（日本評論社，2012）

友岡史仁『ネットワーク産業の規制とその法理』（三和書籍，2012）

林秀弥『企業結合規制――独占禁止法による競争評価の理論』（商事法
務，2011）

舟田正之『放送制度と競争秩序』（有斐閣，2011）

和久井理子『技術標準をめぐる法システム――企業間協力と競争，独禁
法と特許法の交錯』（商事法務，2010）

上杉秋則『独禁法による M&A 規制の理論と実務』（商事法務，2010）

舟田正之『不公正な取引方法』（有斐閣，2009）

上杉秋則『カルテル規制の理論と実務』（商事法務，2009）

滝澤紗矢子『競争機会の確保をめぐる法構造』（有斐閣，2009）

池田千鶴『競争法における合併規制の目的と根拠』（商事法務，2008）

根岸哲・川濵昇・泉水文雄編『ネットワーク市場における技術と競争の
インターフェイス』（有斐閣，2007）

稗貫俊文『市場・知的財産・競争法』（有斐閣，2007）

酒井紀子『独占禁止法の審判手続と主張立証』（民事法研究会，2007）

岸井大太郎・鳥居昭夫編著『公益事業の規制改革と競争政策』（法政大
学出版局，2005）

平林英勝『独禁法の解釈・施行・歴史』（商事法務，2005）

栗田誠『実務研究　競争法』（商事法務，2004）

鈴木満『入札談合の研究――その実態と防止策〔第2版〕』（信山社，
2004）

中川寛子『不当廉売と日米欧競争法』（有斐閣，2001）

舟田正之・長谷部恭男編『放送制度の現代的展開』（有斐閣，2001）

武田邦宣『合併規制と効率性の抗弁』（多賀出版，2001）

厚谷襄児『独占禁止法論集』(有斐閣, 1999)

伊従寛・山内惟介・J.O. ヘイリー編『競争法の国際的調整と貿易問題』(中央大学出版部, 1998)

伊従寛『独占禁止政策と独占禁止法』(中央大学出版部, 1997)

小原喜雄『国際的技術移転と法規制』(日本評論社, 1995)

丹宗暁信他『論争独占禁止法──独禁法主要論点と批判的検討と反批判』(風行社, 1994)

白石忠志『技術と競争の法的構造』(有斐閣, 1994)

滝川敏明『貿易摩擦と独禁法』(有斐閣, 1994)

稗貫俊文『知的財産法と独占禁止法』(有斐閣, 1994)

小原喜雄『国際的事業活動と国家管轄権』(神戸大学研究双書刊行会, 1993)

根岸哲『独占禁止法の基本問題』(有斐閣, 1990)

根岸哲『規制産業の経済法研究 I・II』(成文堂, 1984, 1986)

金子晃他『新・不公正な取引方法』(青林書院新社, 1983)

実方謙二『経済規制と競争政策』(成文堂, 1983)

実方謙二『寡占体制と独禁法』(有斐閣, 1983)

矢沢惇『企業法の諸問題』(商事法務研究会, 1981)

金沢良雄『独占禁止法の構造と運用』(有斐閣, 1979)」

丹宗昭信『独占および寡占市場構造規制の法理』(北海道大学図書刊行会, 1976)

正田彬『経済法の性格と展開』(日本評論社, 1972)

今村成和『現代の行政と行政法の理論』(有斐閣, 1972)

V 記念論文集

金井貴嗣先生古稀祝賀論文集『現代経済法の課題と理論』(弘文堂, 2022)

川濱昇先生・前田雅弘先生・州崎博史先生・北村雅史先生還暦記念『企業と法をめぐる現代的課題』(商事法務, 2021)

舟田正之先生古稀祝賀『経済法の現代的課題』(有斐閣, 2017)

根岸哲先生古稀祝賀『競争法の理論と課題』(有斐閣, 2013)

石川正先生古稀記念論文集『経済社会と法の役割』（商事法務, 2013）

厚谷襄児先生古稀記念『競争法の現代的諸相（上）（下）』（信山社, 2005）

松下満雄教授還暦記念『企業行動と法』（商事法務研究会, 1995）

正田彬先生還暦記念『国際化時代の独占禁止法の課題』（日本評論社, 1993）

今村成和教授退官記念『公法と経済法の諸問題　下』（有斐閣, 1982）

Ⅵ　実務書・実務解説ほか

西川康一編著『景品表示法〔第6版〕』（商事法務, 2021）

長澤哲也『優越的地位濫用規制と下請法の解説と分析〔第4版〕』（商事法務, 2021）

深町正徳編著『企業結合ガイドライン〔第2版〕』（商事法務, 2021）

山本慎・松本博明『独占禁止法における新しい課徴金減免制度──調査協力減算制度の導入』（公正取引協会, 2021）

長澤哲也ほか『最新・改正独禁法と実務』（商事法務, 2020）

松本博明編著『逐条解説　令和元年改正独占禁止法──課徴金制度の見直し』（商事法務, 2020）

小室尚彦・中里浩編著『逐条解説　平成28年改正独占禁止法──確約手続の導入』（商事法務, 2019）

佐久間正哉編著『流通・取引慣行ガイドライン』（商事法務, 2018）

古川昌平『エッセンス景品表示法』（商事法務, 2018）

鎌田明編著『下請法の実務〔第4版〕』（公正取引協会, 2017）

原山康彦・古川昌平・染谷隆明編著『詳説　景品表示法の課徴金制度』（商事法務, 2016）

岩成博夫・横手哲二・岩下生知編著『逐条解説・平成25年改正独占禁止法──審判制度の廃止と意見聴取手続の整備』（商事法務, 2015）

藤井宣明・稲熊克紀編著『逐条解説・平成21年改正独占禁止法──課徴金制度の拡充と企業結合規制の見直し等の解説』（商事法務, 2009）

泉水文雄・長澤哲也編『実務に効く公正取引委員会審決判例精選』（有

斐閣，2014)

品川武・岩成博夫『独占禁止法における課徴金減免制度』(公正取引協会，2010)

諏訪園貞明編著『平成 17 年改正独占禁止法——新しい課徴金制度と審判・犯則調査制度の逐条解説』(商事法務，2005)

公正取引協会編『優越的地位濫用規制の解説』(別冊公正取引 No1，2011)

粕渕功『大規模小売業告示の解説』(商事法務，2005)

林義郎他監修『詳解　入札談合等関与行為防止法』(ぎょうせい，2002)

東出浩一編著『独禁法違反と民事訴訟　差止請求・損害賠償』(商事法務研究会，2001)

外務省北米局北米第二課編『解説　日米独禁協力協定』(日本国際問題研究所，2000)

山木康孝編著『Q&A 特許ライセンスと独占禁止法』(商事法務研究会，2000)

岩本章吾編著『事業者団体の活動に関する新・独禁法ガイドライン』(商事法務研究会，1996)

鵜瀞恵子編『新しい持株会社規制』(商事法務研究会，1997)

鵜瀞恵子編『新しい合併・株式保有の解説』(商事法務研究会，1998)

小川秀樹編著『入札ガイドラインの解説』(商事法務研究会，1994)

山田昭雄他編著『解説　流通・取引慣行に関する独占禁止法ガイドライン』(商事法務研究会，1991)

田中寿編『不公正な取引方法——新一般指定の解説』(商事法務研究会，1982)

野田実編著『流通系列化と独占禁止法——独占禁止法研究会報告』(大蔵省印刷局，1980)

判・審決例索引

〈略　語〉

判＝判決，**決**＝決定，**大**＝大法廷，**審**＝審判審決・審判請求に対する審決（平成 17 年法 66 号），**同**＝同意審決，**勧**＝勧告審決，**納**＝課徴金納付命令，**措**＝排除措置命令，**認**＝確約計画認定，**結**＝企業結合事例

集＝公正取引委員会審決集，**民（刑）集**＝最高裁判所民（刑）事判例集，**高民（刑）**＝高等裁判所民（刑）事判例集，**行裁**＝行政事件裁判例集，**下民**＝下級裁判所民事裁判例集，**無体／知裁**＝無体財産権関係民事・行政裁判例集／知的財産権関係民事・行政裁判例集，**判時**＝判例時報，**判タ**＝判例タイムズ，**金商**＝金融・商事判例，**税資**＝税務訴訟資料

高 等 裁 判 所

地 方 裁 判 所

公 正 取 引 委 員 会

事 項 索 引

経済法——独占禁止法と競争政策
〔第9版補訂〕

Economic Law : Antimonopoly Law
and Competition Policy, 9th edition

ARMA
有斐閣アルマ

1996年10月20日　初　版第1刷発行
1998年 3 月20日　第2版第1刷発行
2000年 3 月30日　第3版第1刷発行
2001年 2 月25日　第3版補訂第1刷発行
2003年 3 月30日　第4版第1刷発行
2006年 3 月20日　第5版第1刷発行
2008年 4 月25日　第5版補訂第1刷発行
2010年 3 月30日　第6版第1刷発行
2013年 3 月30日　第7版第1刷発行
2015年 3 月30日　第7版補訂第1刷発行
2016年 4 月25日　第8版第1刷発行
2019年 3 月30日　第8版補訂第1刷発行
2020年 3 月30日　第9版第1刷発行
2022年 3 月30日　第9版補訂第1刷発行
2024年 2 月10日　第9版補訂第3刷発行

　　　　　　　　　　　きし　い　だい　た　ろう
　　　　　　　　　　　岸　井　大　太　郎
　　　　　　　　　　　おお　つき　ふみ　とし
　　　　　　　　　　　大　槻　文　俊
　　　　　　　　　　　なか　がわ　あき　ひ　こ
　著　　者　　　　　中　川　晶　比　兒
　　　　　　　　　　　かわ　しま　ふ　じ　お
　　　　　　　　　　　川　島　富　士　雄
　　　　　　　　　　　ひえ　ぬき　とし　ふみ
　　　　　　　　　　　稗　貫　俊　文

　発　行　者　　　　江　草　貞　治

　発　行　所　　株式　有　斐　閣
　　　　　　　　会社
　　　　　　　　　　　郵便番号　101-0051
　　　　　　　　　　東京都千代田区神田神保町 2-17
　　　　　　　　　　https://www.yuhikaku.co.jp/

印刷・株式会社理想社／製本・牧製本印刷株式会社
© 2022, N. Kishii, F. Otsuki, A. Nakagawa, F. Kawashima,
T. Hienuki. Printed in Japan
落丁・乱丁本はお取替えいたします。
★定価はカバーに表示してあります。

ISBN 978-4-641-22184-0